涉众型经济犯罪办案
重难点破解

黄锐意 李黎键 蔡君辉 张敬伟 马雪艳 司法会计鉴定中心 著

中国检察出版社

图书在版编目（CIP）数据

涉众型经济犯罪办案重难点破解／黄锐意等著．—北京：中国检察出版社，2021.12
ISBN 978-7-5102-2644-1

Ⅰ.①涉… Ⅱ.①黄… Ⅲ.①经济犯罪—研究—中国 Ⅳ.① D924.334

中国版本图书馆 CIP 数据核字（2021）第 199087 号

涉众型经济犯罪办案重难点破解
黄锐意 等 著

责任编辑：王　欢
技术编辑：王英英
封面设计：曹　晓

出版发行	中国检察出版社
社　　址	北京市石景山区香山南路 109 号（100144）
网　　址	中国检察出版社（www.zgjccbs.com）
编辑电话	（010）86423703
发行电话	（010）86423726　86423727　86423728
	（010）86423730　86423732
经　　销	新华书店
印　　刷	保定市中画美凯印刷有限公司
开　　本	710mm×960mm　16 开
印　　张	21
字　　数	340 千字
版　　次	2021 年 12 月第一版　2021 年 12 月第一次印刷
书　　号	ISBN 978-7-5102-2644-1
定　　价	80.00 元

检察版图书，版权所有，侵权必究
如遇图书印装质量问题本社负责调换

《涉众型经济犯罪办案重难点破解》撰写分工

统　筹：何　勋

撰　写：黄锐意（第二章，第三章第一节，第四章第一、二节）

　　　　李黎键（第三章第三、四节，第四章第四、五节）

　　　　蔡君辉（第三章第二节，第四章第三节）

　　　　张敬伟（第一章第一、二、三节）

　　　　马雪艳（第五章）

　　　　深圳市司法会计鉴定中心（第一章第四节）

校　对：张明月

　　　　陈　维

序　言

　　为落实张军检察长提出的检察官教检察官的新学习培训理念，适应捕诉一体化办案新要求，深入挖掘、推广优秀检察官办案理念和经验，助力做优刑事检察，深圳市检察院指派办案经验丰富的优秀检察官撰写本书，全面分享了深圳检察机关一线检察官在多年的涉众型经济犯罪案件办理过程中积累的宝贵经验。纵览全书，检察官提出了办理涉众型经济犯罪案件的三个要素：严谨的办案精神、全面的追赃挽损和落到实处的"维稳"工作。

　　严谨的办案精神是办理涉众型经济犯罪案件的基本要求。涉众型经济犯罪案件涉及的法律问题错综复杂，对于承办检察官来说，在办案过程中，必须坚守法治理念和原则，做到以事实为根据，以法律为准绳。本书在非法集资犯罪的一般原理和特征以及相关犯罪常见问题、难点的章节中，针对一直困扰司法工作人员的疑难复杂问题进行分析论证，并给出很好的办案建议。

　　全面的追赃挽损是办理涉众型经济犯罪案件的核心问题。涉众型经济犯罪的最大特点，即是该类犯罪涉及社会公众的财产安全，如何督促涉案人员退赃，如何最大程度地挽回集资参与人的损失，是检察官需要面临的难题。我们的检察官通过集体研究与摸索，以最大限度地维护人民群众利益为出发点，提出"治疗式"打法：如果涉案人员具备一定偿还能力且自身有清退意愿的，可以在立案后对涉案人员采取非羁押强制措施，督促其积极清退集资款；对于积极清退集资款的涉案人员依法从轻处罚。在司法实践中"治疗式"打法取得了较好的效果。

落到实处的"维稳"工作是办理涉众型经济犯罪案件的重中之重。涉众型经济犯罪涉及范围广、涉及人员众多，集资参与人要求挽回损失的诉求异常强烈，一旦正常的司法途径无法达到其主观预期，集资参与人往往会选择放弃法律手段解决问题，转而采取集体上访、集体闹访等过激的表达诉求方式。因此，我们的检察官在办理类似案件时，不仅要追求好的法律效果，还要追求更好的社会效果和政治效果，满足人民群众对于公平正义的期待。

最后，感谢本书撰写组成员的辛勤付出，他们将自己多年的办案经验通过本书"和盘托出"，为办理涉众型经济犯罪提供了开阔的办案理念和思路。正是他们在每一个案件中的深入思考、积极探索，才形成了这样一本难能可贵的智慧结晶。也希望本书的出版，能对业内同仁有所启发、有所帮助，努力让人民群众在每一个司法案件中都能感受到公平正义。

深圳市人民检察院检察长
李小东

目　录

第一章　涉众型经济犯罪概述 ………………………………… 1

　第一节　涉众型经济犯罪的概念及特征 ………………………… 1
　　一、涉众型经济犯罪的概念及范围 ……………………………… 1
　　二、涉众型经济犯罪的特征 ……………………………………… 8

　第二节　涉众型经济犯罪办案难点 ……………………………… 15
　　一、犯罪审查认定难 ……………………………………………… 16
　　二、证据收集审查难 ……………………………………………… 22
　　三、办案协调难 …………………………………………………… 30
　　四、案结事了难 …………………………………………………… 33

　第三节　涉众型经济犯罪案件难点应对策略 …………………… 41
　　一、难点应对应树立的理念 ……………………………………… 41
　　二、难点应对应坚持的原则 ……………………………………… 44
　　三、难点应对应构建的机制 ……………………………………… 45
　　四、难点应对的具体举措 ………………………………………… 48

　第四节　涉众型经济犯罪案件司法会计鉴定 …………………… 54
　　一、司法会计鉴定的一般问题 …………………………………… 54
　　二、司法会计鉴定的具体操作方法 ……………………………… 65
　　三、司法会计鉴定常见的问题及解决办法 ……………………… 78

第二章　非法集资犯罪的基本问题 …………………………… 84

　第一节　非法集资犯罪概述 ……………………………………… 84
　　一、非法集资历史沿革 …………………………………………… 84
　　二、非法集资犯罪的基本特征 …………………………………… 86
　　三、非法集资的标的 ……………………………………………… 93

四、非法集资与私募股权投资基金的边界……………… 93

　第二节　非法集资的资金池………………………………… 95
　　一、资金池的概念………………………………………… 95
　　二、资金池的风险………………………………………… 96
　　三、资金池对定罪处罚的影响…………………………… 97

　第三节　非法集资平台转让过程中的法律责任认定……… 98
　　一、根据转让方行为分析其法律责任…………………… 98
　　二、根据受让方行为分析其法律责任…………………… 100
　　三、衍生情况的法律问题分析…………………………… 101

　第四节　非法集资涉案行为人责任认定问题……………… 103
　　一、关于行为人的责任认定……………………………… 104
　　二、关于帮助犯的责任认定……………………………… 105
　　三、关于借款人的责任认定……………………………… 108

　第五节　非法集资涉案财物的追缴和处置问题…………… 111
　　一、是否可以追缴已获利的集资参与人的获利款……… 111
　　二、是否应当追缴帮助吸收资金人员所获取的提成款… 111
　　三、涉案平台公司人员的工资收入是否一律予以追缴… 112

　第六节　非法集资犯罪案件刑民交叉问题………………… 113
　　一、"竞合型"刑民交叉………………………………… 114
　　二、"牵连型"刑民交叉………………………………… 116

　第七节　非法集资犯罪案件证据收集要点………………… 118
　　一、司法审计与司法鉴定的证据收集…………………… 118
　　二、集资行为的非法性和行为人非法性认知的证据收集… 124
　　三、集资行为的证据收集………………………………… 126
　　四、资金池的证据收集…………………………………… 127
　　五、"非法占有目的"的证据收集……………………… 128

第三章　非法吸收公众存款罪………………………………… 130
　第一节　非法吸收公众存款罪常见问题认定处理………… 130
　　一、P2P平台涉非法吸收公众存款罪的常见模式……… 130

二、关于犯罪数额的认定 ··· 133
三、关于集资参与人人数的认定 ······································· 135
四、关于直接损失的认定 ·· 136
五、非法吸收公众存款罪和擅自发行股票、
公司、企业债券罪的关系 ·· 137

第二节 非法吸收公众存款案件审查逮捕要点 ······················ 140
一、适时介入侦查 ·· 142
二、审查逮捕具体证据要求 ··· 144
三、审查判断证据需要特别注意的问题 ····························· 159
四、强化两项监督，积极参与社会管理创新 ······················ 162
五、捕后各项工作 ·· 165

第三节 非法吸收公众存款案件审查起诉要点 ······················ 168
一、收案阶段的注意要点 ·· 169
二、注重与侦查人员、审计人员、辩护人及集资参与人沟通 ··· 174
三、积极跟进追赃挽损工作 ··· 180
四、审查起诉应遵循的办案理念和原则 ····························· 185
五、认罪认罚从宽制度的适用 ··· 188

第四节 非法吸收公众存款案件出庭公诉及审判监督要点 ······ 192
一、庭前准备 ·· 192
二、讯问被告人 ··· 208
三、示证质证要点及常见质证意见的答辩要点 ··················· 210
四、常见辩护意见的答辩要点 ··· 213
五、审判监督 ·· 220

第四章 集资诈骗罪 ·· 224

第一节 集资诈骗罪的基本特征及类别 ································ 224
一、非法集资与集资诈骗的关系 ······································ 224
二、集资诈骗罪的基本特征 ··· 225
三、集资诈骗罪的不同归类 ··· 228
四、P2P平台涉集资诈骗罪的常见模式 ····························· 229

第二节 集资诈骗罪常见问题认定处理·················232
　一、关于被害人的认定·························232
　二、关于非法占有目的的认定···················235
　三、关于犯罪数额的认定·······················251

第三节 集资诈骗案件审查逮捕要点·················254
　一、适时介入侦查·····························255
　二、审查逮捕具体证据要求·····················255
　三、审查判断证据需要特别注意的问题···········258

第四节 集资诈骗案件审查起诉要点·················263
　一、关于自首的认定···························263
　二、如何界定非法吸收公众存款罪与集资诈骗罪的转变·····266
　三、适用认罪认罚从宽制度如何听取被害人意见···269
　四、审查起诉时应注意的其他问题···············271

第五节 集资诈骗案件出庭公诉要点·················276
　一、庭前准备·································276
　二、示证要点·································277
　三、常见辩护意见的答辩要点···················277
　四、审判监督·································279

第五章 组织、领导传销活动罪·····················281

第一节 组织、领导传销活动罪概述·················281
　一、我国关于传销犯罪的立法演进···············282
　二、常见传销模式·····························284
　三、组织、领导传销活动罪的基本特征···········286

第二节 组织、领导传销活动罪常见问题认定处理·····288
　一、关于层级和人数的认定·····················288
　二、关于传销组织中被害人的认定···············292
　三、"团队计酬"式传销与传销犯罪的区别·······293
　四、组织、领导传销活动罪与其他罪名的区别·····295

第三节 组织、领导传销活动案件审查逮捕要点·······299
　一、适时介入侦查·····························299

二、审查逮捕具体证据要求 …………………………………… 300
　　三、审查判断证据需要特别注意的问题 ………………………… 302
　　四、对社会危险性的把握 ………………………………………… 305
第四节　组织、领导传销活动案件审查起诉要点 …………………… 308
　　一、关于主体身份的认定 ………………………………………… 309
　　二、关于"五级三阶制"的认定 ………………………………… 310
　　三、关于"有效下线"的认定 …………………………………… 311
　　四、关于资金流向的认定 ………………………………………… 312
　　五、关于工商行政部门的认定 …………………………………… 313
　　六、关于主从犯的认定 …………………………………………… 313
　　七、关于单位犯罪的认定 ………………………………………… 314
　　八、关于"情节严重"的认定 …………………………………… 315
第五节　组织、领导传销活动案件出庭公诉要点 …………………… 315
　　一、庭前准备 ……………………………………………………… 315
　　二、常见质证意见的答辩要点 …………………………………… 318
　　三、常见辩护意见的答辩要点 …………………………………… 320

第一章 涉众型经济犯罪概述

第一节 涉众型经济犯罪的概念及特征

一、涉众型经济犯罪的概念及范围

(一)涉众型经济犯罪的概念

1. 涉众型经济犯罪概念的提出

涉众型经济犯罪并不是严格意义上的法律概念,《刑法》分则中并没有"涉众型经济罪"这一罪名,其所囊括的罪名分散在《刑法》分则各章节中。由此可见,涉众型经济犯罪是在我国社会经济发展到一定时期,犯罪特征变化的情况下,为有效打击犯罪、加强社会治理、维护社会经济秩序,对某些具有相同或相似特征的经济犯罪予以归类处理的案件类型,这仅是从刑事政策执行或者业务管理角度提出的概括某一类犯罪的概念,是一个政策概念或者说是业务概念。最早提出这一概念的是公安部,2006年11月23日,公安部召开新闻发布会,通报公安机关严厉打击和防范涉众型经济犯罪的有关情况。在这次新闻发布会上,公安部经济犯罪侦查局首次提出了"涉众型经济犯罪"的概念,并将涉众型经济犯罪定义为"涉及众多的受害人,特别涉及众多不特定受害群体的经济犯罪。主要包括非法吸收公众存款、集资诈骗、传销、非法销售未上市公司股票等经济犯罪活动。另外,在证券犯罪、合同诈骗犯罪、假币犯罪、农村经济犯罪活动中也有类似涉众因素存在"。公安部强调,各类经济犯罪,尤其是涉众型经济犯罪直接损害了广大人民群众切身利益,引发了不安定因素,不仅严重干扰了社会主义市场经济建设进程,而且极大地危害社会和谐稳定,甚至危害国家经济安全,成为我国经济领域中严重的不和谐因素。[①]公安部之所以提出涉

---

① 于呐洋:《认清四大特点警惕五类犯罪》,载《法制日报》2006年11月24日,第2版。

众型经济犯罪概念，一是该类犯罪数量越来越多且有蔓延之势；二是该类犯罪危害甚大，动摇了信任基础甚至容易造成系统性金融风险；三是该类犯罪涉及面广，涉及人员多，存在社会稳定隐患；四是该类犯罪需要各部门统一认识，达成共识，协同处理。可以说，涉众型经济犯罪自诞生之日起就与维护社会稳定的要求密不可分。

2. 涉众型经济犯罪概念的发展与完善

公安部关于涉众型经济犯罪的概念包含了两个方面的内容：在犯罪的实质内容上，涉众型经济犯罪是经济性质的犯罪；在犯罪的涉及面上，涉众型经济犯罪涉及不特定多数人的利益。但是否只有《刑法》分则第三章破坏社会主义经济秩序罪中的罪名才有可能被归入涉众型经济犯罪？其他侵犯公民财产权利的犯罪，如诈骗罪，特别是电信诈骗是否属于涉众型经济犯罪，难以从概念本身得出明确的结论。此外，涉众型经济犯罪对涉众本身是否有标准或者要求？操纵证券、期货市场罪等破坏金融秩序的犯罪也涉及众多人员，具有涉众性质，但这类犯罪是否都应纳入涉众型经济犯罪？正因为概念不明确，可能出现人为缩小涉众型经济犯罪范围的情况，进而不利于社会治理以及对犯罪的预防、打击；也可能存在人为扩大涉众型经济犯罪范围的情形，不能有效确定打击重点，从而浪费司法资源。鉴于此，亟须对涉众型经济犯罪的概念予以完善发展。

涉众型经济犯罪概念的发展是一个动态过程，而且具有较大的主观性，不同部门不同主体出于不同的分析及解决实践问题的需要采取不同的概念表述及定义方式。2015 年 2 月，《关于全面深化公安改革若干重大问题的框架意见》将涉众型经济犯罪列为两类亟待健全侦查工作机制予以侦破的犯罪之一，涉众型经济犯罪这一概念随之上升为政策概念。这一概念提出后，理论界和实务界都对涉众型经济犯罪这一社会行为及其内涵进行了探讨，但尚未形成共识，未有权威解释。有的观点认为，涉众型经济犯罪并非刑法学意义上的类罪概念，只是司法实践中对严重破坏社会主义经济秩序、严重侵害社会公众经济利益的一类犯罪的总称，具体是指涉及众多被害人，特别是涉及众多不特定被害群体的经济犯罪。[①] 有的观点从化解社会矛盾、维护社会稳定角度出发，认为涉众型经济犯罪是指可能对社会稳定

---

① 印仕柏、李春阳：《涉众型经济犯罪之刑事政策及其适用》，载《法学评论》2010 年第 5 期。

产生影响的、侵犯众多被害人财产权利的经济犯罪案件。①再如，有的观点主张，涉众型经济犯罪的概念应根据犯罪变化趋势的特点及紧迫治安形势的重点变化而变化，就当前而言，涉众型经济犯罪主要是指针对众多不特定"被害人"实施的以获取钱财为行为直接目的、直接危及"被害人"经济利益的经济犯罪。②有的观点认为，涉众型经济犯罪是指行为人在市场经济运行过程中，为了谋取不法利益，违反国家经济法规和刑事法律，侵害不特定多数被害人的经济利益，破坏社会主义市场经济秩序，依照《刑法》应受刑罚处罚的一类犯罪的统称。③有的观点以列举方式作描述性定义，认为涉众型经济犯罪是指涉及不特定受害群众的经济犯罪，主要包括非法吸收公众存款、集资诈骗、非法传销、非法经营、非法销售未上市公司股票等犯罪。此外，在诈骗、合同诈骗以及金融犯罪中也会有涉众因素存在。④

2017年11月24日，最高人民检察院联合公安部发布的《关于公安机关办理经济犯罪案件的若干规定》第78条明确规定，涉众型经济犯罪案件，是指基于同一法律事实、利益受损人数众多、可能影响社会秩序稳定的经济犯罪案件，包括但不限于非法吸收公众存款，集资诈骗，组织、领导传销活动，擅自设立金融机构，擅自发行股票、公司企业债券等犯罪。至此，涉众型经济犯罪概念得到进一步完善发展，并具有明确的内涵和外延。

3.涉众型经济犯罪的内涵

涉众型经济犯罪的内涵是对涉众型经济犯罪的质的规定，是其本质特征和属性，它能够起到标示作用，将符合特征的犯罪囊括到涉众型经济犯罪概念之下，将不符合该特征的犯罪排除到这个概念之外。根据最高人民检察院和公安部对涉众型经济犯罪的界定，涉众型经济犯罪应至少具备以下几个特征。

（1）涉众性。之所以将实践中某类犯罪统一归类为涉众型经济犯罪，就是因为该类犯罪具有涉众性质，进而影响社会稳定。因此，涉众性是涉

---

① 北京市高级人民法院课题组：《涉众型经济犯罪案件矛盾化解机制研究》，载《法学杂志》2011年第S1期。
② 朱江等：《涉众型经济犯罪的剖析与治理》，法律出版社2014年版，第4页。
③ 莫洪宪、敬力嘉：《被害人保护与涉众型经济犯罪治理》，载《人民检察》2017年第11期。
④ 卢希等：《北京检察机关办理涉众型经济犯罪案件调查》，载《人民检察》2012年第18期。

众型经济犯罪的首要特征。何谓涉众？笔者认为，涉众性应当包含以下特征：

一是案件所涉及人数众多。众者，3人以上也。实践中，具体《刑法》条文和司法解释对多人的解释就是3人以上。根据司法经验判断，涉众型经济犯罪中的涉众并非是指只要是3人以上就是涉众。到底多少人才属于涉众呢？貌似难以有一个确定的数量标准，但可以考虑以下因素，即涉众并非是一种结果，而是这种犯罪行为本身可能对潜在的人员产生影响，有可能涉及不特定多数人。不特定多数人是案发前彼此并无联系的人员。但这里也存在着亲友之间能否认定涉众的问题。

二是众多的人数，主要是指被害人。如上所述，涉众型是指涉及不特定多数人的犯罪案件。这里的不特定多数是否有具体的范围？一般来讲，案件涉及人数众多主要有以下几种情况，第一，犯罪嫌疑人众多，如黑社会性质组织犯罪、集资诈骗罪等；第二，被害人人数众多，这里的被害人是指受到损失的刑事诉讼法意义上的纯粹的被害人，介于被害人之间的中间人员，比如非法吸收公众存款案件中的投资人、传销活动中的参与人等。涉众型经济犯罪之所以作为一类犯罪不同对待，根本原因在于所涉人群具有集聚性，可能引发社会稳定隐患，因此，纯粹被害人的情形当然属于涉众型犯罪。被害人中间型因其也有利益诉求，故而也具有涉众性。那么，犯罪嫌疑人众多的案件是否属于涉众型犯罪？实践中，在非法吸收公众存款和集资诈骗案件中，尽管犯罪嫌疑人众多，但其涉及被害人人数众多，不必考虑犯罪嫌疑人人数即可认定属于涉众型经济犯罪，两者在涉众因素上具有一致性。特殊情况下，犯罪嫌疑人众多，但没有受害人或者受害人人数不多的情形，是否属于涉众犯罪？笔者认为，这类犯罪不存在利益的对抗问题，比如聚众斗殴、聚众扰乱社会秩序类犯罪，不宜认定为涉众犯罪。

三是存在不同诉求或者主张。涉众型经济犯罪的主要特征在于侵犯不特定多数人的财产权利和合法利益，影响甚广。同时，在被侵害的不特定人之间，存在不同的诉求和主张，有时甚至是相互矛盾的诉求，这给案件处理带来难题。

（2）经济犯罪。1872年，预防与抗制犯罪的国际会议在伦敦召开，来自英国的希尔（E.C.Hill）发表了"犯罪的资本家"的演讲，并创造了"经济犯罪"的概念。该概念自诞生以来，就引起广泛讨论与关注，自概念发端至经济全球化之今日，随着经济领域向更广范围拓展，经济行为更加复杂多样，经济犯罪的内涵和外延也随之发生变化，各种观点纷呈，学术界对此概念仍争议不断，尚未达成统一认识。

立法和司法解释层面也没有对经济犯罪形成比较明确完整的概念和定义。1982年，全国人大常委会在《关于严惩严重破坏经济的罪犯的决定》（现已失效）中首次使用了经济犯罪这一概念，"鉴于当前走私、套汇、投机倒把牟取暴利、盗窃公司财物、盗卖珍贵文物和索贿受贿经济犯罪活动猖獗，对国家社会主义建设事业和人民利益危害严重，为了坚决打击这些犯罪活动……"可见，该规定实际上将几乎所有非暴力有财产内容的犯罪均纳入经济犯罪的范畴。在理论界，对经济犯罪的内涵和外延观点概括起来主要有三种意见：第一种是最广义的经济犯罪概念，认为经济犯罪是指破坏经济秩序，侵犯公私财物权利的犯罪，包括破坏社会主义经济秩序罪、侵犯财产犯罪和贪污贿赂犯罪等。第二种是广义的经济犯罪概念，认为经济犯罪包括破坏社会主义经济秩序罪和贪污贿赂犯罪。第三种是狭义的经济犯罪概念，认为经济犯罪是指行为人为谋取非法利益，滥用商品的生产、交换、分配、消费等环节上所允许的经济活动方式和经济权限，违反调整经济活动的法规，危害正常的社会主义经济运行秩序的行为，主要包括破坏社会主义经济秩序罪。[①]

从经济犯罪的诞生和历史沿革可以看出，经济犯罪的主要特征和根本性质在于其侵犯的是社会和国家的利益，因此"超个人法益"是其最核心的概念。笔者认为，应当围绕这一核心概念构建经济犯罪概念。典型的经济犯罪发生在合法的商业或者经济活动领域，是为获取经济利益而实施的一种非法行为。当然，随着经济不断发展，经济活动领域也不断扩展变化，经济犯罪的外延也在不断发生变化。无论如何发生变化，应当把握住"超个人法益"侵害这一根本特征，即强调和突出《刑法》对国家与社会等抽象层面利益的保护。但强调经济犯罪是对"超个人法益"的侵害并不排斥该类犯罪同时对个体法益的侵害。比如，集资诈骗犯罪既侵犯了国家对经济社会管理秩序，同时也侵犯了公民个人财产所有权。只不过出于法规所保护的目的不同，个体法益在经济犯罪中所处的保护地位存在主次差异。

涉众型经济犯罪因具有涉众因素，因此，该类经济犯罪对个人利益的

---

① 贺电等：《涉众经济犯罪研究》，中国人民公安大学出版社2012年版。

侵害更为突出，且侵犯不特定多数公众的利益，这种利益主要表现为公民的财产权利。此外，该类经济犯罪中，行为人具有更为明显的侵犯财产权利的直接目的。

（3）影响社会稳定。涉众型经济犯罪并非仅仅是涉众与经济犯罪两个概念的简单叠加和结合。之所以要将其作为一个单独的犯罪类型予以评价、处断，就是因为涉众型经济犯罪具有影响社会稳定的因素。涉众型经济犯罪涉及人员多，当事人利益损失大，一旦处置不当，就会引发群体性事件，影响社会稳定。

（二）涉众型经济犯罪的范围

合理划定涉众型经济犯罪的范围不仅有助于对该类犯罪进行研究，而且有助于集中司法资源处理好该类案件。根据涉众型经济犯罪的规范定义，深入考察概念的内涵，结合当前具体司法实践，笔者认为，可以将涉众型经济犯罪分为典型的涉众型经济犯罪和具有涉众因素的经济犯罪。

1. 典型的涉众型经济犯罪

（1）非法吸收公众存款罪。《刑法》第176条规定，"非法吸收公众存款或者变相吸收公众存款，扰乱金融秩序的，处三年以下有期徒刑或者拘役，并处或者单处罚金；数额巨大或者有其他严重情节的，处三年以上十年以下有期徒刑，并处罚金；数额特别巨大或者有其他特别严重情节的，处十年以上有期徒刑，并处罚金。单位犯前款罪的，对单位判处罚金，并对其直接负责的主管人员和其他直接责任人员，依照前款的规定处罚。有前两款行为，在提起公诉前积极退赃退赔，减少损害结果发生的，可以从轻或者减轻处罚"。

（2）集资诈骗罪。《刑法》第192条规定，"以非法占有为目的，使用诈骗方法非法集资，数额较大的，处三年以上七年以下有期徒刑，并处罚金；数额巨大或者有其他严重情节的，处七年以上有期徒刑或者无期徒刑，并处罚金或者没收财产。单位犯前款罪的，对单位判处罚金，并对其直接负责的主管人员和其他直接责任人员，依照前款的规定处罚"。

（3）组织、领导传销活动罪。《刑法》第224条之一规定，"组织、领导以推销商品、提供服务等经营活动为名，要求参加者以缴纳费用或者购买商品、服务等方式获得加入资格，并按照一定顺序组成层级，直接或者间接以发展人员的数量作为计酬或者返利依据，引诱、胁迫参加者继续发展他人参加，骗取财物，扰乱经济社会秩序的传销活动的，处五年以下有期徒刑或者拘役，并处罚金；情节严重的，处五年以上有期徒刑，并处罚金"。

2. 具有涉众因素的经济犯罪

（1）合同诈骗罪。《刑法》第224条规定，"有下列情形之一，以非法占有为目的，在签订、履行合同过程中，骗取对方当事人财物，数额较大的，处三年以下有期徒刑或者拘役，并处或者单处罚金；数额巨大或者有其他严重情节的，处三年以上十年以下有期徒刑，并处罚金；数额特别巨大或者有其他特别严重情节的，处十年以上有期徒刑或者无期徒刑，并处罚金或者没收财产：（一）以虚构的单位或者冒用他人名义签订合同的；（二）以伪造、变造、作废的票据或者其他虚假的产权证明作担保的；（三）没有实际履行能力，以先履行小额合同或者部分履行合同的方法，诱骗对方当事人继续签订和履行合同的；（四）收受对方当事人给付的货物、货款、预付款或者担保财产后逃匿的；（五）以其他方法骗取对方当事人财物的"。

（2）非法经营罪。《刑法》第225条规定，"违反国家规定，有下列非法经营行为之一，扰乱市场秩序，情节严重的，处五年以下有期徒刑或者拘役，并处或者单处违法所得一倍以上五倍以下罚金；情节特别严重的，处五年以上有期徒刑，并处违法所得一倍以上五倍以下罚金或者没收财产：（一）未经许可经营法律、行政法规规定的专营、专卖物品或者其他限制买卖的物品的；（二）买卖进出口许可证、进出口原产地证明以及其他法律、行政法规规定的经营许可证或者批准文件的；（三）未经国家有关主管部门批准非法经营证券、期货、保险业务的，或者非法从事资金支付结算业务的；（四）其他严重扰乱市场秩序的非法经营行为"。

（3）诈骗罪（主要是电信网络诈骗犯罪）。一般的诈骗罪并不具有涉众因素，但近年来，由于互联网技术和应用的发展，犯罪分子利用电信网络进行非接触式的诈骗活动，该类犯罪影响范围广，涉及人员多，被害人损失严重，也具有一定的涉众因素，此类犯罪发展成为涉众型经济犯罪的可能性也就随之增大。电信网络诈骗犯罪并不是《刑法》中的罪名，只是诈骗罪的一种犯罪手法，但具有不同于一般诈骗罪的特点。最高人民法院、最高人民检察院、公安部在2016年12月19日发布的《关于办理电信网络诈骗等刑事案件适用法律若干问题的意见》首次以司法解释形式提出电信网络诈骗犯罪概念。该意见指出，近年来，利用通讯工具、互联网等技术手段实施的电信网络诈骗犯罪活动持续高发，侵犯公民个人信息，扰乱无线电通讯管理秩序，掩饰、隐瞒犯罪所得、犯罪所得收益等上下游关联犯罪不断蔓延。此类犯罪严重侵害人民群众财产安全和其他合法权益，严重干扰电信网络秩序，严重破坏社会诚信，严重影响人民群众安全感和社会和谐稳定，社会危害性大，人民群众反映强烈。

二、涉众型经济犯罪的特征

（一）犯罪主体专业化、年轻化

1. 犯罪主体专业化

涉众型经济犯罪作为经济领域违法犯罪活动，无论是非法集资还是电信网络诈骗，行为人为了取得被害人或投资人信任，蒙蔽被害人，提高犯罪成功率，都需要对经济活动、经济运行规律、企业组织原则、金融经营、行业政策法规有比较清晰的了解。随着经济发展变化加快，社会专业化分工越来越深入，涉众型经济犯罪的犯罪嫌疑人专业化趋势越来越明显。这种专业化趋势具有金字塔的结构特征，即越是上层专业性越强。

之所以形成专业化，一是犯罪组织内的学习培训，受犯罪获利的动力支配，越来越多的犯罪组织开始有针对性地培训，比如典型网络诈骗中的话术训练；二是多年来违法犯罪实践，形成了专业化的经验；三是有些违法犯罪人员本身具有相关专业背景或专业知识，比如有些案件中的高管或是有多年从事经济、金融行业的专业背景，或是经济金融专业毕业的高学历人员。

犯罪主体专业化趋势不仅使犯罪更容易得逞，使更多群众不明就里受骗，危害性扩大，同时，也给打击该类犯罪带来困难。一方面，犯罪的专业化给侦查、起诉、审判带来更高要求；另一方面，犯罪分子的反侦查意识和能力越来越强，侦查取证越来越难。

2. 犯罪主体年轻化

与其他刑事犯罪主体年龄结构分布比较广泛不同，涉众型经济犯罪主体整体上呈年轻化趋向，90后、00后均占较大比例。一方面，由于金融犯罪过程中信息技术的需要，犯罪主体呈现出年轻化的特点。深圳市龙岗区办理的胡某某等14人诈骗案中，被告人均为80后、90后，他们以高超的技术制作高仿的华为商城网站，并在百度推广平台将链接推送至搜索置顶。在消费者习惯性点击排名第一的网站并付款购买手机后，被告人便按照收货地址发送伪劣手机，或者根本不发货。另一方面，许多年轻人缺乏社会经验，法治教育缺失，对涉众型经济犯罪危害性认识不深，具有侥幸心理，从而走上了不法道路。

犯罪主体的年轻化会导致以下问题：一是打击范围控制问题。因涉众型经济犯罪的犯罪嫌疑人多数是年轻人，且有大量刚刚大学毕业走出校门的毕业生，他们具有较高学历，主观恶性不强，多为初犯、偶犯，有些人受蒙骗参与犯罪。因此，对该类犯罪群体的处理应当慎重。对骨干人员重点打击，对于一般参与者应采取非羁押性强制措施，防止交叉感染，同时发挥不起诉审前分流的作用。二是教育转化问题。该类群体大规模实施违法犯罪，凸显了法治教育缺失的问题。三是群体性事件问题。80 后、90 后的年轻人往往是家里的独生子女，父母不相信其培养的大学生走上了犯罪道路，难以接受这样的打击，容易非理性上访，给司法机关施加压力，要求无罪释放。四是防止再犯问题。鉴于年轻人人生观、世界观、价值观不断处于完善过程中，因此，释放后存在再犯问题，毕竟再犯成本低，法治教育惩罚性措施小，需要对该类人员加强法治教育，必要时进行跟踪处理。

（二）犯罪活动组织化

1. 共同犯罪人数多

涉众型经济犯罪案件不仅涉及被害人人数众多，犯罪本身也需要多人共同完成，每一起涉众案件犯罪嫌疑人均是多人。因此，共同犯罪成为涉众型经济犯罪案件最基本的形成方式。多人在共同故意支配之下，通过分工协作，共同完成犯罪行为。在近期涉众犯罪案件发展中，犯罪分工越来越细，如同社会化运作机制一般。组织结构严密，等级明显，通过组织形式进行管理。意思联络逐层下达，行为共同协助。

2. 运作公司化

为增强欺骗性和诱惑性，涉众型经济犯罪一般采取公司制管理模式和运作模式。在形式上，注册正规公司，有正规化的名头，看起来是一家金融公司。在管理上，设置财物、设计、电信、投资等部门，强化迷惑性，使投资人或者被害人易于相信，使参与犯罪人员打消疑虑。在运作模式上，借助公司化的运作方式加强管理，如下达犯罪指令，实施犯罪计划，分配犯罪提成等，均借助公司化运作方式有条不紊地开展。可以说，现代公司化运作方式是犯罪组织化在现阶段新的表现方式。

3.集团骨干幕后化

涉众型经济犯罪中，集团首要分子、骨干成员等主犯一般利用网络进行幕后遥控指挥，有的是单线联系，不仅效率高，而且难以侦查，容易导致证据链条的断裂。即使犯罪窝点被查处，主犯仍然逍遥法外，甚至继续从事违法犯罪活动。

犯罪活动的组织化特征给案件处理带来以下问题：一是侦查难度加大。在犯意联络上，可能采取单线性联系，缺少中间环节，导致对主犯主观故意认定的困难。二是罪责区分难度加大。共同犯罪，要区分不同作用、地位，且还要考虑在公司模式下职务行为的合理性。同时，在数额认定上，如何认定共同犯罪成立的范围也是不可避免的难题。三是在区分责任的基础上，如何控制打击面。

（三）犯罪行为网络化、隐蔽化

1.犯罪行为网络化

网络已经成为现代生活的一部分。犯罪分子正是利用网络的便捷性、非接触性、虚拟性进行犯罪。首先，宣传方式网络化。网络宣传更迅速、更立体、更到位，且在接受宣传与投资之间几乎不存在时空障碍，效果更加直接。其次，犯罪工具网络化。网络本身是一项智能技术，而犯罪分子多掌握网络技术，且洞悉相关缺陷与漏洞，往往能不留痕迹的攻击数据信息或网络系统，作案时间短、速度快。再次，犯罪手段网络化。在犯罪过程中，可以借助软件进行操控，比如设计软件进行买卖。最后，组织管理网络化。犯罪分子在奖金发放、资金管理、人员管理、指令下达、指挥操控等方面，利用现代网络通讯手段进行管理，更加迅捷也更加得心应手。

2.犯罪行为智能化和隐蔽化

犯罪分子在非法集资过程中，手法不断升级，犯罪活动更加隐蔽。比如，在与投资人签订合同或者协议时，不仅逻辑严谨，而且善于使用法言法语，具有迷惑性和很强的隐蔽性。

（四）犯罪手法多样化

1.骗局巧妙，难防范

（1）紧跟市场热点。犯罪分子往往利用新生事物，紧随市场热点，巧妙设置骗局，以新投资方式、新经济概念、新市场机制等方式诱骗社会公众投资。从原来以投资项目为名的非法集资向以证券期货、数字货币等新型项目为名进行集资、诈骗。

（2）手段变换升级，具有很强迷惑性和欺骗性。犯罪分子不断变换花样进行犯罪活动，普通人有时无法识别犯罪的本质。如以炒股理财、境外炒汇、黄金期货交易为名实施集资诈骗活动。

2. 以合法主体作掩饰

非法集资平台往往披着正规融资平台的外衣，通过发布投资标的、第三方存管和明确收益回报等手段，使投资者相信其投资款流向了可以创造收益的项目，但实际上，平台与投资者之间的信息并不对称，投资者无法确认钱款流向，更不可能发现投资款被侵吞和挪用等情形。例如杜某某、郭某某等人非法吸收公众存款案，犯罪嫌疑人为偿还公司债务、达到非法集资的目的，专门设立P2P平台，发布虚假标的吸引投资款项，用投资人的投资款来偿还公司债务和维持经营等。又如贵能担保公司、黄某非法吸收公众存款案，贵能担保公司利用其为国有控股企业的背景，先找网贷平台公司进行洽谈合作，后利用贵州景易烽贸易有限公司等14家虚假"空壳"公司的名义在网贷平台挂网募资，编造30个虚假网贷项目进行网上公开募集资金。

3. 借助主流媒体宣传

P2P互联网金融平台案件借着国家鼓励发展互联网金融的东风，在电视、网络等主流媒体上大量投放广告，营造合法、可靠的假象。例如"e租宝"系列案，犯罪团伙借助CCTV财经频道等电视台，通过访谈、广告的形式将平台包装成金融创新的实践者，利用电视台和所谓的专家公信力博取公众的信任。进行非法集资的P2P平台往往以保本付息、高回报、零风险的巨大投资收益来诱惑投资者，在房市限购、股市高风险、银行理财周期长且收益低的背景下，大量的投资者将P2P平台的投资作为最优选择。例如，代某非法集资案，平台推出15天至1个月的投资项目，承诺保本付息的年回报率高达8%，此类投资期短、投资收益远高于同期银行存款利率的投资项目，对投资者的诱惑力和煽动性极强。

（五）犯罪领域、侵犯客体多元化

1. 犯罪领域多元化

（1）非法集资涉及领域广泛、内容复杂、形式繁多，随着各类"爆雷"

事件频发，越来越多的非法集资手段浮出水面。从全国相关案件类型化结果来看，债权、股权、商品营销、生产经营是非法集资的四大高发领域。具体而言，有九种犯罪情景：第一，注册合法公司，拉国家政策作大旗，编造虚假的具有盈利前景的项目，如种植养殖、庄园开发、生态环保等项目，劝说受害者投资。第二，以不符合正常经济规律的高额回报率为诱饵，吸引受害人认领股份从而参与分红，以拉人头的数量相应地承诺足额兑现本息，但在非法筹集大量资金后携款"跑路"。第三，通过广告效应、曝光效应建立品牌权威和骗取受害者信任，如在权威平台投放广告、请名人站台、免费试用产品等，向被害人兜售各种形式的会员卡，等筹集到一定规模的"办卡"费用，集资企业员工纷纷"失联"。第四，设立线下连锁实体店铺，前期正常提供周到优质的产品与服务，等积累消费者信任和口碑后，开始商家联盟或加盟、商品销售或返租、会员发展或积分等看似正常经营的方式"盈利"，当资金聚集后，大批门店突然纷纷倒闭停业。第五，把新技术作为核心卖点，如"区块链""虚拟货币"等，夸大新技术的投资回报率，引诱受害者购买直接、变相发行的股票、债权等权利凭证，或者以期货交易、典当为名进行非法集资。第六，先利用网络技术建立线上电子产品，如"电子商铺""电子百货"等，再营造该种产品的市场需求旺盛，通过委托经营、到期回购的方式促使受害者掏钱购买该种电子产品。此类诈骗一般采用口口相传或线上宣传等方式，采取老带新、拉拢身边人加入等方式，迅速扩大集资规模。第七，分割热门资产的权利份额，如物业和地产等，向急于求购的受害人出售相应权限，筹集资金。第八，通过互联网设立投资基金，以常见的投资形式吸引被害人投资。第九，其他较为不常见的形式，捏造一个全新的概念如"电子黄金投资"，骗取被害人投资。

（2）电信诈骗领域。电信网络诈骗手段不断翻新、名目繁多、花样百出、无孔不入，让人防不胜防，严重影响社会成员之间的信赖感，已然成为"全民公敌"。从实际情况看，主要有以下诈骗手法和种类。第一，贷款诈骗，该类诈骗利用被害人急需资金，又无法通过银行等正规途径快速获取贷款的心理，谎称可以通过互联网进行贷款，过程中，不断要求被害人缴纳手续费等费用，骗取被害人钱财。第二，电话冒充他人诈骗，该类诈骗即是通常所说的"猜猜我是谁"类诈骗。犯罪分子冒充领导、客户、熟人身份，利用被害人出于社交礼仪不便核实的心理，骗取信任，以嫖娼、酒驾被抓、住院看病、打架出事、赌博输钱、骗取被害人财物。第三，网络赌博、六合彩骗局，该类诈骗冒充彩票客服人员，谎称可以提前预知开奖结果，通过微信、支付宝接受被害人投注，骗取财物。第四，网络冒充他人诈骗，这类诈骗中，犯罪分子利用网络空间的虚拟性，在网络上假冒相关人员，获得被害人信任后骗取财物。第五，信用卡套现、提额诈骗，这类诈骗中，犯罪嫌疑人谎称可以帮助被害人进行信用卡套现或者提高信用卡额度，骗取被害人验证码等信息，并利用信用卡账户及验证码取走被害人卡内现金。第六，网络购物、提供服务诈骗，这类诈骗利用电商、微商平台，以销售特定商品、提供特定服务为幌子进行诈骗。第七，网络招嫖诈骗，这类诈骗通过互联网发布招嫖信息，骗取被害人支付定金实施诈骗。第八，网络征婚交友诈骗，该类诈骗在电信网络诈骗犯罪中所占比例较高，利用网络婚恋平台，冒充老板或者漂亮女性，征婚交易，过程中，以各种名义骗取被害人钱财。第九，网络投资诈骗，随着社会经济发展以及互联网金融发展，人民群众投资理财需求旺盛，投资理财类诈骗也随之而来。该类诈骗中，犯罪嫌疑人以"合法"公司为幌子，设置交易平台，诱骗受害人进行投资，开始时让被害人获得一定好处，诱使被害人进行大额投资后，通过控制后台的方式更改后台数据，使被害人投资血本无归。该类犯罪往往打着理财的幌子，表面上是合法公司，从事的是合法业务，但实际上是不具备金融业务资质的犯罪团伙，隐蔽性强，被害人范围广，损失大，社会危害严重。第十，招聘兼职刷单诈骗，该类诈骗中，犯罪嫌疑人通过QQ与被害人取得联系，谎称虚假刷信誉兼职信息，接着以安排任务为由，骗取被害人点击网上支付，购买相关充值卡，后套取该卡的账号、密码等相关信息后，销赃获利，还以交纳违约金等形式要求被害人将钱转入其指定账户内。第十一，冒充公检法诈骗，近年来的普法宣传，人民群众对此类诈骗手段已经有所提防，并且2020年冒充公检法的电信诈骗犯罪案件数量有所下降，但仍然有群众受骗于该类诈骗中，该类诈骗影响公检法等机关的形象，性质十分恶劣。

2. 侵犯客体多元化

涉众型经济犯罪所涉人员众多，这些不特定人员具有不同的身份。首先，从诉讼中的地位看，至少存在三种身份。一是因犯罪行为遭受财产损失的纯粹被害人，如集资诈骗即典型网络诈骗中的被害人；二是财产遭受损失但依法不认定为被害人的投资人，如非法吸收公众存款的投资人；三是财产有损失但本身参与犯罪的人员，如组织领传销活动中的一般参加者。

因此，在不同案件中对不同身份的人员应有不同的处理方式。其次，从身份情况看，人员构成复杂，包含农民、工人、个体业主、职业经理人，甚至还有一些高学历知识分子、下岗职工、退休人员等弱势群体。最后，从抗击风险能力和投资诉求看，下岗职工、退休人员等弱势群体以及国家工作人员、公司企业人员的年龄结构涵盖老中青，有希望惩处犯罪分子的，有希望追回损失的，有希望对犯罪分子从轻处理以寄希望于承诺清退损失的等，诉求呈现多元化。

上述情况说明，社会上各阶层人员对于涉众型经济犯罪的诱惑性并无具体抵抗力，也就是说都有可能成为被侵犯的潜在对象。同时，这也说明该类犯罪具有严重社会危害性，容易引发不稳定因素。

（六）犯罪范围跨区域化

网络淡化了时空界限，建立于网络之上的涉众型经济犯罪也自然随着网络的发展突破了时空界限，突破传统行政区划及地理范围。跨地域化已经成为涉众型经济犯罪的常态，全国性的案件司空见惯。这种跨地域有两个方面。一是跨行政区划，但仍在一个法域之内。这既有犯罪分子随着网络化发展而达成的自然而然的结果，也有犯罪分子为谋求非法利益最大化而有意为之的行为，比如在某一地区设立总部，在全国各地设立分公司，实施犯罪的行为。二是跨地域或是跨境犯罪。一般来说，跨境犯罪是犯罪分子为逃避打击、逃避侦查采取的犯罪手法。比如，将网络服务器设在国外，主犯在国外操纵，指挥从犯在境内实施犯罪。这种手法常见于电信网络诈骗犯罪，近年来出现的虚拟币犯罪也多采取这种手法。

犯罪的跨地域性给打击惩处带来不少难题。一是给案件协调带来影响；二是影响侦查取证的效率和效果；三是给国际司法协作带来新的课题。

（七）犯罪危害后果扩散化

1. 侵犯被害人财产安全

涉众型经济犯罪涉案金额大、涉及面广、受害人多、危害辐射面广、危害影响深，在各种危害后果中，首要的就是对被害人或集资参与人的财产侵犯。涉众型经济犯罪侵犯的客体具有多重性，既侵犯经济社会秩序，也侵犯公民财产权利。从微观及个人角度来看，其所针对的犯罪对象是公民财产，其侵犯公民财产权利是最直接的犯罪客体。犯罪分子骗取款项后，进行挥霍或者转贷，案发时很难扣押到财物，被害人及投资人往往血本无归，财产安全和财产权利直接受到侵犯。

2. 影响社会稳定

正因此类犯罪的涉众性，每一个案件背后牵涉成千上万个社会成员，而他们背后则是成千上万的家庭。当被害人多年积攒的积蓄血本无归、付诸东流而追讨无望后，往往走上集体维权之路，有时演变为上访式维权和非理性维权，爆发不满情绪，诱发大规模群体性事件或暴力讨债等恶性事件。如被别有用心者误导、利用，则极易引发不稳定因素，影响社会稳定。

3. 影响经济金融安全

涉众型经济犯罪与经济发展状况、经济运行状况息息相关，不仅共生于经济、金融发展潮流之中，而且会对社会经济以及金融安全造成潜在威胁和影响。涉众型经济犯罪往往破坏金融监管和金融秩序，侵害金融机构信贷资金安全和金融经营秩序。

4. 影响社会信用体系建设

涉众型经济犯罪或多或少带有欺骗的性质和色彩，长此以往，导致社会公众对社会经济生活的可信性失去信任，增加社会经济运行成本。尤其是很多犯罪分子歪曲国家经济政策，欺骗社会公众，或者利用政府支持经济发展的契机，打着合法经营的幌子、发展经济的概念进行欺骗，将会导致政府公信力下降。案件进入司法程序后，由于沟通协调问题，以及法律适用问题，会出现相同案件在不同地区、不同司法机关、不同司法人员不同处理的现象，损害司法公信力。

第二节　涉众型经济犯罪办案难点

司法实践中的很多问题属于法律留白部分，这就给司法人员带来了不少法律适用的难题。如第一，一个行为涉及多个罪名时，如何界定此罪与彼罪、一罪与数罪？第二，一个行为跨越多个地域时，如何协商地域管辖问题？第三，发生诈骗网络虚拟财产等处于法律真空地带的违法行为时，如何认定罪与非罪？

一、犯罪审查认定难

（一）此罪与彼罪界定难

罪与非罪影响定罪问题，此罪与彼罪影响行为人的量刑。在涉众型经济犯罪案件中，经常存在此罪与彼罪难以区分的情形。

非法集资类犯罪是涉众型经济犯罪的重要组成部分之一，因现代经济具有复杂化的特征和趋势，非法集资类犯罪也有不同的犯罪类型，不同的犯罪行为手段、构成要件，危害后果也不尽相同，需要我们在实践中甄别适用。根据《刑法》和司法解释规定，非法集资类犯罪可能涉及以下罪名：非法吸收公众存款罪，集资诈骗罪，欺诈发行证券罪，擅自发行股票、公司、企业债券罪，组织、领导传销活动罪，非法经营罪，擅自设立金融机构罪等罪名。

关于此罪及彼罪的问题，需重点关注集资诈骗罪和非法吸收公众存款罪的界限以及各司法机关标准一致的问题。实践中存在同类型同样情节的案件，有的案件以非法吸收公众存款罪立案，有的以集资诈骗罪立案。罪名定性的问题有时候取决于侦查机关对这个问题的认识或者出于维稳的压力，同时也取决于办案人员的理解。笔者认为需要建立一个统一标准对此进行指引。同样情形同样判决是司法公正应有之义，也有利于实现法的指引和预测作用。

（二）单位犯罪与个人犯罪认定难

1. 问题的提出

实践中，为方便社会宣传，便于募集资金，涉众型经济犯罪往往采取公司化运作模式，从注册成立到经营管理、从对外宣传到犯罪实施、从资金吸取到利润分配都具有公司化的表面特征，为违法犯罪行为披上"合法化"外衣，以单位名义对外实施非法集资等活动。公司化的运作模式使得司法认定单位犯罪或自然人犯罪产生分歧。不同的定罪思路不仅影响承担刑事责任的犯罪嫌疑人的范围，也与犯罪嫌疑人的量刑息息相关，并且影响到涉案赃款赃物的追缴范围和程度，直接影响追赃挽损的实现程度和案件办理的社会效果。

2. 有关单位犯罪的法律规定

单位犯罪，也称为法人犯罪，我国1979年《刑法》未规定单位犯罪的概念。1997年修订《刑法》时，总则第30条明确规定了单位犯罪的概念，根据该条规定，单位犯罪是指公司、企业、事业单位、机关、团体实施的危害社会的法律规定为单位犯罪的行为。同时，《刑法》分则中一些具体个罪有了单位犯罪的规定。1999年最高人民法院《关于审理单位犯罪案件具体应用法律有关问题的解释》明确了单位的含义，并且对实践中出现假借公司名义实施犯罪如何厘清单位犯罪与个人犯罪界限问题，进行了明确。该解释第1条规定，刑法第30条规定的"公司、企业、事业单位"，既包括国有、集体所有的公司、企业、事业单位，也包括依法设立的合资经营、合作经营企业和具有法人资格的独资、私营等公司、企业、事业单位。第2条规定，个人为进行违法犯罪活动而设立的公司、企业、事业单位实施犯罪的，或者公司、企业、事业单位设立后，以实施犯罪为主要活动的，不以单位犯罪论处。第3条规定，盗用单位名义实施犯罪，违法所得由实施犯罪的个人私分的，依照刑法有关自然人犯罪的规定定罪处罚。为进一步阐述单位犯罪的含义以及明确处理原则，2001年，最高人民法院在《全国法院审理金融犯罪案件工作座谈会纪要》中规定，以单位的分支机构或者内设机构、部门的名义实施犯罪，违法所得亦归分支机构或者内设机构、部门所有的，应认定为单位犯罪。不能因为单位的分支机构或者内设机构、部门没有可供执行罚金的财产，就不将其认定为单位犯罪，而按照个人犯罪处理。同时指出，对于应当认定为单位犯罪的案件，检察机关只作为自然人犯罪案件起诉的，人民法院应及时与检察机关协商，建议检察机关对单位补充起诉。如检察机关不补充起诉的，人民法院仍应依法审理，对被起诉的自然人根据指控的犯罪事实、证据及庭审查明的事实，依法按单位犯罪中的直接负责的主管人员或者其他直接责任人员追究刑事责任，并应引用《刑法》分则关于单位犯罪追究直接负责的主管人员和其他直接责任人员刑事责任的有关条款。

3. 涉众型经济犯罪中单位犯罪问题

根据1999年中国人民银行41号文件《关于取缔非法金融机构和非法金融业务活动中有关问题的通知》，非法集资的犯罪主体是指未依法定程序经有关部门批准，实施以发行股票、债券、彩票、投资基金证券或者其他债权凭证的方式向社会公众募集资金，并承诺在一定期限内以货币、实物以及其他方式向出资人还本付息或给付回报行为的自然人或单位。由此，单位可以成为非法集资类犯罪的主体。

一般来讲，对于大多数行为特征比较典型的案件，应认定为单位犯罪还是自然人犯罪，比较好判断，争议也比较小，但实践中有些情况比较复杂，判断和处理起来比较困难。

第一种情形，集资人成立单位的目的是通过非法集资手段筹集资金进行项目经营，成立后也确实将筹集资金用于项目经营，该行为应当认定为单位犯罪还是自然人犯罪？对此，存在不同的观点和看法。一种观点认为，该行为应当认定为单位犯罪。理由是，集资人成立单位的目的以及成立单位后的主要活动都是经营项目，且都是以单位名义，为单位利益进行经营活动，因此，尽管公司成立的目的在于非法集资活动，但成立后存在经营活动，其在经营活动期间，进行非法集资的，应当属于单位犯罪。相反观点认为，这种行为不构成单位犯罪而应当认定自然人犯罪。因为这种行为符合1999年最高人民法院《关于审理单位犯罪案件具体应用法律有关问题的解释》第2条关于"个人为进行违法犯罪活动而设立的公司、企业、事业单位实施犯罪的，或者公司、企业、事业单位设立后，以实施犯罪为主要活动的，不以单位犯罪论处"的规定，其本质是个人为进行违法犯罪活动而设立公司，以公司名义实施犯罪，应当以自然人犯罪论处。该情形与单位成立时并未想通过违法手段募集资金，而是在后来经营过程中出现资金问题后，非法募集资金进行非法集资行为有所不同。实践中，对上述问题看法存在分歧，出现同案不同判的情况。

第二种情形，有的单位合法成立后，既有正常经营行为，也有违法犯罪行为，如何判断单位是否以实施非法集资活动为主要活动？根据上述司法解释的规定，个人为进行非法集资犯罪活动而设立的单位实施犯罪的，或者单位设立后，以实施非法集资犯罪活动为主要活动的，不以单位犯罪论处，对单位中组织、策划、实施非法集资犯罪活动的人员应当以自然人犯罪依法追究刑事责任。因此判断单位是否以实施非法集资犯罪活动为主要活动就成为认定单位犯罪还是自然人犯罪的关键。例如，在"一点科技"案中，犯罪嫌疑人实施犯罪的起点是2016年，但公司成立于2014年，该案现有证据未能体现该公司在成立的两年多时间以来是否从事非法活动，侦查机关也未能证明该公司是以实施犯罪行为为主或该公司的成立是以犯罪为目的，即从时间上纵向看，该公司并非成立后一直从事犯罪活动，从同一时间上横向看，该公司也并非主要从事犯罪活动。那么，在该案均以公司名义，在公司集体决策下吸收资金，所吸收的资金大多流向公司对公账户的情况下，是否可以认定该案为单位犯罪？笔者认为，在该公司的集资行为不满足前述司法解释规定的绝对排除单位犯罪情形规定的情况下，应当回归《刑法》关于单位犯罪的规定进行具体认定，一是犯罪是否以单位名义实施，是否体现单位意志；二是违法所得是否归单位所有，此特征是区别单位犯罪与自然人犯罪的关键所在。

第三种情形，关于单位意志问题，无论理论界还是实务界对此尚未取得一致认识。既然刑法将民法上拟制的民事主体"单位"纳入犯罪行为人范围，那么刑法对单位的定义应与民法一致，该主体的行为要在法律上对其进行评价，其行为才具有意义。一般来说，为本单位谋取非法利益或者以单位名义为本单位全体成员或多数成员谋取非法利益，由单位的决策机构按照单位的决策程序决定，由直接责任人员具体实施的，可认定为体现单位意志。[①]在涉众型经济犯罪中多以公司名义来进行犯罪，但以公司名义并不意味着该犯罪就是单位犯罪，而是应该评价该公司在犯罪过程中是否有独立意志的体现，是否由单位的决策机构按照单位的决策程序决定，其核心要点在于有决策程序。

第四种情形，关于总公司和分公司、母公司和子公司的认定。根据2019年《关于办理非法集资刑事案件若干问题的意见》，应当按照以下原则认定总公司和分公司、母公司和子公司的自然人或单位犯罪问题：（1）上级单位已被认定为单位犯罪，下属单位实施非法集资犯罪活动，且全部或者大部分违法所得归下属单位所有的，对该下属单位也应当认定为单位犯罪。此时，下属单位相关涉案人员应当作为该下属单位的"直接负责的主管人员"或者"其他直接责任人员"追究刑事责任。上级单位和下属单位构成共同犯罪的，应当根据犯罪单位的地位、作用，确定犯罪单位的刑事责任。（2）上级单位已被认定为单位犯罪，下属单位实施非法集资犯罪活动，但全部或者大部分违法所得归上级单位所有的，对下属单位不单独认定为单位犯罪。下属单位中涉嫌犯罪的人员，可以作为上级单位的"其他直接责任人员"依法追究刑事责任。（3）上级单位未被认定为单位犯罪，下属单位被认定为单位犯罪的，对上级单位中组织、策划、实施非法集资犯罪的人员，一般可以与下属单位按照自然人与单位共同犯罪处理。（4）上级单位与下属单位均未被认定为单位犯罪的，一般以上级单位与下属单位中承

[①] 张明凯:《刑法学》（上）（第五版），法律出版社2016年版，第135页。

担组织、领导、管理、协调职责的主管人员和发挥主要作用的人员作为主犯，以其他积极参加非法集资犯罪的人员作为从犯，按照自然人共同犯罪处理。

（三）犯罪数额确定难

1. 犯罪数额的含义及重要作用

犯罪数额是犯罪行为所侵犯的物质、价值形式，是犯罪行为社会危害性及其大小的重要外部表现形式，是犯罪行为客观方面的内容，是犯罪对社会关系侵害的最有力的见证。[①] 犯罪数额作为财产性犯罪中体现社会危害性的重要指标，具有重要作用和意义。一是判断是否构成犯罪的重要标准。涉众型经济犯罪多数属于数额犯，即以达到一定犯罪数额作为追诉的条件。如果达不到数额要求，该行为不能认定为刑事犯罪。二是确定法定刑档次的重要因素甚至是唯一决定性因素。《刑法》对不同罪名多设置阶梯性的法定刑量刑档次，以对性质相同但社会危害性后果不同的行为在量刑上和刑罚上作出不同的评价。对于数额犯而言，犯罪数额大小往往是决定法定刑档次的最重要因素。犯罪数额大，说明危害性大，应受惩罚性重，科以重刑的可能性就高。因此，犯罪数额对于犯罪嫌疑人的刑罚轻重具有重要意义。三是影响被害人或者投资人权利行使及权益保障。相较于关注对犯罪嫌疑人的定罪量刑，被害人或者投资人更关注追赃挽损情况。然而，追赃挽损的确定和实现是以犯罪数额的认定为前提的。只有犯罪数额认定准确了，被害人和投资人的财产权益才能得到法律上的保障。

2. 涉众型经济犯罪数额核实难、证据审查采信难

（1）数额核实确定难。涉众型经济犯罪案件不仅被害人人数众多，而且广泛分布在全国范围内。案件侦破以后，有些被害人或者对案件情况不掌握不了解，或者存在侥幸心理，希望嫌疑人继续经营以归还其本金，或者投入金额少，对此不上心。导致被害人没有及时报案，主动选择不参与刑事诉讼，被害人数难核实，导致犯罪金额难厘清。例如，罗湖区检察院办理的王某非法吸收公众存款案，即当时引起社会轰动的"e租宝"系列案件。根据后台数据显示，王某所负责管理的深圳分公司，投资者高达1500人之多，但是截至案件办理结束，仅有36名投资者报案，其余投资者数量

---

① 王凤磊：《金融犯罪研究》，中国检察出版社2008年版，第40页。

大、分布范围广,难以到案一一核实投资情况。此外,由于该类案件中,融资平台管理的不规范,导致后台投资数据的不全面、不准确。例如罗湖区检察院办理的王某、沈某非法吸收公众存款案,根据司法会计鉴定意见,涉案平台数据存在平台身份证号及银行账号信息空白或者不齐全的现象,目前证据无法核实是否存在真实投资者,因此该数据也存在不准确的可能。

(2)数额证据审查采信难。对于涉众型经济犯罪数额的认定,一般主要通过以下几种证据进行确定:被害人陈述或者投资人证言、犯罪嫌疑人及其同案犯供述、相关记账凭证等书证、审计报告。实际上,上述任何一种证据皆具有不完整性和易变性。如被害人陈述或者投资人证言,因被害人或者投资人出于自身利益考虑,存在夸大投资数额、损失数额的情况,或者因资金往来频密,记不清返利数额而导致申报不准确;犯罪嫌疑人则往往出于逃避责任动机,对犯罪数额避重就轻或者主张部分本金已经返还投资人。这就会导致言词证据之间存在矛盾,给犯罪数额的准确认定带来困扰。哪怕是资金流水以及记载的"账目"等书证,也存在记录不完整、不全面的可能。审计报告也不是万能和包打天下的,基础数据和材料来源于上述言词证据和书证,自然而然也会受到数据、材料准确性的影响。因此,在证据之间发生矛盾时,尤其是主要证据之间存在重大矛盾时,如何采信以准确认定犯罪数额就成为一个司法实践难题。

(3)共同犯罪数额确定难。涉众型经济犯罪案件不仅涉及资金量大,涉及人员多,而且从犯罪发生机制上看,往往是多人共同完成的共同犯罪。不同人员分工合作,在共同意思支配下完成犯罪行为。因为涉案人数多,分工负责内容不同,这就给在共同犯罪中地位作用不同的参与人员犯罪数额的认定带来难题。理论界中对于共同犯罪人员数额的认定有不同的观点,如分赃数额说、分担数额说、参与数额说、犯罪总额说、折中说等。[①]实践中,一般按照参与数额说确定共同犯罪人员的犯罪数额。具体来说,对于犯罪集团的首要分子,其犯罪数额按照集团犯罪总额来确定;对于首要分子以外的主犯,其犯罪数额按照其所参与的犯罪数额来认定;对于犯罪集团之外的一般共同犯罪案件,主犯的犯罪数额按照犯罪总额认定;对于从犯与胁从犯,犯罪数额按照其本人所参与的数额来认定。

以上认定符合共同犯罪责任承担原理,也符合一般人的认知,能够为

---

① 陈兴良:《共同犯罪论》,中国社会科学出版社1996年版。

专业人员及社会大众所普遍接受。但实践往往比抽象的理论复杂，除却主从犯的认定暂且不论，如何界定共同犯罪中的"参与"问题，对犯罪数额的认定有重要影响。比如，对于从事财务、技术等部门人员，如果按照其参与面来计算，应当对犯罪总额负责，但其并非犯罪的直接实行人员，即便根据其地位作用，认定为从犯，仍因犯罪总额巨大而在较高法定刑之上判刑，导致刑罚不均衡。再比如，有些电信网络诈骗犯罪和集资诈骗犯罪案件中，行为人采取团队运作模式，每个团队在公司共同意志支配下相对独立分别实施犯罪行为，但部分行为存在交叉，对该部分人员是否应当按照犯罪总额计算存在争议。

（四）借款企业推动立案导致法律适用难

司法实践中，部分借款企业为逃避债务，通过到政府、金融办或是经侦部门去信访、投诉、报案从而促使平台被立案侦查，导致网贷平台无法通过正常的民事诉讼途径追回借款，借款人或借款企业反而逍遥法外。这也是造成社会不安定、投资人损失的一个源头和重要因素。这里出现了一个悖论，明明平台的债权是可以覆盖应付债务，却因被立案侦查而导致债权无法实现，出借人投资无法收回，平台的高管被追究刑事责任，借款人或借款企业——真正的受益方反而从中脱离。

这给法律适用带来一定困扰。如果对平台立案侦查，则借款企业债务一般无法实现。但若对借款企业先行侦查，则导致对帮助犯先进行立案，而对实行犯先不立案，但是帮助犯都是在实行犯的基础之上成立的。

二、证据收集审查难

（一）证据量大导致收集审查难

证据是事实认定的基础和支柱，每一起法律事实的背后均需庞大的证据体系作支撑。涉众型经济犯罪无论从涉及面还是犯罪人数抑或犯罪数额，在刑事案件中都属复杂的犯罪类型。复杂的事实必然有更为复杂的证据体系，海量证据成为涉众型经济犯罪案件的标配，给侦查取证、提取固定、审查认定、举证质证等诉讼活动带来挑战。

1. 证据数量多

相比其他刑事案件，涉众型经济犯罪案件案卷少则几十册，多则上千册，宛如小山一般。除了大量装订成册的案卷之外，还有以T计数的电子数据。证据数量可谓无出其右者。庞大的证据数量给侦查取证带来不小冲击。加上涉案人员多、区域范围广，使得侦查机关需要耗费大量的时间和人力赴外地出差取证。有时为核实一个案件的金额及被害人人数都需要耗费大量的人力、物力和时间，在案件侦查初期，如何准确判断案件方向和取证重点，合理分配侦查资源至关重要。这不仅影响取证的全面性，而且还影响证据的质量。实践中，有的案件侦查资源紧张，在取证的规范性上就存在问题，存在着偷工减料或者省略程序的情况，导致这类证据合法性面临质疑。

2. 证据种类多

根据《刑事诉讼法》的规定，证据共分为八种：物证、书证、证人证言、被害人陈述、犯罪嫌疑人的供述及辩解、鉴定意见、电子数据、勘验、检查笔录。在一般的刑事案件中，并非所有的证据类型都会齐备，但仍然不影响定罪。在涉众型经济犯罪案件中，上述证据均需调取，而且数量都很多。比如被害人陈述可能有成千上万份，犯罪嫌疑人供述也有上百份，银行流水、通话记录等书证也是海量存在。因为不同种类的证据有不同的取证要求和取证程序，侦查机关必须按照《刑事诉讼法》的程序规定调取证据。

3. 证明事项多

涉众型经济犯罪案件社会影响大，疑难复杂，犯罪要件构成复杂，影响定罪量刑的因素多，为准确定罪量刑，必须对所有涉及该方面的证据全面取证。

为界定是否具有非法性，需要由金融行政主管部门根据其专业知识作出认定意见。

为区分罪与非罪、此罪与彼罪，需要调取犯罪嫌疑人的任职情况、职业经历、专业背景、培训经历、此前任职单位或者其本人因从事同类行为受到行政处罚或者刑事追究情况以及吸收资金方式、宣传推广、合同资料、业务流程等证据，结合其供述，进行综合分析判断。

为证明集资行为，需要调取平台公司的基本情况，人员架构，经营模式以及投资人入金、出金及返利的模式和操作流程，投资款的流向，如何宣传涉案项目，如何介绍他人投资项目，介绍了多少名投资人参与投资以及如何获取非法收益等。证明集资行为也就是涉案主体的经营模式，包括如何吸收资金（公开性）、向什么人吸收资金（社会性）、承诺投资回报的情况（利诱性），以及非法利益如何分配等事实的证据。

为证明是否存在资金池，需要调取涉案主体服务器数据和用于接收投资款的银行账号流水、审计报告。平台实际控制人、管理人员和财务人员的言词证据以及投资人的陈述证明投资人的投资款转到涉案主体控制的银行账户；用款方的证言，发标过程中形成的合同等书证，证明项目实际募集资金数额；用款方向平台请求付款的书证，平台支付款项的OA审批电子数据，证明平台实际支付给用款方的资金数额等。涉案主体挪用资金的证据与有关资金池的证据主要证明涉案主体存在归集资金、沉淀资金以及控制资金的事实。

为证明是否存在非法占有的目的，需要收集投资合同、宣传资料、培训内容等与实施集资诈骗整体行为模式相关的证据，资金往来记录、会计账簿和会计凭证、资金使用成本（包括利息和佣金等）、资金决策使用过程、资金主要用途、财产转移情况等。与资金使用相关的证据包含吸收资金所投资项目内容、投资实际经营情况、盈利能力、归还本息资金的主要来源、负债情况、是否存在虚构业绩等虚假宣传行为，是否存在明显超出经营范围或者夸大经营、投资、服务项目及盈利能力等。与归还能力相关的证据包含使用虚假身份信息对外开展业务，虚构融资项目进行宣传，订立虚假合同、协议，隐瞒资金实际用途，隐匿销毁账簿涉及欺诈等。通过审计核实资金的去向，查清是否存在将集资款用于生产经营活动之外的其他用途；是否存在肆意挥霍集资款的情况；是否将集资款用于违法犯罪活动；是否抽逃、转移资金或者隐匿财产等非法占有方面的证据，核实犯罪嫌疑人是否吸收资金后隐匿、销毁合同、协议、账目，或者搞假破产、假倒闭，逃避返还资金；是否携带集资款逃匿。

（二）电子数据收集审查难

1. 电子数据收集难

如前所述，涉众型经济犯罪具有明显的网络化特征和趋势，犯罪行为借助网络完成，因此，证明犯罪行为的证据也多以网络或者电子数据形式存在。传统刑事犯罪发生在实体空间，可实际感知的物证、书证较多；依托于网络媒介的新型犯罪发生在人工建造的虚拟空间，固定下来的证据以电子数据为主，加之智能手机的全民普及，证明犯罪主体、主观故意、犯罪数额等的证据大多以电子数据形式存在，实践中可能也仅能收集提取这一种证据类型，互联网金融犯罪中非法集资类案件更甚。

这对侦查取证提出了新的挑战。一是由于网络不受时间和空间限制，犯罪分子作案时间短、隐蔽性强，事后调取证据难度大；二是由于金融犯罪证据多为电子数据，收集时需要依赖强大的电子数据分析工具，而司法实践中电子数据梳理、分析、恢复与固定恰恰是侦查机关的薄弱环节。

与传统证据类型相比，电子数据有以下特点：

（1）电子数据数量巨大。海量的电子数据存在杂乱无序、数据之间关联度低、读取难度大、表现形式多样的特点，实际中如何取证、收集电子数据，从中快速查找、筛选出与案件问题有关的数据信息，分析、读懂电子数据的含义，再将其加工、转化为法律语言，是一个十分耗费精力的过程。

（2）电子数据虚拟无形。以二进制编码为基础的互联网所产生的电子数据不以实体形式存在，其储存、转移、复制与读取必须借由达到相应标准的电子设备才能实现。即使如此，电子数据从产生到读取的各个环节也有特定的问题。如对于一些服务器在境外的网站上产生的原始数据可能难以收集；特定类型的电子数据必须储存在具有相应储存条件的设备内，用相应的读取介质才能提取到数据；设置密码的苹果手机或具有相对封闭性的网盘，如果犯罪嫌疑人不供述真实密码或解锁方式，现有条件下侦查人员收集设备内部数据信息的难度较大；检索、复制转移大内存的海量原始数据需通过特定的技术手段和设备才能完成。

（3）电子数据不易保存。电子数据的数字性、虚拟性使得其易被专业技术人员篡改、伪造、破坏，即使是不懂技术的普通人也能通过格式化、人为损坏储存介质而达到删除数据的目的。由于前述网络犯罪主体的年轻化和专业化，如今的网络犯罪嫌疑人具有更强的反侦查意识和技术能力，频繁变更网络交易账号或作案网络平台、自动定期删除交易数据或备份后转存、案发后组织专人删除或转移电子数据等。由于判断、识别电子数据是否被伪造或篡改难度较大，也无可参照对比的副本，实践中办案人员难以判断电子数据的真实性等，往往需借助司法检验作判断。即使如此，技术支持也难以复原被篡改的电子数据或恢复被删除的电子数据。同时，侦查机关可能未认识到电子数据的不易保存性，在取证时未及时提取固定电子数据，错过有效取证黄金时期，导致数据被篡改或删除。

2. 电子数据审查难

（1）合法性审查问题。电子数据作为《刑事诉讼法》明文规定的证据类别,是涉众型经济犯罪中最重要的也是占主要部分的证据,其提取、固定、审查必须遵循法定的程序和法定规则。但司法实践中,由于侦查人员自身缺乏网络技术的专业知识而导致取证不及时、取证不完整、不规范操作的取证等,影响电子数据的证明力。公安侦查人员的计算机水平与实施相关犯罪的具有专业知识背景的犯罪分子相比往往是不及的,在取证的过程中一方面可能由于能力的不足容易造成取证的瑕疵,另一方面电子取证的各种不规范操作导致证据的证明力减弱,甚至不能被法院采信。

从具体司法实践看,取证不规范主要包括:取证程序手续不合法,如单人提取、提取过程未录像,没有制作说明,办案人员与检验人员未进行分离,微信截图的保管、提取、复制和收集过程未做说明,收集人员和检察人员未做分离,检材来源不明,远程勘验笔录没有被告人、见证人签字等。提取笔录的缺失,使得对于互联网电子数据收集过程的回溯以及对互联网电子数据的补强成为不能等。在庭审质证过程中,被告人及辩护人的证据异议,需要得到重视,确保证据的有效性。法院通过程序性制裁措施对无法补正的数据予以排除,宣告诉讼行为无效。追求真相的实体价值导向与程序正义导向存在纠缠,结果导向思维模式对真相的过分关注导致程序价值贬损。

(2)关联性审查问题。办案人员打开之后发现都是密密麻麻的账户往来记录、微信聊天记录、手机移动通话记录等,采用原始的数据罗列方式,有些要花费很大的精力才能明白其中原理,更别说其蕴含着的证据信息。在审查逮捕阶段,由于时间的紧迫性,承办人员如何在有限时间内完成对定罪证据的解读,是面临的难题。

此外,电子数据也必须在法庭出示,经过控辩双方质证。但海量的电子数据,如何在法庭上有效展示以证明其真实性、合法性,也是司法实践中的一大难题。

(三)证据分析认定难

1. 矛盾证据如何取舍

涉众型经济犯罪案件不仅证据众多,而且证据之间往往出现矛盾,既包括不同证据之间的矛盾,也包括同一证据前后之间的矛盾。以富有争议性、数额犯核心问题之一的犯罪数额的认定为例,既有动辄数十上百甚至成千人数的犯罪嫌疑人、被害人和证人的言词证据,也有大量繁杂的关于会计凭证、银行流水的书证、鉴定意见和电子数据等。按照常理，前者存在于利益角度不同的人的不稳定的记忆当中，后者是通过准确计算而制作的，很难得出整齐划一的结论，也不能想当然地认为书证、鉴定意见和电子数据的数额准确度比言词证据高，至于何者的数额结果最具真实性，这正是证据分析的作用空间。

2. 网络身份如何认定

互联网时代，网络参与人在互联网交往中都具有特定的虚拟身份或者网络身份，但网络身份与现实真实身份并非一一对应关系，一般会呈现出一对多的关系。即一个现实世界的身份对应互联网中多个身份，而这多种身份既存在于不同的网络平台中，也存在于同一个网络平台中。比如，集资参与人或者传销参与人就有可能在同一个平台上注册几个虚拟身份，并通过虚拟身份进行资金操作。在证据分析过程中，要准确认定虚拟身份或者注册账号数、会员账号数的数量和归属，就需要对网络身份进行核定。司法实践中，有的司法机关在身份去重方面做了很多尝试，如以身份证为单位进行去重，以电话号码为单位进行去重，以"身份证+电话号码"进行去重，以"身份证+电话号码+银行卡+微信支付+支付宝"进行去重等，但由于数据量大，数据掌握不全面，经论证，任何一种方式均无法达到百分之百的准确。这就给定罪量刑带来很大困难。

例如，对于组织、领导传销活动罪，目前司法解释的立案门槛 3 级 30 人，主要针对的是传统传销犯罪，但在网络传销犯罪中出现的不是人数，而是会员账号数，如何去除会员账号数中的虚拟身份，防止重复认定人数，准确认定发展下线人员的数量，实践中困难较大。注册会员账号数量并不等同于实际参与人员数，两者并非是一一对应的，可能是"一对多"即一个实际参与人员在网络背后操作支配着多个账号，也可能是"零对多"即很多不存在实际交易量或仅有小额交易量的账号不是由真实具体的人操作，俗称"僵尸账号"。一般而言，注册会员账户数比实际参与人数多，需对注册会员数去重。从电子数据等证据入手，确定注册用户数和账户资金流水要较确定实际参与人数容易，往往要结合其他证据从注册会员数筛选出真正实际参与人数。相应的，账户资金流水也并非为实际涉案金额，账户资金流水也较涉案金额多。某些金融平台的账户充值返利，重复循环的充值使得账户流水金额翻倍。法律规定应按照交易数额扣除已领回的利息。由于互联网非法集资涉及互联网接入、服务器托管、网络存储空间、通讯传输通道、费用结算、交易服务、广告服务、技术培训、技术支付、广告投放等各个环节,每个环节可能存在层层分包、由不同地区的不同主体运营,关系网络错综复杂,无论是一一核对确定实际参与人数还是涉案金额,具体操作工作量巨大且难度系数高。实践中常见的确定涉案金额的做法是,侦查机关依据审计统计法直接以交易数额确定涉案金额。

3.证明标准如何把握

我国刑事诉讼证明标准坚持的是"证据确实充分"的严格标准。根据《刑事诉讼法》第55条第2款,证据确实充分是指:(1)定罪量刑的事实都有证据证明;(2)据以定案的证据均经法定程序查证属实;(3)综合全案证据,对所认定事实已排除合理怀疑。涉众型经济犯罪案件证据体量大、数量和种类多,而且往往不完备。例如集资参与人达到上万人,但能到案进行询问的只有几千人,甚至几百人,且每一笔资金进出都对应着投资人、行情数据以及交易流程等海量数据,要做到数据一一核对、准确无误,不仅不现实,有时甚至是不可能完成的任务。因此,如果对数额认定坚持严格证明标准,在司法实践中则往往陷入困境。

为解决"定性+定量"模式带来的证明困境,实践中,有些地方已开始对"定性+定量"的证据标准进行区别认定:对"定性"仍强调"事实清楚,证据确实、充分",对"定量"则综合认定,达到"数据真实、信息充分"的标准即可。这些综合认定方法包括部分抽样取证、全案综合认定、等约计量、底线证明等证明方法。尽管综合认定方式在实践中具有可行性,但因其并非法定的证明方式,且尽管不影响定性但对"定量"有重大影响,其所证明的事实影响刑罚加重或者升级问题。如果这种概要性证明方法所证明的事实远远超出法定刑升级条件尚能避免争议,但如果所证明的数额位于法定刑升级条件的边界上,则会引发质疑。因此,在相关司法解释出台之前,如何使证明方法既有实践操作性又符合法律规定,是司法面临的难题。

(四)其他导致证据无法收集全面的因素

1.被害人陈述不尽

涉众型经济犯罪往往多人共同犯罪,行为人之间经常订立攻守同盟,突破口供比较困难,甚至少数犯罪嫌疑人为了逃避打击,故意隐匿、销毁会计账簿和其他书证,导致证据缺失。

2. 银行配合问题

司法实践中，存在涉案平台资金去向不明的情况，不利于案件侦办，也不利于追赃挽损。

银行流水、资金去向是金融犯罪核心证据。办案机关向银行业金融机构调取该类证据耗时耗力，往往出现经反复退查，有关证据仍不能提取到位的情况，严重影响案件办理进度。目前，深圳市公检法会签了《关于使用公安部违法犯罪资金查控平台、电信诈骗案件侦办平台、深圳涉案账户资金网络查控系统开展查询冻结有关工作的会议纪要》，明确了电子数据提取的程序、方式和法律效力。但在司法实践中仍存在司法机关与金融监管机关协作不到位，调查取证渠道不畅通等问题。

3. 互联网公司问题

涉众型犯罪多利用网络实施，作为实施犯罪的平台或者工具，或者网络犯罪的对象，网络证据尤其是电子数据，多数是向第三方互联网公司调取相关交易信息，如腾讯、阿里公司。在调取证据过程中，国内互联网公司比较配合，但国际互联网公司往往不愿意配合。在隐私权日益得到重视，配合义务难以短时转变的情况下，如何更好地收集电子数据是一个难题。

4. 证据共享问题

证据共享问题较为突出。涉众型经济犯罪案件普遍具有跨区域作案的特点，根据《刑事诉讼法》地域管辖原则以及司法实践，对于涉及多个省份的经济犯罪案件，一般由各地司法机关分别办理。各地公安机关往往仅侦办当地的案件，但当地的案件又与外省市的案件存在实质的关联，证据需要交叉运用，这就涉及证据共享和证据交换问题。实际上，完善的证据共享和证据交换机制不仅可以节约司法资源，提高侦查取证效率，而且还能够在客观上促进定罪量刑标准的统一，对于办理涉众型经济犯罪案件具有积极的意义。但实践中，因缺乏数据共享和交换机制，没有相关标准和要求，导致各自为政，分散了打击力量，给案件办理带来诸多障碍。

（1）重复取证，浪费司法资源。尽管跨区域案件由不同公安机关侦查，但因缺少证据共享机制，不同办案主体只能自行取证。这种重复取证不仅浪费司法资源，而且有时会给提供证据主体带来麻烦，甚至带来二次伤害。

（2）证据矛盾，不利于统一认定。在取证过程中，随着案件进展以及退赃情况的发展变化，先后时间提取的证据可能出现矛盾，尤其被害人陈述、投资人证言以及犯罪嫌疑人、同案人的供述等言词证据，会出现变化，导致证据之间发生矛盾，给认定带来困扰。

（3）证据残缺，影响定罪量刑一致性。实践中，检察机关在办理涉众型经济犯罪案件过程中，由于当地公安机关不能及时掌握案件主办地公安机关收集的证据，导致审查逮捕时，在认定该公司的架构设置、运行模式、资金去向及犯罪嫌疑人主观故意等方面存在一定困难。

（4）取证标准不统一，面临质疑。在分案处理情况下，不同地域公安机关均出于顺利办结自己侦查案件的考虑，且不同地区司法机关对证据规格和证明力的把握不一致，就会导致公安机关在取证过程中，取证方向、取证重点、证据规格、取证程序存在差异，这种差异的存在为日后诉讼埋下了隐患，有的会遭到质疑。

三、办案协调难

涉众型经济犯罪牵涉范围广，涉及人员多，案情复杂，打击、预防和治理都是系统性工程，需要司法机关、行政机关、社会组织、公民之间多方协作才能达到最佳处理效果。但在司法实践中，因主客观因素，相关协作机制不完善、有关司法对接不畅顺阻碍了对该类犯罪的有效打击和治理，案件办理协调难问题逐渐凸显，并已成为阻碍案件有效办理的因素之一。

（一）行政执法与刑事司法衔接不完善

涉众型经济犯罪是发生在社会经济领域中的刑事犯罪，是内生于经济生活土壤之中反过来又侵害社会经济秩序的违法犯罪行为。这就注定涉众型经济犯罪活动与社会经济生活密切相关、交织纵横，犯罪机理、行为机制具有一定的经济属性。从实践中案件具体情况看，一般来说，涉众型经济犯罪整个犯罪活动周期长、环节多、与经济活动关系紧密，平台注册、资金吸取、转移、经营运作等每一个环节孤立来看都是经济行为，对该行为的监管、规制涉及金融、工商、税务等众多管理部门。要实现"打早打小"、尽量降低社会不稳定因素的目标，每一个责任部门都应当成为打击治理该类犯罪的参与者，而不是旁观者，必须加强部门联动，多部门协同合作。但司法实践中，行政执法部门的行政执法工作与刑事司法工作协助互动机制不够完善，相关措施还没有完全保障到位，部门联动机制尚未全面形成，打击犯罪合力无法充分发挥，导致打击效果不够理想。例如，因受限于专业知识、信息资源及时全面程度以及工作机制，公安机关对涉众型经济犯罪的侦查受理具有一定的被动性，一般来讲，只有被害人或者投资人报案之后，公安机关才掌握该类犯罪行为，才有可能进行立案侦查。但实际上，因前期投资人损失较少，有的不会遭受损失甚至有所盈余，即使明知平台或者行为人是违法犯罪行为，也不会选择报案。往往在平台已经发生资金链断裂、出现挤兑、无法返还投资人投资时，被害人才会到公安机关报案，而此时已经错过最佳止损时机，案件陷入被动状态。实践中，受认识水平及专业能力限制，存在个别行政执法部门或行政执法人员没有认识到属于刑事犯罪而未移送公安机关立案侦查的情形，导致打击犯罪进程中断。

此外，在证据收集提供上，个别行政机关对于公安机关提请对涉众型经济犯罪的犯罪性质认定不够及时，影响案件侦查和诉讼进程。尤其对于异地取证、需要有关部门配合协作的，公安机关往往面临手续繁琐、程序较多等问题，影响取证效率和取证质量，进而影响案件办理进程。

（二）跨区域犯罪的管辖难

涉众型经济犯罪属于典型的跨区域犯罪，犯罪嫌疑人为扩大规模，吸引更多投资者投资，一般在某个城市设立总公司后，在全国多地设立分支机构，犯罪行为自然延伸到全国范围内。根据《刑事诉讼法》地域管辖原则，通常犯罪行为发生地的司法机关对案件具有管辖权，负责所在地犯罪人员的侦查、起诉和审判。但随着案件规模、难度的增加，案件管辖碰到了新的问题。

1.诉讼进程不一致

管辖不同导致案件处理进程不统一。因为分属不同地方管辖，总公司和分公司的涉案人员侦查、起诉、判决的时间肯定不能完全统一，且各地取证方式、办案方式的区别，可能导致最后涉案人员的处理不能完全统一。

2.司法标准不统一

对于跨多省、市的案件，如何能够做到罪名统一或量刑均衡是目前跨区域管辖面临的问题。近年出现许多跨区域的非法集资大案，各地侦查机关分别立案侦查，分别诉讼，其中有一些案件在侦查取证的过程中，在证据交换的过程中，在适用法律过程中以及在确定打击范围和赃款物的处理过程中均出现一些问题，给案件的侦办、起诉和审判带来不同程度的困难。实践中，有的集资诈骗案件涉及十几个省份，但是实际立案的只有部分少数省份，甚至出现个别涉案人员的金额比在案嫌疑人的参与金额高，但并没有立案。又或者是在 A 地以集资诈骗罪立案侦查，而同样的事实，在 B 地又是以非法吸收公众存款罪立案侦查的。跨区域管辖引发的上述问题值得关注和认真研究。

3. 移送原则不统一

在总公司、分支机构人员均被抓获的案件中，人员的管辖不尽相同。如王某民非法吸存案件，广州分公司人员在广州起诉，深圳总公司人员在深圳审查起诉。而厉某辉等人非法吸存案件，公安机关将广州总公司的人员与深圳分公司人员，一并移送深圳市南山区检察院审查起诉。

4. 浪费司法资源

管辖不同不能及时整合司法资源。不同案件管辖地的侦查人员均出现全国各地取证的情况，且常常就同一个证据重复取证，造成一定程度的资源浪费。

（三）跨区域司法协助难

司法实践中，作案率较高的专业金融犯罪团队常常将涉案计算机服务器置于其他辖区甚至境外，在骗取被害人钱财后，他们往往会立即将钱财转移至其他辖区账户甚至是境外的账户，一些涉案主犯更是为了躲避抓捕常年藏身境外。深圳毗邻香港，这种现象尤为常见。在犯罪主体规避司法责任意识如此强烈的情况下，如果没有区域之间的良好合作，很难追究犯罪主体的司法责任。但在现有机制下，跨区域司法协助并不顺畅，既不能有效遏制犯罪，也无法挽回被害人财产损失。

以跨境的犯罪团伙作案为例，当境外相关机构的司法协助缺失，内地司法机关根本无法行使职权来调取关键证据，也不能对涉案财物采取冻结等强制措施。再以内地区域之间协查犯罪嫌疑人微信在线轨迹为例，协助方仅协助完成基本的查询任务，不会对涉案轨迹进行深层次的追踪和分析，对案件侦破所起的作用有限。

（四）司法机关协作难

根据刑事诉讼理论和文本规范，公检法三机关在刑事诉讼中各司其职，公安主侦查，检察主逮捕、起诉，法院主判决，在诉讼过程中相互制约相互配合。但在司法实践中，基于立场和定位不同，相互配合主要体现在根据诉讼程序被动性的配合,这也为各自保持独立、确保《刑法》正确实施、保障公民自由创造了良好条件。但是在涉众型经济犯罪案件中,这样的配合远不足以达到处理好该类犯罪的目的和效果。因涉众型经济犯罪涉及追赃挽损、平息诉求、分化打击、共同预防等方方面面任务,需要更好的协调配合机制予以保障。

1. 意见分歧

实践中,不同司法机关、不同司法主体对事实证据把握、对案件整体认识、法律理念不同,存在着对案件定性、涉案人员处理、赃物处理意见不一致的情况。意见的不同,导致处理结果的不一致,致使案件不能得到及时处理或者及时审结。

2. 难以兼顾法律效果与社会效果

涉众型经济犯罪案件牵涉面广,社会影响大,焦点突出,维稳压力大,有时很难在法律效果与社会效果之间达到有效统一与平衡。案件往往到了后期矛盾越积越多,更加难以处理。有些问题不能及时解决,加之《刑事诉讼法》的惯性,导致后续处理受制于之前的处理情况,程序来回反复不仅延误打击处理时机,更浪费有限司法资源,影响办案效果。

另一个问题是立案难,涉众型案件通常存在多个犯罪地,公司所在地、合同签订地、转款地、被害人所在地分布各省,可能导致侦查机关互相推诿,被害人难以维权的问题。

3. 答复口径不统一

涉众型经济犯罪案件比较复杂,案件处理和案件诉讼一般周期较长,被害人或者投资人关心自身利益,需要办案机关对其诉求予以答复。但不同诉讼阶段、不同司法机关掌握的信息和案情并不完全一致,且各自均基于自身立场,仅能根据所掌握的信息和资源进行答复。有时前后答复不尽一致,不仅给后续机关处理带来难题,更会使当事人对司法公正产生怀疑。不同答复意见在投资者之间流传,损害公正独立的司法公信,妄加猜测和猜想的空间,对后续办案形成重重障碍。

四、案结事了难

(一)诉讼周期长,案件一次性终结难

诉讼的确定性、判决结果的可预测性是司法的宝贵价值,相反,久拖

不决、诉讼不断变更、长期处于未决状态，无论对于当事人还是对于社会公众而言，都会使人对程序正义产生质疑，也不利于保障当事人的利益和权利行使。

1. 诉讼周期长

涉众型经济犯罪涉及范围广，涉案当事人众多，案情复杂，事实证据繁复，侦查周期长，侦查机关难以在短期内侦查终结。随着侦查、逮捕、起诉、审判等诉讼程序逐次深入，越来越多的被害人报案，也会不断有犯罪嫌疑人归案，导致犯罪事实一直处于一种变动状态，涉众型经济犯罪案件从立案侦查到裁判生效移送执行往往需要经历更长的时间，诉讼长期处于未决状态。

2. 平衡效率与公正关系难

效率是司法的重要价值目标，迟来的正义非正义。但对于涉众型经济犯罪案件，追求效率有时与维护公正相矛盾。对于涉众型案件，求真的冲动要求查清全部事实，一并提起公诉，符合一次性处理原则，符合司法程序。但实践中，这只是理想状态。一方面，由于诉讼期限的制约，不可能无限期等待被害人报案或者嫌疑人归案，有损当事人权利保障。另一方面，要一次性查清全部事实是不可能完成的任务。因此，现实的无奈只能导致分批起诉，即对后续事实和嫌疑人追加起诉。但这种另案处理或者追加起诉的方式会导致诉讼资源的浪费，实际上是类似事实的重复起诉。原本可以一并处理的案件被分案侦查、分案审查、分案审理，严重浪费司法资源，且不利于保护当事人的权利和利益。对于被告人，分案起诉可能导致同种数罪并罚判处较高刑期，突破法定最高刑的限制。对于被害人，可能导致后续报案的被害人无法分配到扣押冻结的涉案财产。无论哪种情形，都不利于当事人权益的保护。

3. 事实认定难

构成犯罪事实的基础证据、当事人的变动状态，因此犯罪事实的认定永远不是案件全貌，全面客观认定事实成为一种奢望。尤其是，有时事实的认定影响罪与非罪、此罪与彼罪、刑事责任大小的认定。面临一定认定风险，导致法的不稳定性和不可期待性。

4. 面临诉讼风险

因起诉时只是整个犯罪事实的一个切面，大多数情况下，不会出错，但不排除个别情形下，因证据发生变化导致原来认定的事实发生错误。这样就面临撤回起诉或者无罪风险，发回重审等。不仅浪费司法资源，而且也有损法的稳定性与严肃性。

（二）涉案金额巨大，追赃挽损难

追赃难是办理涉众型经济犯罪案件的"老大难"问题，也是老生常谈问题。涉众型经济犯罪案件的追赃问题涉及众多被害人和投资人的切身利益，因此，该类犯罪的财产认定、追索和处置，不仅影响着犯罪主体的刑罚裁量，也关系着每一个集资参与人的利益，是办理涉众型经济犯罪案件最敏感、最棘手的问题，也是此类案件能够达到案结事了的关键。涉众型经济犯罪案件追赃挽损的实现程度往往决定案件办理的效果，追赃挽损到位了，则案件处理压力小，处理空间大，办案效果不证自明。否则，案件处理陷入困境。现实中存在以下困境：

1. 无赃可追

追赃挽损是办理涉众型经济犯罪的最高境界和最高追求，但前提是有赃可追，或者涉案财物被扣押在案，或者涉案资金被冻结在案，或者犯罪嫌疑人有能力退赔，或者犯罪嫌疑人拥有债权并能够实现，或者其家属有能力有意愿退赃。舍此之外，无赃可追的现实困境就会形成巧妇难为无米之炊的办案尴尬。例如，张某非法吸收公众存款案，共有1000余名被害人投资约1.4亿元本金无法收回，而案发后司法机关能冻结追缴到的款项不足30万元。涉众型犯罪案件类似情形比比皆是，主要有以下原因：

（1）人在财空，财产保全难。涉众型经济犯罪案件的追赃挽损率皆较低。绝大多数案件案发时，非法集资所得资金基本已经被用于投资转贷、风险经营一时难以追回，或者非法转移、供犯罪人员挥霍一空，后者更是追赃无望。扣押、冻结、追缴的资金数量十分有限，难以有效合理分配、足额或大额退回人数众多、投资数额巨大的受害者。此种情形下，部分受害者心灰意冷、自认倒霉，部分受害者转而企图寻求法律之外的渠道解决此事，如集体上访、制造网络话题和舆论热度，引发上级部门关注，成为社会不安定因素。

现代信息社会网络和信息传输发达便捷，犯罪分子往往采取组织化方式实施犯罪，人员和地点、资金分离。案发后，幕后的实际控制人、高管，可能早早潜逃国外，转移资产，公安机关甫一侦查，幕后操纵者就已经将财产进行转移。

另一方面，有些案件立案难直接导致侦查机关无法及时采取冻结、扣押、查封的手段保全涉案赃款物。有观点认为可以将对犯罪嫌疑人采取强制措施与保全涉案赃款物分开处理，公安机关在案件出现苗头的时候先保全部分财产，可以参考电信诈骗案件的止付措施，在抓人之前先保全财产，防止财产被转移、挥霍。但是，对财产采取上述措施一般应当以立案为前提，且对案件定性和侦查有一定把握，否则，会导致权力滥用，损害公民个人自由，侵犯公民财产权利，影响社会经济发展。

（2）财产变现和债权回收难以实现。部分被告人、犯罪嫌疑人及其家属愿意将非涉案财产进行变现，且有退赔被害人的意向，但是非涉案财产一般也在立案之初就被查封、冻结了。这里又存在一个悖论，财产要等待案件判决生产后才知道是否涉案，才能决定是否解封；但若不解封，又无法变现退赔。有的案件，公安机关会对公司的高管，如 CEO、财务经理或是总监采取取保候审，让其去处置公司的牌照和股权等。但即使这些人被取保了，他们也会因财产、股权被查封而无法变现退赔，这就陷入了僵局。另外，有些资产明明可以收取租金或者保值、增值转让，但因资产的期限性、缺少挛息的维护，导致资产贬值或是彻底失去价值。

尽管有的平台对借款人拥有债权，但在平台"爆雷"、犯罪嫌疑人被抓捕后，许多平台的借款人看到这种情况，就可能不还钱或者未能找到途径及时偿还债务。在此种情况下，如何收回平台债务以退赔给被害人？在实践中，犯罪嫌疑人的家属或者一些担保公司，愿意吸收被害人的债权，希望能够及早清偿债务，但是公安机关却不允许这种操作，而是希望将此类资金放入对公账户中。此外，这种行为相当于优先受偿，也会侵害其他被害人的权益。如何平衡被害人之前的权益关系，也是债权变现和追索要考虑的问题。

（3）向投资人及家属追索难。我国《刑法》第 64 条规定："犯罪分子违法所得的一切财物，应当予以追缴或者责令退赔；对被害人的合法财产，应当及时返还；违禁品和供犯罪所用的本人财物，应当予以没收……"刑事实务中的涉案财物概念指犯罪分子违法所得、违禁品和供犯罪所用的犯罪分子本人财物，而非司法机关查封、扣押、冻结在案的全部财物；赃款、赃物即违法所得，主要指通过犯罪行为所获取的财产利益，此种财产利益属于被害人的合法财产，应当依法追缴返还被害人或者责令退赔。2014 年发布的"两高一部"《关于办理非法集资刑事案件适用法律若干问题的意见》第 5 条规定:"向社会公众非法吸收的资金属于违法所得。"同时该条文还列举了认定违法所得的几种具体情形,包括以吸收的资金向集资参与人支付的超出本金的回报,以及向帮助吸收资金人员支付的佣金等费用,将非法吸收的资金及其转换财物用于清偿非法债务或者转让给非善意第三人等情形,明确指出上述财物应当依法追缴。实际上前期有部分投资者不仅没有亏损反而还获利了,根据上述司法解释的精神,公安机关应当作为追缴这部分获利款项的责任主体,追缴后将这部分款项放入对公归集账户中,后期再由法院执行。有些被告人会将犯罪取得的财产放到亲属名下,这同样也属于应当予以追缴的款项。但实践中,很难进行操作。对犯罪嫌疑人家属财产进行审查没有法律依据,这加大了侦查机关追赃工作的难度。

2. 立案前后清退钱款问题

平台"爆雷"后,犯罪嫌疑人一般均被羁押,没有办法处置财产和对外主张债权。甚至有些民事判决已经生效了,只需要申请强制执行就可以了,但是因为被告人被羁押,难以对接相关诉讼、申请执行等资产处理工作。同时,有些公司或个人并非完全从事非法业务,也有正常合法的业务,通过合法业务获得的合法收益可以用来弥补被害人的损失。这部分极大可能被立案侦查的犯罪嫌疑人,可在立案前积极退还钱款,达到免予立案侦查或者适用非羁押强制措施的目的。这实际上是认罪认罚从宽制度在立案前的适用问题。

为维护社会稳定,近年来,部分检察机关和公安机关对非法集资案件采取"治疗式"打法,如果涉案平台存在可清退资产,涉案人员具备一定偿还能力且有清退意愿的,可在立案后对涉案人员采取非羁押强制措施,督促其积极清退集资款,此做法提高了追赃挽损的效果。但这里有需要进一步理顺的关系和面对的风险:一是认罪认罚从宽制度能否适用在立案侦查之前,并无法律根据;二是对于犯罪数额巨大的集资人员,可能判处刑期超过十年,对其采取非羁押性强制措施是否符合法律规定也存在疑问,如果采取羁押强制措施的话,犯罪嫌疑人不仅在行动上难以变现财产,尤其是固定资产及不动产等,心理上也可能产生一定变化,不再愿意积极退赃;三是实践中还存在涉案人员为了完成清退工作另行成立新平台非法集资的风险。

3. 判决执行难

执行难不仅体现在民事诉讼中,也是涉众型经济犯罪中的难题。判决

涉众型经济犯罪办案重难点破解

确定了，但是因各种因素无法执行，被害人或者集资参与人的财产权益就无法得到保障，形式上挽回损失了，但实质上没有挽回损失。之所以产生执行难问题，除了无赃可追之外，还有以下几个原因：一是刑事财产执行追缴主体不明确。如果将法院执行局作为最后的追缴主体，则会存在一个很大的问题，即执行与审判脱节。如果由公安机关牵头负责，目前没有操作规范和法律根据。二是追缴数额不清晰，有的判决书并未列明被害人的损失金额，而审计一般将重点放在吸收的资金，即投资本金上，对于最后的损失金额不够明确。有一部分投资者所收取的利息已经完全可以覆盖了其本金的损失，有很多是重复投资的，但审计报告中有的未完整列明损失金额，被害人也不清楚他剩下未归还的本金是多少，这种情况应如何处理，给实践带来困扰。

4. 追赃挽损配合机制不健全

平台案件涉及资产众多，待返还的集资参与人数也多，仅靠法院执行部门无法完成资产处置工作，不利于执行阶段的资产处置。追赃挽损工作必须多部门协调配合，但实践中，进入司法程序的追赃挽损工作与行政查处阶段脱节，平台良性退出阶段金融监管部门联合第三方律师事务所、会计师事务所开展了大量集资款清退工作，进入司法程序后，追赃挽损工作与金融监管部门衔接不顺畅。

（三）群体性事件隐忧，矛盾化解难

涉众型经济犯罪的经济性和群体参与性，在很大程度上使受害人不但不能获得犯罪嫌疑人事前承诺的高额回报，还可能损失投入的巨额资金而聚集在一起合作维权。当人群聚集在一起，个人隐没在群体之中，就可能出现由于法不责众、聚小成大等原因产生正常司法途径之外的群体性事件，在引发关注的同时也可能激化矛盾，无助于问题的实际解决。

1. 当事人矛盾内部化

无论是《刑法》哪一章节的涉众型经济犯罪案件，无论针对的对象是被害人、投资人还是参与人，都涉及当事人财产权利的保障。挽回损失是当事人最重要的诉求。但当事人参与时机、退出时机、参与程度、追回损失大小等不同，出于自身利益考量对案件处理有不同的意见。被害人态度对立化、矛盾内部化、诉求多元化已经是涉众型经济犯罪案件的常态。

一般涉案当事人两极化明显，大多吸存行为的受益方，主张为涉案公司及人员求情；利益受损方，则会要求司法机关查明事实、严惩罪犯。而随着案件的不断推进，受益方或受损方内部也开始不断分化，出现各种不同诉求，并且因为诉求不同而相互拆台。有的主张从轻处理甚至释放，存在侥幸心理，希望给他们时间和机会去实现退赃的承诺。涉案当事人内部利益分化造成诉求多样化，带来接访数量增加、接访内容增多、反复信访、向司法机关施加压力等，形成新的不稳定因素。

被害人不同的主张和诉求，反映在刑事诉讼的方方面面，如在办理融资城案件中，被害人分为三个派系，分别是"自救联盟""投友会""中间派"。对举证方式、权利、告知、数额、没有将材料递交法院、回避等，均提出不同主张，而不是具有共同的利益主张。

2. 无理要求无法满足

（1）要求政府弥补其损失。有些投资人或者被害人还提出由政府对其进行经济补偿的要求。实践中，有部分当事人认为，行政机关监管不力、司法机关打击不力，加之有些集资人通过官方媒体作虚假宣传，欺骗政府相关部门人员考察公司，当事人认为自己受损是政府的责任，要求政府弥补经济损失。个别案件中，有关政府部门的监管职责也存在不到位的现象。被害人借此将矛头指向有关政府部门，希望通过集体上访的方式向政府施加压力，要求政府为其损失买单。

（2）要求司法机关弥补损失。部分受害人进行错误归因，认为是司法机关羁押犯罪嫌疑人或被告人导致企业或项目经营难以为继，从而导致自己的投资未获收益反遭损失。这类受害人寄希望于集体行动，如制造社会舆论、到司法机关门口聚集等方式，向司法机关施压，影响其职务行为，使得犯罪嫌疑人或被告人尽早获释，以便继续"经营"其公司或项目。

3. 司法诉求信访化

案件当事人在刑事诉讼过程中，通过正当途径向司法机关反映情况、表达诉求是其行使诉讼权利的表现。正当的司法程序不仅允许这种方式而且要保障权利行使。鉴于已办结的涉众型经济犯罪案件的大数据结果，此类案件的追赃挽损率较低，一些受害人自行认栽、放弃维权，一些受害人对追赃概率心知肚明但不轻言放弃，仍尝试一切可能挽回损失的方式。尤其是一些法律专业人士具有较高的法律理论知识和司法实务经验，在长期而又艰难繁冗的维权过程中，逐渐从理性维权偏移到非理性维权的轨道上，开始信奉"小闹小解决、大闹大解决、不闹不解决"的错误观念。

在涉众型经济犯罪案件中，被害人表达诉求的方式除了个人的个体行为外，往往演变为众多被害人的集体行为，具有很强的组织化特征。非法吸存案件的涉案当事人多，分布在全国各地，主要通过来访、来电、来信、网络等方式反映问题、主张诉求，人员"多而散"。但涉众型经济犯罪案件不同，被害人在进行所谓的投资时，往往通过熟人之间的介绍推荐，相当部分案件属于传销类犯罪案件，因此涉众型经济犯罪案件的被害人之间往往相互认识，从而促进了被害人之间的相互联络。

有组织的集体上访蕴藏着引发群体性事件的各种诱因，随着事态发展，如果矛盾没有处理好，处在不断发酵升温过程中，只要一点导火线，就有可能导致群体性事件爆发，给社会稳定带来不安定因素。

近年来，信访除了具有组织化特征之外，还有多头化倾向。涉案当事人除了向承办案件的基层检察院信访，同时向省检察院、市检察院以及市区两级政府部门信访。信访多头化一方面扩大了案件的影响范围，使得维稳压力增大；另一方面，因为信访件最后仍会由办案单位具体承办，并需及时、全面地回复相关单位，在接访环节上所用的时间和精力增加。

4. 社会影响大，舆情扩散风险高

P2P平台非法集资案件卷入的被害人人数众多、金额巨大，在办案实践中被害人告知和核实案情工作量大，且被害人中老年人、风险承受能力弱的投资者甚众，容易引发群体性事件，舆情风险极高，并易被别有用心的境外媒体渲染误导。据了解，在办理"融资城"案件过程中，自救联盟的人员曾到最高检上访，有领导人在深圳期间，自救联盟的人员曾预谋进行拦截并表达诉求。此外，自救联盟的人员到香港接受相关媒体采访，采访内容已由香港报纸刊登并发行。

5. 干扰司法

（1）骚扰攻击司法工作人员干扰办案。实践中，被害人或者关心办案进度、处理情况，或者不断反映情况，或者出于给承办人施压考虑，不停打电话了解，或者邮寄申请诉求。由于人数众多，在时间上以及在案件办理上极大干扰承办人办案。"融资城"案涉案人数众多，被害人多次上访，在社会上引起广泛关注。部分人员通过"围堵大门喊口号""互联网发帖""直接骚扰、威胁案件承办检察官、法官"等方式干扰司法机关办案。司法机关如何正确、理性地处理上述情况是办案的难点。

（2）无根据举报承办人影响办案。如在办理"融资城"案件中，不同派系的被害人和投资人不断重复对承办人进行举报,达数十次之多,内容不一而足,但经审查,举报内容纯属虚构,要么道听途说、要么胡编乱造。但有举报就必须进行核查,必须进行回复,不仅干扰承办人正常办案,也浪费了大量司法资源。更有甚者,有当事人给办案人员造成人身威胁。在办理"融资城"案件中,除受到当场威胁、辱骂、信息轰炸等骚扰威胁外,公诉人在法庭上还多次遭到部分旁听人员的辱骂以及侮辱,在法庭外遭到部分旁听人员的围攻和威胁,人身安全存在隐忧。

第三节 涉众型经济犯罪案件难点应对策略

一、难点应对应树立的理念

(一)树立服务大局理念

刑事案件作为社会矛盾在司法领域的体现,不仅涉及当事人个人的权利与义务、财产与自由等关系,而且还涉及社会的稳定、国家安全。涉众型经济犯罪涉及范围广、涉及人员多,案件的处理结果直接影响到社会和谐稳定,影响到系统性金融风险的防控和国家金融制度的安全,司法决定的标杆作用也直接影响到公众的行为。这就要求司法机关在办理这类案件过程中,必须统筹兼顾,牢固树立服务大局意识,案件办理不仅要追求好的法律效果,还要追求更好的政治效果和社会效果,防止将案件办成"事件"、酿成"事故"。

(二)坚持法治理念

法律是评判是非曲直的准绳。涉众型经济犯罪涉及利益错综复杂,承办人面临来自犯罪嫌疑人、被告人方面,被害人、投资人方面,侦查机关、审判机关方面以及行政机关方面的各种压力,如何妥善应对和处理这些不同的诉求和要求,不仅是对检察官办案能力和司法智慧的考验,而且还是对检察官压力承受的检测。检察官要处理上述矛盾,平衡好利益诉求,必须坚守法治理念和原则。在办案过程中,坚持法治思维和法治方法,做到以事实为根据、以法律为准绳,认真审查事实,正确把握和适用法律,做到证据的采信、事实的认定、罪名的认定、赃款赃物的退还严格按照证据和法律。坚持证据裁判原则,做到凡是认定的事实无论是犯罪事实还是量刑事实抑或是涉及赃证款物的认定的事实都有证据支撑。证据必须是经侦查机关合法取得、排除合理怀疑与主要矛盾，为案件认定夯实好证据基础。坚持疑罪从无原则，对于不能排除合理怀疑或者主要证据存在矛盾无法排除的，在罪与非罪、此罪与彼罪的认定中，要特别谨慎，不能因为涉众型经济犯罪存在涉法上访风险就降低司法标准。坚持程序公正与实体公正相结合的原则，在办理涉众型经济犯罪案件时，不仅要注意定罪量刑，更要注重投资人、被害人的追赃挽损。在追赃挽损过程中，不仅要依法做好损失的退赔、退缴工作，更要注重让所有投资人、被害人均能够公平合理地得到补偿。在坚持法治理念的同时，做好当事人的释法说理工作，引领社会法治理念、宣传法治教育，让社会公众信任法律、信任司法机关，提高司法公信力。

（三）树立宽严相济理念

宽严相济是我国长期以来坚持的刑事司法政策，也是我们应该遵循的办案理念。办理案件过程中要根据案件具体情况、犯罪嫌疑人实施犯罪程度、造成法律后果、认罪悔罪以及赔偿谅解情况，对案件区别对待，以体现实质正义，达到更好的办案效果。在办理涉众型经济犯罪案件过程中，贯彻宽严相济政策，不仅有利于分化瓦解犯罪，而且有助于促使犯罪嫌疑人、被告人积极退赃退赔，维护投资人、被害人合法权利与利益，实现社会和谐。

宽严相济理念要求我们在办案中要摒弃一刀切、机械执法的做法。具体来说，在涉众型经济犯罪案件过程中，要注意以下几个方面：一是正确区分首要分子、主犯、从犯、胁从犯，对不同参与程度、不同层级的人员作出不同处理。二是正确区分此罪与彼罪，对于性质恶劣、主观恶性更大的以非法占有为目的的集资诈骗等犯罪要严厉打击。三是要注意审查款项的去向以及退赃退赔情况，并将其作为考虑刑罚轻重的重要尺度，对于将款项进行挥霍、用于违法犯罪活动等情况的，进行严肃惩处，对于将款项用于经营项目的，以及退赃退赔到位的，可以从轻处理。

（四）坚持客观公正理念

客观公正是检察官必须遵循的义务。在办案过程中要不偏不倚，不偏袒任何一方，不受影响，依法公正作出判断与处理。具体来说，在办理涉众型经济犯罪案件过程中，既不偏袒犯罪嫌疑人一方，亦不偏袒投资人、被害人一方。在心怀悲悯的同时，更要用理性的眼光作出公正的评断。需要注意的是，客观公正并非独断专行。在办案过程中，要注意认真听取双方的意见，并对意见认真评估分析，做到兼听则明。

（五）树立诉讼主导、责任担当理念

刑事诉讼程序是司法中最为严谨的制度设计，诉讼环节多，诉讼主体多元，而检察环节作为承上启下的中间环节，对于刑事诉讼的发展方向具有重要作用，检察官在刑事诉讼中具有主导责任。在涉众型经济犯罪案件中，这种主导作用和主导责任更为明显。主导作用是否充分发挥、主导责任是否充分落实，不仅影响案件的定性与走向，还直接影响到案件能否案结事了、定分止争。因此，在办案过程中，检察官必须具有担当精神，充分发挥主导作用。一是注重提前介入引导侦查，为案件顺利承办打好前期基础。二是注重沟通协调，加强与侦查机关与审判机关的协调配合，合力处理好案件。三是做好追赃挽损，争取最大限度为当事人挽回损失。四是做好释法说理，引导当事人息诉罢访。

（六）树立在办案中监督、在监督中办案的理念

作为法律监督机关，监督不仅是宪法法律赋予检察机关的权力，更是维护公平正义所必须坚守贯彻的一项义务。监督效果的好坏、监督作用是否充分发挥，不仅影响到个案能否实现公平正义，而且影响到司法公信力和法制统一。办案是主责主业，监督也是主责主业。在办理涉众型经济犯罪案件中，往往因为案情复杂，司法机关之间更加注重配合，只有更好地配合才能够确保案件顺利办理，达到较好的办案效果。但是，配合并不是不要监督不讲监督了，需要明确的是，监督不是鸡蛋里挑骨头，而是履行法律义务，是确保司法公正和提高案件质量的重要举措。具体来讲，在办理涉众型经济犯罪案件过程中，主要从以下几个方面发挥监督作用。一是确保侦查合法，源头提高案件质量。对侦查管辖、取证程序等全面审查是否符合法律规定，对违法侦查行为，及时进行纠正，将程序违法消灭于萌芽之中。二是加强人权保障，保证当事人合法诉讼权利。加强对犯罪嫌疑人、被告人的权利保障，不仅是程序合法性的要求，也是当代司法文明的体现。在办理涉众型经济犯罪案件中，要防止侵犯人身权利的行为，更要

注重对财产权利的保护,尤其加强对侦查机关扣押、冻结当事人财物依法进行监督,防止违法扣押、冻结等情况出现。三是加强引导侦查,完善证据体系。证据裁判原则是现代刑事诉讼的基石,在复杂案件中,完善证据体系的构建往往决定案件最终走向。证据扎实、体系完善,自然会为案件顺利处理打下坚实基础。这就要求检察人员要树立证据大局观,在提前介入、审查逮捕、补充侦查中,加强对公安机关的引导,从一开始就构建坚实的证据体系。四是加强对赃证款物处理的监督。一方面,加强与公安机关、法院的沟通协调,对赃证款物的追缴、移送、处理、返还达成统一;另一方面,要对追赃挽损全程跟进,防止因追赃挽损出现纰漏引发群体性事件风险。

(七)秉持修复性司法理念

修复性司法理念是现代司法文明的体现,旨在修复犯罪行为所破坏的社会关系,恢复社会有序运行状态,维护稳定的社会关系,建构一个和谐相处、平安稳定的社会。办案机关不能仅重视将打击犯罪和保障人权并重,还应当从更广阔、深层次的角度出发,真正化解犯罪行为所引发的社会矛盾,彻底修复被践踏的社会关系,既包括人与人之间的关系,还包括人自身的内部心理、生理和社会连带关系的修复,这也是满足人民群众对公平正义需求的主要要求之一。具体而言,在法律层面上,司法机关应当正确适用法律,准确认定主从犯,并根据参与犯罪不同程度作出不同处理;将追赃挽损、退赃退赔纳入量刑考虑,灵活运用刑事政策,根据退赃赔偿情况提出不同幅度的量刑建议,突出被害人保护导向。

二、难点应对应坚持的原则

(一)坚持综合治理原则

涉众型经济犯罪预防、打击、治理是一项系统性工程,必须坚持综合治理原则,在地方党委的统一领导下,积极配合地方政府,参与综合治理,共同解决处置该类案件。2019年3月,深圳组建了深圳市地方金融监督管理局作为牵头单位的市网贷风险处置实体化工作专班,专班成员单位为市委宣传部、市委政法委、市委网信办、市公安局、市司法局、市财政局、市市场监督管理局、市地方金融监督管理局、市信访局、市通信管理局、人民银行深圳市中心支行、深圳银保监局、深圳证监局。工作专班负责全市网贷风险专项整治日常工作，重点推进不合规网贷机构引导退出、信访维稳和严重违法违规机构立案打击等工作，确保不发生系统性金融风险和大规模群体性事件。市检察院安排专人对接专班工作，参与专班会议，全面掌握全市网贷风险，全程为重点平台良性退出、立案打击提供相关法律专业指导，并参与社会影响重大的案件处置研判，确保风险处置工作依法有序进行。工作专班运行以来，已引导185家P2P平台良性退出，从源头上减少平台爆雷，预防非法集资案件发生，降低非法集资案例危害。

（二）坚持行政执法与刑事司法相衔接原则

涉众型经济犯罪往往带有行政违规违法的影子，或者是行政违规在先，或者是利用行政管理疏漏实施犯罪，或者以行政审批为幌子实施非法集资行为。因此，要从源头治理该类犯罪，取得更好办案效果，必须坚持行政执法与刑事司法衔接原则。一是加强信息共享，在案件发现、移送、查处上构建衔接机制；二是合力做好追赃挽损工作。

（三）贯彻打击与预防并举原则

司法的最高境界是"无讼"。在加强对涉众型经济犯罪进行打击的同时，也要通过办案进行警示教育，加大犯罪预防力度。司法办案能够有效打击已经存在的犯罪行为，而如何减少犯罪的发生则是预防的课题。在办案过程中，既要争取办案一件，教育一群，警示一片的效果。同时，更要加强预防的主动性，与相关部门构建预防机制，铲除违法犯罪土壤，防范犯罪发生，引导公众理性投资，避免风险，切断违法犯罪源头。

三、难点应对应构建的机制

（一）构建预警防范机制

预防是最好的保护，构建完善的犯罪预防预警机制，是治理涉众型经济犯罪的治本之策。

1. 加大法治宣传深度与广度

在内容上，加强以案说法，通过对办理的涉众型经济犯罪案件进行分类整理，从中选出典型性代表性的案例，让社会公众能够直观地看到犯罪分子的作案手法和套路，避免上当受骗。在对象上，加强法治宣传的针对性，尤其注重对老年人、退休待业人员、城镇农村人员等易受骗群体的警示教育，提高风险防范意识。在宣传教育形式上，采用图文并茂方式，利用两微一端自媒体、电视广播报纸传统媒体，以及户外广告等形式增强宣传的广泛性和覆盖面，使犯罪分子无处遁形。

2.加强对职能部门相关人员的培训

实践中，涉众型经济犯罪的犯罪分子利用政府部门的相关批复文件进行非法集资已经成为屡试不爽的作案手法，因为有政府文件背书，欺骗性更大，危害性也更大。因此，要加强对政府中负有立项审批和招商引资权限的部门和人员的宣传培训，以真实案例中容易出现的问题，引导其在审批过程中，适当对相关项目、公司实力等方面进行考察，不给犯罪分子可乘之机。

（二）建立专业化办案机制

涉众型经济犯罪涉案数额大、涉案人员多，非疑难即复杂，多数情况下二者兼而有之。犯罪手法越来越专业化、技术化、信息化，且层出不穷，面对犯罪的快速演变发展，公检法三机关组建专业化的办案团队专门办理这类案件就迫在眉睫。检察机关应当以内设机构改革和司法责任制改革为契机，抽调业务素质高、办案经验丰富的员额检察官组成专门办案组，专门办理涉众型经济犯罪案件。集中专业化优势，实现繁简分流，难案精办，提高案件质量，提升办案效果。

（三）探索建立有效的追赃挽损机制

涉众型经济犯罪案件追赃难是老大难问题，最根本原因是人赃分离，无法从根本上解决"追得到赃"问题。比如，传统侦办非法集资犯罪案件的方法主要是"一刀切"抓捕追责的模式，公安机关依法打击非法集资犯罪，只要证据确凿，对犯罪嫌疑人均采取刑事拘留强制措施。但随后严峻的事实摆在面前，大量民事财产关系公安机关难以处理，追赃挽损难度极大，投资人群体情绪激动，信访不断，舆情沸腾，给公检法机关正常办案造成很大压力，一时间矛盾剧增。在此情况下，深圳市检察院和市公安局经过不断总结、反思，发现此类案件如继续采用传统"一刀切"式办案，存在以下四点办案症结：（1）因公司相关人员涉嫌犯罪被羁押，无人催收平台发放的借款;(2)抵押、担保、质押等民事财产关系,公安机关无法处置;(3)投资人诉求未能得到当事公司解答,容易产生过激行为;(4)投资人要求审前清退已追回资金意愿强烈,但按照法律规定要等法院判决方可依法返回,时间拖得越长,矛盾越加尖锐。通过集体研究与摸索,以最大限度地维护人民群众利益为出发点,提出试行"治疗式"打法,如果涉案平台存在可清退资产,涉案人员具备一定偿还能力且自身有清退意愿的,可以在立案后对涉案人员采取非羁押强制措施,督促其积极清退集资款。对于积极清退集资款的涉案人员依法从轻处罚,取得较好效果。

(四)建立联动协调机制

1. 加强司法机关之间联动协调

充分利用联席会议、案件会商、定期研讨交流等机制和形式,对办理涉众型经济犯罪案件情况及时交流信息、通报情况。检察机关应当履行好主导责任,充分发挥在刑事诉讼中的承上启下作用。积极介入侦查,适时提出意见建议,引导侦查取证和侦查方向。案件起诉后,与法院和公安机关共同做好涉案赃款追缴查处和执行工作。

2. 加强与行政机关的沟通协调

在案件侦查过程中,推动公安机关加强与相关职能部门的联动,加强司法执法信息共享,及时通报财产线索等情况,为涉案财产查处创造条件。在案件办理过程中,因定罪量刑需要行政机关进行认定的事项,或者需要行政机关提供能够证明案件情况的材料,简化完善手续,确保准确及时打击犯罪。

3. 统一执法标准,精准打击涉众型经济犯罪

在办理涉众型经济犯罪案件的过程中,存在不同司法机关、不同司法人员对相关问题的把握不尽一致,同类案件不同认定的情况。部分案件应认定为集资诈骗还是非法吸收公众存款存在不同认识,导致案件反复移送,影响办案效率,统一相关问题的认定标准刻不容缓。对上述问题,司法机关应当及时总结梳理,通过召开研讨会等方式统一认识,厘清事实认定、法律适用、证据采信、程序转呈等争议焦点,并形成纪要,指导司法办案。

(五)建立舆情应对机制

涉众型经济犯罪影响范围广,犯罪数额大,经常成为社会舆论和媒体

关注的焦点，一旦处理不好，就会引发舆情风险，并发酵为办案事故。这就要求不能只低头办案，还要注意社会舆论影响。在严格遵守办案纪律同时，根据案件进展情况，公众关注的焦点情况，通过宣传部门，利用新闻发布会、传统与现代新闻媒体及时通报案件情况，加大宣传力度，掌握宣传主动权，营造良好舆论氛围，树立检察权威，提高司法公信。

四、难点应对的具体举措

（一）准确适用法律

1.准确理解法律精神，正确认定非法目的问题

是否具有非法占有目的，不仅是区分此罪与彼罪关键，有时更是认定罪与非罪的核心。在认定行为是否具有非法占有目的时，应当重点围绕融资项目真实性、资金去向和归还能力等事实进行综合判断。根据最高人民法院《关于审理非法集资刑事案件具体应用法律若干问题的解释》，认定非法占有为目的的情形包括以下八个方面：（1）集资后不用于生产经营活动或者用于生产经营活动与筹集资金规模明显不成比例，致使集资款不能返还的；（2）肆意挥霍集资款，致使集资款不能返还的；（3）携带集资款逃匿的；（4）将集资款用于违法犯罪活动的；（5）抽逃、转移资金、隐匿财产，逃避返还资金的；（6）隐匿、销毁账目，或者搞假破产、假倒闭，逃避返还资金的；（7）拒不交代资金去向，逃避返还资金的；（8）其他可以认定非法占有目的的情形。上述情形归结为不从事经营、肆意挥霍、携款逃匿、违法使用集资款以及逃避返还资金这五种情形。其中将集资款用于违法犯罪活动应当在行为人没有将资金用于可以回报出资人的生产经营的意义上进行理解与认定。换言之，行为人完全可能将非法募集的资金用于从事非法的生产经营活动。当行为人利用非法募集的资金从事非法的生产经营活动，以回报出资人的，不宜认定为集资诈骗罪，只能认定为其他犯罪（如非法吸收公众存款罪，以及其他非法的生产经营活动本身所构成的犯罪）。

除了上述几种非法占有目的情形，实际办案中还经常遇到以下几种情形，也应当认定为具有非法占有目的：（1）名义上将资金投入生产经营但又通过各种方式抽逃转移资金的；（2）资金使用成本过高，生产经营活动的盈利能力不具有支付全部本息的现实可能性的；（3）对资金使用的决策极度不负责任造成资金缺口较大的；（4）归还本息主要通过借新还旧来实

现的等情形。

根据 2017 年 6 月 2 日，最高人民检察院《关于办理涉互联网金融犯罪案件有关问题座谈会纪要》（以下简称《办理涉互联网金融犯罪纪要》）第 15 条之规定，对于共同犯罪或单位犯罪案件中，不同层级的犯罪嫌疑人之间存在犯罪目的发生转化或者犯罪目的明显不同的情形，应当根据犯罪嫌疑人的犯罪目的分别认定。第一，在办案过程中应当注意区分犯罪目的发生转变的时间节点。犯罪嫌疑人在初始阶段仅具有非法吸收公众存款的故意，不具有非法占有目的，但在发生经营失败、资金链断裂等问题后，明知没有归还能力仍然继续吸收公众存款的，这一时间节点之后的行为应当认定为集资诈骗罪，此前的行为应当认定为非法吸收公众存款罪。第二，应当注意区分犯罪嫌疑人的犯罪目的的差异。在共同犯罪或单位犯罪中，犯罪嫌疑人由于层级、职责分工、获取收益方式、对全部犯罪事实的知情程度等不同，其犯罪目的也存在不同。在非法集资犯罪中，有的犯罪嫌疑人具有非法占有的目的，有的则不具有非法占有目的，对此，应当分别认定为集资诈骗罪和非法吸收公众存款罪。根据犯罪嫌疑人的犯罪目的分别认定罪名体现了刑法主客观相一致的原则和实行过限的处理方式。

此外还应当注意一个问题，是否出现虚假标的就一定构成集资诈骗罪。虚假标的意味着存在虚构事实隐瞒真相的诈骗行为，但是以此认定集资诈骗罪具有片面性。在实际案件中可能存在这种情形，借款人确实有真实的项目，但是真实项目的投资风险比较高，或者盈利能力比较低，借款人明知其项目一旦挂到平台上，募集资金的金额和速度会受到影响，所以借款人虚构了一个比较完美的、盈利可期的虚假项目，他的目的并不是非法占有投资款，而是尽快募集到足够多的资金，实际上所募集的资金也投入到真实的项目进行生产经营。这种情况下，借款人虽然使用了诈骗手段，但因不具备非法占有的目的而无法认定为集资诈骗罪。

2. 正确理解共犯理论，解决追究层级难题

根据共同犯罪理论，在共同故意支配下共同实施犯罪行为的，属于共同犯罪，共同犯罪实行部分行为全部责任原则，参与者均需要对参与的犯罪负刑事责任。涉众型经济犯罪中犯罪分子往往采取组织化公司化运作方式，完成犯罪活动，涉及人员众多。不同人员在犯罪组织中层级不同，在犯罪中所处地位、所起作用和参与程度有别。对不同层级的人员，究竟如何划分追责界限，在实践中是一个有难度又比较敏感的问题。实践中，对

于追究策划者、组织者、积极参加者、幕后操控指挥者不存在争议。存在争议的是对于层级较低人员如普通的销售人员，以及边缘部门人员如负责技术维护或者综合行政人员，能否一并追究存在不同做法。比较合理的做法是，应当根据个案进行整体分析判断，一方面，分析其是否具有犯罪的主观故意，即其有没有认识到所从事的是违法犯罪行为，是否认识到公司行为的性质。另一方面，还要考察其在共同犯罪中的地位作用及获利情况，作用积极还是一般，地位重要还是可有可无，是否从违法获利中抽取提成等。最终，根据上述情况综合判断是否对其追究刑事责任。

3. 关于诉讼程序问题

实践中，涉众型经济犯罪案件涉及投资人、被害人人数众多，很多被害人在立案时并不知道案件情况，也没有主张权利。随着诉讼进行，越来越多的投资人、被害人报案，参与到刑事诉讼中，要求主张权利、返还资金，导致案件难以案结事了。为避免追加诉讼的大量发生，维持司法决定的稳定性和终局性，可以借鉴民事诉讼中的公示催告制度，设立公告程序。公安机关立案侦查后，采取法定形式，主动通过媒体在一定范围内向社会公众通告案情，并督促相关人员在一定期限内到公安机关报案，配合案件调查。同时，建立债权登记制度，对于案件已经审结后才报案的被害人等，按照债权登记处理，经司法部门审查后，认定其属于被害人、投资人，遭受损失的证据确实充分，可以不再进入刑事诉讼程序，直接纳入判决认定追缴返还对象，进行最终执行追缴返还程序。如此，争取一次性解决问题，不仅可以节约司法资源，维持判决的确定性和稳定性，而且有利于促使被害人及时报案，尽早查清案情，也有利于及时保护被害人合法权益，保障犯罪嫌疑人、被告人权利。

（二）确立证据采信原则

涉众型经济犯罪案件证据数量大、证据种类多、证据之间的印证关系复杂，在办案中需要采取科学的证据认定规则及采信原则，方能取得事半功倍的效果。

1. 准确把握证明标准

对于定罪证据，坚持确实充分的证明标准。一方面，要严格把关，准确认定，防止带病起诉。另一方面，证据确实充分并非任何事实的细节都需要有证据证明，证据之间不存在矛盾。主要证据能够相互印证，没有矛盾或者存在的矛盾能够合理解释，应认定为属于证据确实充分。考虑到涉众型经济犯罪的特殊性，对于量刑证据尤其是认定数额的证据之间存在矛盾的，可以考虑采取优势证据原则认定。比如，言词证据前后不一，言词证据与书证存在矛盾的，如果没有相反证据，可以采信书证、电子数据认定数额；对于犯罪嫌疑人供述与被害人陈述、证人证言存在矛盾，而被害人陈述、证人证言数额较为接近和一致的，且犯罪嫌疑人供述数额没有合理解释或者证据支撑的，可以采信被害人陈述和证人证言认定数额。如果各证据证明力大小相当，无法根据优势证据原则进行裁断，应当采取就低原则进行认定。

2. 根据案件特殊情况丰富证据形式

涉众型经济犯罪案件涉及众多参与人，无论是作为被害人的陈述还是作为投资人的证言，均是数量巨大，给证据收集提取固定审查带来困难。考虑到该类证据在形式上和内容上具有同质性，可以考虑制定格式化的证据格式，由证人及被害人填写并捺手印后作为证据使用。既有效节约司法资源，又能够满足证据形式要求。

3. 注重电子数据和司法会计鉴定的应用

涉众型经济犯罪往往具有涉互联网性质，因此，其犯罪行为在网络上必然留下电子痕迹，这些电子痕迹的固定形式就是电子数据。可以说，电子数据在涉众型经济犯罪案件认定过程中所起的作用越来越大，有时甚至对定罪量刑起决定性作用。但鉴于电子数据具有即时性、瞬时性、易变性、不易保存性等特点，无论在数据效力上还是在证明力上均面临很多问题。在办案过程中，检察官对电子数据的收集、固定、审查、分析均需要提高认识，并不断在实践中总结证据运用经验，逐渐完善证据体系构建。此外，涉众型经济犯罪案件资金往来复杂，有些涉及会计、金融等专业知识以及需要进行大量的统计工作，需要借助相关专业人员进行辅助判断。因此，司法会计鉴定在数额认定方面起到关键作用。考虑到司法会计鉴定需要一定周期，且需要根据司法机关的审计需求进行工作，因此，这就要求检察人员在提前介入阶段就要对审计问题进行关注，提出审计需求，推动公安机关尽早委托专业鉴定机构进行司法鉴定。在鉴定过程中，要发挥主体责任，根据案件需求和掌握的案件事实证据加强与审计鉴定人员的沟通，防止"审而无用"情况出现。

（三）充分发挥提前介入作用

近年来，涉众型经济犯罪案件激增，为缓解办案压力，有的公安机关经侦部门将大量非法集资案件下沉给办理该类案件经验不足的各派出所办理，侦查取证出现很多问题。为提升案件质量，同时解决案件疑难复杂问题，检察机关应当充分利用派驻公安机关执法办案中心机制，建立健全针对涉众型经济犯罪案件的提前介入机制，积极主动引导公安机关侦查，通过办案前置从源头上提高办理质量。在提前介入过程中，尤其要确保合同、会计账目、银行交易记录、支付平台数据等书证、电子数据的收集合法性。对于疑难复杂案件，提出针对性强的取证意见建议，明确侦查方向和取证重点，为案件后续处理打好基础。

检察官提前介入，可以引导侦查活动。这个过程中不单只要引导调取能证明案件事实的证据，同时也要引导公安机关进行调查追赃挽损方面的工作，还要适时接待集资参与人，和集资参与人保持沟通。追赃挽损的第一步就是尽快地把审计报告做出来，综合梳理出赃款去向，一有线索立马落实，立马去追钱。追回的赃款要分阶段发布警情通报，让集资参与人看到司法机关是在努力帮他们追赃挽损的，并不是无所作为。总而言之，检察机关提前介入有三个方向的工作，一是引导侦查取证；二是追赃挽损；三是引导侦查人员如何与集资参与人沟通，消除他们的误会。

当然，集资参与人也经常会想要面对面沟通，一般可以要求他们派出代表定期来沟通，尽量不要零星接待，也可以由侦查机关主动邀请他们过来，在检察官、侦查人员以及审计人员共同参与的情况下，听取他们的诉求，清楚地告诉他们目前追赃挽损的进度，还有接下来要开展的一些工作，要及时沟通，及时释法说理。

（四）发挥检察建议作用

充分发挥检察机关参与社会综合治理职能，及时总结涉众型经济犯罪案件背后的发生原因，梳理监管中存在的漏洞，查找社会管理存在的问题，通过检察建议、专项调研报告方式促进相关单位完善制度，弥补管理漏洞，预防犯罪发生。

（五）提高群众工作能力

司法办案既是利用法律专业知识解决司法争端的定分过程，也是提高群众工作能力化解社会矛盾促进社会和谐稳定的止争过程。尤其办理涉众型经济犯罪案件，面对被害人、投资人的诉求以及群体性事件风险隐患，如何实现司法正义，促进社会和谐，达到三个效果有机统一对检察官来说是一堂必须上好的必修课。做好被害人和投资人工作，实际上是一次普法工作。在办案过程中，检察官的主要工作是审查证据认定犯罪事实，准确适用法律，给犯罪嫌疑人犯罪事实定性，最终得出一个法律上的结论。在这个过程中，要加强释法说理。既要坚持法律，依法办案，讲清法律规定，分析道理，使被害人和投资人对法律有更加充分的了解与认识；又要换位思考，理解其经济受损的处境和心理，安抚好情绪，做好心理疏导，帮助其反思自己的行为，避免再次受骗上当。

非法集资案件的集资参与人几乎都会上访，诉求的核心是挽回损失。集资参与人诉求可以分为三类，第一类要求无条件释放犯罪嫌疑人，这类集资参与人对嫌疑人抱有希望；第二类要求严惩犯罪嫌疑人；第三类没有严惩或者释放犯罪嫌疑人的诉求，只关心能否追赃。第一类和第二类集资参与人的诉求存在矛盾，在实践中容易发生纠纷和摩擦。

司法机关如何处理上述事件是一个极具挑战性的工作，应对不当，可能会影响社会稳定。面对被骗群众的正当诉求，司法机关应当予以积极的回应，并且采取有效措施尽最大可能追回被骗群众的损失。但是，对于被骗群众提出的不合理不合法的诉求，甚至为此采取了不理智的行为，应当结合实际情况采取必要措施予以引导，在积极追回被骗群众损失的同时做好宣传工作，合理合法地回应群众提出的各种诉求。同时也要主动和被骗群众沟通，耐心地听取他们的诉求，通过客观、专业的工作态度，打消集资参与人的疑虑，让集资参与人及时了解案件进度和程序，把维稳工作做好。在沟通的过程中要注意以下两点：第一，沟通前通过身份证号码、姓名、案号核实身份，避免出现犯罪嫌疑人家属、在逃同案犯或其他人冒充集资参与人套取案情的情形；第二，通过释法说理解答集资参与人的疑问，不讨论案件证据、侦查的方向等案件秘密。

同时，如果有人出于干扰司法的目的，利用部分被骗群众急于追回损失的心理，故意引导该部分被骗群众做出过激行为，应当果断地采取有效措施，正确引导群众表达诉求。实践中有的违法者要收集相关违法证据材料，追究违法者的违法行为。例如在集资企业因资金链断裂而案发后，违法者仍欺骗部分被骗群众，声称集资企业资金链断裂是因为公安机关对其进行了打击，致使企业无法经营而无法返还集资款，唆使该部分群众围攻司法机关以达到给司法机关施加压力的目的；更有甚者，唆使部分被骗群众或者直接雇用案外人员通过打电话或者发短信的方式威胁办案人员或者其近亲属的人身安全，从而使得办案人员作出有利于犯罪嫌疑人的处理意见，使得非法集资犯罪嫌疑人可以无罪释放。实践中有的上述违法者，办案机关应当收集违法证据材料，对其作出处理，涉嫌犯罪的应当将线索移送公安机关依法办理。

（六）加强金融监管

一是政府相关职能监管部门要拓宽金融监管途径，加大金融监管力度，履行好监管职责，提高监管能力。尤其是对数据交换、重点账户进行监管，发现账户异动，及时进行跟踪监管。二是加快民间投资融资法治化建设。在加强法治宣传教育的同时，深化改革，提供多元化投资选择，为社会剩余资金拓展融资渠道。同时，落实国家对中小企业在财税、贷款等方面的优惠政策，解决中小企业信贷难问题。三是加大网络监管整治力度。加强对网络信息的审核把关和预警，落实信息网络监管主体责任，对公司业务存在大肆宣传、虚假宣传情况的及时治理，源头阻断违法犯罪的网络渠道。

第四节　涉众型经济犯罪案件司法会计鉴定

一、司法会计鉴定的一般问题

近年来，随着我国国民经济的高速发展，涉众型经济犯罪案件呈现出高发态势，严重损害了社会经济秩序，给国家、集体和人民群众的财产造成了巨大的损失。涉众型经济犯罪区别于其他经济犯罪的突出特点是涉案人员众多、作案周期长、案件事实复杂、犯罪手法多样以及违法金额巨大等，司法会计鉴定对于确定犯罪数额、核实资金流向非常重要。

（一）司法会计鉴定的目标和方法

涉众型经济犯罪案件的司法会计鉴定与其他经济犯罪案件的司法会计鉴定一样，需要遵循客观、公正、科学、独立的原则，全面、准确、客观、真实地确定案件涉及的各项金额（包括涉案金额），甚至还要追查涉案资金的去向。方法上，针对办案人员提出的委托要求，需要充分利用委托方调取的资料，以详查的思维采取详细审查或账项审查的方式，满足办案的需要。在具体的鉴定方法使用上，详细审查的方式主要针对案件涉及的资金收付，采取逐笔审查的方法对涉案资金进行一一核实；账项审查的方式一般适用于对嫌疑人一方、关联方、被害人一方公司会计核算的事项，如收入、成本、费用、利润等方面的确定。但不同的案件、不同的情况，需根据案件的具体情况而定，恰当使用。

（二）司法会计鉴定的内容

涉众型经济犯罪案件，以财产为直接的犯罪对象，涉及的数额问题相对较多。不同类型的涉众型经济犯罪，涉及的数额亦有所不同。

1. 非法集资类案件中的数额

在非法吸收公众存款、集资诈骗案件中，涉及的数额包括：集资金额，即行为人通过犯罪行为从集资参与人处吸收的资金数额；返还金额，即行为人在犯罪行为实施过程中，向集资参与人实际已返还的资金数额；损失金额，即集资参与人因犯罪行为所遭受的实际财产损失数额。

2. 传销类案件中的数额

在组织、领导传销活动案件中，涉案的金额包括：传销金额，即在传销行为发生过程中，传销参与人员所缴纳的资金数额；获利金额，即行为人通过传销行为所获取的经济利益数额，包括构成犯罪人员的获利金额和一般参与人员的获利金额；损失金额，即传销活动参与人在传销过程中，最终所遭受的经济损失数额。

上述两种类型案件，涉及的数额问题有所不同，但总体上看，对案件最具实质意义的三个数额分别为：犯罪总金额（包括集资或传销金额）、行为人的非法获利额以及集资（或传销）参与人的损失额。其中，非法集资类案件的非法吸收公众存款罪的犯罪数额是犯罪行为人从所有集资参与人处吸收的资金数额，集资诈骗罪的犯罪数额为未结清集资款的集资参与人的实际损失金额。

在具体的案件中，由于互联网应用的普及，大量经济犯罪案件的业务以P2P方式或网络销售的形式出现，导致犯罪嫌疑人一方网站平台上反映的数据，与案发后报案人反映的数据，以及通过鉴定得出的数据可能不一致。

以非法集资类案件中的P2P投资理财案为例：

（1）网站平台上反映的集资参与人数量、集资金额与案发后鉴定得出的实有集资参与人数量、集资金额不一致；

（2）网站平台上实有集资参与人数量、集资金额、返还的本金和支付利息的金额，与案发后办案方调取的现有资料，嫌疑人使用的银行账户、微信账户、支付宝账户、第三方支付平台等收付款账户资料核对出来的每个真实集资参与人实际支付的资金数额、收回的资金数额可能不一致；

（3）报案人反映的资金付出数额、收回资金数额、损失金额，与案发后根据办案方调取的嫌疑人使用的收付款账户资料、报案人反映的收付款信息，鉴定得出的每个报案人的资金付出数额、收回资金数额、损失的金额可能不一致。

这些不一致的原因有很多：可能是犯罪嫌疑人一方通过弄虚作假手段做大网站平台上的数据、流量来吸引社会公众来参与集资，导致平台上存在众多的马甲用户（指嫌疑人一方注册的没有真实出资的用户），这些马甲用户并没有真实的出资（也可能通过将集资参与人的资金套出来后作为马甲用户的出资），导致真实的集资参与人数量、真实的集资总额与平台反映的数额不一致；也可能是委托鉴定时，办案人员所掌握的嫌疑人实际使用或实际能调取到的收付款账户资料不完整；或集资参与人通过其他人员的账户名代为付款、收款，但办案人员、鉴定人员不掌握这些代收付关系；或报案人没有提供齐全实际收付款信息（含不提供或只提供对自己有利的一部分已收回款项的信息）等，导致鉴定出来的数据与平台数据和报案人反映的数据不一致。

如实得出数据真实情况，不仅是鉴定反映客观事实的工作要求，更对准确认定犯罪事实、精准打击犯罪至关重要。

（1）网站平台上存在大量的马甲用户，导致平台上反映的集资参与人数量、集资金额，远大于鉴定得出的实际集资参与人数量、集资金额，两者的差异有助于证明嫌疑人通过弄虚作假的手段欺骗、吸引社会公众参与集资，涉嫌违法犯罪的主观故意。

（2）通过鉴定得出的平台上实际集资参与人的数量、集资金额，是现有资料情况下能证明的实际发生的犯罪数额。

（3）通过鉴定得出的报案人出资金额、返还金额、两者差额，是现有资料情况下能证明的每个报案人的付出资金数额、收回金额、损失金额。

例如：某非法吸收公众存款案，委托鉴定的要求是对某电子商务公司2013年3月27日至2013年10月24日，利用其设立的P2P网络借贷平台，收付集资参与人资金情况以及报案人向该公司支付的资金数额和收回的资金数额进行鉴定。

鉴定结果显示：嫌疑人设立的该公司网络借贷平台上反映，2013年3月27日至2013年10月24日期间，共登记有3972个客户，其中普通客户3952个，其他客户如超级管理员、客服、信贷审核、VIP、会计、财务查询和网编有20个。这些登记的客户中有身份信息的客户总数是2664个，涉及充值业务（指平台的收款，又称入金，通常是指集资参与人向平台打入资金）的有2359个客户。报案人有390位，涉及393个登记客户。

充值方面，网络平台上记录的所有客户的总有效充值49441笔，金额合计479457100.27元。经与第三方支付和银行数据进行审查核对，充值记录中有49360笔能核对上、金额合计465288131.38元。

提现方面（指平台的付款，又称出金，是平台向集资参与人返还资金），网络平台上记录的有效提现记录累计18287笔、金额合计315050066.54元。经与第三方支付和银行数据进行审查核对，提现记录中有17744笔能核对上、金额合计310739549.05元。

报案人涉及的交易记录及核对情况方面，390位报案人涉及的393个客户，网络平台上记录的有效充值金额合计是206024961.94元，其中核对上的是201484093.05元，网络平台上记录的有效提现金额合计是99186338.38元，其中核对上的是95805062.37元。

从这个案例可以看出，网络平台上的数据与根据现有资料核对出来的实际集资参与人的数据不一致。

非法集资类案件鉴定时通常需要注意的是，网站平台上的数据反映的集资参与人姓名、集资金额，一般而言是鉴定方确定实际集资参与人、集资金额的基础，除非嫌疑人对集资参与人、集资金额有专门记录。否则，从犯罪嫌疑人的收款账户、付款账户去确认集资参与人集资金额、返还金额，将没有比对的基础（缺少集资参与人名单信息）。

另外，在非法集资类案件中，委托鉴定要求常常包含对涉案资金去向的鉴定。从办案的角度看，集资资金的去向、用途有助于证明犯罪嫌疑人集资的目的，这是区分罪与非罪、此罪与彼罪（非法吸收公众存款还是集资诈骗）的关键。

但从鉴定的角度看，专门针对损失金额的资金去向鉴定基本上是不可行的，除非集资资金全部损失（即完全没有返还）。一般情况下主要是对收款资金的去向进行鉴定，即针对犯罪嫌疑人向集资参与人收取来的资金，尽可能采用逐笔辨别的方法从收款账户上的源头开始，逐笔追查收款资金的最终去向，看有无直接或间接用于返还其他集资参与人（包括是否完全是拆东墙补西墙），或有无大量的用于提现、购房、购车、大额的消费购物，或有无用于购买大额保险、归还贷款、其他投资，或有无通过疑为地下钱庄的账户转走等。

当涉案资金连同收款账户上的其他资金混在一起、无法采用逐笔辨别的方法分辨收款资金的对应去向时，这时只能采用按收款账户总体资金来源、资金去向的方法进行表述，即将收款账户上的资金按收付款记录，以账户上交易流水的对方户名为要素，进行净收款、净付款的分类汇总统计。

当某个对方户名的收款减付款大于零时，则为资金来源，小于零的则为资金去向，并考虑这些对方户名的收付款人员或单位在本案中的重要性（如将报案人的资金收付归成一类放在一起，嫌疑人或关系人的账户收付款归成一类放在一起等），结合金额的大小进行资金来源和资金去向的排序，从中看出涉案资金连同其他资金的总体来源和去向。当嫌疑人使用多个收付款账户（或多个嫌疑人）时，还可以将这些经侦查确认属于嫌疑人使用的、具有控制关系的收付款账户合并在一起作为一个整体账户，再按以上方法进行资金来源、资金去向的反映。

在追查资金去向时，从办案的角度看，如果能进一步延伸到对大额、大量的资金被支付（含出借）到其他公司，或用于其他投资后的使用情况进行鉴定，将有助于得知集资平台的集资目的、盈利模式、盈利能力。

例如，通过调取主要用款方工商登记资料、纳税情况、水电费使用情况等，从中分析用款方是生产型、贸易型、投资型、房地产经营型还是其他经营型，钱投到这些公司有无返还给集资平台，如无返还或集资平台投出去多、返还少，则反映用款方无还款能力，平台的集资行为是不可持续的等。通过鉴定集资资金去向（包括延伸鉴定），如果集资平台在资金收付使用方面是规范的，就不构成犯罪,否则就可能涉嫌非法吸收公众存款或集资诈骗犯罪。

涉案金额属于案件定量方面的问题,鉴定的结果一定要严谨、准确,同时还要附上相应的收付款账户的交易记录作为证据,以支持鉴定结果。而涉案资金去向、用途则是案件定性方面的问题,有助于证明诈骗犯罪的主观故意或为追赃冻结涉案资金提供依据。虽然绝大多数情况下鉴定无法做到分文不差的理出资金来源、资金去向的对应关系,但鉴定人员应根据账户资金收付的实际情况,结合专业判断,采用最恰当的方法来反映涉案资金的去向,包括对能明确分辨资金收付对应关系的账户采用逐笔辨别法进行追查、反映,对无法明确分辨资金收付对应关系的账户采用账户总体资金来源去向的方法进行表述反映,甚至对有控制关系的嫌疑人一方使用的账户采取合并账户的方法进行表述反映。总之,需要针对每个案件的具体情况,结合鉴定人员的专业判断来恰当处理。

(三) 司法会计鉴定需要提供的资料

涉众型经济犯罪案件,犯罪主体人员构成复杂、结构层级多样、集资参与人众多,公司账目往往比较混乱甚至被隐匿、销毁。同时,近年来非法集资类犯罪活动从线下走向线上,一些 P2P 网贷公司打着互联网金融的旗号进行非法集资,其交易流水等信息在互联网平台上形成了庞大的数据。因此,从大的范畴看,所有与犯罪事实相关的经济业务资料都是对鉴定有用的资料。一般而言,鉴定时需要委托方调取提供的资料包括:

(1) 财务会计资料,包括账簿、会计凭证、会计报表等;

(2) 收付款账户交易流水(含银行账户、微信账户、支付宝账户、第三方支付公司的收付款记录),资金收付凭证;

(3) 投资合同或相关的经济业务合同、发票、收据、单据等;

(4) 犯罪嫌疑人网站平台的后台数据;

(5) 犯罪嫌疑人或其财务人员、业务人员制作的与犯罪事实相关的业务表格、款项收支记录;

(6) 集资参与人、被害人(报案人)名单;

(7) 集资参与人或被害人(报案人)使用他人账户代为收付款的账户名单及对应关系;

(8) 犯罪嫌疑人一方公司或其业务关联单位的审计报告、纳税申报资料或纳税检查报告等;

（9）有助于鉴定人员了解案情的犯罪嫌疑人讯问笔录或其他相关人员、报案人（被害人）的询问笔录；

（10）其他相关资料。

其他相关资料视案件的经济业务内容不同而不同。如非法集资类案件，在追查资金去向时发现嫌疑人将收取来的集资款大量用于炒股、炒期货，则还需要调取嫌疑人使用的股票、期货账户的对账单，用于鉴定其炒股、炒期货的盈亏；在非法经营类、传销类案件中，如需要统计非法经营或传销物品的种类、数量、单价、金额，则需要调取这些物品的进货及销售资料或价格认证资料。有时还需要获取犯罪嫌疑人公司的机构设置、各部门人员名单、职务、层级的人员关系结构图等资料作辅助。

以上资料视案件类型的不同，所需调取的资料范围、内容也不同，需由鉴定的项目负责人根据委托方的鉴定要求（事项）和案件的具体情况而提出。

鉴定资料有的可以是纸质，有的最好同时有或必须有电子版资料（如交易记录频繁的银行账户、微信账户、支付宝账户或第三方支付公司收付款记录的Excel文档等），以便鉴定使用，提高鉴定工作效率。但在提供电子版资料时也需要注意数据资料在复制、传递过程中不被篡改。

（四）司法会计鉴定的一般流程

1. 办案部门根据办案需求提出委托意向，鉴定机构落实项目负责人

所有鉴定工作都始于办案部门的办案需求，由办案方与鉴定机构联系、接洽，提出委托意向。双方初步沟通后，鉴定机构认为符合业务受理范围和条件的，确定项目负责人并组成鉴定项目组，由项目负责人与委托方案件承办人进一步沟通、洽谈、联系。

2. 了解案件的基本情况和委托鉴定的要求

为了准确把握鉴定要求，鉴定方的项目负责人（甚至包括整个项目组人员）须向委托方了解案件的基本情况和委托要求，以便初步构思鉴定策略，以及在正式实施鉴定作业时使鉴定工作更有针对性和更有效率。同时，在此阶段排除一些可能妨碍鉴定工作开展的情况。办案人员在不妨碍案件保密的前提下，应尽可能详细地介绍案情、委托要求、现有哪些资料等。项目组人员对获知的案情有保密的责任和义务。

3. 对现有资料进行初步审阅

对现有资料进行初步审阅的意义：一是从资料上可进一步了解案件的

具体情况，经济业务的内容、形式和会计核算的情况；二是提出为实现鉴定目标委托方必须补充提供的资料；三是初步估计鉴定工作的难度、工作量的大小和所需的时间。

4. 与委托方商讨委托事项，确定具体的委托要求

在结合案情了解委托方的鉴定要求、初步审阅了现有资料、向委托方提出需要补充调取的资料和初步得知哪些资料可以调取到、哪些资料无法调取后，才能确定委托方提出的委托事项和委托要求是否合理，是否切实可行，并将商定后的委托鉴定要求由委托方以书面的形式确定下来。

5. 制订鉴定工作方案

一般而言，针对与委托方商定的委托鉴定要求和完成时间，鉴定方的项目负责人需要拟订供内部使用的鉴定工作方案或制作对外报出的鉴定工作计划。工作方案（计划）涉及具体的委托鉴定事项、参与的项目组人员及分工、所需的工作时间，鉴定工作属于有偿服务的还包括计划的鉴定费用等。尤其是对外报出的鉴定工作计划，如涉及收费问题，需要与委托方商讨并经委托方同意。

6. 正式受理鉴定委托

鉴定工作方案可行或鉴定计划经委托方确认后，由委托方开具鉴定聘请书，涉及收费的通常还要签订业务约定书（或合同），作为正式受理鉴定委托的开始。签订业务约定书（或合同）既是满足委托方支付鉴定费用的财政资金报账需要，也是进一步明确双方权利、义务的书面约定。

7. 实施鉴定作业

正式受理鉴定委托后，鉴定方项目负责人需按工作方案（计划）组织实施鉴定作业，并与委托方保持联系，随时沟通鉴定工作中碰到的新情况、发现的新问题，或提出需要进一步调取的资料等。办案方也需要将办案掌握的新情况、调取的新资料及时提供给鉴定方，或根据鉴定的实际情况、办案需求与鉴定方商讨、修改委托鉴定要求等。

8. 出具鉴定报告

根据委托要求按相关专业准则实施鉴定作业后，项目负责人需拟写鉴定报告，按业务质量控制流程完成内部复核、审批程序，将鉴定报告（征求意见稿）提交委托方过目、审阅。征求委托方意见的目的是由委托方检查委托鉴定事项是否按要求全部完成，意见是否明确，鉴定结果与办案掌握的情况有无重大出入，还有无需要补充鉴定的事项等。排除这些事项后，

再由鉴定机构出具正式鉴定报告。

（五）司法会计人员需要具备的基本条件

涉众型经济犯罪案件区别于其他经济犯罪案件的突出特点是涉案人员众多、作案周期长、案件事实复杂、犯罪手法多样以及违法金额巨大等。根据案件的经济业务特点，表面上看，鉴定工作更多的是针对收付款银行账户及其他账户的审查，以及网站平台数据的审查核对，但足够的理论知识和实践经验，以及熟练运用计算机常用办公软件的能力是做好这项工作的前提。一般来说，包括如下几方面：

1.具备足够的会计、审计及相关经济法规等方面的知识，掌握注册会计师审计需要掌握的知识更佳

鉴定工作相当于球场上的裁判，做裁判既要懂得球赛规则，也要掌握裁判规则。鉴定时，可能遇到各种不同的情况，例如待鉴定的经济业务事项与某个经济管理法规相关或其会计核算与会计准则会计制度不符，或其作为特殊的行业有特殊的管理规定和会计核算、税务方面的专门规定等。

倘若鉴定人员未掌握相关知识，则很难看出有无问题或很难提出鉴定策略，例如某集资诈骗类案件，嫌疑人以高息吸收社会上的资金掮客或社会公众的大量资金，指望用于做国内承兑汇票贴现、跨境人民币国际信用证贴现、黄金租赁业务能盈利，但做国内票据贴现需参考国内银行间同业拆借市场利率的变化，有时能盈利，有时却会亏损。由于息差甚微，经常出现贴现倒差，导致不断亏损，盈利不足以支付承诺给客户的高息，只好将吸收来的资金拆东墙补西墙，最后还将资金大量用于炒股、炒期货以期翻本，结果反而又亏损了10个亿，导致资金链断裂，只好逃匿，东窗事发。

这个案件的经济业务就涉及票据支付结算等规定，嫌疑人收取集资参与人资金用于人民币票据贴现的过程包括：将吸收来的资金先在银行做定期存款或定期理财，再向银行抵押，然后利用自己注册的多个经营黄金珠宝类的公司，自己的A公司与自己的B公司签订购销合同并开出几个月期限的商业汇票（因票据法规定开出商业汇票必须要有真实的商品购销业务，所以嫌疑人注册了多个空壳公司），再到银行承兑，然后将银行承兑后的汇票交给社会上做资金生意的掮客（中间人），中间人将票据转手，资金汇回

给嫌疑人一方。整个资金循环在一两天、两三天内就完成，如此往复，不断循环，以此赚取息差。如果鉴定人员对这些票据支付结算方面的业务和规定不熟悉或掌握得不全面，就不知道具体的业务模式是怎样，每个环节是怎样运作，就不知道嫌疑人做票据业务是盈是亏，也就难于做好整个案件的鉴定工作。

2. 有足够的鉴定实务经验

光有理论知识还不够，还要有足够的动手能力和实践经验。尤其对于经济案件的司法会计鉴定，不同的案件、不同的事由、不同的业务模式、不同的作案手法，鉴定策略可能不同，很难从中归纳出千篇一律的方法供套用，只能因事而异。而且经济犯罪案件司法会计鉴定与社会上的注册会计师报表审计不同，没有"重要性水平"[①]可供掌握使用，鉴定结果的每个数字都必须严谨、准确，不能出现差错，没有"总体上正确"一说。

3. 有良好的职业素养

客观、公正、科学、独立是检察机关司法会计鉴定要遵守的原则，全面、准确、客观、真实是鉴定要追求的目标，保守案件秘密是鉴定要遵守的工作纪律。此外，风险意识也很重要。鉴定报告是用于指证犯罪，而诉讼过程中犯罪嫌疑人一方通常会聘请律师作为辩护人，鉴定报告中很小的差错也可能导致整个报告不被采信，影响案件的办案效果。特别是以审判为中心的刑事诉讼制度改革后，全面落实证据裁判规则对侦查、起诉、审判等司法活动提出了更高要求，鉴定结果作为专家证人的鉴定意见，要经得起辩护人的庭审质证。

4. 熟练运用计算机常用办公软件

信息化技术在会计、审计鉴定工作中的应用对提高会计、审计鉴定工作效率很有帮助。是否熟练运用计算机常用办公软件，有时关系到鉴定人能否找到解决案件涉大量数据处理问题的有效方法（如涉及大量数据的查找比对、分析统计、筛选汇总等）。涉众型经济犯罪案件经常涉及嫌疑人大量的收付款银行账户、微信账户、支付宝账户、第三方支付公司的收付款记录的鉴定，以及对从嫌疑人网站平台调取出来的后台数据的鉴定，数据

---

① "重要性水平"是审计学的一个基本概念，是指注册会计师进行报表审计时，针对被审计单位的具体情况确定的一个可接受的错报金额，如果一项错报单独或连同其他错报可能影响财务报表使用者依据财务报表作出的经济决策，则该项错报就是重大的。

的处理能力显得更加重要。

5. 要有吃苦耐劳、求真务实的精神

司法会计鉴定工作是高强度的脑力劳动，特别是对犯案时间长、涉案金额巨大、参与人数众多的涉众型经济犯罪案件鉴定时，鉴定工作不是短时间内可以完成的，有时长达数月甚至更长时间。鉴定人员要对工作任务的艰巨性和复杂性有充分认识，要有吃苦耐劳精神，同时还要有求真务实的工作作风。强调求真务实，是因为经济犯罪案件的司法会计鉴定不像注册会计师审计里面的报表审计，没有"重要性水平"可把握使用。经济犯罪案件鉴定通常离不开涉案金额，鉴定得出的涉案金额不但涉及嫌疑人定罪量刑，还可能涉及资金冻结、返还（赔偿）给被害人问题。鉴定结果的数字是否准确、结论是否严谨，更涉及鉴定结果是否被采信的问题。因此，面对工作量巨大且办案时间有限的压力，没有吃苦耐劳、求真务实的精神是做不好的。

（六）司法会计鉴定需要注意的问题

1. 业务受理环节

鉴定方初步了解案情和审阅委托方现有资料后，首先要考虑是否能承接，包括项目负责人是否存在影响独立性需要回避的情形，是否熟识该案件涉及的经济业务内容、运作模式、国家对该行业的管理规定、会计核算的方法；其次是有无足够有专业胜任能力的鉴定人员，能否在规定时限内完成该项鉴定工作。

此外，还要考虑委托方提出的鉴定要求是否合理，是否切合实际。如带有罪名的鉴定要求通常就是不恰当的，例如，某个非法吸收公众存款的案件，如果委托方提出的"对某人涉嫌非法吸收公众存款的数额进行鉴定"的提法就不恰当，宜改为"对某人收付集资参与人的资金数额进行鉴定"或"对某人涉嫌非法吸收公众存款期间收付集资参与人的资金数额进行鉴定"等。

在委托对涉案资金去向的鉴定中提出"对损失资金的去向进行鉴定"，这在多数时候也是不切合实际的，除非嫌疑人收取来的资金全部损失，更多时候应该是"对收取的集资参与人的资金去向进行鉴定"等。

2. 鉴定作业环节

首先，要检查鉴定资料的真实性、完整性、正确性，确保鉴定结果的正确。在实际工作中，办案方调取回来的资料有时存在重复，有时存在缺失，有时存在内容不连续等现象，例如，当案件涉及数十个、数百个的银行账户时，办案人员分多次到不同银行调取，前后不同时间提供给鉴定方的资料可能会存在重复、存在缺失，甚至资料里面的内容不连续，但办案人员自己也没发现、不知道。例如，银行账户（股票证券账户亦是如此）有时调取回来的交易流水不连续，如果鉴定人员未经检查核实正确就直接使用，往往会导致鉴定结果错误。

其次，要审慎利用笔录等言词证据资料。通常，涉众型经济犯罪案件嫌疑人使用的银行账户众多、集资参与人众多、公司管理不规范、无正式全面的账务记录，甚至存在嫌疑人利用公司账户、个人账户、员工账户、第三方支付平台进行收付款，来回"倒账"等情况，而且办案人员本身对案情可能还没完全查清楚，委托鉴定本身也带有将鉴定工作作为侦查工作的一部分的含义。此时，鉴定工作任务艰巨、头绪繁杂，审慎审阅、利用办案方提供的嫌疑人、受害者的讯问、询问笔录，了解案件的具体情况，有助于结合鉴定资料理清案件中的资金收付和资金流向，发现办案人员可能未掌握的一些具体案情，从而更好地利用现有资料实现鉴定目标。但要注意，笔录不是客观证据，不能作为鉴定证据直接使用。此外，当同一人的相同问话笔录内容前后回答不一致时，更应该审慎对待，合理区分。

3. 出具报告环节

一要考虑鉴定结果的正确性、意见的严谨性；二要考虑鉴定结果是否有针对性地回答委托鉴定事项的各项具体内容；三是所有的鉴定结果都要附上相应的证据作为鉴定报告的附件。

二、司法会计鉴定的具体操作方法

涉众型经济犯罪案件尽管只包含非法吸收公众存款、集资诈骗、非法传销等几项罪名，但犯罪分子的作案手段多种多样，手法日益翻新，花样百出，令人防不胜防，上当受骗的参与人不计其数。为给初次接触本类案件的办案人员和司法会计鉴定人员提供参考，现将鉴定实务中一些具体做法列示如下：

（一）如何接受办案方提出的委托鉴定要求

实际工作过程中，经常碰到委托方提出这样的鉴定要求："对某案的非法吸收公众存款金额进行鉴定""对某案的集资诈骗金额进行鉴定"等，类似这样的委托要求比比皆是。

办案方提出这样的委托要求，目的就是使鉴定结果尽可能地达到办案目的。但从鉴定的角度看，这样的委托要求已经超出了鉴定的相关规定，间接地让鉴定人员对涉案资金进行定性。从司法鉴定的属性来看，鉴定方是不能接受这样的委托要求的。

碰到这种情况时，要及时与办案方沟通，解释这样的鉴定要求超出了司法鉴定的范围。鉴定人员要在理解办案方委托鉴定目的的基础上，与委托方共同商讨具体的委托鉴定要求，最后由委托方结合自己的办案需求进行书面表述。鉴定人员不可越俎代庖，防止办案人员在没有办案经验的情况下，鉴定人员代为拟好的鉴定要求不能恰如其分地反映办案人员的真实需求。有时，委托方提出的特殊要求，还需对特殊情况划定范围或限制条件等。这样，最终确定下来的委托鉴定要求既是办案方的真实意思表示，能最大限度地贴近办案需要，又能降低鉴定风险。

此外，在确定委托鉴定要求时，一定要明确鉴定事项的起止时间。如果涉及对不同的嫌疑人或相关人员的涉案金额进行鉴定，而这些人员在该案中参与或发挥作用的时间不同，则要委托方对不同人员的涉案期间予以指明，以便鉴定人在鉴定过程中专门针对指定的时间段进行相关的统计鉴定。不同的嫌疑人涉及不同的业务事项或不同责任范围的也类似。

如果在接受委托方开具的"鉴定聘请书"时，"鉴定聘请书"没有写明具体委托事项的，应要求委托方写明，或由委托方另行出具一份写明具体委托鉴定事项的说明（要有委托方盖章）。

（二）如何确定嫌疑人控制使用的收付款账户，以及账户是否完整

涉众型经济犯罪案件的司法会计鉴定中，尽可能完整、准确地确定嫌疑人控制使用的收付款账户，从而使鉴定结果更加真实、准确地反映犯罪事实，是鉴定工作的重要一步。在鉴定委托时，委托方根据前期侦查结果，会提供一些嫌疑人控制使用的账户。但在鉴定过程中，根据委托方提供的账户资料，结合报案人的报案资料等，常常会发现委托方提供的嫌疑人控制使用的收付款账户清单不够准确、不完整。

鉴定发现的主要依据是：首先依据报案人支付嫌疑人款项时的对方账户，其次是根据嫌疑人收款账户的资金去向的追查，最后是根据嫌疑人支

付报案人利息或返还本金等款项时使用的银行账户、微信账户、支付宝账户等。依据这些方法整理出嫌疑人使用的账户清单后，交由委托方找相关当事人核实、确定。经过这个过程的审定，基本上可以比较完整地确定嫌疑人控制使用的收付款账户，排除不是由嫌疑人控制使用的账户。

例如：胡某涉嫌诈骗案。该案接受委托鉴定时，委托方提供的嫌疑人控制的账户只有十几个，后经审查，剔除非嫌疑人控制的账户、补充嫌疑人控制的账户，并通过委托方经由嫌疑人确认后，最后确定的嫌疑人控制账户共有 37 个。

（三）确定嫌疑人实际收到集资参与人的资金需要注意的问题

涉众型经济犯罪案件资金量大、资金关系错综复杂，对嫌疑人收到的涉案资金进行鉴定至关重要。

集资参与人付出的资金，不一定全部能认定为嫌疑人收到的资金。在集资过程中，集资参与人的资金有的直接转到嫌疑人控制的账户；有的先转给中间人、再由中间人转到嫌疑人控制的账户；有的通过家人、亲戚、朋友的账户转出资金等。集资参与人通过各种方式转出的资金，不一定能全部视同为嫌疑人收到的资金，比如：集资参与人转给中间人的资金，中间人没有全部或部分转给嫌疑人，这样就不能认定为嫌疑人实际收到了集资参与人的资金。

鉴定过程中，如有集资参与人将资金转给中间人、再由中间人转给嫌疑人的，我们通常是先确定集资参与人集资时的付款账户，包括中间人转账给嫌疑人的付款账户，通过这些付款账户再在嫌疑人控制的账户中比对，才能确定嫌疑人实际收到集资参与人的具体资金。

例如：巫某、张某涉嫌非法吸收公众存款案，该案一审在深圳某区法院审理，法院判决嫌疑人收取集资参与人资金合计 2017 万元，后因被告人（嫌疑人）对资金数额不服，上诉至中级人民法院；中级人民法院委托我们鉴定后，鉴定得出的嫌疑人实际直接或间接收到集资参与人的资金合计为 1222 万元。此数额得到法院和被告人的认可。

（四）非法集资类案件如何确定鉴定所需资料

如前所述，所有经济犯罪案件的司法会计鉴定都离不开向委托方了解案情和明确委托鉴定要求。不同的案件、不同的经济业务内容、不同的作案手法、不同的委托要求，鉴定所需的资料不一定相同。以非法吸收公众存款、集资诈骗为例，鉴定通常在于着重核实集资金额、损失金额和资金去向。针对这样的鉴定目的，鉴定人需要提请委托方提供的鉴定资料通常包括：

1. 起诉意见书、侦查终结报告等

起诉意见书或侦查终结报告等有助于让鉴定人员迅速了解案情，包括嫌疑人姓名、涉嫌犯罪的事由、犯罪的数额等。但有些案件是在移送起诉前、侦查期间委托的，所以起诉意见书或侦查终结报告不是必需的，可以从立案决定书或案件经办人的案情介绍中了解。

2. 报案材料

报案材料包括报案登记表、报案人笔录、相关的合同或订单、收付款的凭证或银行账户的交易流水、交易清单、权属证书等材料，这些资料有助于鉴定人员了解受害经过和损失金额，了解与资金收付有关的账户信息、收付款明细等。

3. 对嫌疑人的讯问笔录

案情复杂的案件，如果委托方提供了嫌疑人的讯问笔录，则有助于鉴定人员了解嫌疑人作案过程，了解嫌疑人控制使用的收付款渠道，包括银行账户、微信账户、支付宝账户、第三方支付公司的户名和账号等。但需要注意的是，讯问笔录不能作为鉴定的依据。

4. 对财务人员的询问笔录

有些大的犯罪团伙，有专门的财务人员，包括财务总监、财务经理、会计、出纳等。侦查机关在侦查期间，要向财务人员了解与案件有关的财务信息，包括经济业务事项、交易金额、参与人数、所有的收付款渠道及相关信息（包括户名和账号），会计核算使用的财务软件，账务处理情况，会计账本、会计凭证及保存情况等信息。但询问笔录同样不能作为鉴定的依据。

5. 涉案期间所有收付款渠道的交易流水

涉案期间所有收付款渠道的交易流水，包括银行账户、微信账户、支付宝账户、第三方支付平台的收付款交易流水等。所有收付款渠道的交易流水须要求委托方调取电子版，并且要显示交易时间、交易金额、交易余额、交易摘要、交易对方户名、交易对方账号等内容，这样有利于鉴定人员进行查找比对、汇总统计，以及追查资金去向。

6. 网站平台交易数据的提取报告及数据资料

如果犯罪嫌疑人是以网上P2P的方式吸收集资参与人的资金，并且网站平台的交易数据未被破坏,则是能够完整记录所有参与者(包括报案人)入金、出金情况的。网站平台的数据通常是鉴定人用于确定嫌疑人收付哪些集资参与人资金的比对基础。

7.其他与涉案资金收支有关的资料

这些资料视案件的具体情况而定,由鉴定方的项目负责人提出。

(五)如何对嫌疑人收取报案人、其他集资参与人的资金进行鉴定

涉众型经济犯罪案件,集资参与人众多,但报案的集资参与人可能只是其中的一小部分。应办案的需要,一般既要对报案人的报案资金进行鉴定,也要对整个案件涉及的其他集资参与人的资金收付情况进行鉴定。随着网络和第三方支付的发展,嫌疑人一方收取和返还集资参与人的资金除了通过资金存管机构银行账户、嫌疑人个人银行账户或嫌疑人公司的银行账户外,还可能会通过微信、支付宝和第三方支付平台进行收取,甚至有嫌疑人会通过网络购买他人和其他公司的银行账户来收取或返还涉案资金。

报案人自报的与嫌疑人的资金往来,可能存在多报支付给嫌疑人资金,少报收取嫌疑人返还的本金和收益,导致多报损失的情况,也存在报案人提供的资金往来凭证或对账单存在无对手信息,无法确定报案资金是否直接转到嫌疑人账户或嫌疑人控制的账户的情况。因此,报案人自报的与嫌疑人的资金往来一般仅作参考,不能直接作为认定报案人损失的依据。

在统计报案人提供的与嫌疑人的资金往来时,要留意嫌疑人用于收取和返还涉案资金的银行账户、微信账户、支付宝账户等的账号和户名。如果委托方尚未调取的,要及时通知委托方补充调取。委托方对这些需要补充调取的账户也要与嫌疑人或与嫌疑人公司的财务人员、业务人员核实,确认这些账户是否是嫌疑人控制的账户,以便确定嫌疑人控制的银行账户、微信账户、支付宝账户等的范围和鉴定的范围。

在确定了所有收付款账户的范围后,鉴定人需要将集资参与人(含报案人)名单或嫌疑人网络平台记录的集资参与人名单、入金、出金的后台数据,与这些所有收付款账户的收付款交易记录进行比对、分析,了解其中的差异,必要时将报案人的资金收付差异提请委托方让报案人确认。

需要注意的是,鉴定时,比对使用的集资参与人(含报案人)名单需由委托方经侦查确定后提供,嫌疑人网络平台记录的后台数据最好是由具有计算机鉴证资质的鉴定机构提取。这样,通过比对汇总出来的嫌疑人一

方收付集资参与人（含报案人）的资金数额、收付款的差额，就是鉴定确认的涉案集资金额、集资参与人（报案人）的损失金额。

此外，如果嫌疑人一方收付集资参与人资金通过第三方支付平台进行，可能会严重影响鉴定。例如，从第三方支付平台调取的代收付款交易流水没有显示对方姓名、账号，或有显示但有些只显示"微信支付""支付宝支付"，将无法直接分辨出资金的真实交易对象。如果第三方支付平台交易流水能反映每笔交易的商户订单号，再依据平台数据中的商户订单号进行两者比对，就能比对出每笔交易是平台数据中哪个集资参与人的；如果第三方支付交易流水连商户订单号都没有显示，这时，只能提请委托方重新向第三方支付调取完整的交易流水。

此外，如果集资参与人在集资时，未按规定将资金转入第三方支付平台、资金存管账户或嫌疑人公司的收款账户，而是将资金转入嫌疑人指定的其他临时收款账户，而临时收款账户又没有调取，将造成这部分资金无从比对，从而无法完整准确地确定集资参与人的实际出资数额与收回情况。

（六）非法集资类案件司法会计鉴定的基本操作方法

非法吸收公众存款案、集资诈骗案一般都涉及对嫌疑人收付集资参与人的资金进行鉴定，而且这类案件嫌疑人收付集资参与人款项的银行账户可能涉及不同银行的多个账户，集资参与人的人数也众多。这时，在获取了集资参与人名单、嫌疑人收付集资参与人款项的银行账户、明确了委托鉴定的涉案时间后，鉴定过程中通常的做法是：

（1）整理、准备好嫌疑人控制使用的银行账户交易流水，通常要求是Excel格式的电子版（电子版便于查找比对、筛选汇总，工作效率高，差错率低）。

（2）整理好集资参与人名单，最好是Excel格式的电子版；如有集资参与人是通过其他人代为收付款的，需要委托方提供代为收付款人员的姓名、账号。

（3）如果嫌疑人收付集资参与人款项的银行账户涉及多个不同银行的账户，则需要将所有的嫌疑人控制使用的银行账户交易流水调整为统一格式，再进行合并。统一格式的内容至少包括：户名、开户行、账号、交易日期、交易摘要、收款金额、付款金额、交易余额，对方户名、对方账号和对方开户行等。

（4）将集资参与人名单排序，注意有无重名，重名包括集资参与人之间重名、集资参与人与嫌疑人重名两种情形。两种情形如果有相关资料都可通过账户信息或通过身份证号码、住址或电话号码等的不同加以区分。不能区分的情况下，如果重名的人数较多且由侦查机关调查取证麻烦，可将重名的集资参与人视为同一人；与嫌疑人重名的集资参与人，从有利于嫌疑人的角度考虑，可不列入集资参与人名单。

（5）将整理好的集资参与人名单，与嫌疑人控制使用的银行账户交易流水里面的对方户名进行比对，得出嫌疑人收付集资参与人资金的初步结果，再分析差异的原因，包括将结果与相关笔录材料中的数据或报案数据进行比对，如果发现嫌疑人有通过银行转账之外的其他方式（如现金、支付宝、微信）收付款的，要与委托方沟通，提请委托方补充相关证据材料，最终再确定鉴定结果。

以上是已知集资参与人名单的基本操作方法。如果没有集资参与人名单，但有嫌疑人一方网站平台记录的集资参与人入金、出金的后台数据，则将此后台数据的用户名单和收付款记录与嫌疑人控制使用的收付集资参与人款项的账户进行比对、分析。

实际工作中，每个案件的情况各不相同，操作远非这么简单，需要根据案件的具体情况具体分析，结合案情灵活应对。以下通过一个集资诈骗案的司法会计鉴定，说明根据具体案情进行鉴定的重要性。

案例：桂某集资诈骗案

案情简介： 犯罪嫌疑人桂某于2013年10月成立某投资咨询公司，并设立P2P网络借贷平台。该平台通过官网、App、第三方网站等线上推广的方式，将二手车经销商的相关车辆抵押信息制作成"车★贷""车★贷"等产品标的，在该公司平台上公开发布，宣称年化利率为10%左右，以此向社会公众募集资金。其间，通过套用历史抵押车辆信息与虚假借款人信息制作虚假标的在该公司平台上发布，吸引集资参与人投资，进行自融，并指示该公司财务人员将所吸收的资金转出到桂某个人账户等。至2018年7月，该公司资金链断裂，无法兑付集资参与人的本息约4.5亿元，被公安机关立案侦查，并委托司法会计鉴定机构进行鉴定。

委托鉴定要求： 计算集资参与人实际投入的资金数额及实际收回的资金数额，核实集资款是否结清；反映被害人名单、未结清集资款金额。

鉴定分析： 此案从案情了解中得知，嫌疑人公司的基本业务模式是将集资参与人的资金收来后，出借给社会上有资金需求的用款方，并不是将集资资金收来后，自己支配使用。因此，区分集资参与人和借款人（用款方）至关重要。否则，简单地把嫌疑人一方对平台用户的收款作为入金，付款作为出金，将得到错误的结果。比如一笔100元资金从集资参与人处收来，全部出借给了借款人；后来借款人归还了60元（假设不计利息），嫌疑人将这60元返还给集资参与人（假设也不计利息）。如果将平台对所有用户的收款作为入金、付款作为出金，不区分集资参与人和借款人，将得到平台总入金100+60=160元，总出金100+60=160元，入金与出金的差额为0的错误结论。正确的应该是：集资参与人的入金为100元、出金为60元，平台尚未结清给集资参与人的资金为40元；借款人的借款为100元、还款为60元，借款人的欠款为40元。可见，根据案件的具体情况进行具体分析，灵活运用至关重要。

本案开始鉴定时，委托方提供的该公司网络平台的后台数据并没有区分集资参与人和借款人，而是混在一起，导致鉴定时无法使用。经鉴定人提请委托方要求计算机司法鉴定所重新提取数据，将平台数据里面的集资参与人用户数据和借款人（用款方）用户数据分开，鉴定工作才得以继续开展，进而可以分别根据集资参与人用户数据、借款人用户数据，与嫌疑人一方使用的涉案账户收付集资参与人、收付借款人（用款方）的资金进行比对。

鉴定过程中还碰到许多具体问题：集资参与人重名的问题；嫌疑人作为借款人用户的问题；马甲用户的问题（该公司为了保持平台的虚假繁荣而注册的没有真实出资的用户）；某些用户既是集资参与人又是借款人的问题；银行账户的收付款时间比平台反映的入金、出金日期延迟的问题（比如2017年7月31日从网络平台提现，资金托管银行账户在2017年8月1日才支付该笔款项等）；网络平台的后台数据显示某用户同一天进来或转出多笔款项，对应嫌疑人一方收付款账户的一笔合计数款项的问题；网络平台的入金、出金用户名与嫌疑人一方的收付款账户显示的收付款对方户名不一致的问题；计算机司法鉴定所提取的后台数据不完整，还需要再次提取的问题（因比对出来的总出金数额大于总入金数额，这是不正常现象）等。

鉴定结果：根据现有资料，经过认真细致地比对、分析，逐项解决了上述碰到的各项具体问题后，结果如下：

1. 集资参与人共74815个，在2013年11月至2018年10月，入金（投入资金，下同）合计 3201408774.93 元，出金（返还资金，下同）合计 2804232778.50 元，入金与出金的差额为 397175996.43 元。其中：

（1）入金大于出金（有损失）的用户有 7368 个，入金合计 1699362047.66 元，出金合计 1243002119.13 元，入金大于出金的差额合计 456359928.53 元（此为被害人未结清集资款金额，名单此处略）。

（2）入金等于出金（持平）的用户有 126 个，入金与出金合计均为 521562.32 元。

（3）入金小于出金（有盈利）的用户有 67321 个，入金合计 1501525164.95 元，出金合计 1560709097.05 元，入金小于出金的差额合计 59183932.10 元。

2. 借款人（用款方）借款及还款情况

平台反映的借款人用户共有 2773 个，借款金额合计 2975025710.34 元，还款金额合计 2598825829.80 元，借款与还款的差额为 376199880.54 元（名单此处略）。

（七）传销类案件司法会计鉴定的基本操作方法

国务院《禁止传销条例》对传销的定义是：组织者或者经营者发展人员，通过对被发展人员以其直接或者间接发展的人员数量或者销售业绩为依据计算和给付报酬，或者要求被发展人员以交纳一定费用为条件取得加入资格等方式谋取非法利益，扰乱经济秩序，影响社会稳定的行为。刑法对传销犯罪的表述是：组织、领导以推销商品、提供服务等经营活动为名，要求参加者以缴纳费用或者购买商品、服务等方式获得加入资格，并按照一定顺序组成层级，直接或者间接以发展人员的数量作为计酬或者返利依据，引诱、胁迫参加者继续发展他人参加，骗取财物，扰乱经济社会秩序的传销活动。可见，传销的本质特征是"骗取财物"。手法上则包括从参与传销活动人员缴纳的费用或者购买商品、服务的费用中进行非法获利。其特点是交入门费，拉人头，团队计酬。因此，传销类案件一般都涉及对传销人员数量、收取的资金数额，甚至计酬或返利的鉴定。鉴定人在了解了基本案情（尤其是传销业务的运作模式、操作流程），获取了委托方提供的资料，明确了委托鉴定要求后，基本的鉴定方法是：

1. 人员、数量的鉴定

根据传销组织的网络平台后台数据或相关资料记录的组织架构，从上到下整理出每个层级的传销人员名单、人员数量；每个传销人员对应的下属人员名单、人员数量；总的传销层级、人员数量。通过人员结构图（表）的形式进行列示反映，以便办案部门对涉嫌组织领导传销活动、发展下线人员达到一定数量（比如达到30人以上且层级在三级以上）的传销人员，予以立案追诉。

2.收取资金数额的鉴定

根据传销组织控制使用或主要传销人员（上线人员）使用的收取传销参与人资金的账户（含银行账户、微信账户、支付宝账户等）收付款记录，进行收款资金的梳理统计（比如与传销参与人名单进行比对，得出收取传销参与人入门费的资金数额）；或根据传销组织业务资料反映的"商品销售"记录，统计传销参与人购买的传销物品的种类、数量、单价、金额及总的购买金额。

3.计酬或返利的鉴定

如果委托鉴定要求涉及对传销人员奖金、提成的计算，则需根据具体情况来进行。例如，根据委托要求对传销组织或上级传销人员使用的账户支付给下一级相关传销人员的资金数额进行统计；或根据现有资料反映的传销组织、主要传销人员对下一级相关传销人员奖金、提成的发放记录，统计出一定期间内发放给这些相关传销人员的资金数额等。

以上是传销类案件司法会计鉴定的基本操作方法。但不同的案件，不同的传销方式，鉴定的内容和具体方法也可能不同，因此必须根据具体情况来进行分析。

（八）如何鉴定涉案资金的去向

1.鉴定涉案资金去向的基本方法

资金去向的鉴定要结合账户收款前余额及收取的其他资金进行分析，按收取资金与付出资金对应关系是否明确采用以下不同的方法进行鉴别：

（1）如果收取资金与付出资金对应关系较明确，可以逐笔分析认定，将嫌疑人收取集资参与人的资金与对应的资金去向逐一追查，将所有资金的最终去向进行汇总，按收款方户名分类，将结果列示出来。

（2）如果嫌疑人账户在收付集资参与人资金的同时，也收付大量的其他资金，收取资金与付出资金对应关系不明确，这种情况可以用嫌疑人及其控制账户的资金总体收付情况来反映大致的资金来源和资金去向。如果嫌疑人及其控制账户有多个，并且资金收付对应关系也是不明确，则可以将这些账户合并作为一个合并账户来进行。

以多个账户合并为例,具体方法为:先将嫌疑人收取集资参与人资金的银行账户整理成相同的格式后合并(有的账户虽然收取过集资参与人资金,但次数不多,金额不大,从重要性的角度考虑,此类账户可以忽略,不合并在内),扣除账户间互转资金,按银行账户交易流水的对方户名进行净收款(收款减付款的差额大于等于零)和净付款(收款减付款的差额小于零)的分类汇总统计,以净收款反映账户的总体资金来源,净付款反映账户的总体资金去向。

(3)如果嫌疑人账户上每次收取集资参与人的资金,连同收款前的期初资金、收取的其他资金,付出时在账户上都能找到这些资金接近完全付出或剩余很小的金额,则可将这次资金收付的时间段截取出来,对其他各次资金收付也采用相同的方法进行截取,再进行汇总并按对方户名进行净收款、净付款的分类汇总,则可以相对准确地反映这些收款资金连同账户上的期初资金、收取的其他资金的资金来源和资金去向。

需要注意的是,如果委托方提供的银行账户交易流水没有余额或没有对手信息,资金去向将无法进行追查。

2.其他鉴定方法

以上几种追查资金去向的方法,其中最基本、最常用的是第一种方法(逐笔分析认定),但在具体使用时可能会碰到一些具体问题,这些问题及解决办法、技巧包括:

(1)提供的账户是否足够。在追查资金去向时是不可预见的。因为涉案资金的去向是一笔一笔往下追查,只有追查至某个账户,能确定此账户是属于被害人账户或是关联账户之外的其他账户或资金被用于归还贷款、购物消费等时,才能终止追查,否则可能还需要委托方不断地调取、提供账户。

(2)资金去向最后账户怎样确定。一般而言,除了嫌疑人用于购物、消费、还贷或其他使用,一笔资金的去向随着不断地流转,其作为货币的支付手段会无止境地流转下去。在追查涉案资金去向时,需要明确究竟追查到哪一步才算终点?通常我们认为资金去向追查至下列状态时即为终点:

第一,资金返还给了被害人。在许多鉴定实务中,嫌疑人因为资金链断裂,为了支付到期应付的被害人本金、收益,采取拆东墙补西墙的方法,用收取被害人的款项去支付另一被害人的本金、收益。至于被害人收取嫌疑人转入款项后的用途就无须再关注了。

第二，小额资金支付至某个账户时，因数额占总收款资金很少，可以忽略不计，不再往下追查。

第三，资金支付至嫌疑人关联账户之外的账户。由于提供鉴定的材料一般不包括这些账户，除非金额重大，否则无须提请委托方再去调取这些账户的资料，追查工作可到此为止。

第四，资金被用于购房、购车、购买奢侈品等消费。

第五，资金被用于偿还贷款，包括房贷、消费贷等，或资金被用于归还信用卡欠款等。

第六，资金被用于购买保险、理财产品（如果理财产品到期收回后，用于偿还集资参与人或转付其他关联账户的，则要继续追查反映）。

第七，资金被转至证券交易账户（如果金额甚大，从追赃的角度可提请委托方调取证券账户的交易流水，看是否被转移出来后再转走，还是炒股、炒期货亏损了）。

第八，资金被用于支付员工工资、福利、房租、管理费等经营费用。

第九，资金被转至下一个账户时，因收款账户收款前有资金余额及其他账户转入的资金，但发生多笔、多个对方账户的资金付出时，如果无法分辨涉案资金的去向，也可以终止追查。

（3）追查资金去向的一些技巧。

第一，当涉案资金转付一个收款账户时，先要查看此账户的期初余额，如果余额很小，再查看资金进来被支付出去后的资金剩余情况，当资金剩余很小时：

①在资金支付出去前这期间如果没有其他大额的资金进来，就可确认这期间的付款均为涉案资金的去向；

②这期间如果有收别的账户资金，但也有付别的账户资金，且收付的对方账户是同一个，这时可以将收付资金相抵销，将转付其他账户的款项作为涉案资金的去向。

第二，当涉案资金转付一个收款账户时，如果收款账户收款前资金余额很大，且后面还有别的资金转入：

①当此收款账户在支付同一个账户的一笔或多笔款项后的余额很小，此时就可确认涉案资金包含在支付的款项之中；

②除上述情况外，如果收款账户收款前资金余额大且收取涉案资金后，

账户还有收付其他账户的资金,这时就要找到账户第一次出现余额小的日期,将收款账户从收取涉案资金起,至付款后第一次出现余额较小的期间内的所有资金收入及支出进行分类统计,列示涉案资金加上账户收款前资金余额及其他转入资金的去向;

③如果账户在收取涉案资金后,账户收付款频繁且收款后的余额都很大,不能找到涉案资金去向的对应关系,这时可认为无法分辨涉案资金的去向。

第三,制作、利用资金流向图(表)。如果嫌疑人所收取的款项均通过多个关联账户不断拆分、交叉互转、整合,为了更精准地追查资金去向,就可以制作、利用资金的流向图(表),先将每一笔资金的去向填入流向图(表),然后对关联账户流入、流出资金进行汇集、分析,从而分辨出资金的最终去向。

案例:王某、曾某非法吸收公众存款案

该案在追查资金去向时,遇到了收款账户除了收取涉案资金外,还收取了大量的其他资金,第一感觉是难以分辨资金去向,但在制作了资金流向图(表)后,就可清晰地发现原来账户所收取的其他资金也是来自不同渠道的涉案资金,这样就可以将所有收取的资金合并在一起追查去向。例如,此案在追查嫌疑人所收取被害人某笔500万元款项的去向时,发现嫌疑人另有企图,将所收的款项通过其控制的多个关联公司账户及十多个个人账户不断拆分、交叉互转,最终又将资金整合在一个账户中,然后再次化整为零,向不同账户转账,经过多次反复地操作,在短时间内将资金转付至房地产公司用于购房、转付至汽车销售公司用于购车、转付至保险公司用于购买保险、归还贷款以及转付其他不明账户,进行各种各样消费,时间就在嫌疑人收取被害人款项的当日。

此外,现在银行之间的转账支付渠道五花八门,有些交易记录反映的对手信息并不准确,也会影响鉴定结果。例如某账户显示对手信息为某基金,一开始会让人误以为是否用于购买基金,后与银行人员沟通查证,事实并非如此,只是支付渠道不同而已,真实的对手另有其人。另外,银行账户交易流水显示的对手信息如果涉及微信、支付宝的,也与此类似,需要认真分辨。因此,简单地以账户显示的对手信息进行资金去向的认定和数额统计并不一定正确。

案例:邱某被诈骗案

委托鉴定要求:其中一项是对涉案账户资金的大额消费支出进行鉴定。

案例分析：经对涉案的银行账户、支付宝账户、微信账户各自付款购买奢侈品项目的统计，发现其中有支付到某品牌厦门专卖店购买手包的付款共计 422355.00 元，分别是：

1. 银行账户付款 291355.00 元，对方收款账户名分别为"某品牌厦门专卖店"合计 250000.00 元、"支付宝—某品牌厦门专卖店"合计 29000.00 元、"财付通—某品牌厦门专卖店"合计 12355.00 元；

2. 支付宝账户付款合计 83000.00 元，对方收款账户名为"某品牌厦门专卖店"；

3. 微信账户付款合计 48000.00 元，对方收款户名为"某品牌厦门专卖店"。

鉴定过程中，鉴定人员注意到，支付宝账户、微信账户的资金支付具有双重性，其用于支付的资金，既可以用其本身账户资金支付，称作余额资金支付，也可以通过其绑定的银行账户里面的资金支付，称作充值支付。银行账户与支付宝账户、微信账户支出的最大区别在于前者是本身账户资金独立的支付，后者是除自身账户资金支付外，还可用绑定的银行账户来支付。

支付宝账户、微信账户在使用绑定的银行账户资金支付时，前者账户通常有收款的对方支付宝账号或微信账号标识，而银行账户则标示支付的资金的对方收款账户为"消费"或"支付宝—对方户名"或"财付通—对方户名"，两者的区别为前者直接显示收款账户名，后者在收款户名加了一个支付宝或财付通（即微信）前缀。

根据上述情况，如果将支付到某品牌厦门专卖店购买手包的银行账户付款合计 291355.00 元、支付宝账户付款合计 83000.00 元、微信账户付款合计 48000.00 元，简单的加总等于 422355.00 元作为支出金额，将得到一个错误的资金去向数额的鉴定结果。正确的方法是对涉案的银行账户里面涉及支付宝账户、微信账户的支付，与支付宝账户、微信账户的支出进行核对，根据支付时间及订单号码等来判断，将银行账户与支付宝账户、银行账户与微信账户里面涉及重复的付款合计 106000.00 元剔除，才能得出支付某品牌厦门专卖店购买手包的付款 316355.00 元的正确结果。

三、司法会计鉴定常见的问题及解决办法

涉众型经济犯罪的突出特点是案件涉及人数众多、案件事实复杂、犯

罪手法多样、作案周期长、违法金额巨大等，在具体的司法会计鉴定实践中，经常会碰到这样那样的问题或困难，现将常见的问题和困难及可能的解决办法汇总如下。

（一）非法集资类案件如何确定集资参与人

涉众型案件通常是集资参与人数量众多，但报案人却不多，如果集资参与人无法确定，案件涉及的总金额将无法确定。如何确定除了报案人之外的其他集资参与人，从而确定案件涉及的总集资参与人数、总集资金额、总的损失金额？显然，不同的案件情况并不相同：

有些案件涉及的集资参与人数量不多，或嫌疑人一方对集资参与人、集资金额有专门的记录。此类案件，鉴定时根据已知的集资参与人名单与嫌疑人一方使用的收付款账户进行查找比对，即可确定涉案集资金额、返还的金额和集资参与人损失金额。

有些案件集资参与人众多、涉案金额大，但只有少数的集资参与人来报案。这时，比对嫌疑人一方使用的收付款账户仅能确定嫌疑人对这部分报案人的收付款金额及这部分报案人的损失金额。对各种原因未报案的大量集资参与人，鉴定时，如何判断哪些是未报案的集资参与人及其对应的投资额？往往需要做大量的工作或提请委托方通过侦查来协助确定集资参与人名单。

以下是某个案件的鉴定人利用案件中的固定特征，来查找案件中其他集资参与人的方法。

案例：杨某、李某集资诈骗案

案情简介： 2015年6月，嫌疑人杨某成立特快付电子商务公司，并吸收李某作为重要成员对外宣传经营快送业务，并以在相关网站注册特快付公司会员后直接投资可多倍返利等方式吸引公众参与。注册会员后的投资金额有人民币700元、7000元、21000元、35000元、70000元多种级别；返利提现则按照该公司网站上设定的"七进六出"的规则和根据投资者投资情况显示的公司微股指数涨跌情况进行计算。以7000元投资为例，当投资者投资7000元时，特快付公司网站有相对应的公司微股指数，当指数上涨"20"点时，网站上显示投资人有"七进六出"的返利6000元，即扣除了1000元作为公司运营费用，剩余的6000元再扣掉5%的提现手续费300元，剩下5700元返还给投资者；当指数再上涨"20"点时，投资人有三个

5700元返利，两轮返利后这次会员投资结束。公司网站微股指数的上涨则与后续投资资金进入有关，投资资金越多，指数上涨越快。该公司以这种高额回报方式吸引大量社会公众参与。

委托鉴定要求：对30名报案人及其他可能的集资参与人出资金额、返还金额进行鉴定。

鉴定分析：此案集资参与人投入资金分多个级别，有700元、7000元、21000元、35000元、70000元等，从案情了解得知，集资额都是7的倍数，而集资参与人提现的金额，在此案中总括为都是5.7的倍数。这时，鉴定人的做法是：

第一步，根据以上特征，将第一批集资参与人首次出现的时间，确定为收取集资参与人款项的开始时间。结束时间则为案发时间；

第二步，结合投资金额是7的倍数，提现金额是5.7的倍数，判断现有已调取的嫌疑人24个账户中，收付报案人资金的账户有9个，收付其他未报案可能是集资参与人资金（收款或付款金额的数字具有上述特征）的账户有11个；

第三步，根据集资参与人的资金特征，逐笔排查出所有可能是集资参与人的入金及出金（通过这种方法排查出的集资参与人，显然也包含了报案人），并进行分析，区分收、付报案人的款项和鉴别其他可能是集资参与人的款项，并将两部分结果进行加总，得出嫌疑人公司收到、返还集资参与人的款项，并在报告中对此进行提示说明。以此来相对准确地确定案件涉及的集资参与人的集资金额。

鉴定结果：该公司在三个月内累计收取报案人资金9797237.5元，其他可能收取集资参与人资金人民币25461635.00元，收款合计35258872.50元；返还给报案人资金1682049.24元，返还给其他可能集资参与人资金人民币22135960.20元，返款合计23818009.44元；收款与返款总差额为人民币11440863.06元。鉴定结果得到了公诉、审判部门的认可。

因互联网技术应用的发展，大部分的非法集资类案件都有相关的网络投资平台，但投资平台中的注册人数多数时候会大于实际集资的人数。

原因在于：（1）有部分用户只注册或是在注册时打入少量试转账资金，未进行实际投资；（2）有部分用户是嫌疑人自己注册用于刷流量（马甲账户）；（3）有部分用户是嫌疑人想从中截留资金而注册的等。在这种有集资平台数据的情况下，如何区分真正的集资参与人？多数时候还需要办案人员通过侦查等方式来确定哪些是马甲账户、假标账户等；部分只注册而未进行投资的用户可以通过鉴定来解决。集资参与人如果利用他人账户来代收付集资款，鉴定时用集资平台数据与嫌疑人使用的收付款账户交易流水进行匹配时将无法匹配到，这时就需要集资参与人（报案人）反映出来。

如果集资参与人存在重名或通过第三方支付平台收付款，而第三方支付平台在提供收付款数据时未显示集资参与人的姓名、账号，也没有显示每笔交易的商户订单号，这两种情形都会造成无法区分收付款对应关系，从而无法匹配出集资参与人的实际出资情况。

（二）收付款账户交易记录常见的问题及解决办法

非法集资类案件通常要确定嫌疑人收付集资参与人的资金数额，很多时候还要确定收取资金的去向，但委托方提供给鉴定方用于确定嫌疑人收付集资参与人资金的账户交易记录却常见以下问题：

收付款账户的交易记录不完整、余额不连续，或涉案期间不在收付款账户的交易记录内。这时要建议委托方补充调取，如果只是存款利息或是银行手续费缺失，导致收付款的交易记录不完整、余额不连续，可不用补充调取，在报告中说明即可。

收付款交易的对手信息缺失，导致大部分的涉案资金无法核对。这时，要建议委托方到各大银行的分行（不是营业部和分理处，也不一定去开户的营业部）去补充调取，一般在各大银行的分行有专门对公检法的窗口。

微信账户交易记录包含大量的红包收付。由于微信红包一般与案件本身关系不大，红包金额占整个微信交易金额比例也不大，在统计时可将微信红包记录剔除，建议在委托内容明确只统计微信转账（包括余额转账和快捷转账）。

支付宝账户交易记录的对手信息只有对手的 ID 号，没有户名，无法确认与报案人的资金往来。这时，建议委托方在调取支付宝流水的时候，要明确要求显示对手的 ID 号和姓名。

有些银行账户交易对手信息缺失，交易摘要标明是"消费"，这种情况主要是通过银联进行刷卡消费，在不同的开户行开立的 POS 机公司，POS 机的号码和商家的户名显示不出来。这时，可以建议委托方到各地的中国银联分公司调取相关的刷卡交易记录。

通过第三方支付平台收取和返还涉案资金时，报案人提供的支付凭证

涉众型经济犯罪办案重难点破解

或银行交易流水显示了第三方支付平台的账号和第三方支付平台的名称。如果委托方调取的嫌疑人代收付款记录没有对手信息（包括姓名和账号），将导致无法核实报案人的资金收付是否与嫌疑人在第三方支付平台收付款一致。所以，侦查机关在调取第三方支付平台的代收付款明细时，应要求第三方支付平台提供与银行账户交易流水相类似的有收付款交易记录的姓名、账号、交易时间、金额、每笔交易的商户订单号等信息的收付款记录。否则，报案人、集资参与人通过第三方支付平台收付的资金将无法通过比对进行认定。

（三）案情复杂、犯罪事实尚未查清的涉众型案件如何开展鉴定工作

涉众型经济犯罪案件涉及面广、情况复杂，个别侦查人员在没有查清案件总体情况、明确下一步具体的侦查方向时就提请司法会计鉴定。有些办案人员没有办理经济犯罪案件的经验，调取的资料不齐全。此时，鉴定方得知的案情往往不全面，案件属于边摸查、边处置、边鉴定的阶段，鉴定工作事实上成为了侦查工作的一部分，且只能在办案人员提供的现有资料范围内开展。在理解案情不全面、接受资料不完整的情况下，得出的鉴定意见自然也只能反映案件的部分事实。

此情形下，在明确委托鉴定要求的基础上，鉴定人员要主动了解与鉴定事项相关的更多案情，了解目前案件未解决的问题和难点。必要时，主动要求查看嫌疑人、相关人员、被害人的笔录甚至更多的案卷材料。每个案件，嫌疑人具体的作案手法各有不同，在了解了嫌疑人的作案手法和犯案事实的基础上，结合案件对证据的要求，才能使鉴定工作更有针对性，鉴定结果的严谨性、准确性、可用性也会大大提高。

有些案件，委托方首次委托鉴定时，已是检察院第二次退回委托方补充侦查了，这时，留给鉴定方的时间非常有限，为完成鉴定作业必须加班加点。此时，如果考虑接受委托，可与公诉部门主办案件的检察官沟通商讨，在加班加点作业的基础上，争取利用公诉阶段的一些时间。

（四）有偿服务的涉众型经济犯罪案件司法会计鉴定费用相关问题

部分涉众型经济犯罪案件处于边摸查、边处置、边鉴定的情形。鉴定工作无形中成为了侦查工作的一部分。委托鉴定后，对鉴定方的时间要求很紧，要在短时间内发现新问题，提交给侦查人员。侦查人员根据鉴定提

供的新线索或侦查获取的新线索调取和提交新的资料。新的资料到来以后，鉴定范围又扩大了，此前计算的有些数据就不全面了，需要重新计算。这样，如果一段时间就得到一批新的资料，鉴定工作量会大大增加，难以预先估计。

此时，案件的不可控因素常常会导致鉴定时间大幅延长、消耗鉴定方大量的人力和时间。如果鉴定工作属于有偿服务，会影响鉴定费用的金额。但鉴定方常常被要求预先估计费用，并且参加三家以上鉴定机构报价或竞标，一般报价最低者才能中标。而社会上鉴定机构的水平往往参差不齐，使用的鉴定人员的素质、经验及质量把关标准也有差异，把控严的鉴定机构往往作业成本更高。以最低价者中标的做法容易产生恶性竞争，甚至可能出现劣币驱逐良币的现象。鉴定机构中标的鉴定费用过低，往往会影响鉴定质量。

个别审计机构会根据鉴定费用多少来决定鉴定的工作量，鉴定工作大打折扣，达不到理想的效果。例如，鉴定机构明知还有大量工作要做，但因鉴定费用已用完，而不愿意再继续开展深入的工作或完成现有资料的鉴定工作后，后续仍有新的资料、新的工作要做，但因没有新增的鉴定费，而不愿意配合等。

因此，委托方在选择鉴定机构时，如果鉴定工作属于有偿服务，需要选择业务质量高、信誉好、经验丰富的鉴定机构，并在鉴定工作量大幅超出原先预计时，应鉴定方的要求合理增加鉴定费用。

第二章 非法集资犯罪的基本问题

第一节 非法集资犯罪概述

一、非法集资历史沿革

自20世纪末开始，我国对民间集资行为进行法律规制，"非法集资"一词逐渐进入公众视野。非法集资的概念从产生至今，内涵与外延一直发生变化，相应地影响对非法集资犯罪的认定。

1995年6月30日全国人大常委会公布并施行的全国人民代表大会常务委员会《关于惩治破坏金融秩序犯罪的决定》（以下简称《1995年决定》）第7条和第8条分别将非法吸收公众存款罪和集资诈骗罪归类到非法集资犯罪，具体表述为，非法吸收公众存款罪，是非法吸收公众存款或者变相吸收公众存款，扰乱金融秩序的行为；集资诈骗罪是以非法占有为目的，使用诈骗方法非法集资的行为。

1995年7月1日施行的《商业银行法》[①]第79条首次提出"非法吸收公众存款"的法律术语。

1996年12月16日最高人民法院发布并实施的《关于审理诈骗案件具体应用法律的若干问题的解释》（以下简称《1996年解释》，已于2013年1月18日失效）第3条首次明确界定了"非法集资"是指法人、其他组织或者个人，未经有权机关批准，向社会公众募集资金的行为。

1998年7月13日国务院发布并实施的《非法金融机构和非法金融业务活动取缔办法》（以下简称《1998年国务院办法》，已于2021年5月1日失效）第4条将"未经依法批准，以任何名义向社会不特定对象进行的非法

---

① 已于2004年2月1日、2015年10月1日两次被修改。

集资"纳入非法金融业务活动的范畴。

1998年7月29日中国人民银行发布的《整顿乱集资乱批设金融机构和乱办金融业务实施方案》（以下简称《1998年整顿方案》）规定：凡未经依法批准，以任何名义向社会不特定对象进行的集资活动，均为乱集资。

1999年1月27日中国人民银行发布的《关于取缔非法金融机构和非法金融业务活动中有关问题的通知》（以下简称《1999年中国人民银行通知》）非法集资定义得更加详细，并且首次总结了非法集资的基本特征。《1999年中国人民银行通知》规定：非法集资是指单位或者个人未依照法定程序经有关部门批准，以发行股票、债券、彩票、投资基金证券或其他债权凭证的方式向社会公众筹集资金，并承诺在一定期限内以货币、实物及其他方式向出资人还本付息或给予回报的行为。具有如下特点：（1）未经有关部门依法批准，包括没有批准权限的部门批准的集资以及有审批权限的部门超越权限批准的集资；（2）承诺在一定期限内给出资人还本付息。还本付息的形式除以货币形式为主外，还包括以实物形式或其他形式；（3）向社会不特定对象即社会公众筹集资金；（4）以合法形式掩盖其非法集资的性质。

2007年7月25日国务院发布的国务院办公厅《关于依法惩处非法集资有关问题的通知》（以下简称《2007年国务院通知》）对非法集资的基本特征进行了补充和修改。《2007年国务院通知》明确非法集资的主要特征：一是未经有关监管部门依法批准，违规向社会（尤其是向不特定对象）筹集资金。如未经批准吸收社会资金；未经批准公开、非公开发行股票、债券等。二是承诺在一定期限内给予出资人货币、实物、股权等形式的投资回报。有的犯罪分子以提供种苗等形式吸收资金，承诺以收购或包销产品等方式支付回报；有的则以商品销售的方式吸收资金，以承诺返租、回购、转让等方式给予回报。[①] 三是以合法形式掩盖非法集资目的。为掩饰其非法目的，犯罪分子往往与受害者签订合同，伪装成正常的生产经营活动，最大限度地实现其骗取资金的最终目的。

2011年1月4日施行的最高人民法院《关于审理非法集资刑事案件具体应用法律若干问题的解释》（以下简称《2011年非法集资解释》）第1条

---

① 此处的商品销售实际上是以商品销售为幌子，投资人购买该商品不是为了获得该商品，而是通过商品销售者承诺的返租、回购以及转让的方式，最终拿回本金以及收益。商品销售者的行为实质是非法集资行为。

规定：违反国家金融管理法律规定，向社会公众（包括单位和个人）吸收资金的行为，同时具备下列四个条件的，除刑法另有规定的以外，应当认定为刑法第176条规定的"非法吸收公众存款或者变相吸收公众存款"：（1）未经有关部门依法批准或者借用合法经营的形式吸收资金；（2）通过媒体、推介会、传单、手机短信等途径向社会公开宣传；（3）承诺在一定期限内以货币、实物、股权等方式还本付息或者给付回报；（4）向社会公众即社会不特定对象吸收资金。未向社会公开宣传，在亲友或者单位内部针对特定对象吸收资金的，不属于非法吸收或者变相吸收公众存款。

二、非法集资犯罪的基本特征

纵观非法集资概念的产生和发展过程，对非法集资的规定规范随着社会的发展不断发生变化。《1999年中国人民银行通知》和《2007年国务院通知》将非法集资的特点归纳为非法性、利诱性、社会性和形式合法性。《2011年非法集资解释》规定非法吸收公众存款罪需要同时具备非法性、公开性、利诱性和社会性四个条件，否则即为合法融资。相较《1999年中国人民银行通知》和《2007年国务院通知》，《2011年非法集资解释》的规定少了形式合法性，增加了公开性。《2011年非法集资解释》将非法集资行为的形式扩大化，不再要求非法集资行为必须以合法的形式出现。同时，社会性和公开性是集资行为的基本属性，公开宣传必然带来社会性，社会性通过公开性实现，所以《2011年非法集资解释》增加了公开性这一特征。此外，《2011年非法集资解释》第1条第2款规定：未向社会公开宣传，在亲友或者单位内部针对特定对象吸收资金的，不属于非法吸收或者变相吸收公众存款。该规定是注意性条款，区分了合法借贷与非法集资的界限。即便没有这个规定，上述行为因不具备公开性和社会性，也不属于非法吸收或者变相吸收公众存款的范畴。

根据上文分析，非法吸收公众存款罪的四个基本特征是非法性、公开性、利诱性和社会性。目前，我国刑法规定的非法集资犯罪主要包括非法吸收公众存款罪，擅自发行股票、公司、企业债券罪和集资诈骗罪，这三种犯罪的共同点是在客观方面均具有非法集资的特征，但是三个罪名的犯罪构成和具体特征有不同之处，具体表现为在非法性、公开性、利诱性和社会性上存在差异。由于非法吸收公众存款罪在非法集资犯罪中具有基础性意义，囿于篇幅，此处仅对非法集资犯罪的一般情形和非法吸收公众存款罪的典型特征进行分析。

（一）关于非法性

《2011年非法集资解释》明确非法吸收公众存款或者变相吸收公众存款是指"违反国家金融管理法律规定，向社会公众（包括单位和个人）吸收资金的行为"。这个定义和1996年以来其他非法集资定义相比，发生了很大的变化。在以往的规定中，并未直接对非法吸收公众存款的"非法性"进行定义，而是把"非法性"作为非法集资的一个特征，即"非法性"并不只是非法吸收公众存款的特征，同时也是其他非法集资犯罪的特征。关于非法集资的"非法性"，《1996年解释》表述为"未经有权机关批准"；《1999年中国人民银行通知》改为"未经有关部门依法批准，包括没有批准权限的部门批准的集资以及有审批权限的部门超越权限批准的集资"；《2007年国务院通知》再次修改，表述为"未经有关监管部门依法批准，违规向社会（尤其是向不特定对象）筹集资金。如未经批准吸收社会资金；未经批准公开、非公开发行股票、债券等"；最后《2011年非法集资解释》改为"违反国家金融管理法律规定"。笔者认为，这是一个很大的变化，强调了非法集资犯罪的实质违法性。

2019年1月30日最高人民法院、最高人民检察院、公安部印发并实施的《关于办理非法集资刑事案件若干问题的意见》（以下简称《2019年非法集资意见》）第1条规定：人民法院、人民检察院、公安机关认定非法集资的"非法性"，应当以国家金融管理法律法规作为依据。对于国家金融管理法律法规仅作原则性规定的，可以根据法律规定的精神并参考中国人民银行、中国银行保险监督管理委员会、中国证券监督管理委员会等行政主管部门依照国家金融管理法规制定的部门规章或者国家有关金融管理的规定、办法、实施细则等规范性文件的规定予以认定。

总结目前司法机关、行政机关和金融管理机构对非法集资规定的变化，非法集资的"非法性"是指违反国家金融管理法律法规有关集资的实体性规定或者程序性规定，而不限于"未经有权机关批准"。换言之，集资即使获得了有权机关的批准，但如果违反国家金融管理法律法规有关集资的实体性规定，因本质上不具备集资的合法性条件，也应该认定为具有"非法性"。《1998年国务院办法》首次规定了非法集资的实质违法性，第4条明确了非法金融活动之一的情形是"未经依法批准，以任何名义向社会不特定对象进行的非法集资"。而其中的"依法批准"既要求批准的机关具有合法审批权限,审批过程要符合法定程序,也要求批准的内容符合相关法律、法规的规定。《1999年中国人民银行通知》所归纳的非法集资特点之一是"未经有关部门依法批准,包括没有批准权限的部门批准的集资以及有审批权限的部门超越权限批准的集资",这也体现了集资要具备实质合法性的要求。在司法实践中,如果网络借贷信息中介机构(P2P)在金融监管部门进行了备案,即该中介机构具备了形式上的合法性,但并不意味着其不可能涉嫌非法集资犯罪,因为备案只是表明该中介机构有资格从事募集资金的业务,但是相关业务要符合中国银行业监督管理委员会、工业和信息化部、公安部、国家互联网信息办公室于2016年8月17日公布并施行的《网络借贷信息中介机构业务活动管理暂行办法》(以下简称《网贷机构管理暂行办法》)的规定,同时要在金融监管部门的监管之下进行。如果中介机构在经营的过程中出现违规操作而且造成了严重的后果,那么这个时候就可能涉嫌非法集资犯罪。目前还没有经备案的网络借贷信息中介机构,上述案件尚未出现,但随着我国对P2P行业法律规制的不断完善,不代表此类案件以后不会出现。

(二)关于公开性

《2011年非法集资解释》对非法吸收公众存款罪"公开性"的定义是:通过媒体、推介会、传单、手机短信等途径向社会公开宣传。2014年3月25日发布并施行的"两高一部"《关于办理非法集资刑事案件适用法律若干问题的意见》(以下简称《2014年非法集资意见》)第2条规定:《2011年非法集资解释》第1条第1款第2项中的"向社会公开宣传"包括以各种途径向社会公众传播吸收资金的信息,以及明知吸收资金的信息向社会公众扩散而予以放任等情形。

公开性是非法集资的本质特征,且在非法集资案件中,公开性和社会性是相辅相成的,公开性是社会性的充分不必要条件。我们可以通过分析集资诈骗犯罪与电信诈骗犯罪的区别来理解非法集资的公开性。司法实践中,电信诈骗一般定诈骗罪,而不是集资诈骗罪或者合同诈骗罪等其他诈骗犯罪。区分集资诈骗犯罪和电信诈骗犯罪,可以从"集资"的特征入手。所谓集资,就是向社会公众(包括单位和个人)吸收资金的行为,其表现出公开性、社会性和利诱性的特点,其中公开性是最突出的特点,也是集资诈骗罪与其他诈骗犯罪最根本的区别。公开性是指通过媒体、广告、推介会等形式公开宣传，其宣传的方式必然是"一对多"，而不是"一对一"。在电信诈骗案件中，犯罪嫌疑人随机拨打电话给某个人，通过"话术"引诱对方交付财物，在这种情况下，犯罪嫌疑人每次的诈骗行为都是"一对一"，不存在同时"一对多"的情况。虽然电信诈骗最后导致社会上许多不特定人被骗，体现了一定的"社会性"特征，但是电信诈骗只是众多彼此独立的诈骗犯罪的集合。事实上，电信诈骗不可能采取公开宣传的方式进行诈骗，因为一旦公开宣传，其诈骗行为便暴露无遗，很快会被公安机关锁定。电信诈骗"一对一"诈骗的特点决定了电信诈骗只能定诈骗罪而不是集资诈骗罪，因为其不具有集资"公开性"特征。笔者认为，集资诈骗与电信诈骗不同的是，集资诈骗的社会性和公开性二者缺一不可，有公开性必然有社会性，如割裂开来，则不满足"集资"的属性。

此外，口口相传是否属于非法集资公开性的表现？根据上文分析，口口相传属于"一对一"，但又明显区别于电信诈骗的"一对一"。电信诈骗的"一对一"具有终局性，口口相传的"一对一"却具有延展性，即集资行为人将集资信息口头传递给集资参与人后，集资参与人认为集资项目具有非常可观的利润，基于好处与人共享的心理，其又将该集资信息口头传递给其他集资参与人，如此反复传递，最终集资信息被多数人获悉，致使多数人参与集资，其本质还是"一对多"。同时，因口口相传的延展方向不特定，上述的"多数人"对于集资行为人而言属于不特定人。如果集资行为人明知集资信息通过口口相传的方式向社会公众扩散而予以放任，其行为具备集资"公开性"的特征。因此，笔者认为，口口相传属于非法集资公开性的一种实现方式。

（三）关于利诱性

非法集资犯罪的利诱性包括狭义的利诱性和广义的利诱性。狭义的利诱性是指集资行为人对集资参与人承诺的回报是确定的，是一定给付的。非法吸收公众存款罪的利诱性就是狭义的利诱性。所谓存款是指可以收回本金并获取利息，因此非法吸收公众存款罪中集资行为人所承诺的回报具有确定性。广义的利诱性是指集资行为人向集资参与人宣传投资项目具有良好的前景，集资行为人募集资金之后可以使资金增值，令集资参与人相信获得投资收益具有极大的可能性。广义的利诱性包含狭义的利诱性，其外延更大，同时包括不确定的回报，但不确定回报具有获得的极大可能性这一要件。擅自发行股票、公司、企业债券罪和集资诈骗罪的利诱性属于广义的利诱性。以下内容讨论的利诱性，仅指狭义的利诱性。

非法吸收公众存款罪的利诱性是指承诺回报。这里易产生一个认识误区，即利诱性表现为集资行为人对集资参与人承诺还本付息，以高额利息为诱饵诱使投资人作出投资的决定。《2011年非法集资解释》对利诱性的表述为"承诺在一定期限内以货币、实物、股权等方式还本付息或者给付回报"，这里出现了"还本付息"和"给付回报"两个概念，即非法吸收公众存款罪的利诱性除了"还本付息"之外还有"给付回报"。两者都属于承诺回报，且回报是确定的，是集资行为人承诺一定给付的。非法吸收公众存款罪的标的是"存款"，是指存款人以一定利率为条件暂时转让或存储于银行的货币或资金。在金融活动中，"存款"具有还本付息的特征。客户存入资金后，银行负有定期或者不定期还本付息的义务，这种还本付息的义务是确定的，是银行承诺一定给付的。在非法集资案件中，集资参与人可以选择把资金借给进行非法吸收公众存款的自然人和单位。此时，与银行承诺的还本付息义务相对应，集资行为人所承诺的还本付息或给付回报也是确定的，该承诺具备了狭义上的利诱性。如果承诺的回报不是确定的，即使吸收资金的行为具有非法性、公开性和社会性，也不构成非法吸收公众存款罪。如在司法实践中，行为人搭建投资平台，以贵重金属、原油或者大宗商品期货为交易标的，使用期货交易实时行情价格进行报价，通过集中竞价、连续竞价、电子撮合、匿名交易、做市商等集中交易方式进行标准化合约交易，并采用保证金制度①，引入10倍、20倍，甚至50倍的杠杆②，通过对冲平仓（即反向操作平仓）了结交易，行为人面向社会公众公

---

① 保证金制度也称押金制度，指期货交易的买方或卖方应交纳履约保证金的制度，即在期货交易中，任何交易者必须按照其所买卖期货合约价格的一定比例缴纳资金，通常为5%—10%，作为其履行期货合约的财力担保，才能参与期货合约的买卖，并视价格确定是否追加资金。

② 杠杆交易也就是保证金交易，先缴纳一定的保证金，然后通过杠杆将资金成倍放大进行交易。杠杆交易风险很高，以20倍杠杆交易为例，投资者投入5元，经20倍杠杆放大则可买进100元的标的资产，当该标的资产涨到105元，即增值5元、涨幅5%时，投资者的投资增值即达到100%；反之，当该标的资产跌到95元，即减值5元、跌幅5%时，投资者的投资就变成5元投资−5元减值=0元，也就是在20倍杠杆交易中，5%的涨幅即有100%的盈利，5%的跌幅即导致100%的亏损。

开宣传，吸收投资人在平台入金投资。上述案件行为人的行为具有非法性、公开性和社会性，同时也以可能获得高额利润吸引投资人投资。此种交易的资金并不会进入期货交易市场，实际上是平台与投资人进行对赌，平台盈利则投资人亏损，投资人盈利则平台亏损。在这种经营模式之下，投资人的收益不具有确定性，并不必然会获得收益，其投资行为有一定的风险，所以笔者认为，此类案件不符合非法吸收公众存款罪利诱性的要求，不构成非法吸收公众存款罪，应当以非法经营罪或者诈骗罪进行评价。

此外，承诺回报应限于集资行为人承诺"只要出资即可通过出资行为获得回报"，而不包括向出资人承诺在出资后通过生产经营等行为可以获得报酬。[①] 例如，甲对外谎称其具有生产新能源汽车的核心技术，通过公开方式向外宣传，称购买者获得该技术后可以在新能源汽车生产领域获取高额利润，吸引众多购买者购买其技术，后经证实甲所谓的核心技术是虚假的。笔者认为，甲的上述行为只能认定为诈骗罪，而不能认定为集资诈骗罪。甲对外所说的利润并不是通过出资行为即可获得，而是要通过生产经营的方式，因而不能认定具有确定的利诱性。

（四）关于社会性

《2011年非法集资解释》对社会性的定义是：向社会公众即社会不特定对象吸收资金。非法集资犯罪案件中的集资参与人是社会公众，集资对象包含了社会上任何一个自然人、法人或者非法人组织。法人和自然人一样，具有民事权利能力和民事行为能力，依法独立享有民事权利和承担民事义务。非法人组织具有与其经营活动和经营规模相适应的财产或经费，作为其参与民事、经济活动，享受民事权利、承担民事义务的物质基础和财产保证。投资领域，法人、非法人组织和自然人在属性上并没有任何不同，因此法人、非法人组织也被纳入非法集资的集资参与人范围内。

如何理解社会不特定对象？不特定对象和特定对象是相对概念，不特定对象是指与集资行为人不存在任何特殊关系的人。司法实践中分析集资参与人是否属于特定对象，主要看集资参与人是否与集资行为人存在某种特殊关系，并且该特殊关系可以使集资参与人直接从集资行为人处获悉集资信息进而参与集资，即集资行为人无须通过公开宣传的方式就可以达到

---

① 张明楷：《诈骗罪与金融诈骗罪研究》，清华大学出版社2006年版。

集资的目的。在现实生活中，人与人之间的关系纷繁复杂，特殊关系可以是亲友、同学、同事或者战友等，任何法律法规都没有办法穷尽这种特殊关系，因此办案人员在办理案件的过程中应当具体案件具体分析。

《2019年非法集资意见》规定：向社会公开宣传，同时向不特定对象、亲友或者单位内部人员吸收资金的数额应当计入犯罪数额。司法实践中，参与吸收资金的犯罪嫌疑人常辩解"自己只向亲友和同事口头介绍项目并吸收投资款，没有通过公开宣传的方式集资"，在这种情况下，该犯罪嫌疑人的行为是否构成非法吸收公众存款罪？要解答这个问题，必须正确理解非法集资的社会性和公开性这两个特征。关于社会性：社会性的内在含义是任何一个人都有可能成为集资的对象，而特定群体是社会公众的一部分，即犯罪嫌疑人的亲友、同事当然也包括在社会公众的范围内。关于公开性：《2011年非法集资解释》罗列的媒体、推介会、传单、手机短信等公开宣传方式只是较为常见的宣传手段，但并不意味着这些宣传方式之外的其他宣传手段都被排除在外。对此，《2014年非法集资意见》进一步规定公开宣传包括以各种途径向社会公众传播吸收资金的信息。换言之，只要是向社会公众进行宣传，不管是何种宣传手段都符合公开性的内在要求。笔者认为，集资行为人以口头介绍的方式向不同的集资参与人宣传，虽无法让所有潜在的投资人都知晓，但这种口头介绍的方式亦属于《2014年非法集资意见》规定的公开宣传的手段之一。除了对于社会性和公开性的准确把握，还需证明犯罪嫌疑人对平台的社会性和公开性主观明知。一是犯罪嫌疑人明知自己所在的平台是面向社会公众集资的，即集资的对象并不仅限于自己的亲友、同事，而是所有可以出资的人都有可能成为集资的对象；二是犯罪嫌疑人明知平台通过公开的方式进行宣传，即自己的亲友、同事获悉相关投资信息除了自己的口头介绍之外，还可以通过媒体、推介会、传单、手机短信等公开途径。综上，笔者认为，如犯罪嫌疑人对平台的社会性和公开性具有明确的认知，即使其只是介绍自己的亲友、同事投资，仍然构成非法吸收公众存款罪。

非法吸收公众存款罪具有社会性，其对象是社会公众，那么是否意味着案件的集资参与人要达到一定的数量才成立该罪？如果某一宗案件的集资行为人只募集一个或者少数几个集资参与人的投资款后就案发，其行为是否构成非法吸收公众存款罪？笔者认为，非法吸收公众存款行为只要具备非法性、公开性、利诱性和社会性，且达到《2011年非法集资解释》规定的立案标准就可以构成非法吸收公众存款罪。《2011年非法集资解释》第3条规定的非法吸收公众存款罪入罪标准包含了集资参与人的数量、吸收资金的数额以及给集资参与人造成的直接损失,只要满足其一即应当追究刑事责任。综上,笔者认为,即使集资行为人只吸收了一个人20万元以上的资金,只要其集资行为具备非法吸收公众存款罪的四个要件,就构成非法吸收公众存款罪。

三、非法集资的标的

非法集资的标的从字面上理解是资金,资金就是货币,包括本国货币和外国货币。那么除了资金以外的其他财物或者财产性利益是否可以作为非法集资的标的?要回答这个问题,需要对非法集资犯罪所侵犯的法益进行分析。非法集资犯罪包括非法吸收公众存款罪,擅自发行股票、公司、企业债券罪以及集资诈骗罪,前两种犯罪规定在刑法分则第三章第四节,属于破坏金融管理秩序犯罪;集资诈骗罪规定在刑法分则第三章第五节,属于金融诈骗犯罪。刑法将非法集资犯罪规定在金融犯罪中,此类犯罪侵犯的法益必然与金融相关。金融是指货币流通和信用分配活动的总和,不管是货币流通还是信用分配都是以货币作为标的,因此非法集资的标的也只能是货币。

需要特别说明的是,比特币、以太坊等虚拟货币并不属于法定货币,在我国是禁止流通的,因此其不具备货币的一般等价物属性,不能作为非法集资犯罪的标的。非法募集资金以外的其他财物的行为,因其他财物不属于金融法所调整的对象。因此,笔者认为,该行为没有侵犯金融管理秩序,不构成集资诈骗罪,但可以构成诈骗罪或者其他犯罪。如果募集的对象包括资金和其他财物,则构成数个犯罪,应当数罪并罚。①

四、非法集资与私募股权投资基金的边界

私募基金是以非公开方式向投资者募集资金设立的投资基金。合法私募是法律认可的资金募集方式,而非法集资则被法律所禁止。剖析合法私募与非法集资的区分标准,防止合法私募演变为非法集资,具有重要意义。笔者尝试从以下五个方面分析:

---

① 张明楷:《诈骗罪与金融诈骗罪研究》,清华大学出版社2006年版。

在集资主体上,根据《私募投资基金监督管理暂行办法》(以下简称《暂行办法》)第 7 条的规定,各类私募基金管理人应当根据基金业协会的规定,向基金业协会申请登记。私募基金管理人办理备案手续属于强制性规定,需经工商机关登记并核发营业执照,并向中国证券投资基金业协会备案。而在非法集资案件中,大多数集资行为人背后的公司、企业只取得了工商登记,并未取得向社会公众募集资金的资质。

在集资对象上,《暂行办法》明确了私募基金应当向合格投资者募集资金,单只私募基金的投资者人数累计不得超过《证券投资基金法》《公司法》《合伙企业法》等法律规定的特定数量,即以股份有限公司形式设立的,投资者人数不得超过 200 人;以有限责任公司和合伙企业形式设立的,投资者人数不得超过 50 人。同时,《暂行办法》还限制了合格投资者的范围是具备相应风险识别能力和风险承担能力,投资于单只私募基金的金额不低于 100 万元且净资产不低于 1000 万元的单位、金融资产不低于 300 万元或者最近三年个人年均收入不低于 50 万元的个人。由此可以看出,合法的私募基金招募对象具有特定性,而非法吸收公众存款案件的集资对象为社会公众,具有不特定性。

在集资方式上,《暂行办法》规定私募基金管理人、私募基金销售机构不得通过报刊、电台、电视、互联网等公众传播媒体或者讲座、报告会、分析会和布告、传单、手机短信、微信、博客和电子邮件等方式,向不特定对象宣传推介。私募基金,顾名思义募集基金的方式是"私",公开宣传的方式是明令禁止的,区别于非法吸收公众存款犯罪"公开性"的特征。

在是否承诺收益上,《暂行办法》第 15 条规定,私募基金管理人、私募基金销售机构不得向投资者承诺投资本金不受损失或者承诺最低收益。私募基金的收益属于投资收益,是非确定性的收益,区别于非法吸收公众存款罪的"利诱性"。

在集资项目上,根据《暂行办法》的规定,各类私募基金募集完毕,私募基金管理人应当根据基金业协会的规定,办理基金备案手续。私募基金募集完毕后未办理备案手续,属于《2011 年非法集资解释》第 1 条"违反国家金融管理法律规定"的情形。此外,合法私募的基金项目为真实的项目,且募集的资金专款专用,区别于集资诈骗犯罪中的"非法占有"。

综上所述,合法的私募基金活动与非法集资活动的特征是不相容的。在司法实践中,存在一些私募基金管理人在基金业协会办理了登记备案开展私募业务,却违规运作,承诺保本付息,开展公开宣传,吸引不特定投资人投资,所募资金不按规定用途使用,最终导致投资人巨额损失的情形。笔者认为,相对于P2P平台而言,私募基金经营者众多,点多面广,且有登记备案,潜在金融风险较大,对私募基金经营及可能导致的金融风险亟待重视。

第二节 非法集资的资金池

一、资金池的概念

非法集资犯罪的实行行为是"集资","集资"就是募集资金,资金募集后肯定有一个去处,这个去处就是资金池,也就是说非法集资犯罪肯定会出现资金池(此处的资金池是指广义的资金去处,区别于下文狭义的资金池概念)。资金池是指归集资金的银行账户。根据P2P网贷平台的基本运营模式,只有在网贷平台或者借款人处才会出现资金池,而在非法集资犯罪语境中的资金池仅指网贷平台的资金池,因此本书限缩资金池的范围为平台的资金池。《网贷机构管理暂行办法》第10条第2项规定,网络借贷信息中介机构不得直接或间接接受、归集出借人的资金。网络借贷信息中介机构就是P2P网贷平台,根据上述规定,网贷平台不能设立资金池。网贷平台不经手资金,出借人的资金应当通过银行等第三方平台①直接转入借款人的账户,借款人还款时也通过上述路径将本息归还给出借人。如果网贷平台先归集出借人的投资款,然后再由平台转给借款人,归集投资款的银行账户就是资金池。

资金池的形成需要满足以下两个条件,一是平台有归集和沉淀资金的行为,也就是说出借人的资金并不是直接转给借款人,而是先转给平台,平台归集、沉淀资金后再转给借款人;二是平台对资金进行人为控制和管理,借款人要使用资金必须向平台申请。实践中常常出现平台私自扣留资金的情况,这导致借款人无法得到全部资金。

在司法实践中,有些网贷平台直接归集出借人的资金;有些网贷平台

---

① 2017年2月22日中国银监会办公厅颁布实施《关于印发网络借贷资金存管业务指引的通知》(银监办发〔2017〕21号)规定网络借贷信息中介机构与商业银行开展网络借贷资金存管业务。

为了规避金融监管部门的监管，表面上出借人的资金经过第三方支付平台存管后进入借款人的银行账户，但该借款人的银行账户由网贷平台控制，资金的使用仍由网贷平台决定。笔者认为，这种情况属于网贷平台变相归集资金。

二、资金池的风险

办理非法集资犯罪案件应重点侦查网贷平台是否存在归集和沉淀资金的行为，此类行为存在，则意味着网贷平台形成了资金池，出借人的资金安全存在巨大的风险。

（一）部分借款人违约风险传导至所有出借人

网贷平台出现资金池的情况下，出借人的本息和借款人的借款均由网贷平台资金池支付，出借人和借款人之间未形成一一对应关系，出借人的风险不直接来自借款人，而是来自P2P网贷平台。当部分借款人违约时，网贷平台利用资金池"借新还旧"，风险就会传导至整个资金池，造成平台资金链断裂，从而导致平台"爆雷"。例如，某网贷平台存在出借人ABCD，对应的借款人是甲乙丙丁（不考虑多名出借人对应一名借款人的情况），平台归集ABCD的出借资金后分别转给对应的甲乙丙丁，借款人甲乙丙丁的借款到期后将款项归还给平台，再由平台转给出借人ABCD。如甲到期无法归还借款本息，本来受影响的只有A，但是平台为了延续运营，将资金池内的资金先行垫付给了A，造成了资金池资金的短缺。当上述情况大量出现，平台就不得不采取大量"借新还旧"的方式延续运营，此时部分借款人违约的风险传导至整个资金池。当风险达到某一临界状态，平台的资金链断裂，形成庞氏骗局，平台则无法继续运营下去，这就是P2P网贷平台的"爆雷"。P2P网贷平台"爆雷"的后果是大量的出借人无法收回本金，给出借人造成巨额损失。

（二）平台挪用资金

在资金池的模式下，出借人的出借款实际由网贷平台所控制。在利益的驱使之下，网贷平台可能利用信息优势为自身发展吸收资金，或挪用部分资金用于自己的生产经营项目，这就是平台自融。《网贷机构管理暂行办法》第10条第1项规定网络借贷信息中介机构不得为自身或变相为自身融资。故而,自融行为是被明令禁止的。

网贷平台的自融行为存在巨大的风险,一旦平台的生产经营出现亏损,风险将通过资金池传导给所有集资参与人。此外,平台为了自融,在发布投资标的时存在隐瞒真相甚至虚构事实的欺诈行为,比如和关联公司进行交易合作、发布虚假投资标的来达到融资自用的目的。在这种情况下,集资参与人无法获悉集资款的真实使用情况,无法预见风险,从而阻碍集资参与人作出主动规避风险的行为。

(三)平台侵占资金

集资诈骗罪都存在归集、沉淀和控制资金的行为,即集资诈骗罪的网贷平台都存在资金池。获取财物是诈骗犯罪的基本行为,只有归集、沉淀资金才能获取财物。此外,控制资金是非法占有的前提,行为人要达到非法占有资金的目的必然要控制资金。但是,这并不意味着只要存在归集、沉淀和控制资金的行为就一定构成集资诈骗罪,集资诈骗罪的成立还需要有诈骗的行为和非法占有目的。在司法实践中,具体表现为集资诈骗行为人以非法占有目的非法集资,侵占集资款,将资金用于个人奢侈消费、进行高风险投资、归还个人债务,甚至为逃避债务转移资金、卷款潜逃等。行为人的上述行为给集资参与人造成难以挽回的损失。

三、资金池对定罪处罚的影响

法律和司法解释没有规定非法吸收公众存款罪必须存在资金池,P2P网贷平台是否存在资金池并不是非法吸收公众存款罪的构成要件。以下情形即使平台不存在资金池,亦可对其定罪处罚:[①](1)P2P平台(中介机构)与借款人合谋或者平台明知借款人存在违规情形,仍为其非法吸收公众存款提供服务的;(2)平台与借款人合谋,采取向出借人提供信用担保、通过电子渠道以外的物理场所开展借贷业务等违规方式向社会公众吸收资金的;(3)平台与借款人合谋,通过拆分融资项目期限、实行债权转让等方式为借款人吸收资金的。在第一种情形中,借款人存在违规的情形,平台与借款人共同构成非法吸收公众存款罪。在第二种情形中,平台本身存在违规的情形。《网贷机构管理暂行办法》第10条第3项规定网络借贷信息中介

---

① 《办理涉互联网金融犯罪纪要》第8条第2项。

机构不得直接或变相向出借人提供担保或者承诺保本保息，第 4 项规定不得自行或委托、授权第三方在互联网、固定电话、移动电话等电子渠道以外的物理场所进行宣传或推介融资项目。因此在第二种情形中，如果平台与借款人合谋，则两者均构成非法吸收公众存款罪。在第三种情形中，平台与借款人均存在违规情形。《网贷机构管理暂行办法》第 10 条第 6 项规定网络借贷信息中介机构不得将融资项目的期限进行拆分，第 8 项规定不得开展类资产证券化业务或实现以打包资产、证券化资产、信托资产、基金份额等形式的债权转让行为。拆分融资项目期限和实行债权转让属于平台和借款人共同的行为，违反了上述规定，如果平台与借款人对此有合谋，则两者均构成非法吸收公众存款罪。在上述三种情形中，P2P 平台并没有设立资金池，而是一个纯粹的网络借贷信息中介机构，起到帮助借款人募集资金的作用。笔者认为，平台虽没有直接吸收资金，但是大肆组织借款人开展非法集资活动并从中收取费用，应当认定平台构成非法吸收公众存款罪。

第三节　非法集资平台转让过程中的法律责任认定

当前，非法集资犯罪活动作案手段多样，手法不断翻新、极具隐蔽性和欺骗性。犯罪分子往往依托合法注册的公司、企业，以响应国家产业政策、项目投资、委托理财等为幌子，进行巧妙伪装，故意混淆非法集资与合法融资的界限，从事非法集资犯罪活动。同时，在公司经营状况恶化、损害集资参与人权益、资不抵债的情况下，存在集资行为人为逃避法律责任，将公司予以转让的情形。公司转让前后，转让方和受让方的法律责任认定问题是一个难题。

一、根据转让方行为分析其法律责任

（一）转让时，公司经营状况良好，无资不抵债等不良情况

在这种情况下，转让方在非法集资的过程中没有非法占有目的，将集资款用于生产经营，并且经营状况良好，没有产生经营风险。公司在转让时已基本结清集资参与人的本息，或者存在部分未结清的情况，但是公司留存的资金足以偿付。根据《2011 年非法集资解释》第 3 条第 4 款的规定，

非法吸收或者变相吸收公众存款，主要用于正常的生产经营活动，能够及时清退所吸收资金，可以免予刑事处罚；情节显著轻微的，不作为犯罪处理。综上，笔者认为，转让方的行为可以定性为非法吸收公众存款罪，但可以免予刑事处罚或者不作为犯罪处理。

（二）转让时，公司已资不抵债

转让时公司已资不抵债，证明转让已实际造成集资款的损失，转让方的法律责任分成以下三种情况：

第一，转让方在转让时故意隐瞒公司经营情况。其在无力继续经营的情况下隐瞒公司经营情况转让公司，有转嫁风险之嫌。转让方的法律责任有以下两种情况：（1）转让方在非法集资的过程中或者在转让时不存在侵吞公司资产的行为，转让方将集资款用于生产经营，造成损失的原因是经营不善。此时，转让方的行为应当定性为非法吸收公众存款罪；（2）转让方集资后存在侵吞集资款的行为，导致无法偿还集资参与人的本金和利息，转让方的行为应认定为集资诈骗罪。

第二，转让方没有隐瞒公司经营情况，但怠于履行对受让方经营能力的考察义务，对受让方的经营能力持一种放任态度，此时转让方的法律责任有以下三种情况：（1）转让方存在侵占集资款的行为，导致无法偿还集资参与人的本金和利息，应当认定其构成集资诈骗罪；（2）转让方没有侵吞集资款，但是其明知公司已资不抵债，非法集资行为实际上已经给集资参与人带来损失，却没有及时停止非法集资行为，而是试图转让公司，由受让方继续实施非法集资行为。此时转让方不仅把风险全部转嫁给了受让方，而且任由受让方扩大亏损的窟窿，转让方的行为构成非法吸收公众存款罪。但如果转让方明知受让方接手公司的目的是集资诈骗，仍将公司转让给受让方，即便转让方没有侵吞集资款，仍然可以认定其是受让方集资诈骗的共犯；（3）转让方虽然没有直接侵吞集资款，但收取了受让方高额的转让费用，如果转让费用来源于集资款，转让方对此明知，此种情形应当认定转让方构成集资诈骗罪。

第三，转让方没有隐瞒公司经营情况，经营中或转让时不存在侵吞公司资产的行为，同时对受让方的经营能力、资金情况予以考察，在合理范围内收取转让金或者不收取转让金。此种情况下，转让方主观上秉持着对集资参与人负责的态度，无非法占有目的，其行为定性为非法吸收公众存款罪。如果受让方扭转了公司经营不善的情况，结清了所有集资参与人的本金，没有给集资参与人造成损失，笔者认为，此种情况转让方和受让方均不应追究刑事责任。

二、根据受让方行为分析其法律责任

根据共同犯罪原理，受让方仅对其接管公司之后的行为负责，对于转让方的经营行为不构成共同犯罪。受让方的法律责任可以分成以下三种情形：

（一）转让时，公司经营状况良好，无资不抵债等不良情况

此种情况下，受让方接手公司之后的行为是否构成犯罪、构成何种犯罪，需要根据受让方的行为具体认定。具体有以下三种情形：（1）受让方接手公司之后，将集资款用于生产经营，并且履行对集资款合理使用的忠实义务，及时偿付集资参与人本息，没有给集资参与人造成损失的，可以不追究受让方的刑事责任。（2）受让方接手公司之后，从事非法集资行为，将集资款用于生产经营，但是由于经营不善导致集资款减值，给集资参与人造成损失，受让方的行为构成非法吸收公众存款罪。（3）受让方接手公司之后，从事非法集资行为，直接侵吞集资款，受让方的行为构成集资诈骗罪。

（二）转让时，公司已资不抵债

受让方在接手公司的时候，因受转让方蒙骗并不知晓公司已资不抵债，接手后没有继续实施非法集资行为，而是处理集资参与人的退款事由，由于受让方没有非法集资的行为，不能以接手公司为由对其追究刑事责任。

不管受让方对公司已资不抵债的状况是否了解，如果受让方接手公司之后实施了非法集资的行为，并且通过借新还旧的方式维系公司的运营，造成公司资不抵债的情况更趋严重，或者直接侵吞集资款，没有将集资款用于生产经营，根据《2011年非法集资解释》第4条第2款第1项的规定，集资后不用于生产经营活动，致使集资款不能返还的情形，可以认定为"以非法占有为目的"，受让方的行为构成集资诈骗罪。如果受让方接手公司之后实施了非法集资的行为，但是将集资款用于生产经营，试图扭转公司经营不善的状况，但是没能成功，并导致集资参与人的损失扩大化，则

受让方的行为构成非法吸收公众存款罪。但是，如果受让方通过生产经营盈利，弥补了部分或者全部由转让方造成的损失，笔者认为此种情形不宜追究受让方的刑事责任。

（三）受让方采用欺骗的手段获得公司的经营权

受让方采用欺骗的手段，致使转让方误以为其有经营能力，并将公司转让给受让方。此时不管公司的经营状况是否良好，受让方的法律责任主要根据其接手公司之后的行为来判断。至于受让方在获得公司经营权的过程中对转让方实施的欺骗行为并不影响其事后行为的认定。

三、衍生情况的法律问题分析

（一）免予刑事处罚的情况

办理非法集资刑事案件，应当贯彻宽严相济的刑事政策，依法合理把握追究刑事责任的范围，处置和化解风险，做到惩处少数、教育挽救大多数，切实保障集资参与人的合法权利。《2011年非法集资解释》第3条第4款规定，非法吸收或者变相吸收公众存款，主要用于正常的生产经营活动，能够及时清退所吸收资金，可以免予刑事处罚；情节显著轻微的，不作为犯罪处理。故而，从集资参与人的权益出发，如同时满足以下条件，可以对转让方和受让方免予刑事处罚：

（1）公司在转让时技术成熟，有一定的知名度，存在一定的客户量等无形资产。

（2）转让时，转让方没有隐瞒公司经营情况，不存在侵吞集资款的行为，同时对受让方的经营能力、资金情况等予以考察，在合理范围内收取转让金。

（3）受让方有经营能力，转让后，集资款主要用于生产经营活动，偿还新旧投资人本息，将公司扭亏为盈。

（二）受让方在实际经营中投入自有资金的情况

司法实践中，会发生受让方接手公司之后，为了公司的正常经营，投入自有资金的情况。在这种情况下，受让方实施非法集资行为，应根据其真实目的判断应承担何种法律责任：

（1）投入自有资金用于偿还转让前的集资参与人本息，以短期化解矛盾，维持公司经营稳定。在延长公司存续期间的同时，将募集的资金用于生产经营活动，但仍未能让公司扭亏为盈。此情况下，受让方主观无非法占有目的，其行为定性为非法吸收公众存款罪。如果接手后公司新增的亏损额小于其投入的资金，则不宜对其追究刑事责任。

（2）投入自有资金，目的是延长公司的存续期间，以期吸收更多集资参与人的资金，并对集资款进行非法占有，此情况下受让方的行为定性为集资诈骗。

（三）集资参与人可否视为一个整体的问题

为便于对这个问题直观地进行分析，我们模拟一个案例：甲将公司转让给乙，转让时公司资不抵债，造成集资参与人500万元的损失。乙接手后，通过经营填补了原来的500万元损失，但产生了新的300万元损失。

观点1——结果论：公司转让前后的集资参与人可视为一个整体，乙的法律责任根据其行为所造成的结果判断。

此观点将公司转让前后的集资参与人视为一个整体，则乙主张其接手后公司经营情况有所好转，集资款的损失额减少，应免予追究刑事责任。

观点2——行为论：公司转让前后的集资参与人不可视为一个整体，应当根据乙的行为判断其应承担何种法律责任。

乙实施了非法集资行为，将资金用于生产经营活动，并将生产经营所产生的部分收益用于弥补转让前集资参与人的损失。但是，生产经营活动的收益无法同时满足弥补前期亏损和归还后期集资参与人的本息，所以导致后期集资参与人产生了损失。因为转让前后的集资参与人并不是一个整体，对于后期的集资参与人而言，乙的非法集资行为给他们造成损失，因此应当追究乙非法吸收公众存款的刑事责任。

综合上述两种观点，笔者赞成结果论，从行为人的角度来说，乙通过自身努力，缩小了集资参与人的整体损失金额，其行为具有某种正面意义，应当给予正面评价。从集资参与人的角度来说，虽然每一个集资参与人都是独立的个体，但是在案件中每一个集资参与人都应当受到公平的对待，办案机关应当从保障集资参与人整体合法权益的角度来思考相关法律问题，故而不应将公司转让前后的集资参与人进行分割，区别对待。从涉案财物的返还机制来说，《2014年非法集资意见》第5条第4款规定，查封、扣押、冻结的涉案财物，一般应在诉讼终结后，返还集资参与人。涉案财物不足全部返还的，按照集资参与人的集资额比例返还。涉案财物的返还机制并未考虑集资参与人参与集资的时间，而是根据其集资额按比例返还，体现了司法机关公平地对待每一个集资参与人的态度。

第四节　非法集资涉案行为人责任认定问题

非法集资犯罪的集资行为人一般不是一个人，而是多人的共同犯罪。共同犯罪人既有平台公司从业人员，也有资金使用方，平台公司内部还分为实际控制人、高管人员、财务人员、业务人员以及技术人员等。办案人员不能也无法将上述人员笼统地作为同一个人来处理。根据共同犯罪原理，共同犯罪人并不一定要实施全部犯罪构成要件行为，只要有共同的犯罪故意（共谋），并且实施了部分构成要件行为即属于共同犯罪中的实行犯；或者有共同的犯罪故意并且在集资的过程中实施了帮助行为，则可以构成帮助犯。上述人等虽有共谋，但在主观认识方面并不一定完全一致。一般来说，共同犯罪人对于集资的社会性、公开性和利诱性的认识是一致的，均知道集资平台的经营模式是面向社会公众公开宣传以保本付息的方式吸收社会公众的资金。实践中最有争议的是对非法性认知的认定，非法性并不一定人人皆有认知。非法集资犯罪的核心层、管理层、骨干人员和其他发挥主要作用的人员对平台集资的非法性是明知的，但是一些底层的员工或者没有直接参与集资的员工不一定知道平台的集资行为是非法的，对于这部分人员就无法入罪。此外，即使一些底层员工知道平台在非法吸收公众存款，但是他们的行为并不属于集资的主要行为，他们在非法吸收公众存款的过程中只起到辅助作用，这些员工是否也应当不予区分，全部追究刑事责任？再比如，一些集资行为人在案发前积极帮助自己介绍的集资参与人挽回损失，并且挽回了全部或者大部分损失，得到了集资参与人的谅解，这些人是否也要追究刑事责任？以上问题值得司法工作人员深思。

非法集资犯罪案件涉案人员众多，在办案过程中，应妥善把握刑事追诉的范围和边界，按照区别对待的原则分类处理涉案人员，综合运用刑事追诉和非刑事手段处置、化解风险，打击少数、教育和挽救大多数；要坚持主客观相统一的原则，根据行为人的客观行为、主观恶性、犯罪情节及其地位、作用、层级、职务等情况,综合判断行为人的责任轻重和刑事追究的必要性,做到罚当其罪、罪责刑相适应。

一、关于行为人的责任认定

在司法实践中,非法集资犯罪案件的行为人应根据其主观故意和客观行为综合评判其应当承担的责任,具体如下:

非法集资犯罪活动的组织者、领导者和管理人员,包括单位犯罪中的上级单位(总公司、母公司)的核心层、管理层和骨干人员,下属单位(分公司、子公司)的管理层和骨干人员,以及其他发挥主要作用的人员,要重点惩处。但是对于涉案人员积极配合调查、主动退赃退赔、真诚认罪悔罪的,可以依法从轻处罚;其中情节轻微的,可以免除处罚;情节显著轻微、危害不大的,不作为犯罪处理。①

为他人向社会公众非法吸收资金提供帮助,从中收取代理费、好处费、返点费、佣金、提成等费用,构成非法集资犯罪共同犯罪的,应当依法追究刑事责任。但是能够及时退缴上述费用的,可依法从轻处罚;其中情节轻微的,可以免除处罚;情节显著轻微、危害不大的,不作为犯罪处理。②

对于无相关职业经历、专业背景,且从业时间短暂,在单位犯罪中层级较低,纯属执行单位领导指令的犯罪嫌疑人,如确实无其他证据证明其具有主观故意的,可以不作为犯罪处理。③

此外,考虑到金融体制现状、经济发展、社会稳定等因素和贯彻宽严相济的刑事政策,非法吸收或变相吸收公众存款,主要用于正常的生产经营活动,能够及时清退所吸收的资金,可免予刑事处罚;情节显著轻微的,不作为犯罪处理。认定集资款是否用于正常的生产经营活动,主要是看公司经营的主业是什么,融资的渠道和主要目的、资金款项的实际用途、用于生产经营的资金占募集资金的比例等方面。及时清退表明实际上并没有造成多大的社会危害,且社会矛盾基本消除,因此根据刑法谦抑性的内在要求,没有必要上升到刑律来解决和调整,同时这种处理方式也体现了法律效果与社会效果相统一的要求。

---

① 《2019年非法集资意见》第6条。
② 《2014年非法集资意见》第4条。
③ 《办理涉互联网金融犯罪纪要》第10条。

在司法实践中，笔者认为，并非所有的违法行为都得动用刑律，能用其他方式修复社会关系的，就尽量避免动用刑律，其实各种调整方式的目的是一致的，就是更好地以最小代价修复不当的社会关系，达到和谐社会的终极目标。

二、关于帮助犯的责任认定

《2014年非法集资意见》第4条规定：为他人向社会公众非法吸收资金提供帮助，从中收取代理费、好处费、返点费、佣金、提成等费用，构成非法集资共同犯罪的，应当依法追究刑事责任。该条的内容是关于非法集资共同犯罪中帮助犯的处理问题，应作何理解？具体分析如下：

（一）收取好处费不是非法集资犯罪的构成要件

非法吸收公众存款罪的行为特征为非法性、公开性、利诱性和社会性，只要满足以上四个特征，即属于非法吸收公众存款行为。集资行为人是否获取好处费不属于非法吸收公众存款行为的必要特征。行为人是否获得好处，是犯罪动机的问题，犯罪动机不是犯罪的构成要件。所以，即便行为人没有从中获取好处，只要其行为具备上述四个特征，其行为就是非法吸收公众存款行为。但是，需要说明的是上述的行为人仅指非法吸收公众存款犯罪的正犯，即实行犯，不包括帮助犯。

（二）对帮助犯应当追究刑事责任

《2014年非法集资意见》第4条的规定针对的是非法集资犯罪的帮助犯。共同犯罪区分主犯和从犯，从犯有两种，一种是起次要作用的从犯，另一种是起辅助作用的从犯。起辅助作用的从犯就是帮助犯，所起的作用轻于起次要作用的从犯。在非法集资犯罪中，实施吸收资金的犯罪嫌疑人是正犯，正犯也可以区分主从犯，但是正犯中的从犯是指起次要作用的从犯，而不可能是起辅助作用的帮助犯。非法集资犯罪的帮助犯没有实施募集资金的行为，其实施的行为一般表现为集资提供帮助，例如提供场所，提供技术支持等，这些帮助行为并不是吸收资金的行为，而是起到促成犯罪完成的作用。

在《2014年非法集资意见》中，帮助犯有收取好处费情节的，应当追究刑事责任，即使行为人是起辅助作用的帮助犯，只要其收取了好处费，就应当追责,而对未收取好处费的行为人,可以不追责。上述规定相当于将非法集资犯罪帮助犯的追责范围进行了限缩,这与非法集资犯罪的打击范围有关。非法集资犯罪参与者人数多,不可能对全部犯罪人都进行刑事处理,刑法将非法吸收公众存款罪的主体规定为一般主体,但司法实践中司法机关重点惩处的对象是非法集资犯罪活动的组织者、领导者和管理人员,对于一般参与人员或者帮助犯不必然列入打击范围,只有当上述人员在共同犯罪中起到重要作用才追究其刑事责任。《2019年非法集资意见》第6条"关于宽严相济刑事政策把握问题"中规定,非法集资刑事案件重点惩处非法集资犯罪活动的组织者、领导者和管理人员,包括核心层、管理层、骨干人员以及其他发挥主要作用的人员。根据此规定,帮助犯并不是非法集资刑事案件重点惩处的对象,故而对帮助犯追究刑事责任应当有两个条件:一是帮助犯在非法集资犯罪中获得好处费;二是帮助犯的行为构成非法集资共同犯罪,即帮助犯的帮助行为在非法集资共同犯罪中起到重要的作用,使得其行为具有刑事可罚性,才能对该帮助犯追究刑事责任。

(三)《2014年非法集资意见》第4条属于刑事法律文件中的注意性条款

注意性条款是指在刑法或者刑事法律文件中提示司法工作人员注意的规定,该规定没有特别性,不是定义一个新的法律关系,即使没有注意性条款,也不影响刑法的适用。注意性条款与拟制性条款在刑法中的作用不同。拟制性条款所规定的内容出现新的因素,如果没有拟制性规定,刑法的适用将有所不同,例如《刑法》第269条就是典型的拟制性条款,该条规定犯盗窃、诈骗、抢夺罪,为窝藏赃物、抗拒抓捕或者毁灭罪证而当场使用暴力或者以暴力相威胁的,以抢劫罪论处。这表明盗窃等犯罪加上当场使用暴力的因素就不再认定盗窃等犯罪,而是以抢劫罪予以认定。如果没有该拟制性条款,刑法的适用将有不同的结果。注意性条款并未改变刑法的规定,其起到的作用仅仅是提醒司法工作人员应当注意某种情形的法律适用问题,防止司法工作人员错误理解刑法而作出与刑法本意不相符的认定。因此,注意性条款增强的是刑法规定的明确性。刑法规定的明确性是贯彻罪刑法定原则的前提,只有刑法规定明确,才能真正落实罪刑法定原则。《2014年非法集资意见》的上述规定其实并没有新的因素,也没有拟制新的法律关系,其只是提醒司法工作人员如何正确对待非法集资的帮助犯的追责范围问题，因此上述规定属于注意性条款。

（四）平台的技术人员不应一律追究刑事责任

根据《2019年非法集资意见》第6条的规定，非法集资犯罪案件重点惩处的对象是非法集资犯罪活动的组织者、领导者以及管理人员。对于上述三类人员，《2019年非法集资意见》进行了具体解释，主要是包括非法集资犯罪活动的核心层人员、管理层人员、骨干人员以及其他发挥主要作用的人员。核心层人员一般来说就是实际控制人；管理层人员就是高管；骨干人员指吸收资金数额巨大的人员，一般来说是业务做得好的人员，比如业务团队领头人。实践中，技术人员可以认定为上述四类人中的其他发挥主要作用的人员。当然，也并不是所有技术人员都是发挥主要作用的人员。此处的技术人员仅指平台软件的搭建者以及后续运营过程中的维护者，其中平台的搭建者尤为重要。在司法实践中，分析平台技术人员是否属于重点惩处人员，关键在于技术人员的相关开发行为是否属于非法集资的核心工作或者重点工作。客观地说，非法集资犯罪一般要通过互联网进行，如果没有平台软件，犯罪将无法进行下去，从这一方面分析，即使平台搭建者开发网站的行为并不是非法集资的实行行为，仅是帮助行为，但是这个帮助行为对于犯罪的产生和发展起到重要作用，所以一般情况下平台的搭建者在共同犯罪中应当追究刑事责任。但是，如果行为人仅仅帮助搭建了平台软件，并不知道自己所搭建的软件将会被用于非法集资犯罪，根据犯罪主客观相一致的原则，行为人对自己行为的违法性没有明确的认知，不具备违法性认识，该行为不构成犯罪。此外，如果技术人员并未参与平台软件的开发工作，只是参与后期的维护工作，其行为是否属于对非法集资犯罪发挥主要作用应当具体案件具体分析。

笔者认为，如果技术人员仅从事一般的维护工作，没有对集资软件进行升级或者增加新的功能，不认为该维护工作在共同犯罪中起到主要作用，对此类技术人员可以不予刑事处理。

案例：熊某非法吸收公众存款案

案情简介： 深圳市前海某信息技术有限公司于2017年7月设立，后利用旗下"我享你"平台通过积分返利的模式进行运营。熊某从公司成立之初便在公司实际控制人刘某的指使下建设"我享你"平台，耗时2个月左右初步搭建完成。涉案平台软件同时具有商品交易功能和提现返利功能。

在后续的运营中,熊某根据刘某的指示,一步步新增、修改、完善"我享你"平台的功能。该涉案公司受害会员、加盟商达近千人,资金缺口高达人民币1900余万元。熊某本人在公司中有20%的股份,且于2018年购买别墅一套(价值300多万元)、奔驰轿车一辆。

评析意见:熊某搭建涉案平台软件以及在平台运营过程中对平台软件进行维护,但其是否知道自己所搭建的软件被用于非法集资犯罪?可以分两个阶段进行分析:首先,现有证据能否证明熊某在制作该软件的时候就清楚地知道该软件的模式能被用于非法集资?如果其在制作的时候就对此明知,熊某的行为可以定罪。涉案平台软件同时具有商品交易功能和提现返利功能,根据返利规则,如果投资人都选择购买商品,那么返利具有实现的可能性。因为商品交易的利润可以很大,如果只有一个商品交易功能,涉案平台的运营模式是可以进行下去的,但是吸引客户的数量可能没有这么大,速度可能没有那么快。本案中,该平台不仅有商品交易功能,还有3个月后可直接提现返利的功能,投资人在扣除手续费后,可以得到一个很高的利润。本案之所以爆发,是因为投资人都选择了提现返利功能,虚化了商品交易功能,使得平台根本无法获得利润,导致这种模式无以为继。熊某在设计软件的时候同时设计了两种功能,据此判断其明知软件将被用于非法集资犯罪尚不充分。其次,熊某除了负责搭建软件之外,在平台运营过程中还负责维护软件,那么他在维护的时候是否知道投资人都选择了提现返利功能?如果他知道投资人都选择了提现返利功能,就知道软件至少被用于非法吸收公众存款犯罪。从常理上讲,熊某应该能猜到客户都会选择提现返利功能,但是这个结论属于猜测性结论,要认定需要充分的证据。在侦查阶段,侦查人员应当就上述问题对熊某进行详细讯问,从口供中得到是否知情的证据;此外,还应当询问同案人以及平台其他工作人员,根据证据之间的相互印证关系证明熊某的主观认知问题。

三、关于借款人的责任认定

在非法吸收公众存款案件中,因为向社会公众募集资金的主体是平台,办案人员往往想到的是平台或平台运营人员是否构成犯罪。借款人不直接向社会公众募集资金,而是通过平台募集资金。在分析借款人刑事责任问题的时候,可以区分两种情况进行。

（一）平台或平台运营人员构罪的情况

在平台或平台运营人员构成非法吸收公众存款罪的前提下，借款人是否也构成非法吸收公众存款罪？这是一个共同犯罪的问题，借款人构成犯罪应当满足以下几个条件：首先，借款人和平台有共谋，即借款人明知资金由平台向社会公众募集，在募集资金的过程进行了公开宣传，并且向集资参与人承诺保本付息或者给付回报；其次，借款人明知平台并不具备向公众集资的资质；最后，借款人在具备上述认知的情况下，仍向平台提供融资项目合同，在平台上发标，最终通过平台实现集资的目的。此时，主观上借款人和平台或平台运营人员具有非法集资的共同故意，客观上借款人明知平台向社会公众非法集资，仍提供项目在平台上发标并接收平台所募集的集资款，从犯罪构成要件的该当性和违法性来看，借款人都具备。但是成立犯罪，除了必须具备构成要件的该当性和违法性，还要求行为人具备有责性。如果借款人在平台非法集资的过程中存在违规行为，该违规行为是导致集资款无法返还的直接原因，则借款人的行为具备有责性。借款人的违规行为主要表现有虚构融资项目、夸大收益前景或者隐瞒融资项目的瑕疵及风险；故意隐瞒事实，规避监管，借用多个他人名义在平台发布借款信息，借款总额超过规定的最高限额；将吸收的资金用于明确禁止的投资股票、场外配资、期货合约以及结构化产品及其他衍生品等高风险行业；将融资项目的期限进行拆分或者进行债权转让等行为。借款人具有上述违规行为，同时造成重大损失和巨大社会影响的，应当依法追究刑事责任。

在司法实践中，平台和借款人构成共同犯罪的情况下，平台的罪责较借款人重，但也有例外，如果平台或平台运营人员构成非法吸收公众存款罪，却不知道借款人集资的目的是侵占集资款，平台也被借款人所欺骗，在这种情况下平台或平台运营人员构成非法吸收公众存款罪，借款人构成集资诈骗罪，虽然司法实践中很少遇到这种情况，但是理论上是存在这种可能的。

（二）平台或平台运营人员不构罪的情况

如果P2P平台作为网络借贷信息中介机构依法开展业务，在不构罪的情况下是否意味着借款人一定不构成非法集资犯罪？此时，平台的作用主要是帮助借款人募集资金，平台相当于借款人募集资金的工具，借款人的行为是否构成非法集资犯罪可以分成以下两种情况进行分析：

1. 出借人有损失

此情况下，平台因依法运营，不承担刑事责任，此时出借人的损失只能是借款人无法归还集资款所造成。如果借款人违反规定，故意隐瞒事实，在多个平台发布借款信息，或者借用他人名义在同一平台发布借款信息，借款总额超过规定的最高限额，造成出借人的重大损失，借款人要承担刑事责任。此外，借款人是否承担刑事责任还应当从资金的用途分析，一般来说借款人对集资款的用途有三种，第一种是用于正常的生产经营；第二种是用于高风险的行业，像炒股、炒期货、场外配资等；第三种是直接侵吞集资款。第一种资金用途，借款人将资金投入正常的生产经营，此时借款人具备归还资金的可能性。借款人纯粹是资金使用方，如果借款人因生产经营亏损导致无法履行还款义务，这种情况之下，借款人并非主观不想归还集资款，而因生产经营的不确定性导致无法归还，借款人没有罪过，因此不应当承担刑事责任，出借人可以通过民事诉讼的方式向借款人追偿。但是，有证据证明借款人在生产经营过程中对资金使用的决策极度不负责任，资金使用成本过高导致无法归还集资款的，借款人需要承担刑事责任。第二种资金用途，借款人将集资款用于高风险投资，以高风险投资作为标的明显违反了相关的规定，[①]这种情况往往是借款人使用虚假项目在平台发标，存在欺骗出借人的行为，如果出现大量资金无法归还的情况，借款人的行为与之具有直接的因果关系，应当以非法吸收公众存款罪来处理。第三种直接以非法占有为目的侵吞资金的行为应当以集资诈骗罪来处理。借款人以非法占有目的进行集资，在集资的过程中隐瞒集资款的真实去向，虚构其行为构成集资诈骗罪。

2. 出借人没有损失

根据相关司法解释，[②]此情况可以不作为犯罪处理。出借人没有损失，有可能是借款人和平台如期归还了出借人的投资款，此时平台和借款人都不作为犯罪处理；亦有可能是借款人没有及时归还投资款，平台代为偿还

---

① 《网贷机构管理暂行办法》第 10 条。
② 《2019 年非法集资意见》第 6 条。

了投资款,根据相关司法解释①的规定,平台不作为犯罪处理。在非法集资犯罪中,一般来说平台是主犯,借款人是共犯,平台不作为犯罪处理,借款人也无须单独成立非法吸收公众存款犯罪,平台在垫付投资款后可以通过民事诉讼的方式向借款人进行追偿。当然,如果借款人在集资的过程中以非法占有为目的使用了诈骗手段,借款人可以单独成立集资诈骗罪。

第五节 非法集资涉案财物的追缴和处置问题

非法集资犯罪案件的违法所得是指行为人实施非法集资犯罪行为后获取的财物,包括行为人直接侵占的集资款、行为人使用集资款所获得的收益、行为人处分的集资款中依法可以追缴的部分以及帮助吸收资金人员获取的提成款等。违法所得依法应当予以追缴。

一、是否可以追缴已获利的集资参与人的获利款

支付给"已结清"集资参与人的利息来源于集资行为人募集的资金,计入非法集资犯罪的犯罪数额,应当予以追回,在判决生效后按照比例返还给"未结清"集资参与人。《2014年非法集资意见》第5条第1款规定,"向社会公众非法吸收的资金属于违法所得。以吸收的资金向集资参与人支付的利息、分红等回报……应当依法追缴。集资参与人本金尚未归还的,所支付的回报可予折抵本金"。根据上述规定,"已结清"集资参与人所收取的多于其本金的部分应当依法追缴。但在司法实践中,因涉及人数多金额大,且极易引发群体性事件,依法追缴难度大,致使追缴基本无法实现。因此,追缴"已结清"集资参与人的利息不仅是一个法律问题,还是一个社会问题。

二、是否应当追缴帮助吸收资金人员所获取的提成款

《2014年非法集资意见》第5条第1款规定:向帮助吸收资金人员支付的代理费、好处费、返点费、佣金、提成等费用,应当依法追缴。在司法实践中依法追缴上述费用,常常遇到困难。在一些案件中,上述人员在收取费用后往往会立即在集资平台投资,在这个过程中,他们由非法吸收

---

① 《2011年非法集资解释》第3条第4款。

公众存款的犯罪嫌疑人转变为集资参与人，案发时如果其投资款未能收回，其本人也属于"未结清"集资参与人，因自身损失巨大，没有能力退还在集资过程中收取的费用。所以，在实际办案中，上述人员退赃的并不多见。从法律层面分析，帮助吸收资金人员收取的代理费、好处费等属于违法所得，应当追缴。至于其将违法所得用于平台投资或者其他开支，属于其非法获利后对违法所得的处分行为，不影响对上述违法所得的追缴。但是，如果上述人员将违法所得用于集资平台的投资，案发后未能收回，那么是否可以抵销其退赃的义务？笔者认为不能完全抵销，上述人员作为集资参与人，其有权参与判决生效后涉案财物的返还，如果涉案财物不足全部返还的，则按照集资额比例返还，这是其作为集资参与人的权利，但是这个权利不能优先于其他集资参与人，也就是不能在启动涉案财物返还工作前优先于其他集资参与人用其损失的金额抵销其非法获利的数额，更何况大多数案件涉案财物是不足全部返还的。因此笔者认为，在这个层面讲更不应该不考虑比例问题就直接抵扣。正确的做法应该是先行追缴其非法获利，然后在返还涉案财物工作启动后，再按比例返还其应得部分。

三、涉案平台公司人员的工资收入是否一律予以追缴

有观点指出，非法集资案件中应当对涉案平台公司所有工作人员的收入一律予以追缴。笔者认为，应正确理解认定违法所得要满足的条件。首先是行为人的行为违法，其次行为人通过违法行为获得了利益，最后上述利益和违法行为有直接的因果关系。如果符合上述条件，行为人获得的利益就是违法所得。

在非法集资犯罪案件中，集资平台背后一般都存在一个公司。不管这个公司能否认定为单位犯罪，公司内从事一般行政工作的人员，因其行为和非法集资行为没有必然的联系，没有参与集资的核心工作，主观上也缺乏非法集资的认知，此类人员无法认定为非法集资犯罪的犯罪嫌疑人。在行为不具有违法性的情况下，其正常的工资收入就不能视为违法所得，不能予以追缴。根据《2011年非法集资解释》第5条第3款，此类人员的工资收入属于非法集资犯罪主体的经营费用，不能从集资诈骗的犯罪数额里面扣减，但是此类工资性质的经营支出又不能追缴，也就意味着在实际办案中不能简单地将违法所得和集资诈骗的犯罪数额画等号。

此外，涉案公司租赁办公场所支付的租赁费用属于经营费用，应当计

入非法集资犯罪的犯罪数额中。涉案公司租赁办公场所作为违法犯罪的场所，为此付出的租金支出来源于集资款，是否意味着可以从房东那里追缴房租收入呢？房东和涉案公司签订房屋租赁合同，将房屋租赁给涉案公司作为经营场所，如其不知房租的来源为集资款，则租赁行为是受法律保护的合法行为，不得予以追缴。因此，是否追缴房租收入应先证明房东是否明知房租来源于非法集资犯罪活动，且与涉案公司之间存在合法有效的租赁合同。

《2014年非法集资意见》第5条第2款规定：将非法吸收的资金及其转换财物用于清偿债务或者转让给他人，以下五种情形应当依法追缴：（1）他人明知是上述资金及财物而收取的；（2）他人无偿取得上述资金及财物的；（3）他人以明显低于市场的价格取得上述资金及财物的；（4）他人取得上述资金及财物系源于非法债务或者违法犯罪活动的；（5）其他依法应当追缴的情形。他人明知资金或者财物来源于非法集资犯罪而收取，则不能以存在合法交易为抗辩事由拒绝退还赃款赃物。此规定与上面列举的租赁房屋作为集资办公场所并不矛盾。笔者认为，无偿取得他人的违法所得，不论取得人是否明知财产来源，都应依法追缴，取得人应无条件配合。以明显低于市场的价格取得涉案财物，取得人不属于善意取得，该交易依法应当认定无效。此外，交易的一方是集资行为人，其无权处分涉案财物，所以上述财物应当依法追缴，取得人应当退还该财物。取得人取得涉案财物系源于非法债务或者违法犯罪活动，因取得行为本身违法，应当依法追缴。因追缴的财物属于集资诈骗的涉案财物，故追缴后并不上缴国库，应依法返还集资参与人。

第六节　非法集资犯罪案件刑民交叉问题

非法集资犯罪案件普遍存在刑民交叉问题，在P2P网贷平台中尤为突出。借款人通过P2P平台向社会公众募集资金，部分借款人到期没有归还本息，导致P2P平台资金链断裂而"爆雷"。案发后，公安机关只能针对涉案财物进行查封、扣押或者冻结，即使明知平台的借款人有其他非涉案的财产，也无法对非涉案财物采取查封、扣押或冻结措施。在司法实践中，公安机关查封、扣押、冻结的财物数额远未达到集资参与人的损失，即便这样，集资参与人也需等待法院判决生效后才能按比例分得上述财物，这是个漫长的过程。针对集资诈骗罪的被告人，法院在判决中有退赔的判项，即被告人应当退回赃款赃物，无法全额退赃的应当赔偿被害人的损失。但是，一个非法集资案件从立案到判决生效往往历时几年，法院的执行部门虽然可以执行被告人的非涉案财产，但是实际执行的效果并不好，被告人可能已无财产可供执行。此外，如果被告人被法院以非法吸收公众存款罪判决，因为非法吸收公众存款案件不存在被害人，所以对该名被告人只能在已被追缴的涉案财物范围内执行。因此，在刑事诉讼中，集资参与人依法追回全部损失的案件比例并不高。

那么是否允许集资参与人通过其他途径挽回损失？在非法集资犯罪中，非法集资人的集资行为属于违法行为，但是集资参与人的出借行为并不违法，当集资参与人因非法集资行为遭受损失时，有权提起民事诉讼。目前通过民事诉讼挽回损失已经成为集资参与人集中表达的诉求。

在刑事诉讼的过程中对涉案人员提起民事诉讼属于刑民交叉问题。刑民交叉案件是指刑事犯罪与民事不法存在竞合的案件。在刑民交叉案件中，既存在刑事犯罪，又存在民事不法，且两者之间具有某种重合性。[1] 对此，2019年9月11日通过的《全国法院民商事审判工作会议纪要》（以下简称《九民纪要》）作出如下规定：针对与集资诈骗、非法吸收公众存款等犯罪有关的民商事案件出现的新情况和新问题，"在审理案件时，应当依照《最高人民法院关于在审理经济纠纷案件中涉及经济犯罪嫌疑若干问题的规定》《最高人民法院关于审理非法集资刑事案件具体应用法律若干问题的解释》《最高人民法院、最高人民检察院、公安部关于办理非法集资刑事案件适用法律若干问题的意见》以及民间借贷司法解释等规定，处理好刑民交叉案件之间的程序关系"。

一、"竞合型"刑民交叉

"竞合型"刑民交叉是指刑民冲突源自同一客观事实的竞合。"竞合型"刑民交叉本质特征在于刑事法律关系与民事法律关系的竞合。例如，集资行为人与集资参与人签订借款合同，在集资参与人支付资金后携款潜逃。此时，既可以对集资行为人的行为进行刑法判断，又可以对集资行为人与

---

[1] 陈兴良:《刑民交叉案件的刑法适用》，中国法制出版社2007年版，第25页。

集资参与人之间的合同进行民法判断，因而出现刑事法律关系与民事法律关系竞合的情况，此类刑民交叉属于同一客观事实的竞合。

非法集资案件往往涉及众多的集资参与人，针对刑民交叉属于同一客观事实竞合的案件，对于集资参与人的清偿应当采取一体化的解决模式，保证公平、公正对待集资参与人，此类案件应该采取"先刑后民"的诉讼模式。①《2014年非法集资意见》、最高人民法院《关于审理民间借贷案件适用法律若干问题的规定》、《九民纪要》规定的涉嫌集资诈骗、非法吸收公众存款等涉众型经济犯罪，所涉人数众多、当事人分布地域广、标的额特别巨大、影响范围广，严重影响社会稳定，对于受害人就同一事实提起的以犯罪嫌疑人或者刑事被告人为被告的民事诉讼，人民法院应当裁定不予受理，并将有关材料移送侦查机关、检察机关或者正在审理该刑事案件的人民法院。受害人的民事权利保护应当通过刑事追赃、退赔的方式解决。正在审理民商事案件的人民法院发现有上述涉众型经济犯罪线索的，应当及时将犯罪线索和有关材料移送侦查机关。侦查机关作出立案决定前，人民法院应当中止审理；作出立案决定后，应当裁定驳回起诉；侦查机关未及时立案的，人民法院必要时可以将案件报请党委政法委协调处理。除上述情形人民法院不予受理外，要防止通过刑事手段干预民商事审判，搞地方保护，影响营商环境。

综上所述，"先刑后民"诉讼模式可分为以下三种处理情形：（1）公安机关、人民检察院、人民法院正在侦查、起诉、审理的非法集资刑事案件，有关单位或者个人就同一事实向人民法院提起民间借贷纠纷，人民法院应该不予受理，并将有关材料移送公安机关或者检察机关；②（2）人民法院在对民间借贷纠纷立案后，发现民间借贷行为本身涉嫌非法集资犯罪，应当裁定驳回起诉，并将涉嫌非法集资犯罪的线索、材料移送公安机关或者检察机关；③（3）公安或者检察机关不予立案，或者立案侦查后撤销案件，或者检察机关作出不起诉决定，或者经人民法院生效判决认定不构成非法集

---

① 最高人民法院《关于在审理经济纠纷案件中涉及经济犯罪嫌疑若干问题的规定》、《2014年非法集资意见》、最高人民法院《关于审理民间借贷案件适用法律若干问题的规定》均确定了在处理案件中刑事优先的原则。

② 《2014年非法集资意见》第7条第1款。

③ 最高人民法院《关于审理民间借贷案件适用法律若干问题的规定》第5条第1款。

资犯罪，当事人又以同一事实向人民法院提起诉讼的，人民法院应予受理。①

在司法实践中，"先刑后民"的诉讼模式存在以下问题：刑民交叉案件中，集资参与人的民事权利受到了侵犯，在较长的侦查、审查起诉以及审理阶段，办案机关只能采取查封、扣押、冻结涉案财物的措施来保障集资参与人的权利，无法对非涉案财产采取措施。在这样的情况下，财产状况良好，具有赔偿能力的犯罪嫌疑人或被告人有充分的时间来转移、隐匿非涉案财产，导致其后进行的民事诉讼即使有了民事判决，判决结果也难以实现。此外，刑事诉讼程序时间周期很长，非法集资案件从侦查、审查起诉、审理到作出裁判可能需要好几年的时间，即使在诉讼程序结束后集资参与人获得了相应的赔偿，该赔偿也往往因耗时过长而失去了原有的意义。司法实践中"先刑后民"模式过度强调了刑事程序的优先性，忽视了对集资参与人民事权利的保护。面对这个问题，我们应该如何解决？笔者认为，不能一味盲目地等待刑事诉讼程序结束后再返还已追回的集资款给集资参与人，应在坚持"先刑后民"原则的基础上进行刑事诉讼和款项返还的协调统一。首先，办案机关应根据服务器数据和银行流水进行审计，确定完整的集资参与人名单及投资情况，特别是未结清②集资参与人的损失数额，并确保该名单没有遗漏。如果没有确定完整的集资参与人名单及其投资情况，就无法在返还财物的过程中保证公平公正。其次，按照《2019年非法集资意见》第9条第4款的规定，及时返还给集资参与人；若追缴的是非资金财物，则在确保增值保值的情况下，及时拍卖、变卖，再将所得款项依法返还给集资参与人。

二、"牵连型"刑民交叉

"牵连型"刑民交叉是指存在数个法律事实，刑民冲突仅在某些事实构成要素或者法律关系上出现交叉，同时牵连到刑事法律关系和民事法律关系，两种法律关系交叉存在的情况。与"竞合型"刑民交叉不同，"牵连型"刑民交叉本质特征在于因事实构成要素或法律关系出现的交叉而导致的法律关系上的牵连。先刑后民还是先民后刑的问题，是办理"牵连型"刑民交叉案件遇到的主要理论和实践难题。基于该类案件中刑民法律事实

---

① 最高人民法院《关于审理民间借贷案件适用法律若干问题的规定》第5条第2款。
② 未结清是指实际投入金额减去实际收回金额的差额大于零。

及法律关系并非基于"同一客观事实"或"同一法律关系"而产生，二者是相互独立的，因此通常情况下并无特定先后之分。例如：（1）借款人在P2P网贷平台发标募集资金，因生产经营的不确定性致使无法按时履行还款义务，后P2P平台资金链断裂，涉嫌非法集资。在这种情况下，借款人将借款主要用于正常的生产经营活动，未能按时还款是因为生产经营的不确定性导致，在司法实践中一般不对此类借款人作刑事评价，相关主体可以随时提起民事诉讼而不受刑事部分时间先后影响。根据《九民纪要》第128条，集资参与人可以提起民事诉讼，请求借款人返还投资款。由于刑事案件的被告人是集资行为人，而民事诉讼的被告人是借款人，故民事诉讼和刑事诉讼的法律主体和法律关系并不相同，刑事诉讼并不解决民事诉讼借款人的责任问题，因此集资参与人可以另行提起民事诉讼救济自己的民事权利。（2）最高人民法院《关于刑事裁判涉财产部分执行的若干规定》第11条第2款规定，第三人善意取得涉案财物的，执行程序中不予追缴。作为原所有人的被害人对该涉案财物主张权利的，人民法院应当告知其通过诉讼程序处理。若在非法集资案件中，第三人善意取得阻断赃款追缴的路径，集资参与人仍可以提起民事诉讼主张对该涉案财物的权利。此时民事诉讼和刑事诉讼不属于同一法律关系，但在法律事实上存在重叠的部分。

《九民纪要》第130条规定：人民法院在审理民商事案件时，如果民商事案件必须以相关刑事案件的审理结果为依据，而刑事案件尚未审结的，应当根据《民事诉讼法》第150条第5项的规定裁定中止诉讼。待刑事案件审结后，再恢复民商事案件的审理。如果民商事案件不是必须以相关的刑事案件的审理结果为依据，则民商事案件应当继续审理。也就是说，"牵连型"的刑民交叉案件有以下两种处理方式：（1）审理民事纠纷案件中有关民间借贷案件的基本事实，需要在刑事案件查清以后，以涉嫌犯罪案件的审理结果为依据。为防止民事判决与刑事判决矛盾，在涉嫌犯罪案件审结前，应当中止民事纠纷案件的审理，待刑事案件审结后，再恢复民事案件的审理。原则上民事诉讼应当持续不断地进行，但因客观原因，案件无法进行，诉讼不得已需要暂时停止下来。法院没有权力也没有义务就任何实体争议作出裁判，只有诉讼中止事由消除，即刑事案件审结后，才能对案件事实作出裁判。此时，刑事案件在法律关系上的认定对民事案件具有先决关系。（2）如民间借贷纠纷案件的审理并不须以刑事案件的审理结果为依据，则可以采取刑民并行的诉讼模式，将民事纠纷与刑事犯罪分开审理。

第七节　非法集资犯罪案件证据收集要点

一、司法审计与司法鉴定的证据收集

非法集资案件涉及金额一般较大，集资行为人集资的手段多样，资金流转的过程复杂。在司法实践中，清晰还原案件中的财务事实是侦查人员取证的一大难题。《刑事诉讼法》第146条规定：为了查明案情，需要解决案件中某些专门性问题的时候，应当指派、聘请有专门知识的人进行鉴定。指派或聘请相关专业者对涉案的资金进行司法审计，是提高非法集资案件办理效率和增强司法公信力的手段。财务事实是非法集资案件最关键的一部分，因此司法审计是非法集资犯罪案件侦查活动最重要的组成部分。毫不夸张地说，司法审计是非法集资案件侦查活动的灵魂。根据《2011年非法集资解释》第3条，非法吸收公众存款罪定罪量刑的判断标准有犯罪数额、集资参与人人数、集资参与人的直接经济损失等因素。这些因素不能仅凭报案数据来认定，而应当调取平台服务器数据、财务账册以及银行流水等证据，以此为基础进行全面、客观地司法审计，根据审计结果予以确定。在非法集资案件中，集资参与人人数众多，并非每一位集资参与人都会报案，但是不代表未报案的集资参与人放弃索赔。此时，对集资参与人的入金、出金等事实进行全面审计，是追赃挽损和涉案财物处置等工作的关键。此外，集资诈骗罪最难以证明的"非法占有目的"也要通过司法审计资金去向进行认定。综上，司法审计是否全面、客观，审计的资金去向是否清楚对办理非法集资犯罪案件至关重要。

在司法实践中，集资平台在资金链断裂后，一般会有一个缓冲期。在缓冲期内，平台实际控制人可以筹集资金清退集资款，在地方金融监督管理局的监督引导下进行良性退出。只有在平台无法良性退出，造成众多集资参与人损失的情况下，侦查机关才会对平台予以刑事立案。无论是地方金融监督管理局引导平台良性退出，还是侦查机关对平台立案侦查，对平台吸收资金的数额、去向、用途以及集资参与人投资情况的审计工作都是重点。因此，笔者认为审计工作应当前置到平台资金链断裂、地方金融监督管理局引导平台良性退出之时。应要求平台提供财务资料，并委托经验丰富、实力雄厚的审计机构进行前期的审计工作。不管对平台是否进行刑

事立案，早期的审计对于后续的资产处置工作都是必不可少的。

　　侦查机关对平台立案后应当立即确定审计机构，并马上调取审计所需要的证据材料。关于委托审计机构，目前侦查机关一般是通过招投标的方式选出投标价格最低的会计师事务所。但中标的会计师事务所是否胜任审计非法集资这类复杂且业务量大的刑事案件，是需要考虑的问题。在司法实践中，时常出现审计人员无法胜任审计工作，在诉讼期限届满前无法完成审计工作，或者出具的审计报告具有重大瑕疵等情况。因此，笔者建议侦查机关不应一味追求价格低廉，而应重点考察会计师事务所是否足以胜任复杂的刑事司法审计工作；建议侦查机关建立司法审计机构备选库，确保库内的审计机构均能胜任非法集资案件的审计工作。同时，在办案过程中，若发现经验丰富、实力雄厚的会计师事务所，应当及时将其列入备选库。在确定审计机构时由备选库内的审计机构参与招投标，由此可以剔除明显无法胜任非法集资案件审计工作的会计师事务所。

　　委托审计机构后，办案机关应向其提出明确、具体的审计事项。在实际办案过程中，有些检察人员仅在退查提纲中要求侦查机关聘请专门审计机构对涉案资金进行审计，但对审计事项不作详细要求，且疏于与侦查人员、审计人员沟通，最终导致审计报告不符合办案要求。同时，现实中往往存在侦查机关提供的检材资料不完整，不符合会计核算规范要求的情形，直接影响审计报告的质量。事实上，非法集资犯罪的侦查取证工作、审计工作极为复杂，每个阶段都有可能出现新的问题，不同的案件也存在不同的困难。要攻克这些困难，在侦查机关立案的时候，检察人员应当适时介入案件的侦查活动，引导侦查机关取证，并共同确定审计委托事项。在侦查阶段，检察人员、侦查人员和审计人员之间应保持密切的沟通。为了完成审计工作，审计机构在审计过程中提出调取部分证据的要求，侦查机关应当予以重视并及时调取。检察机关在侦查阶段，应当及时了解审计进度，保持和审计人员的沟通，在检材缺失时，应当通知并督促侦查机关补齐相关检材，争取在侦查阶段完成审计工作。可考虑适时召集侦查人员、检察人员和审计人员，召开案件研讨会，促进对彼此工作的了解，协同解决审计工作遇到的困难。

（一）非法集资犯罪案件审计工作内容

　　办案机关委托审计机构时应提出明确、具体的审计事项，非法集资犯罪案件的审计工作应当围绕以下六项内容展开：

1. 确定集资参与人的投资情况

集资参与人的投资情况有两种形式：一种仅计算集资参与人的银行账户出、入金情况；另一种是除了计算集资参与人的出、入金情况外，还应计算集资参与人在每期投资结束后，利用平台投资账户中的资金（包括每期投资结束后归还的本金、利息）进行反复投资的数额，但应当作出说明。

2. 确定集资参与人名单

集资参与人名单应当有集资参与人的姓名、身份证号码、投资情况、是否亏损以及亏损数额。集资参与人的身份信息一般通过集资平台服务器数据和银行流水确定。

3. 确定犯罪数额

确定集资参与人的入金数额和出金数额，即集资参与人实际投入金额以及实际收回的金额。核实集资参与人的投资款是否已结清。已结清是指实际投入金额减去实际收回金额的差额小于或等于零；未结清是指实际投入金额减去实际收回金额的差额大于零。未结清的数额即集资参与人的实际损失。非法吸收公众存款罪的犯罪数额是所有集资参与人，包括已结清和未结清的集资参与人的入金数额。集资诈骗罪的犯罪数额为未结清的集资参与人的实际损失数额，未结清的集资参与人即集资诈骗的被害人。

4. 确定投资项目的融资情况

如果借款人涉嫌犯罪，此项审计内容可以确定借款人在P2P平台的发标情况、募集资金的情况以及截至案发时借款人的还款情况。

5. 确定犯罪嫌疑人非法获利的情况

非法获利属于犯罪嫌疑人的犯罪动机问题，非法获利的方式决定了犯罪嫌疑人的行为是构成非法吸收公众存款罪还是集资诈骗罪。如果犯罪嫌疑人仅仅按照约定拿中介费用，没有侵吞集资款，则其行为应属于非法吸收公众存款罪；如果犯罪嫌疑人以非法占有为目的，直接参与分配集资款、侵吞集资款，则其行为可能构成集资诈骗罪。此项审计内容可以确定犯罪嫌疑人是否具有侵吞集资款的情况，同时也是犯罪嫌疑人退赃的依据。

6. 核实资金去向

资金去向关系到集资诈骗罪非法占有事实的认定以及追赃挽损工作，应当作为审计的重点。实践中，集资行为人往往用多个账户归集投资款，这些账户存在着频繁的资金流转，故而审计工作往往伴随着涉及银行多、账户间往来复杂、流水数据量巨大等困难。查清资金去向是审计的难点，要求审计人员通过穿透所有银行账户，锁定资金流向，确定资金去向，还原非法集资平台的经营模式、盈利能力等情况，从而辅助判断非法集资平台是否涉及犯罪，以及涉及何种犯罪。此项工作对审计人员的要求较高，应当由能胜任的审计人员完成。

（二）非法集资犯罪案件审计所需要的检材

为了圆满完成上述六项审计事项，办案机关应当及时、全面调取以下证据材料：

1. 涉案主体服务器上存储的交易记录

查扣服务器是侦查机关初查阶段取证部分的重中之重。侦查机关初查阶段的第一个工作就是要扣押涉案主体的服务器，然后聘请有资质的电子数据鉴定机构将服务器上存储的所有交易记录调取出来。上述电子数据包括集资参与人的基本情况、集资参与人的投资情况、平台挂包情况以及投资协议等。服务器数据是司法审计的一项重要检材，如果没有完整的服务器数据，则无法获得完整的集资参与人名单、集资参与人投资情况、集资参与人损失数额和借款人的挂包情况。若调取的服务器数据不完整，将会造成审计结果不准确。在司法实践中，并非所有集资参与人都会到公安机关报案，所以仅靠报案数据是无法确定完整的集资参与人名单，因为：一是有盈利的投资人一般不会前来报案；二是非法集资案件的集资参与人往往人数众多且遍布全国各地，部分集资参与人因为实际困难无法前往报案。在司法实践中，曾出现非法集资犯罪案件已判决生效，仍然有集资参与人到侦查机关报案的情况。由此，我们可以看出及时查扣服务器数据对于非法集资犯罪案件办理的重要性，如果不及时扣押，服务器有可能被涉案人员转移甚至销毁，导致无法作出全面准确的司法审计。

如果服务器已被转移或销毁，确实无法调取数据，只能通过报案材料确定集资参与人。侦查机关应及时对外公布案件立案情况和报案指引，尽可能督促和引导集资参与人报案。例如在权威媒体、自媒体或微信公众号上发布警情通报，警情通报应包含：(1)合理、明确的报案截止时间。侦查机关根据实际情况和案件进度，确定报案时限，同时应当兼顾办案的效率，预留审计的时间。(2)报案所需证据材料清单，包括集资参与人的报案陈述书、身份情况、投资情况、投资协议、投资款转入或收取红利的相关账户信息和银行流水。侦查机关对于报案人提交的材料,应当出具接收材料清单证明。(3)报案方式,包括自行上门、邮寄或电话报案,根据实际情况还可以通过侦查机关设立的QQ群、微信群、微信公众号等其他方式进行。上述信息可转至集资参与人自行组织的QQ群或者微信群中,尽可能扩大知悉范围。除了穷尽各种方法引导集资参与人报案外,侦查机关要对关键的犯罪嫌疑人、集资参与人和具有代表性的证人进行有针对性地讯问和询问,包括但不限于知道资金来源和去向的财务人员。最终,侦查机关结合报案人的报案情况以及犯罪嫌疑人的供述、被害人陈述、证人证言等,确定调取银行流水的范围,通过银行流水审计犯罪数额和资金去向。

涉案主体的服务器在境外是目前困扰办案机关的一大难题。现阶段,如果服务器在境外,办案机关应当查询我国与服务器所在国家或地区是否存在司法协助机制,可以及时通过司法协助调取服务器数据,避免立案后犯罪嫌疑人为逃避刑事责任,指使他人销毁在境外的服务器。但是,在实践中由于司法协助程序繁琐且耗时长,无法及时查扣服务器,导致服务器灭失。实践中还有一种情形,涉案主体的服务器在境外,案件也存在境外的集资参与人,此时境外的集资参与人可以到当地警方报案,当地警方立案后调取服务器数据等证据,并且将境外调取的证据与我国警方共享。两地立案的方式,可以弥补目前司法协助机制的不足。

2.涉案主体用于接收投资款的所有银行账户流水以及POS机支付记录

银行流水是非法集资犯罪案件的关键证据,认定犯罪数额、非法占有目的等基本犯罪事实均依赖于银行流水的调取以及基于此的审计,银行流水的缺失必然导致案件事实不清。根据调取的涉案主体服务器数据,审计人员可以确定司法审计银行流水的范围。银行流水客观记录了该账户所有的交易对手信息、交易时间以及交易金额等信息,银行流水可以反向印证服务器电子数据的准确性,相互印证后可以审计出集资参与人的出入金情况和集资参与人名单。如果案件中存在集资参与人以POS机刷卡方式进行投资,侦查机关还应收集POS机商户号及其关联账户信息、绑定银行卡的银行流水记录,作为证据的一部分。

银行流水显示的资金流转情况可以识别虚假投资,从而剔除虚假集资参与人。在非法集资犯罪案件中,集资行为人通过控制他人银行账户冒充集资参与人入金,以此虚增平台活跃度和交易量,达到快速募集资金的目的。上述银行账户被称为"马甲"账户,通过对"马甲"账户银行流水的审计可以发现，该账户投资的资金来源于平台募集的资金，在资金的流转中形成平台—"马甲"账户—平台的闭环。由此审计人员可以根据银行流水剔除服务器数据里的虚假集资参与人。

需要注意的是，纸质版的银行流水记录在审计时需要审计人员手动输入，在这个过程中可能出现输入数据疏漏或错误的情况，导致审计结果不准确。因此，侦查机关调取银行流水时，应当尽量调取电子版记录（Excel表格形式）。此外，某些案件需要侦查机关到多个城市调取银行流水，这给侦查工作带来困难，降低办案效率。如何解决这个问题？目前公安机关正在探索建立资金查证系统，比如公安部与中国银保监会联合建设违法犯罪资金查控平台（查控平台）、公安部与中国人民银行联合建设电信诈骗案件侦办平台（侦办平台）、深圳市公安局与深圳银保监局共同建设深圳涉案账户资金网络查控系统（查控系统）等。但在实际使用的过程中，仍然存在以下问题：（1）调取某些银行流水时存在年份限制；（2）部分银行上传到查控平台的银行流水不完整；（3）部分中小银行没有接入查控平台。上述三个问题在相关资金查控平台的建设过程中定会不断完善，最终予以解决。资金查证系统的建立将给调证工作带来极大的便利。

3. 第三方服务器上存储的交易记录以及对应的银行账户交易记录

《网贷机构管理暂行办法》第28条规定，网络借贷信息中介机构应当实行自身资金与出借人和借款人资金的隔离管理，并选择符合条件的银行业金融机构作为出借人与借款人的资金存管机构。实践中，集资行为人往往不会直接归集资金，而是通过银行存管等第三方的途径，把集资参与人的资金转给虚假借款人的账户，再由虚假借款人的账户把资金转给平台，从而达到归集和沉淀资金的目的。如果非法集资平台通过第三方支付平台收取集资参与人的投资款，则需要调取该第三方服务器上存储的交易数据以及对应的银行流水记录，从而与第1、2项证据进行互相印证。

4. 涉案主体的会计账簿和会计凭证

在某些非法集资犯罪案件中，集资行为人为了了解资金来源和实际的资金使用情况，会制作电子或者纸质的会计账簿和会计凭证。若存在此类证据，侦查人员应当及时予以调取，作为审计的检材，交由审计人员与银行流水进行对比，从而更快、更准确地确定集资情况以及资金去向。

5. 资金收付凭证、书面合同等书证

在司法实践中，还存在集资参与人与集资行为人线下签订合同，通过

POS机刷卡或者支付现金的方式进行投资的情况。线下投资的情况不一定会在线上的服务器数据中有所体现，如果存在此类证据，侦查人员也应及时予以调取，并作为审计的检材，保证审计结果的完整性。

二、集资行为的非法性和行为人非法性认知的证据收集

非法性是非法吸收公众存款罪的四个特征之一，非法性主要体现为集资行为违法以及行为人对行为违法性具有主观认识。

（一）集资行为违法的证据收集

集资行为违法的证据主要指金融行政主管部门出具的非法集资认定意见。根据《2019年非法集资意见》第1条，集资的非法性体现为违反国家金融管理法律法规。证明非法性应当以国家金融管理法律法规作为依据，主要为《商业银行法》《1998年国务院办法》等现行有效的金融管理法律法规。如果国家金融管理法律法规仅作原则性规定的，可以根据法律规定的精神，并参考中国人民银行、中国银行保险监督管理委员会、中国证券监督管理委员会等行政主管部门依照国家金融管理法律法规制定的部门规章或者国家有关金融管理的规定、办法、实施细则等规范性文件的规定予以认定。上述认定专业性强，一般应当由金融行政主管部门根据其专业知识作出认定意见。需要注意的是，根据《2014年非法集资意见》第1条，行政部门对于非法集资的性质认定，不是非法集资刑事案件进入刑事诉讼程序的必经程序。行政部门未对非法集资作出性质认定的，不影响非法集资刑事案件的侦查、起诉和审判。办案机关应当依法认定案件事实的性质，对于案情复杂、性质认定疑难的案件，可参考有关部门的认定意见，根据案件事实和法律规定作出性质认定。

（二）行为人具有非法性的主观认知的证据收集

非法吸收公众存款罪属于法定犯而非自然犯。法定犯是指行为本身并非当然具有反社会性和反道义性，当社会发展到某一阶段，该行为具有了社会危害性而被法律所禁止，进而演变为一种犯罪行为。而当社会发展到另一阶段，该行为不再具有社会危害性时，随着法律的修改，该行为不再被认定为违法，法定犯随之消亡。所以法定犯是随着社会的发展而演变。法定犯的发展过程一般先被行政法规所禁止，后上升到被刑法所禁止，故

法定犯也称行政犯。从上文所归纳的非法吸收公众存款罪的形成演变过程，该罪很好地诠释了法定犯的形成过程。不同于故意杀人、强奸等从古至今都被认为是犯罪的自然犯，非法吸收公众存款的违法性并不当然被所有民众所知悉，在司法实践中常有犯罪嫌疑人辩解自己并不知道所从事的工作是犯罪行为，以此认为自己没有犯罪的主观故意。笔者认为，不管是自然犯还是法定犯，原则上，认定行为人具有主观故意并不要求以明知法律的禁止性规定为要件。法律是面向全体社会成员颁布实施的，任何人在实行某一行为时都应当对该行为是否违法具有注意义务。但是，该注意义务不应超出正常人对事物的理解范畴，如果超出则因不具备期待可能性而无法认定其违法性认识。如果确有证据证明行为人对行为的违法性产生错误认识，或者无法排除行为人关于错误认识的辩解，则应认定行为人没有主观故意。因此，在办理非法吸收公众存款案件的时候，办案人员应当注意调取证明行为人具有非法性主观认知的证据。

在非法吸收公众存款案件中，部分犯罪嫌疑人具备一定涉金融活动相关从业经历、专业背景或在犯罪活动中担任一定管理职务，应当知晓相关金融法律管理规定。如果有证据证明其实际从事的集资行为应当获批准而未经批准，行为在客观上具有非法性，原则上就可以认定其具有非法吸收公众存款的主观故意。认定上述犯罪嫌疑人的主观故意应当调取其任职情况、职业经历、专业背景、培训经历以及曾经因从事同类行为受过行政处罚或者刑事追究等书证材料，以此证明犯罪嫌疑人具备一定的金融法律知识，其辩解的不知行为违法则不攻自破。[1]

针对没有金融从业或者培训经历的犯罪嫌疑人，应当注意调取证明犯罪嫌疑人知道或应当知道其所从事行为具有非法性的证据。可以从以下两个方面开展取证工作：一是犯罪嫌疑人在工作中曾接受金融行政主管部门的监督，其清楚监管内容仍故意隐瞒违规行为，例如金融行政主管部门明令禁止网贷平台形成资金池仍直接归集出借人的资金，禁止开展自融行为仍自融自用，禁止提供担保或者承诺保本付息仍对外宣传固定收益等；二是行为中体现其明知相关法律的禁止性规定，主要体现在犯罪嫌疑人故意规避法律以逃避监管，例如自己或要求下属与投资人签订虚假的亲友关系确认书，频繁更换宣传用语逃避监管，实际推介内容与宣传用语、实际经

---

[1] 《办理涉互联网金融犯罪纪要》第9条。

营状况不一致，刻意向投资人夸大公司兑付能力，在培训课程中传授或接受规避法律的方法等。①

部分非法吸收公众存款的犯罪嫌疑人辩解金融行政主管部门曾对其公司进行监管，在监管的过程中未发现违规行为并出具相关意见，其因依赖金融行政主管部门出具的相关意见而陷入错误认识。如果上述辩解确有证据证明，不应作为犯罪处理。但是，如果金融行政主管部门出具意见所涉及的行为与犯罪嫌疑人实际从事的行为不一致，犯罪嫌疑人不能以该意见否定其行为的违法性；或者金融行政主管部门出具的意见未对是否存在非法吸收公众存款问题进行合法性审查，仅对其他合法性问题进行审查，也不能张冠李戴地认为非法吸收公众存款行为具有合法性。此外，犯罪嫌疑人隐瞒违规事实骗取金融行政主管部门出具相关意见，或者通过向金融行政主管部门工作人员行贿的方式获取相关意见，均应当认定其具有违法性认识。对于犯罪嫌疑人提出因信赖专家学者、律师等专业人士、主流新闻媒体宣传或有关金融行政主管部门工作人员的个人意见而陷入错误认识的辩解，不能作为犯罪嫌疑人判断自身行为合法性的根据和排除主观故意的理由。②

对于无相关职业经历、专业背景，且从业时间短暂，在单位犯罪中层级较低，纯属执行单位领导指令的犯罪嫌疑人提出辩解的，如确无其他证据证明其具有主观故意的，可以不作为犯罪处理。③

三、集资行为的证据收集

犯罪嫌疑人向公众募集资金的行为是非法集资犯罪的客观行为。集资行为包括行为人对外宣传、向不特定对象吸收资金、承诺投资回报以及分配非法利益。

证明上述事实应当收集如下证据：

（1）通过讯问犯罪嫌疑人及涉案主体公司人员，调取公司工商登记资料等方式，证明涉案主体成立时间、组织架构、经营模式以及各犯罪嫌疑人的行为、地位和作用等事实。

---

① 《办理涉互联网金融犯罪纪要》第9条。
② 《办理涉互联网金融犯罪纪要》第10条。
③ 《办理涉互联网金融犯罪纪要》第10条。

（2）有关投资项目的书证，包括中标通过书、工程合同书、预算书以及证明项目存在的其他书证。

（3）挂包发标过程中形成的证据，包括借款人和平台签订的合同、涉案主体内部的 OA 审批数据以及项目挂包所形成的其他证据。

（4）公开宣传投资项目过程中形成的证据，包括召开大型推广会时形成的书证、媒体广告、网站网页广告、户外广告、传单、手机短信以及微信群、朋友圈等证据。

（5）投资回报宣传材料和承诺书，证明集资行为人承诺保本付息或者给付回报的事实。

（6）四方合同，即投资合同，具体是投资者、用款方、平台和担保方签订的（电子）合同。

（7）有关集资行为人内部返利的证据，主要是言词证据、银行流水、涉案主体内部的文件材料以及审计报告等，证明各犯罪嫌疑人的非法获利情况。

（8）有关集资参与人投资情况的证据，包括集资参与人名单以及集资参与人提供的书证材料等。

四、资金池的证据收集

资金池证明涉案主体存在归集资金、沉淀资金以及控制资金的事实，应当收集如下证据：

（1）涉案主体服务器数据、用于接收集资款的银行账户流水、审计报告以及平台实际控制人、管理人员、财务人员和集资参与人的言词证据，证明集资参与人的资金转入涉案主体控制的银行账户。

（2）借款人的证言以及发标过程中形成的合同等书证，证明项目拟募集资金的数额。

（3）借款人向平台请求付款的书证、平台支付款项的 OA 审批表以及相关银行流水，证明平台实际支付给借款人的资金数额。在司法实践中，平台不会全额支付借款人通过平台募集到的资金，往往存在挪用一部分甚至大部分资金的情况，上述证据证明资金池的资金由平台实际控制。

（4）证明涉案主体挪用资金的证据，包括犯罪嫌疑人的供述、财务人员的陈述、银行流水和审计报告等。

五、"非法占有目的"的证据收集

在非法集资犯罪案件中,是否"以非法占有为目的"是区分集资诈骗罪和非法吸收公众存款罪的关键。证明主观上是否具有非法占有目的,可以重点收集、运用以下证据:①

(一)与实施集资诈骗整体行为模式相关的证据

行为模式不仅体现了集资行为,同时也能证明行为人的主观故意。收集整体行为模式的证据可以证明以下事实:(1)行为人通过什么项目吸收资金,该项目是否真实存在;(2)行为人向外宣传的时候是否存在夸大项目的盈利能力,进行虚假宣传;(3)行为人是否对具体实施吸收资金的业务人员进行培训,如何培训,培训内容能否体现行为人集资的真实目的。证明上述事实的证据主要有:有关投资项目的资料、投资合同、宣传资料、培训内容等。

(二)与资金使用相关的证据

在集资诈骗案件中,有关资金去向的证据是证明行为人"非法占有目的"的关键证据,具体证明如下事实:(1)资金并未用于生产经营活动或者用于生产经营活动与筹集资金规模明显不成比例;(2)资金被行为人用于挥霍性消费;(3)资金被用于违法犯罪活动;(4)资金被抽逃、转移或者隐匿;(5)资金全部或者大部分被用于借新还旧;(6)资金使用成本过高,生产经营活动的盈利能力不具有支付全部本息的现实可能性;(7)对资金的使用极不负责任,完全不考虑项目是否能盈利就进行挥霍性投资;(8)资金被用于其他不可能增值的用途。证明上述事实的证据主要有:资金往来记录、会计账簿和会计凭证、资金使用成本(包括利息和佣金等)、资金决策使用过程、资金主要用途以及财产转移情况等。

(三)与归还能力相关的证据

行为人在吸收资金的时候即已注定无法归还资金,证明行为人以"非法占有为目的"吸收资金。与归还能力相关的证据主要有:吸收资金所投资的项目内容、投资实际经营情况、盈利能力、归还本息资金的主要来源、

---

① 《办理涉互联网金融犯罪纪要》第16条。

负债情况、是否存在虚构业绩等虚假宣传行为，是否存在明显超出经营范围或者夸大经营、投资、服务项目及盈利能力等。

（四）与欺诈相关的证据

行为人虚构事实、隐瞒真相的行为虽然无法直接得出其具有非法占有目的的结论，但至少可以从侧面佐证行为人的非法占有目的。涉及欺诈等方面的证据主要有：使用虚假身份信息对外开展业务，虚构融资项目进行宣传，订立虚假合同、协议，隐瞒资金实际用途，隐匿销毁账簿等。

（五）与隐匿、销毁合同、协议、账目，搞假破产、假倒闭，以及携带集资款逃匿相关的证据

上述事实可以证明行为人非法占有的目的，主要通过言词证据进行证明，如：犯罪嫌疑人的供述，同案人、证人及被害人的指认等。

司法审计工作是证明行为人非法占有目的最关键的证据，办案人员在收集上述五个方面的证据后应当委托审计机构进行司法审计，通过审计穿透资金的去处，从而证明行为人非法占有目的。审计机构对相关数据进行审计时，办案机关应当根据查证犯罪事实的需要提出重点鉴定的项目，保证司法会计鉴定意见与待证的构成要件事实之间的关联性。

第三章 非法吸收公众存款罪

第一节 非法吸收公众存款罪常见问题认定处理

一、P2P 平台涉非法吸收公众存款罪的常见模式

现阶段,非法吸收公众存款犯罪主要发生在 P2P 网贷行业,主要有以下四种模式:

(一)投资型

在投资型案件中,行为人成立 P2P 网络平台,在平台上发布投资标,向不特定人公开宣传投资项目,以高额的投资收益吸引集资参与人,并向集资参与人承诺保本付息。如果投资项目符合平台所宣传的盈利能力,集资参与人能收回投资本金和收益;如果投资项目未能达到平台宣称的盈利能力或者发生亏损,则集资参与人的集资款将无法收回或者无法全部收回。投资项目的盈利能力由平台负责考察,平台的风控部门是否具备相应的专业知识和能力直接影响集资参与人集资款的安全。此外,集资参与人的集资款并不是直接转给借款人,而是转到平台控制的银行账户,借款人用款时需要向平台申请,平台对集资款拥有实际控制权,这种控制权使得平台可以不将集资款全额拨付给借款人而将其中一部分挪作他用,或者直接将集资款全部挪作他用。行为人利用上述模式进行集资具有高风险,构成非法吸收公众存款罪。

案例:李某等人非法吸收公众存款案

2014 年 6 月,李某出资设立深圳中某科互联网金融服务有限公司(以下简称中某科互联网公司),李某、胡某和赵某是中某科互联网公司股东。2015 年 5 月,中某科互联网公司推出"嗨投吧"平台,平台上分为 Hi 贷宝、Hi 存宝、Hi 计划以及阳光理财业务,在未取得金融许可的情况下,通

过网页广告、传单等公开宣传方式,承诺年收益10%至16%不等的投资回报,向不特定投资人变相吸收投资款。2015年12月,"嗨投吧"平台推出Hi计划——青岛平行车业务,中某科互联网公司与青岛某平行进口汽车销售有限公司(以下简称青岛公司)进行业务合作,由中某科互联网公司向投资者融资3000万元,青岛公司负责销售和配送,销售完成后双方平均分成。在协议尚未生效的情况下,胡某负责在网络上推广,并让客服对该投资项目进行推介和解释。赵某通过朋友圈及向朋友推荐方式予以宣传,吸引不特定对象投资。2016年2月,中某科互联网公司资金链断裂,导致部分投资人钱款无法提现。在这种情况下,李某等人继续吸收公众存款,用于返还投资款、借款等支出。经审计,2013年8月31日至案发,投资人累计10233人。李某中信银行尾号6401账户共收到投资人转入金额人民币622813385.64元,向投资人转出金额人民币554020752.79元。依据审计平台"嗨投吧"提取的文件,投资人充值金额共计人民币553119058.70元,提现金额为人民币531092334.93元。

(二)自融型

在自融型案件中,行为人成立P2P网络平台,在平台上发布投资标,向不特定人公开宣传投资项目,以高额的投资收益吸引集资参与人,并向集资参与人承诺保本付息。行为人在平台上发布的投资标的是行为人公司的自营业务,也就是说行为人集资的目的是给自己的公司借钱经营,因此这种集资的模式被称为自融。在此类案件中,行为人的行为具有一定的诈骗属性,其隐瞒了投资标的的真实权属,但是行为人没有非法占有集资款的目的,其通过诈骗手段获得集资款后用于生产经营,希望通过生产经营赚取更高利润后向集资参与人还本付息。此类自融行为具有高风险,在没有任何监管的情况下,一旦生产经营失败,后果就是无法偿还集资参与人的集资款,其行为构成非法吸收公众存款罪。

案例:黄某非法吸收公众存款案

2016年1月,黄某成立深圳某时代信息技术有限公司,经营"时代财富"网络P2P借贷平台。"时代财富"网络P2P借贷平台通过互联网推广,向不特定公众吸收款项。投资人通过QQ登录进入"时代财富"平台进行投资,投资回报率约6%—7%/年。平台的盈利方式是投资理财产品或通过利息差进行收益。经司法会计审计,"时代财富"网络P2P借贷平台的投资者户数共计 1844 人；收到投资者投资金额 259370976.53 元；截至 2016 年 11 月 8 日，该平台已返还大部分投资者投资款及收益共计 262137986.11 元，尚余 28625.77 元由于投资者未绑定银行卡等原因而无法退还。

（三）转贷型

在转贷型案件中，行为人成立 P2P 网络平台，在平台上发布借款标，向不特定人公开宣传高额的利息收益，吸引集资参与人投资，并向集资参与人承诺保本付息。集资参与人进行投资后，行为人将集资款以更高的利息借贷给他人，从中赚取利息差。在此类案件中，一旦行为人向外借款无法收回，便引发平台资金链断裂，发生无法偿还集资参与人集资款的严重后果，其行为构成非法吸收公众存款罪。

案例：房某非法吸收公众存款案

2015 年 1 月至 8 月，房某利用其实际控制的深圳市科某财富管理服务有限公司（以下简称科某公司）在未经批准的情况下吸收资金，在互联网上设立并运营"科某财富"互联网融资平台，向不特定对象大量发布"年化收益率 15%—18%""年利率高达余额宝 5 倍"等融资信息，吸引他人注册成为科某公司投融资平台会员。科某公司通过投融资平台大量发布贷款标的，以较高的利息吸引公众投资贷款标的，并通过与科某公司合作的"宝付""双乾"等第三方支付平台网上收款后转入房某个人银行账户，或者由房某控制的银行账户直接接受投资款，然后再以更高的利息对外放贷，从中谋取利息差。2015 年 1 月 15 日至 8 月 17 日，科某公司发展会员 55786 人，其中通过身份认证的会员 2458 人。会员线上通过"宝付""双乾"平台向科某公司投标充值人民币 1535645.34 元，线下直接向房某管控的银行账户投标充值人民币 28987725.65 元。

（四）混合型

在混合型案件中，行为人成立 P2P 网络平台，在平台上发布投资标或者借款标，向不特定人公开宣传投资项目或借款项目，以高额的投资收益或者利息收益吸引集资参与人，并向集资参与人承诺保本付息。集资参与人进行投资后，行为人除了将集资款转入投资项目或者高息向他人放贷之外，利用平台在吸收集资款的过程中形成的资金池，对该资金池进行控制并挪用资金池内的资金。此外，在混合型案件中，往往存在行为人自融的情况。行为人的上述行为构成非法吸收公众存款罪。

在上述四类非法吸收公众存款的犯罪中，混合型案件的数量最多，造成集资参与人无法收回集资款的风险最高，社会危害性也最大。

案例：温某等人非法吸收公众存款案

2014年7月，温某、周某、程某和刘某等人注册成立深圳市前海某在线金融服务有限公司（以下简称某在线公司），某在线公司建立P2P网络投资理财平台，通过网络平台发布"金钱宝""钻钱宝"等形式的借款标的，通过召开推介会、散发传单、微信公众号及网络等形式向社会公众宣传在投资理财平台投资后在规定期限内可获得8%—14.5%的年化收益率，并承诺平台资金受第三方托管，安全透明，到期还本付息。投资人通过银行转账及刷POS机等方式将资金转入公司投资平台和账户，该公司将吸收的社会公众资金用以借贷给他人赚取利息差，或进行地产、股票等多种投资牟取利益。2017年1月4日，因无法满足投资人提现要求和继续经营，周某携带部分投资款潜逃。后由温某、吉某等人组成公司临时管理委员会，负责清理公司资产，管理公司后续投资提现、财务支出等事项。经审计，钱程在线公司自成立至案发，通过网络平台非法吸收公众存款人民币712464557.31元，无法归还投资人金额人民币70658241.03元。

二、关于犯罪数额的认定

（一）犯罪数额的基本范围

根据《2011年非法集资解释》第3条第1款第1项，个人非法吸收或者变相吸收公众存款，数额在20万元以上的，单位非法吸收或者变相吸收公众存款，数额在100万元以上的，应当依法追究刑事责任。在司法实践中，认定是否构成非法吸收公众存款罪，犯罪数额是关键的情节。根据《2011年非法集资解释》第3条第3款的规定，非法吸收或者变相吸收公众存款的数额，以行为人所吸收的资金全额计算。案发前后已归还的数额，可以作为量刑情节酌情考虑。以下情形应当计入犯罪数额：(1)集资参与人收回本金或者获得回报后又重复投资的数额。这项数额不予扣除，但可以作为量刑情节酌情考虑。(2)集资参与人在每期投资结束后，利用投资账户①中的资金（包括每期投资结束后归还的本金、利息）进行反复投资的金额。这项金额应当累计计算，但对反复投资的数额应当作出说明。（3）在向亲友或者单位内部人员吸收资金的过程中，明知亲友或者单位内部人员向不特定对象吸收资金而予以放任的数额。（4）以吸收资金为目的，将社会人员吸收为单位内部人员，并向其吸收资金的数额。（5）向社会公开宣传，同时向不特定对象、亲友或者单位内部人员吸收资金的数额。以下情形不应计入犯罪数额：（1）集资行为人自身及其近亲属投资的资金数额。（2）记录在集资行为人名下，但其未实际参与吸收且未从中收取任何形式好处的资金数额。（3）集资行为人为了制造虚假繁荣利用"马甲"账户进行虚假投资的资金数额。此三种情形的金额经过司法会计鉴定的，可以直接扣除。但前两项所涉金额仍应计入相对应的上一级负责人及所在单位的吸收金额。

（二）集资参与人反复投资的金额是否应当计入犯罪数额

集资参与人收回本金或者获得回报后又重复投资的数额应当计入非法吸收公众存款罪的犯罪数额，在司法实践中对此不存异议。但是集资参与人在每期投资结束后并未收回本金和收益，而是反复投资，反复投资的金额是否应当累计计算？该问题在司法实践中有不同的意见。2017年6月《办理涉互联网金融犯罪纪要》第12条规定，投资人在每期投资结束后，利用投资账户中的资金（包括每期投资结束后归还的本金、利息）进行反复投资的金额应当累计计算，但对反复投资的数额应当作出说明。根据上述规定，集资参与人未收回资金又反复投资的金额应当累计算入非法吸收公众存款罪的犯罪数额之中。但是在司法实践中，非法吸收公众存款罪的犯罪数额由第三方审计机构通过对银行流水和平台数据进行审计得出。一般来说，审计机构只计算集资参与人转款给平台的金额，以此作为集资参与人的实际投资金额。至于集资参与人投资某个标的期满后，没有将资金收回，继续将本金和利息投资另一标的的行为，审计公司一般只计算为一次投资，即投资金额是集资参与人转给平台的金额（所谓的入金数额），而第二次的投资金额不累计计算。从集资参与人实际支付的投资款来看，集

---

① 该账户是平台为集资参与人虚设的账户，只出现在平台App软件，其实质仍是平台控制的用于归集资金的账户，并不是集资参与人的账户。

资参与人转账给平台的金额就是其实际投资的金额，如果该笔资金没有收回，集资参与人的损失以此为准，而不会计算投资期满将本息复投的情况。从平台募集的资金数额来看，平台实际募集的资金数额是集资参与人转账给平台的金额。因此，目前对于集资参与人未收回本金后的复投金额是否应当计入犯罪数额仍有不同意见。

（三）向亲友或者单位内部人员吸收资金的数额是否应当计入犯罪数额

在司法实践中，经常发生犯罪嫌疑人以仅向亲友、同事等特定人吸收资金作为抗辩理由认为其不构成非法吸收公众存款罪的情况。笔者认为，上述犯罪嫌疑人是否构成非法吸收公众存款罪应当结合其主观故意和客观行为综合评判。如果犯罪嫌疑人对平台非法集资的社会性和公开性有认识，即明知其所在的平台是面向社会公众集资，集资的对象并不仅限于亲友、同事，而是所有可以出资的人；明知平台通过公开的方式进行宣传，亲友、同事既可以通过该名犯罪嫌疑人获悉投资信息，也可以通过媒体、推介会、传单、手机短信等公开途径获悉投资信息。笔者认为，犯罪嫌疑人仍向亲友、同事吸收资金的，那么其行为属于平台非法吸收公众存款的一部分，构成非法吸收公众存款罪，吸收资金的数额应当计入犯罪数额。

三、关于集资参与人人数的认定

根据《2011年非法集资解释》第3条第1款第2项的规定，个人非法吸收或者变相吸收公众存款对象30人以上的，单位非法吸收或者变相吸收公众存款对象150人以上的，应当依法追究刑事责任。集资参与人人数是非法吸收公众存款罪的定罪量刑情节之一，在司法实践中，对集资参与人的人数认定应注意以下三个问题：

（一）集资参与人的计算单位

2001年1月21日最高人民法院施行的《全国法院审理金融犯罪案件工作座谈会议纪要》第4条对集资参与人采用的计算单位为"户"。"户"的概念不清晰，在司法实践中难以理解和操作。为了便于理解，《2011年非法集资解释》修改计算集资参与人单位为"人"。对于"人"的正确理解应当注意以下三个问题："人"包括自然人、法人以及其他非法人组织；"人"不等于"人次",对于一人多次投资的情况,只能按一人算;人数与转款的银行账户数量并不一定相等,同一人使用多个银行账户转款仍只计算为一个集资参与人。

(二)集资参与人人数应剔除"马甲"账户

在非法集资案件中,存在"马甲"账户进行虚假投资的情形。"马甲"账户是指集资行为人通过控制他人银行账户,冒充集资参与人,使用平台所募集的集资款投资,以虚增平台活跃度和交易量,吸引其他集资参与人投资,达到快速募集资金的目的。"马甲"账户没有相对应的真实集资参与人,并且其资金来源于集资款,属于虚假投资,入金数额不能作为非法吸收公众存款的犯罪数额。因此,在计算集资参与人人数时,应剔除"马甲"账户。

(三)集资参与人人数不以报案人数为准

非法集资犯罪案件的集资参与人包括已结清的集资参与人和未结清的集资参与人,即只要存在投资行为,就属于集资参与人的范畴。在司法实践中,集资参与人分布地域广、人数众多,部分集资参与人因距离远或者其他原因没有向公安机关报案。已结清的集资参与人由于没有经济损失,往往亦不会向公安机关报案。因此,笔者认为,集资参与人人数不能以报案人数为准,而应以司法审计最终确定的集资参与人名单为准。

四、关于直接损失的认定

根据《2011年非法集资解释》第3条第1款第3项的规定,个人非法吸收或者变相吸收公众存款,给存款人造成直接经济损失数额在10万元以上的,单位非法吸收或者变相吸收公众存款,给存款人造成直接经济损失数额在50万元以上的,应当依法追究刑事责任。直接经济损失,是指与行为有直接因果关系而造成的财产减少的实际价值;间接经济损失,是指由直接经济损失引起和牵连的其他损失,包括失去的在正常情况下可以获得的利益等。在非法吸收公众存款案件中,直接损失是指未结清的集资参与人本金损失金额。而集资行为人与集资参与人约定的利息属于集资参与人在正常投资情况下可以获得的投资收益,属于间接经济损失的范畴。

关于集资参与人的直接经济损失能否获得赔偿的问题,可以通过对比非法吸收公众存款罪和组织、领导传销活动罪来进行分析。在组织、领导传销活动案件中，刑法只打击组织者、领导者，不打击普通参与者。但是刑法不打击普通参与者并不代表普通参与者的行为是合法行为，我国法律明确禁止传销活动，参与传销活动属于违法行为。因此，在组织、领导传销活动案件中查封、扣押和冻结的赃款赃物被判决上缴国库，而不是发还传销参与者。在非法吸收公众存款案件中，法律并不限制人们的投资，即使人们因受蒙骗而进行的投资也受法律保护，不能因为集资行为的非法性就否定投资行为的合法性。《2019年非法集资意见》第10条赋予了集资参与人部分被害人的权利，包括依法挽回损失的权利。因此，笔者认为，与组织、领导传销活动案件不同，非法吸收公众存款案件查封、扣押和冻结的财物在诉讼终结后应当返还集资参与人。

五、非法吸收公众存款罪和擅自发行股票、公司、企业债券罪的关系

（一）两者在利诱性上的区别

非法吸收公众存款罪的利诱性表现为集资行为人承诺在一定期限内以货币、实物、股权等方式还本付息或者给付回报。对于集资参与人而言，只要投入资金必然能获得收益，这个收益是确定的。因此，非法吸收公众存款罪的利诱性表现为确定的收益。擅自发行股票、公司、企业债券罪也有利诱性，如果集资行为人没有向集资参与人展现一幅美好的收益蓝图，将很难达到集资的目的。但是，非法吸收公众存款罪的利诱性与擅自发行股票、公司、企业债券罪的利诱性不同。擅自发行股票、公司、企业债券罪的行为人向集资参与人给付的凭证是有价证券，该有价证券的价值与主体公司的生产经营活动紧密相关。主体公司经营的盈利能力强则有价证券的收益高，但是任何生产经营活动都是有风险的，没有只赚不赔的经营者。如果主体公司的盈利能力下降，甚至产生亏损，相应的将会给有价证券的价值带来减值。集资参与人购买股票、债券是基于对主体公司盈利能力的认可，认为投资后获得收益的可能性较大，但是对于投资风险一定是有所了解的，只是因为对主体公司盈利能力的信任而轻信能避免损失。因此，擅自发行股票、公司、企业债券罪的利诱性表现出来的集资行为人并不一定承诺给予集资参与人确定的收益，而是向集资参与人展现公司、企业强大的盈利能力，诱使集资参与人自愿购买股票、债券。综上所述，确定性是非法吸收公众存款罪利诱性的必要条件，但不是擅自发行股票、公司、企业债券罪利诱性的必要条件。前罪的利诱性相对于后罪的利诱性而言，后罪的外延更广。前罪的利诱性可以说是狭义的利诱性，后罪的利诱性可以说是广义的利诱性。

（二）两者属于法条竞合关系

非法吸收公众存款罪和擅自发行股票、公司、企业债券罪同为非法集资犯罪，客观行为均表现出集资的特点，主观上都有通过募集资金的方式进行盈利的目的，但都不具有非法占有所募集资金的目的。在司法实践中，行为人如果以发行股票或者债券的方式进行非法集资，案件的定性是一个值得深思的问题。

《2011年非法集资解释》第6条规定，未经国家有关主管部门批准实施下述三种行为，均应认定为刑法第179条规定的擅自发行股票、公司、企业债券行为；构成犯罪的，以擅自发行股票、公司、企业债券罪定罪处罚：（1）向社会不特定对象发行股票或者公司、企业债券；（2）向社会不特定对象以转让股权等方式变相发行股票或者公司、企业债券；（3）向特定对象发行、变相发行股票或者公司、企业债券累计超过200人的。国务院办公厅《关于严厉打击非法发行股票和非法经营证券业务有关问题的通知》规定，"公开发行股票"指向不特定对象发行股票或向特定对象发行股票后股东累计超过200人的；"变相公开发行股票"指公司股东自行或委托他人以公开方式向社会公众转让股票。根据上述规定，擅自发行股票、公司、企业债券罪具备两个特点，一是发行股票、公司、企业债券是未经国家有关主管部门批准的擅自行为，其行为具有非法性；二是行为人实施了公开或者变相公开发行股票、公司、企业债券的行为。公开发行股票、债券的行为包含两种方式，一种是面向社会不特定对象发行或者转让股票、债券；另一种是向特定对象发行或者转让股票、债券，致使股票、债券持有人累计超过200人。上述第一种行为方式因针对的是社会不特定对象，因此具有社会性。如果行为人以第一种行为方式发行股票、债券，在发行的过程中进行公开宣传，向投资人保证本金安全并承诺一定的收益，则该行为具备了公开性和利诱性。[①] 笔者认为，在这种情况下，上述行为同时触犯擅自发行股票、公司、企业债券罪和非法吸收公众存款罪，属于竞合关系。此类竞合属于想象竞合还是法条竞合？一个行为所触犯的数个罪名之间是否在逻辑上的从属或者交叉关系是区别想象竞合与法条竞合的关键，如不存在从属或交叉关系则属于想象竞合，反之则反。非法吸收公众存款罪和擅自发行股票、公司、企业债券罪在某些情况下产生竞合，这种竞合不是包容与被包容的关系，而是一种交叉关系，行为触犯的法条之间存在交叉关系，二者属于法条竞合。法条竞合是指一个犯罪行为同时触犯数个具有包容关系或者交叉关系的具体犯罪条文，依法只适用其中一个法条定罪量刑的情况。法条竞合的处理原则一般有两种方式，如果是"包容关系"的法条竞合适用特别法优于普通法的方式，如果是"交叉关系"的法条竞合适用的是重法优于轻法的原则。

因此，笔者认为，当一行为同时触犯擅自发行股票、公司、企业债券罪和非法吸收公众存款罪，形成法条竞合时应择一重罪论处。在多数情况下，非法吸收公众存款罪比擅自发行股票、公司、企业债券罪重，应当以非法吸收公众存款罪论处。[②]

（三）如何理解"以发行证券为幌子，实施非法证券活动"

根据2008年1月2日最高人民法院、最高人民检察院、公安部、中国证券监督管理委员会《关于整治非法证券活动有关问题的通知》（以下简称《整治非法证券活动通知》）第2条规定，未经依法核准，擅自发行证券，涉嫌犯罪的，依照《刑法》第179条之规定，以擅自发行股票、公司、企业债券罪追究刑事责任。未经依法核准，以发行证券为幌子，实施非法证券活动，涉嫌犯罪的，依照《刑法》第176条、第192条等规定，以非法吸收公众存款罪、集资诈骗罪等罪名追究刑事责任。

---

① 指狭义的利诱性。擅自发行股票、公司、企业债券罪的利诱性是广义的利诱性，是不确定的利诱性，但是广义的利诱性并不排斥狭义的利诱性，两者是包含与被包含的关系，因此部分擅自发行股票、公司、企业债券罪也可能表现出来的是狭义的利诱性。

② 自然人犯罪的情况下，当集资数额50万元以上不满100万元的，或者集资对象30人以上不满100人的，或者造成集资参与人损失不满50万元的；单位犯罪的情况下，当集资数额50万元以上不满500万元的，或者集资对象150人以上不满500人的，或者造成集资参与人损失不满250万元的，应当以擅自发行股票、公司、企业债券罪处。

"以发行证券为幌子"当中的"幌子"可以理解为"为了欺骗而假借的名义",既然是假借的名义,也就是说发行证券的行为是不存在的。所以,"以发行证券为幌子"是指行为人没有实施发行证券的行为却假借了发行证券的名义。没有实施发行证券的行为,自然不属于擅自发行证券的范畴。《整治非法证券活动通知》揭开了擅自发行股票、债券的"面纱"。如果说揭开公司"面纱"是公司人格否认,则揭开擅自发行股票、债券"面纱"是擅自发行股票、债券的否认,即在公司以发行股票、债券为幌子,涉嫌犯罪的情况下,应以非法吸收公众存款罪、集资诈骗罪等定罪处罚。

笔者认为,通俗来讲,擅自发行股票属于违法发行股票、债券,而"以发行证券为幌子"则是不具有发行股票、债券的真实内容,行为人通过虚假转让股权、发售虚构债券等方式进行非法集资,不应认定为擅自发行股票罪,应当区分行为人是否具有非法占有目的而认定为非法吸收公众存款罪或者集资诈骗罪。

第二节　非法吸收公众存款案件审查逮捕要点[①]

现行《刑事诉讼法》第3条规定,检察、批准逮捕、检察机关直接受理的案件的侦查、提起公诉,由人民检察院负责。《人民检察院刑事诉讼规则》(简称《刑事诉讼规则》)第8条规定,对同一刑事案件的审查逮捕、审查起诉、出庭支持公诉和立案监督、侦查监督、审判监督等工作,由同一检察官或者检察官办案组负责。人民检察院履行审查逮捕和审查起诉职责的办案部门,本规则中统称为负责捕诉的部门。根据上述规定,各级检察机关负责捕诉的部门具体负责刑事案件的审查逮捕工作。"逮捕是涉及公民人身自由的最严厉的强制措施。它是保障刑事诉讼顺利进行的重要手段,同时又直接关系犯罪嫌疑人的人身自由,一旦错误逮捕,对公民个人和司法公信力都会造成极大伤害"。[②]

[①] 本节内容参考最高人民检察院侦查监督厅编写的《刑事案件审查逮捕指引》(中国检察出版社2015年版),黄河、张庆彬、韩晓峰、王海、刘军伟撰写的《审查逮捕方法论》(载《侦查监督指南》2015年第3辑总第16辑),杨振江主编的《审查逮捕证据参考标准》(群众出版社2007年版)。

[②] 孙谦:《新时代检察机关法律监督的理念、原则与职能》,载《人民检察》2018年第21期。

审查逮捕工作是检察机关履行法律监督职能的重要手段。《人民检察院组织法》第 2 条第 1 款规定,"人民检察院是国家的法律监督机关";《刑事诉讼法》第 8 条规定,"人民检察院依法对刑事诉讼实行法律监督";《民事诉讼法》第 14 条规定,"人民检察院有权对民事诉讼实行法律监督";《行政诉讼法》第 11 条规定,"人民检察院有权对行政诉讼实行法律监督"。由此,人民检察院作为国家法律监督机关,对刑事诉讼、民事诉讼、行政诉讼三大诉讼并行监督。刑事诉讼监督主要表现为对侦查权、审判权和刑罚执行权进行监督。其中,侦查监督主要包括审查逮捕、立案监督和侦查活动监督三项职能,这也就是通常所称侦查监督"一体两翼"的由来。由于传统意义上的立案监督和侦查活动监督主要依托于刑事案件审查批准逮捕的办案过程,而且某种意义上逮捕权对侦查权起到最为直接的监督制约作用,因此审查逮捕始终是侦查监督工作的核心。尽管新修订的《人民检察院组织法》《刑事诉讼法》《刑事诉讼规则》等法律法规对于侦查监督的范围和监督方式有所扩展,审查逮捕、立案监督和侦查活动监督三项职能仍然是侦查监督最为重要的三项职能。

《刑事诉讼法》第 91 条第 3 款规定,人民检察院应当自接到公安机关提请批准逮捕书后的 7 日以内,作出批准逮捕或者不批准逮捕的决定。《刑事诉讼规则》第 282 条规定,"对公安机关提请批准逮捕的犯罪嫌疑人,已经被拘留的,人民检察院应当在收到提请批准逮捕书后七日以内作出是否批准逮捕的决定;未被拘留的,应当在收到提请批准逮捕书后十五日以内作出是否批准逮捕的决定,重大、复杂案件,不得超过二十日"。根据上述规定,刑事案件审查逮捕的期限通常认为是 7 日(非羁押状态下则为 20 日),但相关审查逮捕工作并不局限于 7 日这个期限。事实上,通过捕前适时介入侦查机制,捕中捕后两项监督及参与社会管理创新工作,以及捕后引导侦查、捕后跟踪监督、追捕漏罪漏犯、审查批准延长侦查羁押期限、审查监督重新计算羁押期限、羁押必要性审查等工作机制,审查逮捕的触角已经延伸至公安机关移送审查起诉前的整个侦查阶段。《刑事诉讼规则》规定同一刑事案件的审查逮捕、审查起诉、出庭支持公诉和立案监督、侦查监督、审判监督等工作均由同一检察官或者检察官办案组负责,即捕诉一体,实现了审查逮捕与审查起诉的无缝对接,对提升检察机关法律监督效果、惩治犯罪以及参与社会管理创新工作具有重大意义。

一、适时介入侦查

（一）适时介入侦查的法律依据及意义

《刑事诉讼法》第 87 条规定，"公安机关要求逮捕犯罪嫌疑人的时候，应当写出提请批准逮捕书，连同案卷材料、证据，一并移送同级人民检察院审查批准。必要的时候，人民检察院可以派人参加公安机关对于重大案件的讨论"。《刑事诉讼规则》第 256 条第 1 款规定，"经公安机关商请或者人民检察院认为确有必要时，可以派员适时介入重大、疑难、复杂案件的侦查活动，参加公安机关对于重大案件的讨论，对案件性质、收集证据、适用法律等提出意见，监督侦查活动是否合法"。各地区为规范适时介入侦查工作也分别制定具体操作指引，如广东省人民检察院、公安厅、国家安全厅、海关总署广东分署在 2014 年制定了《关于检察机关在侦查阶段适时介入侦查工作的操作指引》（以下简称广东《适时介入侦查指引》）。上述法律、规则、指引规定了检察机关负责捕诉的部门侦查阶段适时介入侦查的职权，即一般是在公安机关刑事立案后提请审查逮捕之前的侦查阶段（突发事件引发的案件、重特大案件需要检察机关派员参与现场勘验的除外），公安机关商请或检察机关主动要求提前介入案件的侦查活动。

适时介入侦查，也称为提前介入，是检察机关与公安机关对《刑事诉讼法》第 7 条所规定"人民法院、人民检察院和公安机关进行刑事诉讼，应当分工负责，互相配合，互相制约，以保证准确有效地执行法律"的落实，其作为审查逮捕工作的前移程序，有利于准确认定犯罪，保障当事人诉讼权利，也是检察机关落实《刑事诉讼法》第 8 条"人民检察院依法对刑事诉讼实行法律监督"的有力抓手。审查逮捕工作处于公安机关侦查阶段的前期，证据合法性容易受到破案压力或社会舆情的影响，证据关联性受制于公安机关对案件定性以及侦查人员侦查经验等因素的影响，部分足以影响定罪定性的证据亟须及时调取到案，公安机关调查取证工作及效果仍存在较大的不确定性。检察机关通过适时介入侦查机制，在侦查阶段前期深度介入案件调查取证的各项工作，有利于及时熟悉案情、研判定性和引导侦查取证的方向，有利于及时发现、纠正公安机关调查取证不合法、不规范的苗头，为后续审查逮捕乃至审查起诉、刑事审判打好事实基础，消除证据隐患，切实提高刑事诉讼效率。

（二）适时介入侦查适用案件范围的启动条件

根据《刑事诉讼法》第 87 条、《刑事诉讼规则》第 256 条的规定，启动适时介入侦查程序需要具备两个条件：一是属于重大、疑难、复杂案件；二是公安机关或检察机关认为确有必要。广东《适时介入侦查指引》对"重大、疑难、复杂"案件的范围进行了明确规定。

适时介入侦查程序有两种启动方式：一是公安机关根据侦查需要，主动向检察机关商请派员提前介入侦查；二是检察机关根据所掌握情况认为确有必要而向公安机关提出要求。尽管理论上有两种启动方式，但司法实践中仍然以公安机关主动商请为主，一是对刑事案件的性质以及侦查遇到的困难，公安机关无疑掌握着最直接的一手资料，故其主动商请属于情理之中；二是即使检察机关基于其他线索、渠道对案件侦查工作提出关切后，一般而言公安机关也会提出商请。故而第二种启动方式在司法实践中极为罕见，之所以在《刑事诉讼规则》明确规定，更多是基于保留检察机关通过适时介入侦查对刑事诉讼活动实行法律监督刚性手段的考虑。

（三）适时介入侦查的工作方法

根据《刑事诉讼法》第 87 条、《刑事诉讼规则》第 256 条的规定，检察机关介入侦查的工作方法：一是参加公安机关对于重大案件的讨论；二是对案件性质、收集证据、适用法律等提出意见；三是监督侦查活动是否合法。广东《适时介入侦查指引》对上述工作方法进行了细化规定：一是主体方面，一般为同级介入；二是工作原则方面，检察人员介入侦查工作不得干涉侦查人员依法独立办案，不得将了解掌握的侦查计划、案件情况向外界及内部人员透露，检察机关主动介入的应事先通知侦查机关等；三是工作方式方面，包括听取案情介绍，查阅侦查卷宗，参与复验、复查或经侦查机关提请派员参与勘验、检查等侦查活动，参加案件讨论等；四是提出意见或建议方面，可以对案件定性和适用法律发表意见，对证据的收集、固定和保全提出意见和建议，根据逮捕条件对案件现有证据发表意见，对下一步侦查取证工作提出建议等，在此还需特别提醒，要及时注意是否存在管辖权异议或需要回避的情形以尽早处理；五是侦查监督方面，可以对立案撤案程序以及采取强制措施是否合法，辨认、讯问、询问程序是否合法，侦查措施是否合法，证据来源及取证方式是否合法等方面对侦查活动进行监督。

检察人员在介入侦查工作中发现侦查活动有违法行为，应区分情节轻重，分别采取口头纠正、发出《纠正违法通知书》或对涉嫌犯罪的线索移送有关部门处理。

（四）非法吸收公众存款案件适时介入侦查的特殊要求

非法吸收公众存款案是典型的涉众型案件，公安机关在侦查阶段通常会收集到大量物证、书证、电子数据等客观证据，这些客观证据对犯罪事实的证明起到关键性的作用，但部分限于侦查期限，部分由于重视不够，公安机关对上述客观证据有时没有主动进行梳理固定，不但影响审查的效果，还可能因为错过侦查时机导致部分重要证据湮灭无法调取。

为准确作出是否逮捕的决定，以及在"捕诉一体"的背景下为后续审查起诉、刑事审判打好事实基础，消除证据隐患，非法吸收公众存款案件在适时介入侦查阶段引导公安机关调查取证应当重点关注以下方面：一是发挥侦查监督职能，在侦查阶段前期引导规范取证，消除非法证据或瑕疵证据的隐患，确保证据主体、证据形式、取证方式及取证程序合法，确保证据的形式与来源合乎法律规定（参见通用证据要求的论述）。二是确保证据收集的及时性和完整性，特别是电子账册、记账凭证、录音录像等电子数据容易毁损、灭失，可引导公安机关先行扣押、调取，及时进行审计、鉴定和组织辨认。三是对专业性较强的物证、书证、鉴定意见的审查存在疑问，在适时介入侦查阶段应提前预判，引导公安机关引入专家咨询，以确保审查结论的客观、真实。四是判断案件是否符合犯罪构成，是否达到逮捕证明标准的构罪要求，引导公安机关紧紧围绕《2011年非法集资解释》规定的四要件，重点收集和固定以下方面证据，包括：调查涉案行为是否符合非法性、公开性、承诺回报、针对不特定对象四个特征，依法认定所造成的犯罪结果，以研判是否构成犯罪；调查各行为人所实施具体行为（即在案中的言行举止）及地位、作用，以认定是否具有主观明知，确保依法追究相应刑事责任；调查可能影响社会危险性审查的各项法定、酌定情节，确保后续准确适用逮捕强制措施等。

二、审查逮捕具体证据要求

《刑事诉讼法》第80条规定，"逮捕犯罪嫌疑人、被告人，必须经过人民检察院批准或者人民法院决定,由公安机关执行";第 81 条规定,"对有证据证明有犯罪事实,可能判处徒刑以上刑罚的犯罪嫌疑人、被告人,采取取保候审尚不足以防止发生下列社会危险性的,应当予以逮捕……"第 87 条规定,"公安机关要求逮捕犯罪嫌疑人的时候,应当写出提请批准逮捕书,连同案卷材料、证据,一并移送同级人民检察院审查批准";第 91 条规定,人民检察院应当自接到公安机关提请批准逮捕书后的七日以内,作出批准逮捕或者不批准逮捕的决定。《刑事诉讼规则》第 282 条规定,"对公安机关提请批准逮捕的犯罪嫌疑人,已经被拘留的,人民检察院应当在收到提请批准逮捕书后七日以内作出是否批准逮捕的决定;未被拘留的,应当在收到提请批准逮捕书后十五日以内作出是否批准逮捕的决定,重大、复杂案件,不得超过二十日"。根据上述规定,公安机关侦查的刑事案件审查逮捕工作由同级检察机关负责捕诉的部门在法定期限内依法作出是否批准逮捕的决定;犯罪嫌疑人已经被拘留的应当在 7 日内作出决定,未被拘留的应当在 15 日内作出决定,重大、复杂案件不得超过 20 日。非法吸收公众存款罪、集资诈骗罪和组织、领导传销活动罪作为公安机关侦查的涉众型犯罪,当在此列。

相对于侦查权、公诉权、审判权可称冗长的期限,法律赋予审查逮捕的期限最短,但所作捕与不捕的决定对后续刑事诉讼过程影响重大。逮捕权是糅合实体审查与程序处断的一项重要检察权,是在事实、证据尚不完全确定的情况下,基于是否构罪、是否应当判处徒刑以上刑罚、是否具有社会危险性的审查和预判,作出的捕与不捕的司法决断,具有明显的司法属性。在此过程中,还要求对后文所述的两项监督、社会管理创新、捕后各项工作进行处理,这对于履行审查逮捕职责的检察人员来说可谓是艰难的挑战。越是困难,越要坚持高标准、严要求。审查逮捕必须坚持以事实为根据、以法律为准绳、以证据为核心,真正实现"凡逮捕均依法逮捕,凡不捕均依法不捕,凡监督均依法监督"的目标,坚决不能突破"事实不能没有,人头不能搞错"的逮捕底线。

《刑事诉讼法》第 81 条第 1 款规定了适用逮捕的一般条件,即审查逮捕三要件之"证据条件""刑罚条件"和"社会危险性条件"——有证据证明有犯罪事实,可能判处徒刑以上刑罚,采取取保候审尚不足以防止发生法定社会危险性情形;第 3 款规定了径行逮捕的条件,即在有证据证明有犯罪事实的前提下,或是罪行深重应判重刑(可能判处 10 年有期徒刑以上刑罚），或是可能判处徒刑以上刑罚且曾经犯罪或身份不明，上述基于罪行深重、恶习难改或缺乏非羁押基本条件的考虑，在司法实践中视为具有应当逮捕的社会危险性，故不再考虑是否符合第 1 款规定的五种社会危险性情形；第 4 款规定了可以转捕的条件，即在有证据证明有犯罪事实的前提下，被取保候审、监视居住的犯罪嫌疑人严重违反取保候审、监视居住规定的，可以予以逮捕。上述适用逮捕的三种条件，涵盖了审查逮捕过程面临的种种复杂对象和复杂情形，充分显示了审查逮捕工作的重要性和艰巨性。

围绕加强审查逮捕工作的论点颇多。笔者认为，要确保逮捕决定正当、合法、合理，其基本方法主要是采取全面统筹的方法（实务中也有称为"刑事一体化方法"），即以《刑事诉讼法》第 81 条所规定的三种逮捕条件为纲，自觉运用证据裁判规则，合理运用刑事逻辑法则和生活经验法则，有效联结证据与构成要件事实、具体社会危险性之间的关系，对具体案件作出构罪的实体审查和逮捕强制措施的程序决断，即对犯罪嫌疑人捕或不捕。基于这个思路，首先要明确逮捕三要件的关系，即《刑事案件审查逮捕指引》指出的"证据条件是逮捕的先决条件，刑罚条件是逮捕的基本条件，社会危险性是逮捕的关键条件"，进而"把握好逮捕三要件及彼此间的方寸"，以在审查是否符合犯罪构成、是否应当判处徒刑以上刑罚以及是否具有应当逮捕的社会危险性的基础上，依法公正地作出是否批准逮捕的决定。

毋庸讳言，司法实践中案件类型复杂多样，对具体罪案所要求的证据标准不宜作出机械、固化的规定，笔者归纳提炼的只是一种概括性、指引性的标准。具体办案中，检察人员可以运用前文所述审查逮捕的基本方法，发挥主观能动性，准确认定案件事实，在审查是否符合犯罪构成、是否应当判处徒刑以上刑罚以及是否具有应当逮捕的社会危险性的基础上，依法公正地作出是否批准逮捕的决定。非法吸收公众存款罪、集资诈骗罪和组织、领导传销活动罪三个罪名，相对于整体刑事犯罪而言，既有通用证据要求，也有具体罪案的证据要求。具体到个罪方面，三个罪名之间仍各有具体证据要求，故笔者在体例上分为审查逮捕案件通用证据要求、具体犯罪证据要求两方面进行论述。

（一）审查逮捕案件通用证据要求

通用证据要求是对全部刑事案件审查逮捕所需证据的高度抽象和概括，

即是运用全面统筹的方法和逻辑法则、经验法则,从程序、实体角度和证据观念方面,归纳提炼的通用证据要求。具体如下:

1.程序方面

(1)诉讼程序方面的证据材料,包括:公安机关从受案、立案、采取强制措施直至报捕前,证明其侦查活动具有合法性的有关材料。如接报警记录、受案登记表、立案决定书、破案报告书等证据证明受、立案程序合法和案件来源;传唤证、拘传证、拘留证、监视居住决定书、取保候审决定书、对家属或单位的通知书、对人大代表或政协委员采取强制措施报请许可或通报等法律文书证明采取强制措施合法。

(2)取证程序方面的证据材料,是指能够证明取证主体、取证过程、取证内容合法的有关证据。如讯问笔录上侦查人员的签名盖章结合提讯单证,必要时还可以调取提审过程录音录像等资料,可以证明讯问犯罪嫌疑人的主体合法并且为两人以上进行;相应笔录所记录内容或权利义务告知书等证据,可以证明已经告知犯罪嫌疑人、证人相关诉讼权利和义务;犯罪嫌疑人、证人在讯问笔录、询问笔录上的签名或补充注明的内容,可以证明相应笔录均已由犯罪嫌疑人、证人确认内容无误等。

上述证据要特别重视审查程序上的合法性。"逮捕证据标准虽然低于公诉、审判的标准,但对证据合法性的要求是一致的。在审查逮捕中,对于非法证据要坚决依法排除,审查逮捕期限内不能排除非法取证嫌疑的,也不能作为逮捕的依据。"[1]从司法实践看,证据的合法性,特别是程序上的合法性是影响认定证据是否"属实",进而影响证据能否采信的关键因素,因此应当严格执行刑事诉讼法及刑事诉讼规则等相关规定。对取证程序的合法性,重点审查以下方面:侦查主体身份是否适格;言词证据是否以刑讯逼供或暴力取证等非法方式取得;对人身、财产采取强制措施的过程是否符合法律规定;现场勘查、搜查、提取、扣押以及远程勘查是否符合法律规定;检材保管、送检以及委托鉴定的过程是否符合法律规定等。审查发现的非法证据必须依法排除,瑕疵证据不能及时补正或作出合理解释也不得作为决定逮捕的根据,确保认定犯罪事实的证据均是具备"合法性"的证据。

---

[1] 陈卫东:《顺应改革助推侦查监督工作新发展》,载《检察日报》2015年6月19日,第3版。

2.实体方面

（1）"有证据证明有犯罪事实"的证据要求。逮捕只能适用于有犯罪事实的人，是否有犯罪事实，必须有证据予以证明。"有证据证明有犯罪事实"就是为了解决逮捕的事实基础。根据《刑事诉讼规则》第128条第2款的规定，"有证据证明有犯罪事实是指同时具备下列情形：（一）有证据证明发生了犯罪事实；（二）有证据证明该犯罪事实是犯罪嫌疑人实施的；（三）证明犯罪嫌疑人实施犯罪行为的证据已经查证属实"（犯罪事实既可以是单一犯罪行为的事实，也可以是数个犯罪行为中任何一个犯罪行为的事实）。

基于具体罪名构成要件不同的原因，"有证据证明发生了犯罪事实"的证据要求，在各具体罪案中各不相同，笔者将根据不同罪名分别论述。"有证据证明该犯罪事实是犯罪嫌疑人实施的"和"证明犯罪嫌疑人实施犯罪行为的证据已经查证属实"两个证据条件，各具体罪案的证据要求基本相同，故在此一并论述。

"有证据证明该犯罪事实是犯罪嫌疑人实施的"以及"有证据证明发生了犯罪事实"所要求的"有证据证明"，主要是指有证据证明犯罪构成四要件，即刑法所保护的社会关系（客体）已受到侵犯，犯罪嫌疑人实施的客观行为及犯罪结果（客观方面），行为时的心态（主观方面），达到法定刑事责任年龄应当承担刑事责任（主体）。上述犯罪构成四要件都必须有查证属实的证据证明，即证据间能够排除矛盾，形成内心确信。"有证据证明该犯罪事实是犯罪嫌疑人实施的"在实践中主要包括以下证据：一是主观性证据，包括犯罪嫌疑人供述和辩解、被害人陈述、证人证言以及相应辨认笔录，上述证据具有直接证明但欠缺稳定性的特点，司法实践中容易形成"口供依赖"而忽略及时调取客观性证据的弊端，应及时调取客观性证据予以证实。二是客观性证据，包括对犯罪嫌疑人人身、住所和其他相关场所进行搜查、勘查，并对发现、缴获物品、文件的提取、扣押，对犯罪工具、犯罪对象上遗留指纹、体液、血迹等痕迹、物证的提取和鉴定，以及证明犯罪嫌疑人实施客观行为的现场监控录像或者到过现场的行程轨迹图等视听资料，对客观性证据主要是确保收集、固定证据过程的合法性。

"证明犯罪嫌疑人实施犯罪行为的证据已经查证属实"的证据要求，主要是指据以定案的证据都经过法定程序查证属实，也即是从程序上审查证据的合法性，从实体上审查证据的真实性和关联性，避免因为证据审查错漏导致冤假错案。《刑事诉讼规则》第 62 条规定，"证据的审查认定，应当结合案件的具体情况，从证据与待证事实的关联程度、各证据之间的联系、是否依照法定程序收集等方面进行综合审查判断"。具体而言，一是要审查程序上的合法性，此处不再赘述。二是要重视对矛盾证据的审查。审查逮捕阶段证据尚不完全确定，客观上存在矛盾证据尚未完全排除的现象，此时应当审查判断该矛盾证据是否可能影响定罪定性。如果不影响案件的定罪定性，可在逮捕后要求侦查机关继续调查取证，如果可能影响定罪定性，就必须坚持疑罪从无的理念，依法作出不批准逮捕决定。对矛盾证据的审查，要从正反两面审查有罪证据与犯罪嫌疑人的无罪辩解、律师提交的法律意见以及其他不利于定罪的证据，对鉴定意见等技术性证据要进行实质性司法审查，必要时要对关键证据进行复核，要从上述证据所证明客观事实、犯罪嫌疑人所持心态等方面综合判断是否存在合理解释或存在不能排除的合理怀疑，在此基础上对上述证据是否采信作出符合刑事逻辑的判断。三是要善于通过蛛丝马迹发现非法证据，依法排除非法证据。《刑事诉讼规则》第 71 条第 2 款规定，"负责捕诉的部门认为确有刑讯逼供等非法取证情形的，应当要求公安机关依法排除非法证据，不得作为提请批准逮捕、移送起诉的依据"，审查逮捕阶段对于刑讯逼供、暴力取证等非法手段获取的言词证据必须依法坚决予以排除。如果排除非法证据后，根据在案其他证据不符合逮捕条件的，不能批准逮捕；对于收集物证、书证等实物证据不符合法定程序造成瑕疵证据的，应当要求公安机关进行补正或者作出合理解释，在审查逮捕期限内不能补正或者作出合理解释的，该实物证据不能作为认定犯罪事实的依据。基于司法规律，审查逮捕阶段证据尚不完全确定，矛盾证据仍然存在继续侦查后排除矛盾的现实可能，因此对于具体案件中既不能确定非法取证又无法排除合理怀疑，或者瑕疵证据暂时无法补正或合理解释的，只是不作为逮捕的根据而不是直接排除，仍然允许公安机关通过后续调查取证予以补正。

（2）"可能判处徒刑以上刑罚"的证据要求。"可能判处徒刑以上刑罚"的证据要求，即证明犯罪嫌疑人需被追究刑事责任且可能判处徒刑以上刑罚的证据材料。需要追究刑事责任是刑事立案的基本条件，可能判处徒刑以上刑罚则是逮捕的基准要件，即逮捕一般只对可能判处徒刑以上刑罚的犯罪嫌疑人适用（比如，醉酒驾车涉嫌危险驾驶罪的一般不逮捕，除非严重违反取保规定）。逮捕是审前对人身自由的严重剥夺，其适用必须与犯罪嫌疑人的罪行轻重相适应。① 如果忽略可能判处徒刑以上刑罚这一逮捕的基准要件，势必导致相当数量的批捕案件捕后相对不诉或捕后判轻缓刑，严重影响办案的法律效果和社会效果。

是否可能判处徒刑以上刑罚，需要结合罪行轻重、法定刑幅度、法定和酌定量刑情节以及刑事政策整体评价。刑法在分则部分对具体犯罪规定了不同档次的法定刑，在总则部分规定了认罪认罚、累犯、自首、坦白、立功等从重、从轻、减轻或者免除处罚的量刑情节，此外，客观方面犯罪嫌疑人实施犯罪的手段、造成的后果等，主观方面所持的心态（故意还是过失）、主观恶性大小以及是否具有悔罪表现等，主体身份方面包括年龄（未成年人或已满75周岁以上的人）、是否存在精神障碍（精神病人）或听说视觉机能障碍（聋哑盲人）、身体状况（如怀孕的妇女）等事实，以及相应刑事政策的具体运用，均可能影响到最终的刑罚结果，必须对上述因素整体评价以准确预判犯罪嫌疑人可能判处的刑罚。

需要说明的是，司法实践中同样是以上述方法预判可能判处十年有期徒刑以上刑罚而径行逮捕，此时仍然需要考虑重罪案件存在不捕的情形，不能机械认为重罪案件一律逮捕。重罪案件同样存在犯罪嫌疑人主观恶性大小，以及单位犯罪或自然人共同犯罪中从犯、胁从犯等问题需要考虑，主犯判处重刑，从犯、胁从犯判处轻刑的司法案例并不鲜见，故重罪案件的犯罪嫌疑人仍然存在实际判处十年有期徒刑以下刑罚的现实可能，应当根据具体案件事实、各自地位作用甄别判断，避免对重罪案件的犯罪嫌疑人一律逮捕。

（3）"采取取保候审尚不足以防止社会危险性"的证据要求。"采取取保候审尚不足以防止社会危险性"，即具有应当逮捕的社会危险性（实践中也称之为"社会危险性条件"，或直接称为"有逮捕必要"）。社会危险性是对犯罪嫌疑人在后续刑事诉讼过程是否具有继续违法犯罪危险或妨碍诉讼危险的客观预判，是审查逮捕阶段决定是否采取逮捕强制措施的根据。具有应当逮捕的社会危险性，即根据具体案件情况，不逮捕难以防止或排除其后续继续违法犯罪或妨害诉讼的现实可能。从本质上看，逮捕的对象必须具有严重社会危险性，故而社会危险性条件是逮捕的关键条件。《刑事诉

---

① 贺恒扬：《以法治化现代化为引领，全面提升侦查监督工作质量和水平》，载《侦查监督指南》2015年第2辑（总第15辑）。

讼法》第81条第1款、《刑事诉讼规则》第128条第1款规定了采取取保候审尚不足以防止发生社会危险性的五种情形，包括：（1）可能实施新的犯罪的；（2）有危害国家安全、公共安全或者社会秩序的现实危险的；（3）可能毁灭、伪造证据，干扰证人作证或者串供的；（4）可能对被害人、举报人、控告人实施打击报复的；（5）企图自杀或者逃跑的。《刑事诉讼规则》第129条至第133条对上述五种社会危险性情形进行细化规定（详见相关条文）。上述五种社会危险性，（1）（2）项属于继续违法犯罪危险，（3）（4）（5）项属于妨碍诉讼危险（不到案实质妨碍了刑事诉讼活动的正常开展）。

在逮捕的三个条件中，社会危险性条件高度概括且缺乏客观标准，认定上述五种社会危险性情形难以通过量化规定的方式穷尽所有应当包括的情形。在此情况下办案检察官需要采取全面统筹的方法，自觉运用证据裁判规则，合理运用刑事逻辑法则和生活经验法则以准确把握这一条件。基本思路就是全面统筹审查在案证据，判断犯罪嫌疑人在刑事诉讼中继续违法犯罪或妨害诉讼的危险性及危险性大小（即具体或现实的社会危险性），客观评价其危险性是否达到必须采取逮捕强制措施的程度，以准确作出是否逮捕的决定。《刑事诉讼法》第81条第2款规定，"批准或者决定逮捕，应当将犯罪嫌疑人、被告人涉嫌犯罪的性质、情节、认罪认罚等情况，作为是否可能发生社会危险性的考虑因素"。审查认定逮捕的社会危险性条件，需要依据犯罪嫌疑人或者案件的具体情况，对犯罪嫌疑人上述五种法定情形的危险性进行判断，既要判断危险性的存在，也要判断危险性的大小。上述五种社会危险性均应是现实存在的危险性，必须坚持确有证据证明的要求，作出认定应当有客观依据。

司法实践中一般从以下方面判定是否具有上述社会危险性情形：（1）是否有前科劣迹，即犯罪嫌疑人受过行政或刑事处罚记录，包括受过刑事处罚或者社区矫正、治安处罚等其他行政处罚，如果曾经故意犯罪应当径行逮捕，不构成犯罪也基本可以判定具有继续违法犯罪的危险；（2）所涉嫌犯罪是否性质严重，包括重罪，或者是危害国家安全犯罪、恐怖犯罪、有组织犯罪、黑社会性质组织犯罪以及暴力犯罪等严重危害社会治安和社会秩序的犯罪嫌疑人，可以这样认为，罪行越重，其社会危险性越大；（3）在犯罪中的地位作用是否重要，包括多次犯罪，流窜犯罪，或者犯罪集团或者共同犯罪的主犯，或者属于情节特别严重、具有法定从重情节等；（4）是否有妨害刑事诉讼活动正常进行的可能，如曾经逃跑、自杀、串供、干扰证人作证以及伪造、毁灭证据行为或曾扬言实施上述行为;(5)是否具备取保候审、监视居住条件的,如果犯罪嫌疑人居无定所、流窜作案、异地作案,基本应当判定不具备取保候审、监视居住的条件;(6)还要结合案件证据收集和事实查证进展情况,用以判断犯罪嫌疑人隐匿证据或者串供的风险大小。

就司法实务的角度,除了上述社会危险性情形外,还应考虑犯罪嫌疑人是否适合羁押的情况。所谓犯罪嫌疑人适合羁押,是指犯罪嫌疑人未患有严重疾病或者不属于正在怀孕、哺乳自己婴儿的妇女,也不属于未成年人、在校学生和年老体弱及残障等特殊主体;在审查逮捕经济犯罪、涉众型犯罪等案件时,如果逮捕法人代表或者其他业务骨干可能严重影响企业合法的生产经营或者相关投资款项回收的,应慎重考虑采取逮捕措施。

为切实防止滥捕、构罪即捕等情况发生,刑事诉讼法律明确规定了可以作出不批准逮捕或者不予逮捕决定的情形。《刑事诉讼规则》第140条规定,"犯罪嫌疑人涉嫌的罪行较轻,且没有其他重大犯罪嫌疑,具有下列情形之一的,可以作出不批准逮捕或者不予逮捕的决定:(一)属于预备犯、中止犯,或者防卫过当、避险过当的;(二)主观恶性较小的初犯,共同犯罪中的从犯、胁从犯,犯罪后自首、有立功表现或者积极退赃、赔偿损失、确有悔罪表现的;(三)过失犯罪的犯罪嫌疑人,犯罪后有悔罪表现,有效控制损失或者积极赔偿损失的;(四)犯罪嫌疑人与被害人双方根据刑事诉讼法的有关规定达成和解协议,经审查,认为和解系自愿、合法且已经履行或者提供担保的;(五)犯罪嫌疑人认罪认罚的;(六)犯罪嫌疑人系已满十四周岁未满十八周岁的未成年人或者在校学生,本人有悔罪表现,其家庭、学校或者所在社区、居民委员会、村民委员会具备监护、帮教条件的;(七)犯罪嫌疑人系已满七十五周岁的人"。《刑事诉讼规则》第107条第1款规定,"人民检察院对于符合逮捕条件,具有下列情形之一的犯罪嫌疑人,可以监视居住:(一)患有严重疾病、生活不能自理的;(二)怀孕或者正在哺乳自己婴儿的妇女;(三)系生活不能自理的人的唯一扶养人;(四)因为案件的特殊情况或者办理案件的需要,采取监视居住措施更为适宜的;(五)羁押期限届满,案件尚未办结,需要采取监视居住措施的"。

另外,是否达成刑事和解可以作为有无社会危险性或者社会危险性大小的因素予以考虑。《刑事诉讼法》第288条规定了可以和解的公诉案件范围:"(一)因民间纠纷引起,涉嫌刑法分则第四章、第五章规定的犯罪案件,可能判处三年有期徒刑以下刑罚的;(二)除渎职犯罪以外的可能判处七年有期徒刑以下刑罚的过失犯罪案件。犯罪嫌疑人、被告人在五年以内曾经故意犯罪的,不适用本章规定的程序。"《刑事诉讼规则》第501条规定,检察机关对于公安机关提请批准逮捕的案件,双方当事人达成和解协议的,可以作为有无社会危险性或者社会危险性大小的因素予以考虑。经审查认为不需要逮捕的,可以作出不批准逮捕的决定;在审查起诉阶段可以依法变更强制措施。

（4）犯罪主体身份的证据要求。审查逮捕要求犯罪主体必须是特定的自然人,即使是单位犯罪,在提请批捕时也必须是单位的法定代表人,以及直接负责的主管人员或者其他直接责任人员。犯罪嫌疑人主体身份的证据要求,既包括自然人普通主体的身份证明,也包括自然人特殊主体的身份证明。单位犯罪的,既包括单位主体的证明材料,也包括法定代表人、直接负责的主管人员或者其他直接责任人员的身份证明。

自然人普通主体的身份证明,是指证明犯罪嫌疑人姓名、性别、出生日期、民族、文化程度、出生地、户籍地、现住址等身份情况的证明材料,主要包括户籍资料、户口迁移证明、居民身份证、出生证明等法定身份证件。身份证明材料应由公安机关向户籍地公安机关或其他能够客观证明犯罪嫌疑人真实身份的单位或个人依法调取,包括当地村委会或相应证人。身份不明,或流窜作案导致未能及时调取法定身份证件的,可以按照其自报身份,或同案人证明的身份先行审查逮捕。参照2018年10月26日全国人大常委会就第三次修正后的《刑事诉讼法》有关未成年人刑事案件诉讼程序问题的规定,对身份不明的犯罪嫌疑人是否达到法定责任年龄必须严格审查,重点审查是否已满14、16、18周岁,其自报身份信息应结合相关违法前科、居住轨迹等客观证据印证,必要时可以委托进行骨龄鉴定或者其他科学鉴定,无法查清真实年龄的,应作出有利于犯罪嫌疑人的认定。

自然人中的"特殊主体",既包括刑法要求构成犯罪必须具备的特殊主体,如职务犯罪中证明是国家工作人员身份,也包括审查逮捕时刑事诉讼法所要求必须履行特殊程序的特殊主体,如外国人、无国籍人、人大代表、政协委员等。外国人身份证明主要包括护照或外方依照法定程序出具的外籍身份证明材料。

单位犯罪的,不仅要有单位主体的"身份"证明,还要有法定代表人、直接负责的主管人员和其他直接责任人在单位任职及职权职责的证明材料以及本人的身份证明文件。单位主体的"身份"证明，主要是指证明该单位名称、统一社会信用代码、住所地、经营范围等"身份"信息的企业法人营业执照、法人工商注册登记证明、法人设立证明、法人税务登记证明以及组织机构代码证、国有公司性质证明或非法人单位身份证明等书证。

3. 坚持有疑必核的证据观念，切忌"带病批捕"

如前所述，审查逮捕工作由于期限较短，且出于支持、配合侦查工作的初衷，审查逮捕阶段对于证据标准容易把握不严，甚至对于部分可能影响定罪的证据先行采信"带病批捕"。这种做法不利于保障犯罪嫌疑人的诉讼权利，更会给后续起诉、审判工作埋下隐患。司法实践中应当严格按照《刑事诉讼法》《刑事诉讼规则》的相关要求，严格审查证据，有疑必核，切忌"带病批捕"。审查逮捕阶段应当根据以下刑事诉讼规定做好证据的审查工作：

一是严格执行讯问规定，对于是否符合逮捕条件有疑问等情形必须及时讯问。《刑事诉讼规则》第280条第1款规定，"人民检察院办理审查逮捕案件，可以讯问犯罪嫌疑人；具有下列情形之一的，应当讯问犯罪嫌疑人：（一）对是否符合逮捕条件有疑问的；（二）犯罪嫌疑人要求向检察人员当面陈述的；（三）侦查活动可能有重大违法行为的；（四）案情重大、疑难、复杂的；（五）犯罪嫌疑人认罪认罚的；（六）犯罪嫌疑人系未成年人的；（七）犯罪嫌疑人是盲、聋、哑人或者是尚未完全丧失辨认或者控制自己行为能力的精神病人的"。第3款规定，"办理审查逮捕案件，对被拘留的犯罪嫌疑人不予讯问的，应当送达听取犯罪嫌疑人意见书，由犯罪嫌疑人填写后及时收回审查并附卷。经审查认为应当讯问犯罪嫌疑人的，应当及时讯问"。

二是鉴定意见等技术性证据材料需进行实质性司法审查。《刑事诉讼规则》第334条规定，检察机关对鉴定意见有疑问的，可以询问鉴定人或者有专门知识的人并制作笔录附卷，可以指派有鉴定资格的检察技术人员或者聘请其他有鉴定资格的人进行补充鉴定或者重新鉴定，还可以按照有关规定将鉴定意见等技术性证据材料交由检察技术人员或者其他有专门知识的人进行审查并出具审查意见。审查逮捕阶段当然适用上述规定，鉴于审查逮捕期限通常较为短暂，司法实践中以询问鉴定人或专门知识的人，或委托检察技术人员进行文证审查为主。

三是对勘验、检查笔录可以要求复验、复查。根据《刑事诉讼法》第134条规定，"人民检察院审查案件的时候，对公安机关的勘验、检查，认为需要复验、复查时，可以要求公安机关复验、复查，并且可以派检察人员参加"。《刑事诉讼规则》第335条规定，"人民检察院审查案件时，对监察机关或者公安机关的勘验、检查，认为需要复验、复查的，应当要求其复验、复查，人民检察院可以派员参加；也可以自行复验、复查，商请监察机关或者公安机关派员参加，必要时也可以指派检察技术人员或者聘请其他有专门知识的人参加"。

四是对于其他客观证据可以调查核实。根据《刑事诉讼规则》第336条规定，"人民检察院对物证、书证、视听资料、电子数据及勘验、检查、辨认、侦查实验等笔录存在疑问的，可以要求调查人员或者侦查人员提供获取、制作的有关情况，必要时也可以询问提供相关证据材料的人员和见证人并制作笔录附卷，对物证、书证、视听资料、电子数据进行鉴定"。

审查逮捕阶段还应注意，《刑事诉讼规则》第285条第2款规定了检察机关办理审查逮捕案件不另行侦查，也不得直接提出采取取保候审措施的意见。但《刑事诉讼规则》第141条规定，"对符合刑事诉讼法第七十四条第一款规定的犯罪嫌疑人，人民检察院经审查认为不需要逮捕的，可以在作出不批准逮捕决定的同时，向公安机关提出采取监视居住措施的建议"。

（二）非法吸收公众存款案件审查逮捕具体证据要求

非法吸收公众存款案件在审查逮捕阶段的具体证据要求，主要集中在"有证据证明有犯罪事实"重点审查的证据。

"有证据证明发生了犯罪事实"重点审查的证据，主要根据非法吸收公众存款罪在司法实践的证据表现形态进行设定，既有根据具体犯罪构成要件要求公安机关注意收集的证据种类，也有依照相关刑事诉讼规定提出的要求（即《刑事诉讼规则》第128条第2款的规定）。需要明确，具体罪案的"有证据证明"没有固定标准，个案有哪些证据，取决于客观犯罪事实如何发生，以及公安机关如何进行调查取证工作，因此本书所阐述各类需要重点审查的证据，既不是要求每个案件都必须全部具备（理论上也不宜机械规定至少具备其中一个或几个证据，但可能影响构罪要件认定的某类证据如果完全不具备，基本就可以判断不符合"有证据证明"的要求），也不是对证据证明力大小预先设定。审查逮捕的证据要求，既不同于法定证据制度下证证明力的机械规定，也是对自由证明模式下自由心证制度的合理限制，客观上需要各级司法人员在审查判断证据过程中充分发挥主观能动性。因此，审查逮捕的证据要求只是为司法人员提供一个参考，并没有对证据的证明力大小预先设定，而主要是从收集、审查证据的范围和要求方面作出程序上的规定。本章所提出审查逮捕的证据要求，主要目的在于使抽象的立法规定具体化，区别于自由心证制度下司法人员的自由裁量权，而是代之以司法人员根据客观证据所形成的"内心确信"，强调司法人员要依据立法的原则性规定和具体的证据标准审查判断证据。

审查批准逮捕涉嫌非法吸收公众存款犯罪案件，除按照审查逮捕通用证据要求审查证据外，应当重点审查"有证据证明有犯罪事实"方面的证据，具体包括：

1.有证据证明发生了非法吸收公众存款犯罪事实

（1）证明非法吸收公众存款案件发、立、破案的程序证据，包括相关行政机关移送案件材料，公安机关的接报警记录、报案登记、受案登记、立案决定书及破案经过或说明等证据。

（2）证明非法吸收公众存款造成严重后果应当追究刑事责任的证据，包括证明实际吸收资金的各类书面协议、合同、转账记录及收条收据，已发放本金、分红、利息的单位账目记录、账单及汇款记录，对资金流向、财产价值进行审计、估值的鉴定意见，以及犯罪嫌疑人供述、涉案公司员工和投资人证言等证据。根据《2011年非法集资解释》的规定，应当追究犯罪嫌疑人刑事责任的后果应从吸收公众存款数额、存款人人数、给存款人造成直接经济损失数额以及造成恶劣社会影响或者其他严重后果四个方面审查判断。

（3）证明非法吸收公众存款犯罪客观行为特征"四要件"的证据，具体包括：

一是认定"非法性"的证据，即判断是否符合"未经有关部门依法批准或者借用合法经营的形式吸收资金"的情形。认定"未经有关部门依法批准"的主要证据是"有关部门"出具的批准文件或行政认定文书，包括中国人民银行、中国银行保险监督管理委员会、中国证券监督管理委员会等行政主管部门出具或核发的批准文件、金融机构经营许可证、营业执照或行政认定书、行政处罚决定书等书证。认定"借用合法的经营形式吸收资金"较为复杂，对《2011年非法集资解释》第2条所列举的十一种行为方式的认定，应围绕"非法性"的特征要件重点审查以下证据：表现为销售、服务、保险、转让权益、基金理财、投资入股等形式的各类合同、协议；经营模式确定过程形成的各类会议记录或纪要、考核方案、薪酬奖励方案；经营过程形成的各类媒体广告、项目说明书、宣传单、推介会现场录音录像、手机短信息以及微信、QQ等聊天软件信息；资金流转过程形成的转账记录、收条收据、单位账目记录、汇款记录，以及对资金流向、财产价值进行审计、估值的鉴定意见；犯罪嫌疑人的供述和辩解以及涉案投资人、涉案公司员工的证言，通过综合审查上述证据，认定犯罪嫌疑人的经营运作不具有相应"真实内容"，即变相非法吸收公众存款。

二是认定"公开性"的证据，重点审查经营过程形成的各类媒体广告、项目说明书、宣传单、推介会现场录音录像以及微信、QQ等聊天软件信息等书证、电子证据，结合犯罪嫌疑人的供述和辩解、涉案投资人和涉案公司员工的证言等证据，综合审查认定犯罪嫌疑人的经营运作系故意或放任以各种途径向社会公众传播吸收资金的信息。司法实践中还要注意"公开"的直接目的是向社会公众传播吸收资金的信息，故对于针对的对象有一定量的要求，如果采取上述方式宣传所针对对象很少，也不宜认定为公开宣传。

三是认定"承诺回报"的证据，重点审查以下证据：经营模式确定过程形成的各类会议记录或纪要、考核方案、薪酬奖励方案，以及经营过程形成的各类媒体广告、项目说明书、宣传单、推介会现场录音录像、手机短信息、微信等聊天软件信息等书证、电子证据所载明的具体内容，是否记录犯罪嫌疑人"承诺在一定期限内以货币、实物、股权等不同方式还本付息或者给予回报"的内容；转账记录、收条收据、单位账目记录、汇款记录等书证、电子数据，以及对资金流向、财产价值进行审计、估值的鉴定意见，结合犯罪嫌疑人的供述和辩解、涉案投资人和涉案公司员工的证言，认定犯罪嫌疑人已经兑现承诺或部分兑现承诺。

四是认定"不特定对象"的证据，重点审查经营过程形成的各类媒体广告、项目说明书、宣传单、推介会现场录音录像以及微信、QQ等聊天软件信息等书证、电子证据，以及犯罪嫌疑人的供述和辩解、涉案投资人和涉案公司员工的证言等证据，对宣传、吸存所针对对象范围以及吸存双方的真实关系作出准确判断，证明犯罪嫌疑人向社会不特定对象吸收资金。司法实践中对"不特定对象"的审查判断容易出现分歧，审查重点主要是宣传的"公开性"和针对对象的范围。《2011年非法集资解释》第1条第2款规定"未向社会公开宣传，在亲友或者单位内部针对特定对象吸收资金的，不属于非法吸收或者变相吸收公众存款"；《2014年非法集资意见》进一步规定，明知上述特定对象向不特定对象吸收资金而予以放任的，以及以吸收资金为目的将社会人员吸收为单位内部人员并向其吸收资金的，应当认定为向社会公众吸收资金。

对上述"四要件"的内容，尽管不可能要求每一个方面都具备上述所有证据，但每一个方面至少都要有一定的证据予以证明。

2.有证据证明非法吸收公众存款的行为是犯罪嫌疑人实施的

证明犯罪嫌疑人实施非法吸收公众存款行为的证据，包括审查上述列举的各类书面合同、协议等物证、书证、视听资料、电子数据所反映的内容，以证明犯罪嫌疑人是否实施相应组织、策划或参与行为；审查银行资金流水、司法会计鉴定意见等证据，以确定涉案资金是否已流向犯罪嫌疑人或其指定、控制的账户；审查各类言词证据及辨认笔录，以比对确定犯罪嫌疑人，涉互联网非吸犯罪的还要溯源网络犯罪路径，对犯罪嫌疑人线上身份和线下身份进行同一性认定。

3.有证据证明犯罪嫌疑人具有非法吸收公众存款的主观故意

证明主观故意最直接的证据是犯罪嫌疑人的有罪供述，但司法实践中犯罪嫌疑人到案后往往否认主观明知或避重就轻，应重点审查犯罪嫌疑人所实施客观行为（即表现为言行举止等具体行为），结合涉案投资人、涉案公司员工或同案犯罪嫌疑人指证等证据，合理推定其主观明知或所持心态。此时主要从以下方面进行审查：一是审查涉案公司的规章制度、会议记录、项目方案、宣传推介资料、转账记录、收条收据、单位账目记录、汇款记录以及相关会务活动的视听资料等客观证据上是否有犯罪嫌疑人的签名或影像，结合涉案投资人、涉案公司员工或同案犯罪嫌疑人的指证，确定其是否实施设立公司、决定业务模式、参与宣传、进行游说以及合同签订等活动，据此推定其是否明知或应当明知合同承诺内容、资金运转模式以及针对不特定社会公众吸收资金等客观事实；二是审查涉案公司营业执照、经营许可证以及相关批准文件记载的经营范围以及相应许可、批准事项，结合其在案中地位、作用以及其他人员的指证，合理推定其是否明知涉案公司不具有吸收存款主体资格、活动项目超出经营范围、实质是以合法形式掩盖非法目的变相吸收公众存款等客观事实。

非法吸收公众存款犯罪对主观故意的审查判断还必须注意，并非所有犯罪嫌疑人都具有相同的主观故意，特别对于单位犯罪或者共同犯罪的中下层参与人员，其主观明知的具体内容与公司高管或共同犯罪的主犯可能存在较大区别，但最低限度应当明知涉案吸收公众存款行为保本付息的本质、对外公开的行为方式以及针对不特定社会公众等核心事实，对主体资格的非法性认识也能够通过上述方法得到符合逻辑法则、经验法则的合理推定。

三、审查判断证据需要特别注意的问题

（一）证据量适度要求，不宜提出过高标准

非法吸收公众存款案是典型的涉众型案件，通常情况下犯罪嫌疑人、当事人众多，对已被刑事拘留的犯罪嫌疑人，公安机关最迟应在30日内报捕，对于前述列举的各项物证、书证、证人证言等相关证据，在报捕前很难全部收集到案，实践中往往只是收集到相较全案所需证据而言的少量证据，因此，证据量只能适度要求，简而言之，证据够用就好，不宜提出过高标准影响后续侦查顺利开展。审查时主要把握以下几个方面：一是至少要有证据证明已经达到应当追究刑事责任的入罪标准，无论是借款数额、借款人数、造成直接经济损失数额、造成恶劣社会影响或其他严重后果，四者证明其一即可；二是证明构罪犯罪事实的证据必须符合证据要求，排除非法证据，不采信无法补正或作出合理解释的瑕疵证据；三是相关犯罪事实有关键证据证明即可，在杜绝相反证据的前提下，不要求所有证据均已收集到案；四是针对报捕的每一个犯罪嫌疑人，除了言词证据外，还应当有客观证据证明其确有参与且至少能推断其主观明知。

案例：刘某鹏、袁某杰、李某远非法吸收公众存款案

案情简介： 某融资租赁公司系融资租赁企业，不得从事吸收存款、发放贷款等金融业务。该公司与网贷平台合作，以流转、转让公司所经营车贷等债权的名义，委托网贷平台在互联网金融交易平台上发布、宣传并由网贷平台会员认购债权，约定年化收益并承诺债权逾期回购，且该公司提交了部分虚假债权资料。该公司所取得投资款大部分被用于四川等地高息放贷，因资金链断裂导致无法还本付息，截至案发共有约2361万元尚未返还。刘某鹏系该公司实际负责人，袁某杰系总经理负责具体经营并与网贷平台对接，李某远系工作人员并在袁某杰安排下负责收集车贷债权资料并提供了部分虚假债权资料。

评析意见： 此案体现了检察机关在审查逮捕阶段如何具体把握证据要求。本案审查逮捕阶段有部分事实尚未查清，一是银行监管部门当时尚未

就行为定性给出确定意见，需检察机关自行判断认定；二是该公司通过涉案网贷平台而不是直接向社会公众吸收资金，该公司与网贷公司具体合作情况尚未确定；三是虚假债权资料在全案债权资料中所占比例尚未确定；四是上述涉案人员互相推诿罪责，且担任总经理的袁某杰确有部分超越职权的行为，影响对涉案人员主观明知、客观行为的认定。检察机关在审查逮捕阶段妥善把握证据标准，基于审查认定该公司不具有吸收存款、发放贷款等金融业务资格，客观上向社会公众虚构债权资料吸收资金，属于不合格借款人非法吸收公众存款的情形，以及通过在案证据采信认定了涉案人员的职权身份及客观行为，故对刘某鹏、袁某杰、李某远三人作出批准逮捕决定，同时引导公安机关继续侦查。最终刘某鹏、袁某杰、李某远均被依法判决。

（二）准确界定是单位犯罪还是自然人犯罪

非法吸收公众存款罪针对单位犯罪和自然人犯罪规定了不同的犯罪数额标准，在具体案件中很可能影响最终的定罪与量刑，故在审查证据过程中要特别注重对犯罪主体身份的甄别判断。审查时主要把握以下几个方面：一是审查涉案单位设立的时间、是否存在实际控制人发生变更的情况及变更时间、涉案单位的人数规模及社保参保等情况，以确定涉案单位是否存在真实的生产经营；二是审查涉案单位生产经营具体情况（包括产品种类、规模、销售去向及产值等），与涉案非法吸收公众存款的数额相比较，以确定涉案单位是否为实施犯罪而设立，是否以实施非法吸收公众存款为主业；三是审查非法吸收资金是否进入涉案单位名下或实际控制的银行账户，上述资金是否主要用于涉案单位生产经营用途，以确定涉案非法吸收资金行为究竟是单位决策还是个人决定，对单位犯罪与自然人犯罪作出准确界定。具体办案过程中，对于犯罪数额达不到单位犯罪追诉标准的情况，准确区分单位犯罪与自然人犯罪在审查逮捕环节尤为重要，直接关系到罪与非罪的认定。

（三）高度重视刚达追诉标准案件中数额、人数的统计

非法吸收公众存款犯罪往往是持续性犯罪，资金转账进出频繁，涉案资金数额正常情况下远远超过立案标准，故在审查逮捕环节不属于涉及罪与非罪需要重点审查的事实。但对于部分刚刚达到追诉标准或者超出追诉标准不多的案件而言，统计计算方法是否正确、是否存在疏漏重复就至关

重要。司法实践中一般认为，直接经济损失的计算不应包含约定利息的损失，也不能计算同期银行利息；吸收存款人数的统计，同一存款人只能计算一次，同一存款人如果有多次资金进出，原则上应把握以案发时吸收存款的数额为准。

（四）正确区分非法吸收公众存款与正常民间借贷

司法实践中常见以借为名的非法吸收公众存款案件，尽管借款人数或借款数额、造成直接经济损失等方面达到追诉标准，但借款人与犯罪嫌疑人或多或少存在某种关系（如亲友、同事或某特定范围熟悉的人），与正常民间借贷容易产生混淆，故在审查证据过程中要特别注重对两者正确区分。审查时主要把握以下几个方面：一是审查行为方式是否具有公开性，非法吸收公众存款行为的特征之一就是公开性，即采取对外公开宣传、推介等方式提高社会知名度，尽量多的吸收资金，民间借贷则相反，往往只是特定范围内的"口口相传"。二是审查是否针对社会不特定对象吸收资金，如果行为人只是就某特定范围人员（即特定对象）吸收资金而不是面向社会公众，不应当认为是非法吸收或者变相吸收公众存款，但根据《2014年非法集资意见》规定，明知上述特定对象向不特定对象吸收资金而予以放任的，以及以吸收资金为目的将社会人员吸收为单位内部人员并向其吸收资金的，应当认定为向社会公众吸收资金。

（五）准确把握社会危险性条件

《刑法修正案（十一）》针对非法吸收公众存款罪增加一个量刑档次，即"数额特别巨大或者有其他特别严重情节的，处十年以上有期徒刑，并处罚金"，除此情形以及曾经故意犯罪、身份不明、违反取保候审或者监视居住规定的情形外，均应按照《刑事诉讼法》第81条规定的五种情形进行社会危险性审查。审查时除了考虑社会危险性的共性因素外，还应当贯彻宽严相济的刑事政策，充分考虑犯罪嫌疑人的客观行为、主观恶性、犯罪情节及其地位、作用、层级、职务等情况，综合判断责任轻重和刑事追究的必要性。司法实践中一般通过审查以下情形，综合判断是否具有应当逮捕的社会危险性：（1）资金主要用于正常生产经营及相关活动，有还款意愿且能够及时清退；（2）数额刚刚达到追诉标准且有还款意愿和能力，或者虽然数额较大但已经及时清退，被害人损失能够挽回或者已经挽回；（3）虽然暂时不具备还款能力，但所在公司、企业尚在正常生产，不逮捕由其组织生产经营更有利于盈利还款挽回损失，更有利于维护社会和谐稳定，且符合保障民营经济正常经营等规定；（4）非法吸收公众存款的范围不大、涉及面不广，尚没有造成恶劣社会影响；（5）在单位犯罪或者共同犯罪中地位不高、作用有限、涉案金额不大，属于从犯或胁从犯；（6）为他人非法吸收公众存款提供帮助构成共同犯罪的，对收取的代理费、好处费、返点费、佣金、提成等费用能够及时退缴；（7）积极配合调查、主动退赃退赔、真诚认罪悔罪的。具有以上一项或多项情形，且情节轻微或者情节显著轻微的，司法实践中可作为免予处罚或不作为犯罪处理的考量因素，在此情况下不应认为具有应当逮捕的社会危险性。

案例：黄某晶、邱某丽非法吸收公众存款案

案情简介：黄某晶、邱某丽系某网贷平台（另案处理）客服人员，负责开发、维护客户、解决客户问题以及客户在平台投资的约标事宜，收入由底薪＋业绩提成构成（0至千分之两点五的比例），经审计，黄某晶的收入约29万元，邱某丽的收入约53万元，根据两人业绩提成估算累计吸收资金约2.4亿元，两人均没有退赃行为。检察机关综合考虑黄某晶、邱某丽在犯罪中的地位、作用以及是否认罪悔罪等态度后，依法批准逮捕该两人。

评析意见：此案体现了检察机关如何把握非法集资犯罪案件的社会危险性条件。《2019年非法集资意见》明确规定，非法集资犯罪主要打击四种人：核心层、管理层、骨干人员以及其他发挥主要作用的人员。涉案平台与客户（即投资人）直接联系的主要是黄某晶、邱某丽等7个客服人员，客服人员的工作就是吸引更多投资人进行投资，并根据各自的业绩获取提成，经统计，两人累计吸收资金约2.4亿元，而该平台总共吸收资金也就约5.5亿元。因此，该两人不属于一般参与人员，而是涉案平台的骨干人员，在犯罪中起到重要作用，涉案数额巨大，且没有退赃行为，故检察机关认定该两人具有社会危险性，依法批准逮捕。

四、强化两项监督，积极参与社会管理创新

（一）强化两项监督

2018年修订的《人民检察院组织法》根据《刑事诉讼法》第8条、《民事诉讼法》第14条、《行政诉讼法》第11条的规定，"确立了检察机关对

三大诉讼的法律监督权",即《人民检察院组织法》第20条第5项规定,人民检察院"对诉讼活动实行法律监督"。至此,"检察工作已经形成刑事诉讼法律监督、民事诉讼法律监督、行政诉讼法律监督三大诉讼监督并行的格局"。①

《刑事诉讼法》第8条规定,"人民检察院依法对刑事诉讼实行法律监督"。《刑事诉讼规则》第8条规定,"对同一刑事案件的审查逮捕、审查起诉、出庭支持公诉和立案监督、侦查监督、审判监督等工作,由同一检察官或者检察官办案组负责";第561条规定,认为公安机关不立案或者立案理由不能成立的,经检察长决定,应当通知公安机关立案或者撤销案件;第567条规定,人民检察院应当对侦查活动中是否存在以下违法行为进行监督……以上规定,就是检察机关实施刑事诉讼法律监督的法律依据。

刑事诉讼法律监督主要指立案监督和侦查活动监督,司法实践普遍称之为"两项监督"。

立案监督在理论界有不同提法,究其实质是法律赋予人民检察院对公安机关刑事立案活动是否合法进行法律监督的一项重要监督职能。根据《刑事诉讼法》第113条、《刑事诉讼规则》第557条的规定,立案监督既包括对公安机关应当立案而不立案情形的监督,也包括对不应当立案而立案情形的监督,即是对公安机关立案活动的全面监督。《刑事诉讼规则》第564条第1款还规定,"人民检察院通知公安机关立案或者撤销案件的,应当依法对执行情况进行监督"。

侦查活动监督在理论界论述基本相同,主要是指法律赋予人民检察院对公安机关以及人民检察院侦查部门在办理案件过程中进行的各项专门调查工作和有关的强制措施是否合法进行法律监督的一项重要监督职能,其主要职能一是监督有关调查取证工作是否合法,二是监督所采取强制措施是否合法。《刑事诉讼规则》第567条对侦查活动监督的具体违法行为规定如下:(1)采用刑讯逼供以及其他非法方法收集犯罪嫌疑人供述的;(2)讯问犯罪嫌疑人依法应当录音或者录像而没有录音或者录像,或者未在法定羁押场所讯问犯罪嫌疑人的;(3)采用暴力、威胁以及非法限制人身自由等非法方法收集证人证言、被害人陈述,或者以暴力、威胁等方法阻止证人

---

① 孙谦:《新时代检察机关法律监督的理念、原则与职能》,载《人民检察》2018年第21期。

作证或者指使他人作伪证的;(4)伪造、隐匿、销毁、调换、私自涂改证据,或者帮助当事人毁灭、伪造证据的;(5)违反刑事诉讼法关于决定、执行、变更、撤销强制措施的规定,或者强制措施法定期限届满,不予释放、解除或者变更的;(6)应当退还取保候审保证金不退还的;(7)违反刑事诉讼法关于讯问、询问、勘验、检查、搜查、鉴定、采取技术侦查措施等规定的;(8)对与案件无关的财物采取查封、扣押、冻结措施,或者应当解除查封、扣押、冻结而不解除的;(9)贪污、挪用、私分、调换、违反规定使用查封、扣押、冻结的财物及其孳息的;(10)不应当撤案而撤案的;(11)侦查人员应当回避而不回避的;(12)依法应当告知犯罪嫌疑人诉讼权利而不告知,影响犯罪嫌疑人行使诉讼权利的;(13)对犯罪嫌疑人拘留、逮捕、指定居所监视居住后依法应当通知家属而未通知的;(14)阻碍当事人、辩护人、诉讼代理人、值班律师依法行使诉讼权利的;(15)应当对证据收集的合法性出具说明或者提供证明材料而不出具、不提供的;(16)侦查活动中的其他违反法律规定的行为。

司法实践中,检察机关进行侦查活动监督的途径主要包括:(1)在审查逮捕和审查起诉阶段对侦查活动依法监督,及时排除非法证据或瑕疵证据隐患,确保证据主体、证据形式、取证方式及取证程序合法,确保证据的形式与来源合乎法律规定;(2)通过适时介入侦查活动依法监督,即在侦查阶段前期对立案撤案程序以及采取强制措施是否合法,辨认、讯问、询问程序是否合法,侦查措施是否合法,证据来源及取证方式是否合法等方面进行监督;(3)通过捕后跟踪进行监督,包括对公安机关执行人民检察院批准或者不批准逮捕决定情况,撤销、变更强制措施情况,以及撤销案件、终止侦查等情况进行跟踪监督;(4)检察机关在受理控告、申诉过程发现相关侦查活动监督线索而依法进行监督。

检察机关对于刑事诉讼活动监督中发现的部分职务犯罪行为依法具有侦查权。《刑事诉讼法》第19条规定,人民检察院在对诉讼活动实行法律监督中发现的司法工作人员利用职权实施的非法拘禁、刑讯逼供、非法搜查等侵犯公民权利、损害司法公正的犯罪,可以由人民检察院立案侦查。《刑事诉讼规则》第13条第1款规定,"人民检察院在对诉讼活动实行法律监督中发现的司法工作人员利用职权实施的非法拘禁、刑讯逼供、非法搜查等侵犯公民权利、损害司法公正的犯罪,可以由人民检察院立案侦查"。

（二）依法提出检察建议，积极参与社会管理创新

《人民检察院组织法》第21条第1款规定，"人民检察院行使本法第二十条规定的法律监督职权，可以进行调查核实，并依法提出抗诉、纠正意见、检察建议。有关单位应当予以配合，并及时将采纳纠正意见、检察建议的情况书面回复人民检察院"。《刑事诉讼规则》第551条第1款规定，"人民检察院对刑事诉讼活动实行法律监督，发现违法情形的，依法提出抗诉、纠正意见或者检察建议"；第552条第1款规定"人民检察院发现刑事诉讼活动中的违法行为，对于情节较轻的，由检察人员以口头方式提出纠正意见；对于情节较重的，经检察长决定，发出纠正违法通知书。对于带有普遍性的违法情形，经检察长决定，向相关机关提出检察建议。构成犯罪的，移送有关机关、部门依法追究刑事责任"。

检察建议尽管没有强制约束力，但基于检察机关法律监督机关的宪法地位，也因为大部分检察建议能够针对有关单位存在的实际问题提出行之有效的法律解决方案，因此在实践中都得到不同程度的落实，具有事实上的约束力。检察机关负责捕诉的部门在审查逮捕等办案工作中，对于带有普遍性的违法情形准确、妥善提出检察建议，有助于发挥检察机关在促进社会建设、创新社会管理方面的积极作用。

非法吸收公众存款罪、集资诈骗罪和组织、领导传销活动罪等涉众型犯罪案件，检察机关在审查逮捕、审查起诉工作中均承担刑事诉讼活动监督的职能，对于办案中发现的带有普遍性的违法情形均可以依法提出检察建议。

五、捕后各项工作

（一）逮捕案件引导继续侦查

《刑事诉讼规则》第284条规定，"对公安机关提请批准逮捕的犯罪嫌疑人，人民检察院经审查认为符合本规则第一百二十八条、第一百三十六条、第一百三十八条规定情形，应当作出批准逮捕的决定，连同案卷材料送达公安机关执行，并可以制作继续侦查提纲，送交公安机关"。

（二）不捕案件引导补充侦查

《刑事诉讼规则》第285条第1款规定，"对公安机关提请批准逮

涉众型经济犯罪办案重难点破解

捕的犯罪嫌疑人,具有本规则第一百三十九条至第一百四十一条规定情形,人民检察院作出不批准逮捕决定的,应当说明理由,连同案卷材料送达公安机关执行。需要补充侦查的,应当制作补充侦查提纲,送交公安机关"。

(三)捕后跟踪监督

捕后跟踪监督也称为捕后跟踪,通常是指检察机关在实践中总结出来一种由专人负责,对于公安机关执行人民检察院批准或者不批准逮捕决定情况、撤销、变更强制措施情况,以及撤销案件、终止侦查情况进行跟踪,如发现违法情形进行法律监督的一种监督职能。具体包括两种情形:

1.对批准或者不批准逮捕决定执行情况,以及撤销、变更强制措施情况的监督

《刑事诉讼规则》第286条第1款规定,"人民检察院应当将批准逮捕的决定交公安机关立即执行,并要求公安机关将执行回执及时送达作出批准决定的人民检察院。如果未能执行,也应当要求其将回执及时送达人民检察院,并写明未能执行的原因。对于人民检察院不批准逮捕的,应当要求公安机关在收到不批准逮捕决定书后,立即释放在押的犯罪嫌疑人或者变更强制措施,并将执行回执在收到不批准逮捕决定书后三日以内送达作出不批准逮捕决定的人民检察院";第2款规定,"公安机关在收到不批准逮捕决定书后对在押的犯罪嫌疑人不立即释放或者变更强制措施的,人民检察院应当提出纠正意见"。

2.对撤销案件、终止侦查的监督

《刑事诉讼规则》第287条第1款规定,"对于没有犯罪事实或者犯罪嫌疑人具有刑事诉讼法第十六条规定情形之一,人民检察院作出不批准逮捕决定的,应当同时告知公安机关撤销案件";第2款规定,"对于有犯罪事实需要追究刑事责任,但不是被立案侦查的犯罪嫌疑人实施,或者共同犯罪案件中部分犯罪嫌疑人不负刑事责任,人民检察院作出不批准逮捕决定的,应当同时告知公安机关对有关犯罪嫌疑人终止侦查";第3款规定,"公安机关在收到不批准逮捕决定书后超过十五日未要求复议、提请复核,也不撤销案件或者终止侦查的,人民检察院应当发出纠正违法通知书。公安机关仍不纠正的,报上一级人民检察院协商同级公安机关处理"。

(四）追捕漏罪、漏犯

《刑事诉讼规则》第 288 条规定，"人民检察院办理公安机关提请批准逮捕的案件，发现遗漏应当逮捕的犯罪嫌疑人的，应当经检察长批准，要求公安机关提请批准逮捕。公安机关不提请批准逮捕或者说明的不提请批准逮捕的理由不成立的，人民检察院可以直接作出逮捕决定，送达公安机关执行"。司法实践中，漏罪、漏犯常见于多人多起犯罪案件中，也包括涉众型犯罪案件。究其原因，一是部分公安机关、侦查人员办案不细致或者对法律界限把握不准，导致对一些已涉嫌的犯罪事实或犯罪嫌疑人没有依法认定报捕或者以罚代刑；二是少数检察人员只注重对提请批准逮捕的犯罪事实、犯罪嫌疑人进行审查，忽略对在逃或另案处理人员的审查。这就要求我们检察人员在审查逮捕工作中，必须掌握一些深挖漏罪漏犯的方法，比如在审查主罪主犯的同时注意审查关联犯罪，注意审查是否有漏网的同案犯，注意一人多次犯罪的案件是否还有遗漏罪行等。

（五）审查批准延长侦查羁押期限

根据《刑事诉讼法》规定，对犯罪嫌疑人逮捕后的侦查羁押期限不得超过 2 个月。《刑事诉讼法》第 156 条、第 158 条、第 159 条，《刑事诉讼规则》第 309 条、第 310 条、第 311 条等规定，对检察机关审查批准公安机关需要延长侦查羁押期限的事项进行具体规定，也即是通常所称上一级检察院批准第一次延长侦查羁押期限（一延，1 个月）、省级检察院批准或决定第二次、第三次延长侦查羁押期限（二延、三延，各 2 个月）。根据《刑事诉讼规则》第 312 条规定，检察机关经审查认为公安机关在对犯罪嫌疑人执行逮捕后 2 个月以内未有效开展侦查工作或者侦查取证工作没有实质进展，虽然犯罪嫌疑人符合逮捕条件，可以作出不批准延长侦查羁押期限的决定；如果经审查认定犯罪嫌疑人不符合逮捕条件，需要撤销下级检察机关逮捕决定的，上级检察机关在作出不批准延长侦查羁押期限决定的同时，应当作出撤销逮捕的决定，或者通知下级人民检察院撤销逮捕决定。

《刑事诉讼法》第 157 条、《刑事诉讼规则》第 314 条还规定了因为特殊原因在较长时间内不宜交付审判的特别重大复杂的案件，由最高人民检察院报请全国人民代表大会常务委员会批准延期审理。

（六）审查监督重新计算侦查羁押期限

根据《刑事诉讼法》第 160 条、《刑事诉讼规则》第 317 条等规定，在侦查期间，公安机关发现犯罪嫌疑人另有重要罪行的，自发现之日起依照《刑事诉讼法》第 156 条的规定重新计算侦查羁押期限；对公安机关重新计算侦查羁押期限的备案，由检察机关负责捕诉的部门审查，负责捕诉的部门认为公安机关重新计算侦查羁押期限不当的，应当提出纠正意见。《刑事诉讼规则》第 315 条还规定，"另有重要罪行是指与逮捕时的罪行不同种的重大犯罪或者同种的影响罪名认定、量刑档次的重大犯罪"。

根据《刑事诉讼规则》第 319 条的规定，检察机关负责捕诉的部门审查延长侦查羁押期限、审查重新计算侦查羁押期限，可以讯问犯罪嫌疑人，听取辩护律师和侦查人员的意见，调取案卷及相关材料等。

（七）捕后羁押必要性审查

《刑事诉讼法》第 95 条规定，"犯罪嫌疑人、被告人被逮捕后，人民检察院仍应当对羁押的必要性进行审查。对不需要继续羁押的，应当建议予以释放或者变更强制措施。有关机关应当在十日以内将处理情况通知人民检察院"。《刑事诉讼规则》第 573 条规定，"犯罪嫌疑人、被告人被逮捕后，人民检察院仍应当对羁押的必要性进行审查"；第 575 条第 1 款规定，"负责捕诉的部门依法对侦查和审判阶段的羁押必要性进行审查。经审查认为不需要继续羁押的，应当建议公安机关或者人民法院释放犯罪嫌疑人、被告人或者变更强制措施"。

第三节　非法吸收公众存款案件审查起诉要点

非法吸收公众存款案作为典型的涉众型经济犯罪案件，具有涉案金额大、涉案人数多、案情复杂等特点，另外还涉及广大集资参与人的权益保障、社会风险的化解等问题，因此非法吸收公众存款案在审查起诉环节的审查要点与普通刑事案件存在一定差异。以下将针对非法吸收公众存款案在审查起诉环节可能存在的问题、审查要点进行分析。

一、收案阶段的注意要点

(一)及时履行权利义务告知职责

1. 集资参与人诉讼权利的告知

(1) 集资参与人享有的诉讼权利。根据法律规定,检察机关应当在3日内告知犯罪嫌疑人、被害人的权利义务。犯罪嫌疑人权利义务的告知,与普通刑事案件并无不同,在此不再赘述。而对于非法吸收公众存款案的集资参与人而言,即便其遭受了经济损失,也并非案件的被害人,不能享有法定的申请回避、提起附带民事诉讼等权利。但根据相关非法集资的司法解释,集资参与人在案件中仍享有一定的诉讼权利。

《2019年非法集资意见》第9条第4款规定,"根据有关规定,查封、扣押、冻结的涉案财物,一般应在诉讼终结后返还集资参与人。涉案财物不足全部返还的,按照集资参与人的集资额比例返还。退赔集资参与人的损失一般优先于其他民事债务以及罚金、没收财产的执行"。第10条第2款规定,"人民法院、人民检察院、公安机关应当通过及时公布案件进展、涉案资产处置情况等方式,依法保障集资参与人的合法权利。集资参与人可以推选代表人向人民法院提出相关意见和建议;推选不出代表人的,人民法院可以指定代表人。人民法院可以视案件情况决定集资参与人代表人参加或者旁听庭审,对集资参与人提起附带民事诉讼等请求不予受理"。

据此,笔者认为非法吸收公众存款案中的集资参与人在审查起诉阶段主要享有知情权和表达意见权两项权利,应根据司法解释的规定进行告知。所谓知情权,即集资参与人有权知晓案件的基本案情、所处办案节点、处理结果、涉案财产的查封、扣押、冻结和处置情况;所谓表达意见权,即集资参与人通过个人或者通过推选代表人的方式,向检察机关提出相关意见、建议或与案件有关的线索。虽然上述司法解释并未明确规定集资参与人可向检察机关表达意见,但鉴于司法解释已明确了集资参与人在庭审阶段的表达意见权,从维护集资参与人合法权益、准确查明案件事实的角度出发,有必要对表达意见权行使范围作扩大性的解读。

(2) 告知集资参与人相关权利的方式。

①书面、口头告知的局限性。根据刑事诉讼法的相关规定,法律文书、权利义务等事项要求采用当面、书面或口头的方式送达或告知,但在非法集资案件中,由于集资参与人众多,客观上难以通过上述方式进行告知,

主要存在以下局限之处：

第一，集资参与人的详细住址及联系方式难以获取。大部分非法集资案中，涉案公司或者平台没有集资参与人的详细身份信息和住址，而仅有身份证号码、姓名、手机号码，亲自前往公安机关报案或提供报案材料的集资参与人所占比例极小，往往只有几十人至上百人。

第二，虽然侦查机关可在公安网信息查询平台，通过集资参与人的身份证号码、手机号码来查找集资参与人的住址，但查询的工作量浩大，如果大量侦查力量用于找寻集资参与人，必然导致对案件事实和证据的侦查力量弱化、侦查效果大打折扣。而即使查询到了集资参与人的登记地址，也难以避免实际住址已变更而大量无法实际邮寄送达的情形。

第三，即便掌握所有集资参与人的电话号码，对于检察机关而言，也根本无法通过电话联系到每一名集资参与人，继而电话告知其权利义务或者获取其地址后进行邮寄送达。

第四，即便侦查机关和检察机关穷尽手段和办案精力用于直接送达，那么必然仍存在大量无法在3日内送达的情形，这种直接送达是否属于选择性送达、未被送达的集资参与人是否会提出异议，在送达的公平性问题方面难以自圆其说。

②公告告知的可行性和现实必要性。笔者认为可以采用公告的方式告知集资参与人相关案件信息。虽然刑事诉讼法没有明确司法机关可以采用公告的方式送达或告知，但《刑事诉讼规则》第55条规定检察机关除了可以当面、电话、书面告知外，针对"被害人众多或者不确定，无法以上述方式逐一告知的"这一情形，还可以公告告知。虽然上述规定涉及存在被害人的案件的告知程序，但举重以明轻，对于被害人尚得以公告告知，对于并不属于被害人范畴的集资参与人更能以公告的方式告知其应知情的相关案件信息。此外，随着社会资讯传播模式的变革，互联网和社交媒体已逐渐改变了人们的生活方式，我们立法和司法实践层面均有必要跟随着社会的发展而不断创新，而公告告知既符合立法精神和维护集资参与人合法权益价值取向，又是应对当前涉众型经济犯罪案件频发的"一剂良方"。

第一，公告告知主要通过司法机关微信公开号、微博等主流社交媒体或官方网站予以发布，后通过朋友圈、微信群转发和分享的途径迅速发散，再经过集资参与人之间的口耳相传等方式进行全面扩散，有良好的资讯覆盖效果。

第二，对于集资参与人而言，其获得相关资讯的途径一致、机会均等，只要其积极关注案件进程，便极为容易获得相关资讯，公告告知可良好解决告知公平性的问题。

第三，公告告知极大地提高了司法的效率，节约了司法资源，且随着互联网传播的极速传播，集资参与人在第一时间便获得相关资讯，确保告知的时效性。

③公告告知的具体方式。检察机关在公告告知时，应采用多种方式增强告知的效果。

第一，应在检察机关在主流社交平台开办的账号或者官网上进行公布，并鼓励检察人员在朋友圈中转发以加快传播速度。如上述渠道受众人数较少难以达到资讯传播效果的，则应采取在该区域具有较大影响的网络媒体上予以刊发。

第二，在通过网络渠道进行公告的同时，还应在检察机关、侦查机关办公地点显著位置张贴相关权利义务告知书。

第三，应将公告同步推送给侦查机关及侦查人员，由侦查机关通过官方网络渠道予以转载，侦查人员则可将公告相关链接转发至集资参与人所建立的微信群等聊天群。

2. 认罪认罚法律规定的告知

认罪认罚从宽制度是我国刑事诉讼制度的一项重大变更。在该制度试点阶段，检察机关进行了积极的探索，在司法实践中体现了良好的法律效果。随着刑事诉讼法的修改，认罪认罚从宽制度正式成为刑事诉讼环节一个不可或缺的程序节点。

2019年10月，"两高三部"出台的《关于适用认罪认罚从宽制度的指导意见》明确规定："案件移送审查起诉后，人民检察院应当告知犯罪嫌疑人享有的诉讼权利和认罪认罚的法律规定，保障犯罪嫌疑人的程序选择权。告知应当采用书面形式，必要时应当充分释明。"有鉴于此，认罪认罚相关法律规定的告知已与权利义务告知一样，成为检察机关的一项法定告知职责。而之所以在非法吸收公众存款案中强调对认罪认罚的告知，是因为笔者认为认罪认罚从宽制度的核心价值，更能在办理非法吸收公众存款案此类涉众型经济犯罪案件中予以体现。后文也将进一步论述审查起诉阶段适用认罪认罚从宽制度的必要性和重要性问题，在此不再赘述。

（二）阅卷前必要的检查、准备工作

在普通案件中，办案人在收到案件后一般便可开始阅卷。而对于非法吸收公众存款案此类犯罪嫌疑人多、报案人和报案材料多、案卷册数多、要查明具体事实多的涉众型经济犯罪案件，在收案后进行必要的检查和准备才能避免可能出现的各种证据问题，更有利于提高审查起诉的效率，主要包括以下几个方面的工作：

1.初步审查是否具有管辖权

涉众型经济犯罪案件往往存在多个犯罪地，而在"捕诉一体"模式下又存在非对口的侦查机关向检察机关移送案件的情形，且关于犯罪数额还可能存在级别管辖的问题。虽然受案部门在收案时也会对管辖进行审查，但难免在形式审查中出现纰漏，如办案人不进行初步审查，待阅卷中才发现没有管辖权，则一般无法直接将案件退回受案部门，只能将案件改变管辖移送其他检察机关，浪费大量时间和精力。对此，对于此类复杂案件，建议在受案时，由承办人通过查看起诉意见书和现场与送案侦查人员沟通的方式，初步对管辖权进行审查。

2.检查侦查机关移送的案卷编号是否正确，是否有必要将案卷归类编号并存放

（1）检查案卷编号。在证据进行摘录时，一般要求标注证据页码，以方便在审查中不断核对、查找相关证据。非法集资案的卷宗册数动辄几十卷上百卷，如果侦查机关移送时出现案卷册数和页码标注错误的问题，则可能导致证据摘录标注页码的混乱，办案人需花费大量精力去进行校对。而对于已推行电子化卷宗系统的，错误的案卷编号、页码编号在收案时也会录入系统，后期再进行改动费时费力。

（2）重新对案卷编序并存放。即便侦查机关对案卷编号没有问题，但如果案卷没有进行必要的归类，如第一卷是言词证据，第二卷是银行流水，第三卷又是报案材料，以此反复，则在根据案卷编号顺序进行阅卷和摘录时难免影响效率。因此，鉴于案卷编号对于侦查机关影响不大，建议在收案时同时对案卷根据卷内证据类型、证明内容重新整体编号，并分类摆放，以便在阅卷和摘录时做到有的放矢。

3.检查案卷材料中是否附有审计报告

根据深圳市检察机关与深圳市公安机关达成的会议纪要，对于非法吸

收公众存款、集资诈骗此类涉众型经济犯罪案件，侦查机关在移送审查起诉时应提供对涉案资金情况的审计报告，否则收案部门可不予受案。因此，深圳市检察机关在收案时均会检查此类案件案卷材料中是否附有审计报告。对于上述做法和规定，笔者认为具有相当的合理性：第一，由于涉案平台交易数据、银行账户和资金流水繁杂，在不具备专业的会计学专业知识的情形下，承办人难以根据提取到的电子数据、交易流水等庞大的数据来准确计算涉案资金情况，这一计算和统计工作由审计机构来完成更为适合。第二，公安机关作为刑事诉讼活动中的侦查机关，负有收集证据证明犯罪嫌疑人有罪、无罪和罪轻、罪重的法定职责，而审计报告所得出的数据结论，是认定犯罪事实的关键证据，也理应是侦查机关指控犯罪应提供的证据之一。第三，从侦查机关立案到移送审查起诉，一般约3个月的时间，在侦查机关及时委托鉴定的情形下，审计机构一般可以出具正式的审计报告。即便存在案情复杂、取证涉及面广的情形，侦查机关也可依法申请批准延长侦查羁押期限，为出具审计报告争取更多时间。第四，虽然在审查起诉环节也可以审查、审计同步进行，但审计报告的审查、核实以及进行补充审计本就需要大量时间，如果审计报告的作出还占用审查起诉期限，则可能没有时间完善审计报告、准确认定犯罪事实。此外，以审计报告作为收案必备条件也可以督促侦查机关及时调取证据、委托进行审计，避免审查期限用尽后侦查机关仍未完成银行流水等证据的调证工作的情形。

4. 其他材料

为便于案件审查和掌握案件整体情况，可要求侦查机关协助提供其他相关材料，包括：

（1）电子笔录。目前公安机关在讯问、询问时已广泛采用电子笔录系统，大多数言词证据在该笔录系统中均留有电子版，要求侦查机关协助提供相关电子笔录有助于提高证据摘录的效率。当然，在使用电子笔录还应注意核对与纸质笔录是否一致。

（2）报案人名录及联系方式。在非法集资案件中，侦查机关一般会对报案人信息及联系方式进行记录，很多公安机关还推出了网上报案自助平台。要求侦查机关协助提供报案人名录及联系方式，一方面有助于承办人在第一时间掌握报案总体情况，对案件进行初步的风险、舆情预判；另一方面也便于在电话接访中明确报案人的身份，妥当予以应对。

（3）涉案财物的查封、扣押、冻结统计清单。统计清单一般应要求查封、扣押、冻结机关载明查涉案财物的种类、日期及到期日、金额或预估价值、财物持有人、对应文书编号、是否随案移送及查封、扣押、冻结理由等信息。之所以要求提供上述统计清单，主要基于以下理由：一是有助于侦查机关对涉案财物查封、扣押、冻结情况进行梳理，避免遗漏、错误；二是便于在阅卷时审查侦查机关的查封、扣押、冻结行为是否符合法律规定，相关文书是否齐备，如存在问题要求补正或说明；三是便于及时掌握全案追缴赃款赃物的总体情况，为下一步的追赃挽损工作提供一定参考；四是有助于审查查封、扣押、冻结财物与案件的关联性，对于非涉案财物依法予以处理。侦查机关提供的查封、扣押、冻结文书往往没有对理由进行说明，在阅卷工作尚未完成前，承办人往往难以甄别某项财物与犯罪行为是否存在关联、是否属于应被追缴的涉案财物，因此也难以依法作出诉前处置。而在侦查机关明确查封、扣押、冻结的理由后，承办人可按图索骥，在阅卷时即可逐步发现查封、扣押、冻结的财物与案件的关联性，并及时作出处理或提出处理建议，避免案外人合法财产受损。

二、注重与侦查人员、审计人员、辩护人及集资参与人沟通

普通刑事案件中，涉案人员关系、作案手法相对简单，犯罪情节、数额也容易认定，承办人拿到案卷材料后，一般即可直接围绕犯罪构成和定罪量刑的相关情节进行审查分析。而非法吸收公众存款、集资诈骗等非法集资案件中，组织架构、人员关系、经营模式、资金流向等犯罪事实均较为复杂，承办人很难直接通过起诉意见书了解案件整体脉络和每个犯罪嫌疑人的地位和作用，更何况直接面对纷繁复杂的各类证据。因此，在非法集资案件中，我们应在审查起诉环节注重与侦查人员、审计人员、辩护人和集资参与人的不断沟通，动态更新审查思路和重点，做到"兼听则明"。

（一）与侦查人员的沟通

虽然在目前"捕诉一体"的办案模式下，检察机关承办人可能已经在审查逮捕环节对案件进行了审查，甚至可能还提前介入引导了侦查，但毋庸置疑的是，即便在审查起诉阶段，仍然是侦查人员最了解、熟悉案情。侦查人员参与了从接受报案到移送审查起诉的各个诉讼环节，在整个过程中游走于报案人、涉案公司及人员、检察机关、政府主管部门之间，所有移送审查起诉的笔录、银行账户、后台数据等证据均由侦查人员调取。在

看得到的证据之外，侦查人员还在侦查过程中形成了对于各涉案人员的身份、职责及作用，涉案公司及平台的经营模式、主要资金来源及去向的亲历性认知，这种认知是检察机关承办人通过提审、短时间介入或数日的文书审查所无法获得的。因此，笔者认为要在有限的办案期限内尽快了解案情、理清案件复杂的关系、找准案件审查的疑点和难点，不是通过审阅案卷，而是首先积极主动地与侦查人员进行沟通，且尽量采用当面沟通的方式，而非电话沟通或文来文往。当然，在与侦查人员沟通过程中，既要切实接收侦查人员所传递的亲历性认识，又要坚持案件审查的独立性视角，避免先入为主。可重点关注以下案卷内或案卷外的有关事实：

1. 涉案人员的学习、工作经历及其他背景

虽然涉案人员的品格、经历等事实大多并不属于有待查明的案件事实，但涉案人员的学历、工作经历关乎其主观认知程度和参与犯罪的动机或目的。如涉案公司或平台的实际控制人，其以往有无经营过类似公司或平台，其有无创业失败并身负巨额债务等事实，可能与认定其主观方面是否具有非法占有目的有关，直接涉及案件定性问题。而对于参与犯罪的普通员工而言，其学历、毕业时间等，也关系到其主观方面的认识因素，其能否认识到所从事工作系向社会不特定的公众直接或者变相吸收存款。上述事实可能并无相关证据证明，属于案卷外的未查明的事实，但一旦发现与案件定性、量刑存在关联，则属于检察机关应引导侦查机关查明的案件事实。

2. 涉案公司或平台的股权结构、组织架构和职责分工、经营模式

起诉意见书虽然一般对上述事实会进行一定的描述，但可能存在涉案公司或平台"表里不一"的情形，未能在起诉意见书中全面予以反映，如：在股权方面，存在挂名法定代表人、挂名股东或股权代持等情形；在管理层方面，实际控制人和实际管理人可能均未在公司任职，而是通过在公司重要岗位安插代理人的方式进行幕后操纵；在组织架构上，公司设立的"招商部""业务部"也可能并非具体从事非法揽存的部门，容易造成混淆；特别是经营模式，目前直接吸收存款的经营模式已基本销声匿迹，而主要以点对点借贷、融资租赁等名义变相揽存，作案模式更具有隐蔽性、欺骗性。

在此情形下，通过与侦查人员的沟通，可以使承办人更为直接、全面、深入地了解起诉意见书所不能反映的案件事实，有助于针对性地阅卷和审查。

3.关联人员、关联公司及关联账户的具体情况

在非法吸收公众存款案中,除了犯罪嫌疑人银行账户、涉案公司对公账户与集资参与人账户存在资金往来外,还存在其他公司或个人账户与涉案账户存在大量资金往来的情况。这些关联资金往来情况与案件审查同样存在关联性:一是容易对数据造成干扰,如关联公司或人员与涉案公司、犯罪嫌疑人之间存在资金过桥、普通借贷关系,如不予以甄别和剔除,可能会导致审计的吸收资金或返还资金的金额不准确;二是在非法吸收公众存款中,承办人不能仅围绕能否构成该罪进行审查,还应对涉案资金的总体走向进行审查,审查是否还可能构成集资诈骗罪,对此罪与彼罪进行甄别。而上述关联人员、公司和账户的有关情况,可能在证据材料中未能体现,但侦查人员在调查取证活动中可能会获知。因此,有必要在阅卷前从侦查人员处了解到关联人员、公司和账户的相关情况。

4.当前侦查工作开展情况及下一步侦查计划

及时掌握侦查动态及计划,有助于承办人全面了解侦查取证方向,在审查过程中预判到可能调取到的证据及该证据的证明内容,在案件退回补充侦查前便能积极主动地引导侦查,提高侦查取证和审查案件的效率和效果。

(二)与审计人员的沟通

1.收案后及时与审计人员沟通的必要性

如前所述,审计报告是办理非法吸收公众存款案的关键证据,可以说审计报告的质量直接关系到案件办理质量、出庭的指控效果及被告人是否受到应有的法律制裁。而收案后及时与审计人员沟通,对已出审计报告予以完善、对正在进行的审计工作进行引导,也直接关乎到审计报告的质量。理由如下:

(1)审计人员绝大多数不具备法律专业背景,对刑法及具体罪名的理解程度有限,如果基于惯常的审计思维和方法对刑事案件进行审计,往往无法达到承办人对于定罪量刑所需数据的期待值。而审计人员一般不会主动与检察机关承办人甚至是侦查人员就审计中出现的问题进行沟通协调。

(2)侦查机关在委托鉴定时往往与审计人员沟通不足,委托鉴定材料也可能并不齐备,审计人员不能充分理解审计目的和要求,只能根据其个人经验或理解进行审计,可能影响审计结论对于指控犯罪的证明效果。

（3）在办案实践中，审计人员因业务繁忙、专业能力不足、检材不断更新等原因，做出一份较为完善的审计报告历时较长。有的需要经过反复修改，承办人只能通过退查、延期的方式延长审查起诉期限，等待审计报告的作出；有的则在案件两退三延后仍无法作出完善的报告，导致在犯罪数额尚未查明的情形下先行起诉，再利用庭审期限完善报告。承办人如坐等审计，则可能在办案期限上陷入被动，影响办案效率和指控效果，因此承办人应尽早了解审计状况，及时引导审计的方向。

2.收案后与审计人员沟通的主要内容

在收案后，由于承办人尚未阅卷，对案情了解不够深入，故在此阶段应主要围绕定罪量刑一般情形下所应证明的犯罪事实与审计人员进行沟通，主要包括以下方面的内容：

（1）向审计人员充分阐明非法吸收公众存款罪的犯罪构成，使审计人员理解司法审计的意图和要求。如既存在真实发标又存在通过虚假发标自融资金的P2P平台案件中，审计人员如果能理解自融资金的法律性质，即可在审计时通过资金流向等因素对涉案资金作出区分，便于司法机关准确认定非法集资的具体数额。

（2）涉案账户交易流水是否完整调取，数据是否存在错漏。非法集资案中涉案账户众多，侦查机关可能会遗漏或者未发现部分涉案账号，导致委托审计的检材不齐备。但审计人员在审计中一般能发现这部分未能调取的涉案账户，便于承办人第一时间要求侦查机关补充调取，以节省调证的时间。此外，实践中还存在电子版流水存在数据错漏或与纸质版流水数据不一致的问题，对此也有必要及时通知侦查机关补充调取。

（3）侦查机关在委托审计时，是否列明了审计的相关时间区间。审计的时间区间主要包括三种：第一种是交易流水的区间，审计的交易流水数据应发生在案发期间，不能将案发前或者案发后与案件没有关联的数据纳入审计范围；第二种是具体团伙从事非法集资活动的区间。部分涉案公司或平台可能存在由不同团伙先后经营的情形，由于不存在共同犯罪的关系，因此有必要对不同团伙非法集资情况进行区间上的区分；第三种是在同一经营期间内，不同犯罪嫌疑人参与犯罪的时间区间。在审计中，只有严格根据犯罪嫌疑人具体参与犯罪的时间进行区间审计，才能准确计算出不同犯罪嫌疑人应承担法律责任的犯罪数额。

（4）审计结论是否能客观、准确地反映出非法集资的总金额、集资参与人人数及投资亏损人数、亏损总金额和具体名单等关键数据,是否存在重复计算、数据干扰等问题,并根据审计中存在的困难或者问题,及时要求侦查机关查明和予以补正。

(三)充分听取辩护人意见

在审查起诉阶段,辩护人在阅卷后一般都会出具书面的法律意见书,或者打电话询问承办人案件进程、对于案件处理的看法,还会提交变更强制措施的申请。在非法集资案中,充分听取辩护人意见,并与其进行有效地沟通,才能做到"兼听则明",进而提高案件办理效率和质量,理由如下:

(1)有助于提高认罪认罚从宽制度的适用。在释法说理方面,辩护人特别是辩护律师对案件事实和法律的分析意见更容易被犯罪嫌疑人采纳。因此,承办人有必要就是否适用认罪认罚从宽制度增强沟通,在取得共识后,由辩护人从中主导,犯罪嫌疑人最终选择认罪认罚的可能性更高。

(2)由于目前检察官办案多属于"单兵作战"模式,在非法集资此类疑难、复杂、重大的案件中,在审查中难免会出现思维的"死角",导致办案出现疏漏、影响到案件质量。就深圳市检察机关而言,2019年已出现多起非法吸收公众存款案的无罪案件,究其原因,大多是由于在审查起诉环节过于注重客观行为而忽视了主观故意、过于注重刑事打击而忽视了最新司法解释所彰显的宽严相济的司法理念。而辩护人提出的辩护意见,虽然不全是"真知灼见",但无疑会对承办人全面审查案件起到一定的提醒和帮助作用。

(3)即便辩护意见与承办人最终的审查意见差异较大,但仍可大致反映出辩护人在庭审阶段的核心辩护观点,也可有助于承办人提前掌握诉辩争议焦点,在撰写审查报告、庭审示证和辩论环节时做到"有的放矢",以增强指控效果、节省庭审时间。

(四)与集资参与人的沟通

如前所述,非法吸收公众存款案中的集资参与人虽非被害人,但其仍享有知情权和表达意见权,其往往将自身视为被害人,并认为案件应定性为集资诈骗罪而非非法吸收公众存款罪,并向司法机关提出各种诉求。对此,在审查起诉阶段应在以下几个方面充分重视与集资参与人的沟通和接访工作,妥善回应集资参与人的诉求和质疑,消弭可能存在社会舆情、群体上访等办案风险，使广大集资参与人能切身感受案件办理的公平、正义。

1. 接访时释法说理，耐心、细致、审慎地解答集资参与人的疑问

实践中，集资参与人主要关注三个方面的问题：一是案件是否应定性为集资诈骗罪；二是能否提起刑事附带民事诉讼或者另行起诉；三是其投资亏损能否得到清偿、如何清偿。在对集资参与人疑问的回应中，承办人或检察官助理首先要围绕法律相关规定，使用通俗、简洁的语言释法说理，使集资参与人对此罪与彼罪的区别、检察机关审查起诉的职责、清偿的程序和方式等有基本的了解；其次，在回应时应具有同理心，能充分理解集资参与人因资金损失而所产生的负面情绪和不合理诉求，同时强调检察机关公正、公平的办案原则，以取得集资参与人的信任；最后，无论是当面接访还是电话接访，均应预判到集资参与人可能通过录音、录像等方式记录甚至传播，故应谨言慎行，在审结前不发表对案件定性、犯罪嫌疑人定罪量刑、程序走向的不当倾向性意见。

2. 通过多种渠道及时公布案件进展或处理结果，减少接访工作量，提高与集资参与人的沟通效率

在集资参与人的权利义务告知阶段，集资参与人可通过告知公告等渠道获知检察官或者检察官助理的联系方式，因此可能出现检察官或助理无暇接听集资参与人电话的情况，一定程度上影响到了办案效率。对此，承办人可化被动为主动，通过检察机关和侦查机关官方社交媒体、集资参与人微信群等多种方式对于案件程序节点变化、追缴赃款物工作进展等重要事项进行发布或披露，对于集资参与人普遍存在的疑问也可以通过侦查人员或者微信群向集资参与人集中说明和回应，以此增强沟通的效率。

3. 重视集资参与人提出的关于应追诉犯罪嫌疑人、赃款物去向等案件线索，尊重其意见表达权

部分集资参与人因在案发前与涉案公司相关人员有过较为密切的接触，在案发后又通过多种渠道对涉案资金去向进行追查，故其向检察机关反映的涉及追诉犯罪嫌疑人、赃款赃物去向等案件线索有可能超出侦查的范围，具有一定可查证的价值。对此，承办人也应充分重视，在审查后通过退回补充侦查等方式对相关线索进行查证，并通过侦查人员或者微信群将查证的情况反馈给集资参与人。

三、积极跟进追赃挽损工作

在非法吸收公众存款此类非法集资案件中,打击犯罪和追赃挽损均为检察机关所追求的核心价值。前者关乎的是犯罪分子是否受到应有刑事处罚,能否起到应有的惩戒、预防和教育作用,体现的是案件办理的法律效果;后者则关乎公众的权益是否得到保障,激化的社会矛盾是否得以有效化解,体现的是案件办理的社会效果和政治效果。而对于集资参与人而言,其更为关注的是损失能否得到弥补而非犯罪分子得到了什么样的处罚。因此,追赃挽损工作是办理非法集资案件的重中之重,有必要独立地进行审视。在审查起诉环节,笔者认为应从以下几个方面做好追赃挽损工作。

(一)单独审查涉案财物查封、冻结、扣押情况,并形成涉案财物性质的分析和处置意见

《2019年非法集资意见》第9条对涉案财物追缴处置问题进行了单独规定,明确要求处置非法集资职能部门、人民检察院、公安机关等予以配合人民法院对涉案财物的处置工作。但在以往司法实践中,检察机关在涉案财物的处理方面作用并不突出,往往仅起到一个"二传手"或"中转站"的作用。随着如何界定涉案财物等关于涉案财物处置问题的浮现,检察机关在此方面理应有所作为。对此,深圳市人民检察院于2019年与深圳市委政法委、深圳市中级人民法院、深圳市公安局、深圳市财政局会签了《深圳市刑事诉讼涉案财物处置办法(试行)》,其中第四章第一节第45条规定:"公安机关在将案件移送检察机关审查起诉时,应当对涉案财物逐件(类/批)提出处理建议以及事实、理由、依据等,应当将相关证据材料单独成卷,形成诉讼证据卷之涉案财物部分,并对相关内容作索引注明。涉案财物已作先期返还、销毁等处置决定的,应当在移送起诉时说明具体处置情况及理由。犯罪嫌疑人已被移送起诉、尚未判决的,公安机关又查封、扣押、冻结涉案财物的,应当及时将有关证据材料、法律文书及处理意见及时提交人民检察院。"

笔者认为,深圳市出台的上述规定对于非法集资案的涉案财物的审查、处置具有较强的指导和借鉴意义,凸显了涉案财物处置在此类案件中的重要地位,也体现了对涉案财物单独审查的必要性。承办人在审查起诉环节,根据侦查机关提供的关于涉案财物的证据、处置建议及事实、理由、依据

进行单独审查，有助于及时发现侦查机关查封、扣押、冻结环节的疏漏，准确认定每项涉案财物的性质和应采取的处置方法，用实质审查的方式确保集资参与人以及涉案财物所有人的合法权益，为防止错误处置涉案财物加了一道"安全阀门"。

（二）督促侦查机关及时办理续封、续冻手续

虽然查封、冻结期限相对比较长，但案件可能因批准延长侦查羁押期限、退回补充侦查等因素，在审查起诉阶段查封、冻结便已期限届满，而侦查人员和检察机关承办人因专注于案件的实体侦查、审查而忘记了续封、续冻工作，导致涉案财物被他人转移无法追回。在实践中，这样的情形并非个例，承办人既因此承担了一定的办案责任，又引发了集资参与人对于司法机关办案的强烈质疑。鉴于此，在审查起诉阶段的追赃挽损中首先要强调的便是续封、续冻工作。

（三）树立正确的涉案财物处置观念，维护案外人的合法财产权益

在非法吸收公众存款案中，侦查机关根据已掌握的线索对可能涉案的财物采取查封、扣押、冻结措施，其中难免出现将与犯罪行为无关的他人财物查封、扣押、冻结的情形，如与涉案公司存在正常交易关系的公司或个人。对于查封、扣押、冻结了与案件无关的涉案财物的，根据法律规定，侦查机关或检察机关均有权在查明涉案财物性质的情形下，依法解除查封、扣押、冻结措施。但在审查起诉环节，犯罪事实已基本查明，仍存在承办人为了避免引发集资参与人异议，对于涉案财物权利人提出的解除查封、扣押、冻结申请不予理会，不对权利人提供的证据进行核实，不依法对涉案财物进行处理的情形。

对此，笔者认为应对上述错误的涉案财物处置理念予以纠正，检察机关在维护集资参与人合法权益的同时，也应平等保护案外人的合法权益，及时审查涉案财物权利人提出的权利主张并及时作出处置，对于既无法查明与犯罪行为有关又无法核实不存在关联的，应秉持着存疑有利于权利人的原则依法处理。特别是在当前着重保护非公经济发展的司法政策下，对于非公经济企业财物的查封、扣押、冻结及后续处置更应慎之又慎。

（四）变被动为主动，不断增强检察机关在追赃挽损工作中的作用

就目前追赃挽损工作开展的现状而言，主要是由侦查机关对该项工作进行推进，大部分涉案财物也是由侦查机关在呈请逮捕或者移送审查起诉前追回，由检察机关提供赃款赃物追查线索并成功追缴回的涉案财物所占比例较小。究其原因，固然存在随着时间的推移追缴赃款赃物的难度不断增大、线索不断减少的原因，但同时也有检察机关在追赃挽损工作中相对被动和消极的因素。追赃挽损工作成效的上述对比，显然与检察机关在刑事诉讼中的地位和作用不相匹配。笔者认为，在审查起诉阶段检察机关及承办人应从以下几个方面主动加大追赃挽损工作力度：

1.建立追赃挽损工作台账等方式，及时记录审阅案件时发现的赃款赃物线索

正如前面所提及的承办人应对涉案财物情况进行单独审查一样，对于涉及追赃挽损的证据和事实也应单独进行审查。犯罪嫌疑人供述、证人证言、审计报告等证据材料中往往能反映出涉案赃款赃物去向的一些线索，但在审查时容易被承办人所忽略。通过建立台账等方式，可以使承办人全面掌握追赃的线索，通过综合分析，找到侦查机关尚未发现的可查证的线索，进而引导侦查机关对线索进行核实。

2.在主动发现线索的同时，强化对侦查机关追赃挽损工作的监督，提升追赃挽损工作的成效

由于侦查能力、对追赃挽损工作重视程度及警力配置等差异，不同侦查机关在不同案件中的追赃挽损工作成效也存在较大差异，实践中仍存在侦查机关"重证据收集轻追赃挽损"等问题。对此，检察机关承办人也有必要改变监督观念，强化对侦查机关追赃挽损工作的监督：一是要求侦查机关就追赃挽损工作情况和计划出具书面的情况说明，并附有已开展追赃挽损工作的相关证明材料，以此引起侦查机关对该项工作的充分重视；二是在补充侦查提纲中对追赃挽损工作提出明确、具体的引导事项，并要求侦查机关逐项详细回复补查情况；三是针对侦查机关在追赃挽损工作存在的消极懈怠、不作为等问题，通过个案或者类案总结的方式，以发出检察建议、纠正违法通知书督促侦查机关予以纠正。

3.积极引导侦查机关对合法债务、财产权益依法进行追偿

在非法吸收公众存款案中，部分涉案资金用于对外投资、出借，如果

用款方、借款方主观上对于款项性质、来源等并不知情，往往难以直接采用查封、扣押、冻结的方式进行追赃，导致追赃挽损工作停滞不前。对此，检察机关应引导侦查机关采用合法、合理手段进行追偿。如涉案公司或平台直接享有股权或财产份额的，侦查机关在采取合理保全措施的前提下，与相关项目的管理方、运营方就财产权益的退出、转移、变现进行沟通协调，拟订清偿方案；如涉案公司或平台享有对外债权的，侦查机关应积极予以追讨，债务人拒不配合或无法偿还的，可通过引导涉案公司或人员提起民事诉讼的方式进行追偿。

4.可通过变更强制措施、适用认罪认罚从宽、不起诉等方式引导犯罪嫌疑人主动退赃退赔

《办理涉互联网金融犯罪纪要》规定："最大限度减少投资人的实际损失是办理涉互联网金融犯罪案件特别是非法集资案件的重要工作。在决定是否起诉、提出量刑建议时，要重视对是否具有认罪认罚、主动退赃退赔等情节的考察。分支机构涉案人员积极配合调查、主动退还违法所得、真诚认罪悔罪的，应当依法提出从轻、减轻处罚的量刑建议。其中，对情节轻微、可以免予刑事处罚的，或者情节显著轻微、危害不大、不认为是犯罪的，应当依法作出不起诉决定。对被不起诉人需要给予行政处罚或者没收违法所得的，应当向行政主管部门提出检察意见。"《刑法修正案（十一）》规定在提起公诉前，只要主动退赃退赔，减少损害结果发生的，可以从轻或者减轻处罚。

上述规定明确了在非法集资案件中应以退赃退赔情节作为对犯罪嫌疑人从宽处理的重要参考，在具体适用时笔者认为还应注意以下问题：

（1）除了不起诉、适用认罪认罚从宽，还应将强制措施的变更作为一种从宽处理的方式。在诉讼进程中，辩护人提出最多的意见便是申请变更强制措施为取保候审，反映出犯罪嫌疑人在批准逮捕后最为迫切希望的是改变羁押状态。而从客观上看，对于有退赃退赔意愿和能力的犯罪嫌疑人而言，取保候审更有助于实现追赃挽损工作的效果最大化：第一，犯罪嫌疑人取保候审后可亲自参与追讨债务、筹措资金，清偿效果要优于侦查机关追缴赃款；第二，取保候审只是程序性的从宽，并不代表刑事责任的减轻，犯罪嫌疑人在获得人身自由后为避免被法院判处实刑，会更为积极、主动地退赃退赔。有鉴于此，检察机关应将变更强制措施作为引导犯罪嫌疑人主动、及时退赃退赔的重要手段和途径。

（2）在适用从宽措施时应敢于担当，不能"因噎废食"。在实践中，部分检察机关和承办人在适用上述从宽措施时有时过于保守直接影响到追赃挽损工作的进展。这种保守的态度，一般表现为在适用从宽措施时人为地拔高适用条件，导致本应从宽而未予以从宽。如变更强制措施方面，根据刑事诉讼法规定，只有可能被判处十年以上有期徒刑、有故意犯罪前科、身份不明或取保候审不足以防止一定社会危害性发生的，才应当逮捕，即除此之外均符合取保候审的条件。但在具体审查时，则可能要求必须同时符合犯罪嫌疑人认罪、可能判处三年以下刑罚、同案犯必须均已归案等条件。

究其原因，一方面没有充分认识到当前社会形势下，追赃挽损工作对于非法集资案件的办案效果、集资参与人合法权益维护、有效化解社会矛盾的重要性；另一方面是对刑法的谦抑性、宽严相济等刑事司法政策的理解不够深入，只站在惩戒犯罪的角度处理案件。

有鉴于此，要切实增强检察机关追赃挽损工作的力度和实效，就必须要求检察机关及承办人在态度上敢于担当、转变办案观念，严格依据法律规定和当前司法政策作出审查判断。

（3）应合理把握从宽处理的条件和方式。

第一，应合理看待主动退赃退赔的效果。从非法集资案追赃挽损的工作总体情况上看，侦查机关依职权追回赃款的数额大多占全部待偿本金的10%至20%，少数能占到40%、50%，其他涉案资金则被用作经营支出、对外投资亏损或未能收回或去向不明。在侦查机关能追回赃款比例不高、继续追赃难度不断增大的情形下，我们应客观、合理地判断犯罪嫌疑人主动退赃退赔对于弥补集资参与人损失的作用，不能片面地要求犯罪嫌疑人全部退赃退赔才能予以从宽。

第二，应合理确定不同犯罪嫌疑人退赃退赔的责任。对于涉案公司老板、涉案资金的实际控制人来说，其当然应对造成的所有损失承担退赃退赔的责任。但对于公司高层、管理人员和普通员工而言，则应根据其具体地位和作用、违法所得等因素确定退赃退赔责任。如果上述人员退赃退赔达到一定比例或全部退回非法所得，则应认为已经全部退赃退赔。

第三，应合理选择不同从宽处理的方式。只要主动退赃退赔的犯罪嫌疑人，就应该对其进行从宽处理，但选择何种从宽方式，则应主要根据其退赃退赔责任及实际退赃退赔比例，综合其认罪态度和犯罪作用合理进行选择。

四、审查起诉应遵循的办案理念和原则

（一）兼顾办案质量和效率，审慎使用延期和退查

由于非法吸收公众存款案一般涉案人数多、案情复杂，故在审查起诉环节承办人往往采用延期后再退查的方式，争取更多期限用于审查或补查证据。这种做法本无可厚非，但随着这一办案模式的不断重复，容易使承办人产生"办理此类案件就是要两退三延"的思维定势，进而出现一些问题，极大影响了办案效率甚至办案质量。

比如，因对"两退三延"的预期，承办人在收到案件后可能并不会第一时间进行审查，导致不能及时就案件可能存在的问题与侦查机关、审计人员进行沟通，造成提审准备得不充分。又如，为了延长办案期限而滥用退查、延期手段，导致补充侦查提纲质量不高，削弱了退回补充侦查的效果。实践中，仍存在承办人在补查提纲中仅笼统地要求侦查机关对案件违法性、社会性、公开性、利诱性进行查证的情况。再如，办案期限的拉长和审查的多次中断，容易导致审查时不够深入、遗漏案件要点。

对于慎用退查、延期，可能有观点会持保留意见，认为对于非法集资案而言，不将期限用尽便无法确保案件办理质量。对此，笔者认为，减少退查和延期，特别是延期的适用，并不会当然导致办案质量下降：第一，对于非法集资案件而言，即便用尽办案期限，仍存在起诉前仍未能完全查明案件事实的情况，如受到检材、审计人员能力的限制，审计报告再如何完善都无法达到完美的程度。因此，用尽期限并不是查明事实充分条件。第二，除了退查、延期外，还可以通过收案后及时审查、边审查边引导补充侦查、起诉后要求提供法庭审判所需证据材料等多种方式提高审查和补充侦查的效率，用尽期限也并非查明事实的必要条件。第三，在有限时间内集中、深入审查相较于碎片化、间断性的审查，审查效率和效果更高，也更能激发承办人办案主动性、积极性。第四，减少审查环节、缩短审查期限，既能使犯罪分子尽早受到法律的制裁，还能使集资参与人及时获得经济上和情感上的抚慰，同样属于办案质量应予以考量的因素。

（二）办案与监督并重，通过强化侦查活动监督提升办案质量

侦查活动监督是检察机关的一项基本职责，之所以在非法集资案办案中特别强调强化侦查活动监督，主要基于以下几个方面的现实考量：

涉众型经济犯罪办案重难点破解

近两年非法集资案件频发，案件数量呈现井喷式增长，此类案件大多下沉到派出所具体侦办，市区经侦往往只负责一些指导、协调工作，导致实际办案力量、办案水平与案件侦办难度明显不匹配，容易出现取证不力、违法取证的问题。

目前公安机关仍存在"重批捕轻审查起诉"的问题，对于非法集资案件而言，在审查逮捕、移送审查起诉后，还有大量需要侦查机关补充侦查的事实和证据，侦查如果不够积极必然影响案件质量甚至是直接影响能否定罪。

非法集资案件的处理关乎到广大集资参与人的利益、社会矛盾能否有效化解、社会舆论对司法公信的看法，可谓是"牵一发而动全身"。与普通刑事案件相比，非法集资案中侦查活动的瑕疵极容易被无限放大，进而影响公众对公安机关、检察机关刑事司法活动的整体质疑，因此也有必要通过侦查活动监督消除可能存在的隐患。

在非法集资案中强化侦查活动监督，应特别注意以下问题：

加强对侦查机关追赃挽损工作的监督，特别是针对追缴赃款赃物和核实资金去向方面的不作为、为追讨合法债务违法查封、扣押、冻结案发人的合法财产等问题。

拟制具体、细致的补充侦查提纲，要求侦查机关逐项补查和回复，并对无法查明的理由和侦查过程进行详细说明，以此对补充侦查进行精准化引导和监督。补充侦查提纲既是引导侦查文书，也可视为是督促侦查机关依法补充侦查的监督文书。补充侦查提纲越具体、细致，一方面可给予侦查机关更为具体、细致的补充侦查指引，做到"有的放矢"，提高补查的效率；另一方面也要求侦查机关必须通过具体、细致的补查工作才能对提纲所列具体事项合理回应和说明，落实补查的责任，避免以情况说明便可敷衍了事的情况。

对不同补充侦查文书进行精细化审查，拟制补查情况列表，对补充侦查效果进行精准化监督。办案实践中，承办人通过口头或者退查的方式要求侦查机关对多个事项进行补充，但因办案周期较长和记忆力有限的原因，承办人往往很难记住在什么节点就某个具体事项已要求侦查机关补查、侦查机关是否已补查完毕还是仍在继续侦查，这便导致承办人对于侦查机关补查工作的效率、效果无法全面衡量和把握。因此，只有通过对《逮捕案件继续侦查取证意见书》、侦查机关《提请批准延长侦查羁押期限报告书》

中的下一步侦查计划、补充侦查提纲和侦查机关补充侦查报告书等补查文书进行全面审查，通过列表等方式详细记录不同办案节点的补查要求和侦查机关完成情况，再与补查的证据逐一对照，方能精准把握和判断补查效率和效果，及时要求侦查机关纠正不当的补充侦查行为。

综上，检察机关在侦查监督工作中应善用纠正违法这一手段，以督促侦查机关在个案或类案中，增强依法侦查取证观念，避免因侦查不作为而影响案件质量和办案效果的情形出现。

（三）遵循宽严相济的司法理念，把握罪与非罪的界限

《刑法》第13条规定犯罪的含义，对于虽然危害社会但情节显著轻微危害不大的，不认为是犯罪，相当于确立了一条根据情节轻重和危害后果区分罪与非罪的概括标准，原则上应适用于刑法分则所规定的所有罪名，包括非法吸收公众存款等涉众型经济犯罪。《2019年非法集资意见》第6条"关于宽严相济刑事政策把握问题"的规定中，更明确了非法集资刑事案件中应如何宽严相济、把握罪与非罪界限的问题，第3款规定："对于涉案人员积极配合调查、主动退赃退赔、真诚认罪悔罪的，可以依法从轻处罚；其中情节轻微的，可以免除处罚；情节显著轻微、危害不大的，不作为犯罪处理。"

根据法律和司法解释的上述规定，在办理非法集资案件中也应从宽严相济的角度，对犯罪嫌疑人是否属于"情节显著轻微、危害不大"作出司法判断，准确把握罪与非罪的界限。但在实践中，由于非法集资案件属于涉众案件，近年来又属于重点打击的对象，导致少数承办人在办理此类案件中陷入了"盲目打击"的误区，达到追诉标准的一律批捕、一律起诉，不仅未能切实贯彻宽严相济的刑事司法政策及刑法惩戒与教育并重的基本原则，还可能出现因情节显著轻微被法院判处无罪的案件。以深圳市检察机关为例，2019年便出现了P2P平台普通员工根据上级指示，偶尔参与虚假投标，最后被法院以情节显著轻微判处无罪的案件。

对此，笔者认为，对于非法集资此类涉案人员多、不同犯罪嫌疑人作用地位差异较大的案件，更应准确把握罪与非罪的标准：

准确理解追诉标准与刑法关于"情节显著轻微"的规定在适用上的逻辑关系。追诉标准是法律和司法解释为刑法分则具体罪名所设定的入罪的形式标准，对于有追诉标准的罪名，判断是否达到该标准是判断能否入罪

的必要条件;而刑法总则关于"情节显著轻微"的规定,是刑法对于能否认定"犯罪"的价值评判标准,是对入罪的排除性条件。对于存在追诉标准的罪名,认定是否构成犯罪时,首先应以形式标准进行判断,然后再通过价值标准进行过滤,只有达到追诉标准且同时又不属于"情节显著轻微"的,才能被刑法评价为犯罪;而对于没有追诉标准的罪名,则均由司法机关根据价值标准来判断是否具备刑事可追责性,即便在司法实践中已形成了相关判例标准,实质上也仍然依赖这种价值判断。因此,从情节和危害后果方面把握罪与非罪界限时,必须要同时运用形式标准和价值标准进行双重判断。

对于具体案件而言,对于参与非法集资的普通员工、行政人员,虽然其参与了犯罪,但如果其行为对于非法集资的危害后果作用力很小,也没有从中非法获利,其又因进入社会时间短、入职时间短或受到上级蒙蔽等原因致使主观上对非法集资性质认识不足、主观恶性较小,那么无论从期待可能性理论还是刑法基本精神上予以判断,均应认为其行为不构成犯罪,应依法作出不起诉处理。

在办案理念方面,承办人不能只看到刑法打击犯罪的目标,还应看到刑法预防和教育的价值追求,更应从常情常理和秉持着司法人文关怀作出司法判断。虽然对于部分情节显著轻微的犯罪嫌疑人不予追究刑事责任可能会引起集资参与人或公众的质疑,但与可能将一名涉世未深的大学生、一名刚养育儿女的年轻母亲送入囚牢打上犯罪的标签,使其前途暗淡、母子分离相比,无疑后者对于社会关系和法律价值的破坏更为严重。

五、认罪认罚从宽制度的适用

从最初的区域试点,到写入刑法再到现在相关司法解释和解读不断出台,认罪认罚从宽制度可谓已进入发展的"快车道"。经过几年的推行,认罪认罚从宽制度在提升刑事诉讼效率方面已取得良好成效,已成为刑事诉讼中不可或缺的一个重要环节,但仍存在一定问题,较为突出的便是在重罪案件中适用率不高、适用标准难以把握的问题。对此,笔者认为重罪案件才是充分实现认罪认罚从宽制度优势的核心领域,而涉众型经济犯罪特别是非法吸收公众存款案件更是核心中的核心。

（一）非法吸收公众存款案中适用认罪认罚从宽制度的必要性和可行性

1. 通过适用认罪认罚从宽制度减轻办案压力，提高办案效率

此类案件案情复杂、涉案人数众多，承办人需要在提审、阅卷、撰写审查报告、出庭公诉的整个诉讼环节均花费大量的时间和精力，办理一个此类案件的工作量可能是数倍甚至几十倍于一个简单案件。虽然适用认罪认罚从宽制度也需要花费更多时间与犯罪嫌疑人、辩护人沟通和协商，但其所支出的成本与排除犯罪嫌疑人辩解、审计精确的犯罪数额等复杂、繁琐的审查工作相比基本可忽略不计。

此外，在主从犯地位、作用和责任区分明显的情形下，对从犯积极适用认罪认罚从宽制度，还能产生"以点带面"的联动效果，也有助于提高审查起诉和出庭公诉环节的诉讼效率。如深圳市人民检察院办理的江某某等人涉嫌合同诈骗罪、寻衅滋事罪、破坏生产经营罪、强迫交易罪一案，该案移送审查起诉犯罪嫌疑人共 157 人，是深圳市有史以来同案犯罪嫌疑人最多的刑事案件，案件涉及被害人 1721 人，案件材料 2612 册，涉案金额 3 亿多元。深圳市人民检察院在该案中探索适用认罪认罚从宽制度，在审查起诉阶段便陆续有 109 名犯罪嫌疑人认罪认罚。在庭审阶段，随着公诉人结合讯问、举证、辩论等环节对认罪认罚从宽制度的深度解读和检察机关对认罪认罚被告人从宽政策的逐渐落实，又有 40 名被告人争先恐后地认罪认罚，最终全案认罪认罚人数达到 149 名，认罪认罚比例高达 95%，原计划 45 天的庭审 12 天便顺利结束，极大地节省了司法资源。

2. 非法吸收公众存款案中认罪认罚从宽的选择空间较大

非法吸收公众存款罪量刑第一档为三年以下有期徒刑，第二档为三年以上十年以下有期徒刑，第三档为十年以上有期徒刑，可供协商的量刑幅度较大。无论对于案件主犯或从犯，都有较大的通过主动认罪认罚争取从宽处理的可能性。

3. 非法集资案相关司法解释为认罪认罚从宽制度的适用提供了更为明确的法律依据，可操作性更强

《办理涉互联网金融犯罪纪要》中首先提到了妥善把握刑事追诉的范围和边界的问题，提出对于犯罪情节相对较轻、主观恶性较小、在犯罪中起次要作用的人员依法从宽处理；还提出在决定是否起诉、提出量刑建议时

要重视对是否具有认罪认罚、主动退赃退赔等情节的考察。《2019年非法集资意见》也对在办理非法集资刑事案件中如何贯彻宽严相济刑事政策作出了相关规定。因此，与其他重罪案件相比，非法集资案适用认罪认罚从宽制度更具有必要性和可行性。

4. 非法吸收公众存款案的案件性质决定了适用认罪认罚从宽制度时具有更大的协商空间

非法吸收公众存款的犯罪行为虽然首先破坏的是国家金融管理秩序，但往往同时也侵害到社会公众的财产权益，对社会关系造成双重危害。在司法实践中，我们评判非法吸收公众存款犯罪行为的危害性时，既会从非法集资数额、集资参与人人数上判断对金融管理秩序的危害程度，也同时会重点考量因犯罪行为造成集资参与人损失的大小。正因如此，在案发后犯罪嫌疑人是否主动退赃退赔以减少集资参与人损失，是衡量能否对其从宽处罚的重要依据之一。在非法集资案件的办理中司法机关负有积极追赃挽损、减少集资参与人损失的职责，而犯罪嫌疑人一方又普遍希望通过退赃退赔减轻其刑事责任获取从宽处理的情形下，适用认罪认罚从宽制度可将追赃和退赃两者完美地予以结合，为最终能达成认罪认罚从宽提供更大的协商空间。

（二）具体适用认罪认罚从宽制度时应注意的几点问题

1. 正确把握证明标准，严守法律底线，避免将认罪认罚从宽作为替代不起诉的手段

认罪认罚从宽本质上是一种诉讼程序，且可以撤回，故不能将认罪认罚视为是一种有罪供述，认为只要犯罪嫌疑人、被告人认罪认罚便达到了定罪证明标准，而应具体根据案件事实和证据情况决定是否应适用认罪认罚从宽制度：第一，对于原本不认罪的案件，在案证据虽然较为单薄，但犯罪嫌疑人的认罪与其他在案证据相互印证，形成了完整、封闭的证据链条，且案件不存在任何合理怀疑，承办人能形成内心确信，则可认为达到定罪的证明标准；第二，即便犯罪嫌疑人认罪认罚，也无法形成完整的证据链条，且案件存在合理怀疑的，或者犯罪嫌疑人情节显著轻微、危害不大的，则不能适用认罪认罚从宽制度，而应作出存疑不起诉或法定不起诉处理；第三，对于原本认罪或部分认罪的案件，定罪不存在问题，但犯罪事实部分存有疑问的，只要犯罪嫌疑人认可该事实，也可认为达到了证明标准，但同时在提出量刑建议时酌情予以从轻。

综上，在适用认罪认罚从宽制度时，应以能否构成犯罪、是否达到证明标准作为适用前提，不能以认罪认罚作为替代本应作法定不起诉、存疑不起诉的案件的手段，避免犯罪嫌疑人因违心认罪而含冤受罚，保障法律适用的公平、正义。

2. 以退赃退赔情节作为确定从宽方式和量刑建议幅度的主要依据，引导犯罪嫌疑人积极退赃退赔

在非法吸收公众存款案中，鉴于犯罪嫌疑人认罪认罚对提高诉讼效率、节省诉讼资源起到了积极作用，即便其未退赃退赔，也应依法建议对其从宽处理，这是认罪认罚从宽制度的应有之义。但在关注认罪认罚对于诉讼效率的提升的同时，更应追求的是通过认罪认罚从宽引导犯罪嫌疑人主动退赃退赔，最大限度地减少广大集资参与人损失。因此，笔者认为在适用认罪认罚从宽制度时，应以犯罪嫌疑人退赃退赔数额、比例作为选择从宽方式和幅度主要依据，根据不同情形灵活采用相对不起诉、缓刑建议、确定刑从宽建议和幅度刑从宽建议等从宽手段，充分调动犯罪嫌疑人的退赃退赔积极性。即便对于主犯而言，如果其能全部或者绝大部分退赃退赔，根据《刑法修正案（十一）》的相关规定，笔者认为也可以对其作出相对不起诉或者提出缓刑建议的从宽处理。

3. 关于认罪认罚从宽制度的启动及协商的几点设计

（1）制度的启动。对于审查起诉前犯罪嫌疑人不认罪的，为了确保认罪认罚从宽制度启动的有效性，建议以承办人主动启动为主，当事人或辩护人申请为辅。当事人或辩护人申请启动的，可要求辩护人会见犯罪嫌疑人并取得犯罪嫌疑人对犯罪事实的亲笔供词，由承办人审查认罪认罚是否具有自愿性，然后决定是否启动。通过这一方式，可以避免犯罪嫌疑人和辩护人为争取从宽处理而权宜地认罪，在庭审阶段又突然提出无罪或罪轻辩解，徒然浪费司法资源。

（2）认罪协商和案件审批过程相衔接。对于可能会适用认罪认罚从宽制度的案件，为了提高协商效率，承办人可在第一次提审时征求犯罪嫌疑人的初步意见，后通知辩护人与犯罪嫌疑人进行沟通，辩护人在会见后将犯罪嫌疑人对认罪和量刑建议的意见反馈给承办人，双方意见如能协商达成一致，由承办人将协商的结果在审查报告中载明并报请审批。如审批未经通过，则根据审批结果重新进行协商。

（3）优化认罪认罚具结书内容。在目前办案系统生成的认罪认罚具结书中，只有笼统的认罪认罚的表述，而没有载明具体的罪名和犯罪事实，

承办人只能通过口述的方式进行说明。为了避免庭审阶段可能出现的争议，同时也维护犯罪嫌疑人的合法权益，承办人应在具结书中载明认定的罪名和具体犯罪事实。

4.适用认罪认罚从宽制度存在的顾虑及应对建议

非法吸收公众存款等涉众型经济犯罪案件中，承办人对于选择适用认罪认罚从宽制度目前仍存在一定的顾虑，主要体现为在缺乏明确量刑指导意见的情形下，如何提出适当的量刑建议、提出的量刑建议能否得到采纳、提出的建议是否会受到集资参与人质疑。而由于承办人不提出确定刑建议，也可能直接影响到认罪认罚从宽能否达成以及犯罪嫌疑人退赃退赔的意愿。对此，笔者认为应从以下几个方面予以应对：

第一，检察机关应在与法院进行沟通协商的基础上，结合司法判例，对非法吸收公众存款等涉众型经济犯罪案件制定专门的量刑建议指引。

第二，充分利用智慧检察的科技手段，通过综合检索法院裁判文书，寻找相近判例，为精准化量刑提供素材参考。

第三，在审查报告中着重对拟提出的具体量刑建议的合理性、适当性进行分析，通过审批程序严格把关，避免因量刑争议而可能对承办人造成不利质疑。如提出一般从宽量刑建议的，由主管领导审批；提出适用缓刑建议或其他特殊从宽建议的，由副检察长审批。

第四，在出庭公诉时坚持公诉"独立品格"，从被告人的犯罪情节、犯罪地位、人身危险性、退赃退赔情况等多个角度，主动阐述提出建议合理理由，强化量刑建议的说理性。

第四节　非法吸收公众存款案件出庭公诉及审判监督要点

一、庭前准备

（一）庭前会议

1.组织召开庭前会议的必要性

庭前会议并非是刑事审判环节的必经程序，《关于适用〈中华人民共和国刑事诉讼法〉的解释》第226条规定了审判人员可以组织召开庭前会议的四种情形，而《人民法院办理刑事案件庭前会议规程（试行）》（以下简称《规程》)对庭前会议程序补充作出了更为具体明确的规定。对于很多涉案人数少、争议点较少的案件而言,庭审只要半天或者一天,此时,一般没有必要组织庭前会议。而对于非法吸收公众存款此类涉众型经济犯罪案件而言,除了少数被告人数少且案情简单、已适用认罪认罚从宽制度或者同案犯已被判决的情形,大多数案件均有组织召开庭审会议的必要,主要体现在以下方面:

(1)有利于控辩双方在庭前取得更多共识,节省庭审时间和效率。在庭审环节控辩双方的观点一般存在诸多对立之处,导致质证环节和辩论环节争锋不断,耗费了大量的庭审时间,而这种对立大多并非基于影响到定罪和量刑问题和争议,而是一些程序性问题或者无法通过充分论辩形成一致结论的观点差异。此外,部分辩护人为了强化案件事实和证据的疑问,采取了全面辩护的策略,即对案件整个刑事诉讼过程、每一份与被告人有关的证据的合法性、客观性、关联性均提出质疑,导致大量庭审时间耗费在质疑、回应、再质疑、再回应的纠缠之中。特别是在非法吸收公众存款案中,由于被告人人数较多,证据繁杂,被告人均委托有一到两名辩护人,如果不能把握好争议焦点和论辩节奏,庭审效率往往大受影响。而通过庭前会议,法官通过听取控辩双方的意见,更能把握住案件争议的焦点,并引导控辩双方就案件存在的一些不影响控辩双方立场的争议达成一致意见。《规程》第 25 条第 2 款规定:"控辩双方在庭前会议中就有关事项达成一致意见,在庭审中反悔的,除有正当理由外,法庭一般不再进行处理。"特别是对于非法证据排除问题,《规程》第 14 条第 3 款规定:"控辩双方在庭前会议中对证据收集的合法性未达成一致意见,人民法院应当开展庭审调查,但公诉人提供的相关证据材料确实、充分,能够排除非法取证情形,且没有新的线索或者材料表明可能存在非法取证的,庭审调查举证、质证可以简化。"有鉴于此,通过庭前会议,控辩双方如果能在排除非法证据、取证合法性、证据瑕疵等问题上达成一致意见,或者虽未达成一致,但明确了控方针对存在的问题进行补充、补正的标准,那么无疑会提升庭审中质证和辩论的效率。

(2)有利于明确案件事实和法律的争议焦点,提高公诉人举证和指控的效率和效果。在庭前会议中控辩双方可能就某些并不影响案件定罪量刑的问题达成共识,但庭前会议并不能取代庭审,控辩双方的核心立场可能并不会因此发生改变,如无罪之辩、主从犯之辩、法定刑之辩等。在此情形下，公诉人可通过庭前会议提前了解辩护人的辩护观点和理由，由一般庭审中"见招拆招"的被动变为主动出击，在讯问、质证和辩论环节均能更有针对性地出示证据和发表意见，增强举证和指控的效果和效率。如在示证环节，面对非法吸收公众存款案中繁重的证据体系，如果辩护人和被告人对于涉案公司非法吸收公众存款的客观行为没有异议，只是不认可起诉书所指控的被告人的犯罪地位和作用，那么公诉人在示证时对于涉及违法性、社会性、利诱性、公开性的大量证据就可以采用概括的方式"一笔带过"，而对于指控被告人地位和作用的同案犯供述、证人证言等证据则予以详细出示和说明。

（3）有利于发现证据瑕疵，及时补充或补正证据。在证据审查方面，毋庸讳言的是公诉人可能受到角色和立场的影响，看到证据有利于指控的一面的同时而忽视了证据或证据链条中所存在的瑕疵，特别是取证程序上的瑕疵。而辩护人反而能做到"吹毛求疵"，从刑事诉讼法的相关规定到侦查机关取证的诸多工作细则，全方位审查证据的合法性、客观性，发现证据存在的问题。在庭审中，如果辩护人提出公诉人未能发现的证据瑕疵，且提出明确依据，公诉人则会陷入被动，直接影响到指控犯罪的效果。而通过庭前会议，公诉人可根据辩护人提出的质疑，发现在案证据所存在的瑕疵，并在开庭前及时补充或者补正。

（4）有利于预判诉讼风险，及时纠正错误起诉。《规程》第22条规定："人民法院在庭前会议中听取控辩双方对案件事实证据的意见后，对于明显事实不清、证据不足的案件，可以建议人民检察院补充材料或者撤回起诉。建议撤回起诉的案件，人民检察院不同意的，人民法院开庭审理后，没有新的事实和理由，一般不准许撤回起诉。"在非法吸收公众存款案中，由于不同的被告人在犯罪中所起到的具体作用、主观明知程度相差较大，也往往难以准确查明每一个被告人的犯罪数额，导致此类案件在证明标准和法律适用上可能存在一定诉讼风险，实践中因为是否属于情节显著轻微、是否具备共同犯罪故意等争议而出现不少无罪案件。对此，公诉人通过参加庭前会议，可在庭审前了解法官或者合议庭对于争议问题以及能否定罪所持的观点，进而有针对性地对证据进行补充侦查或者强化对相关法律适用问题的论证。而对于经过补查或论证仍可能存在较大无罪风险的案件，则可通过撤回起诉的方式及时纠正。

综上，笔者认为在非法吸收公众存款、集资诈骗此类涉众型经济犯罪案件中，如果案件较为复杂、争议点较多，公诉人应主动建议人民法院召开庭前会议，通过庭前会议减少庭审中可能出现的争议点，并解决证据和法律适用存在的问题。

2. 庭前会议的重点问题

《关于适用〈中华人民共和国刑事诉讼法〉的解释》第228条规定了召开庭前会议时，审判人员可以向控辩双方了解情况、听取意见的十种情形，如管辖、回避、非法证据排除、是否公开审理等。除了上述普遍性的问题外，在非法吸收公众存款案中，公诉人还应在以下几个问题的沟通上发挥主导作用：

（1）被告人是否在庭审阶段选择认罪认罚。认罪认罚从宽制度适用于刑事诉讼活动的整个过程，当然也包括庭审和庭前会议阶段。被告人在审查起诉阶段有可能出于对于定罪的侥幸心理，不认罪认罚，但被提起公诉后，被告人会对其被判处无罪和被判处有罪的可能性大小进行权衡，进而可能选择通过认罪认罚的方式争取获得从轻判决。而在庭审前，公诉人往往不能获知被告人是否选择认罪认罚，如果以被告人作无罪辩解的情形准备庭审预案，无疑会觉得白白耗费了庭前准备的时间和精力。因此，庭前会议阶段是公诉人积极促成被告人认罪认罚的另一个重要节点，如果被告人或者其辩护人接受认罪认罚建议的，无疑有助于提高后续庭审的效率和效果。

（2）对于认定违法性、利诱性、公开性、社会性是否存在异议。非法吸收公众存款案证据繁杂最主要的原因就是涉及上述"四性"的证据繁多，且不同证据难免存在证明内容的重复，如实际控制人供述了涉案公司或平台的经营模式，其他高管、员工或其他证人也作出了同样或类似的陈述。如果在庭前会议中，被告人和辩护人对于"四性"中的全部或部分不持异议，且得到审判人员的认可，那么公诉人在庭审时只要简要说明即可，可将示证的精力放在案件的关键争议点之上。

（3）被告人的主要辩解和辩护人的辩护方向。在被告人也参加庭前会议的情形下，了解其对于起诉书指控的罪名和事实的主要辩解、针对指控事实提出无罪的辩解、认可指控的事实但因对法律理解偏差而提出无罪的辩解，抑或是辩解其构成其他罪名，有助于公诉人在庭审的讯问、示证和发表公诉意见环节做到有的放矢。提前了解辩护人的辩护方向也非常重要，如虽然被告人认罪或者选择适用认罪认罚从宽制度的，但并不意味着辩护人在庭审时当然地会作罪轻辩护,辩护人基于独立辩护原则也可能作无罪辩解。在进行罪轻辩解时,辩护人可能从从犯角度进行辩护,还可能提出一些公诉人在审查起诉环节并未预判到的一些法定从轻、减轻情节,如自首、立功。提前了解辩护人的辩护方向,某些时候比提前了解被告人辩解更为重要,因为控辩的交锋的状况直接决定了庭审的进程和指控犯罪的效果。

（4）被告人和辩护人对于审计结论的意见。非法吸收公众存款罪属于数额犯,犯罪数额直接决定了每个被告人的法定刑幅度和具体犯罪情节,而在目前司法实践中,绝大多数案件的犯罪数额均系根据案件会计审计结论认定。如果被告人和辩护人对于审计结论予以认可,且公诉人也认为该审计结论客观真实,那么便不必进行补充审计；反之,如果公诉人对于被告人和辩护人提出质疑无法合理说明和回应,则有必要在庭审前对犯罪数额进行补充审计。

（5）被告人退赃退赔情况。被告人退赃退赔情况是涉众型经济犯罪案件中衡量被告人罪责和悔罪态度的重要依据,在审查逮捕和审查起诉环节均应得到侦查机关和检察机关的高度重视。但在实践中,由于被告人退赃退赔情节并非犯罪构成要件,有可能会被忽视,导致未能对退赃退赔情况核实清楚,起诉时不能认定被告人退赃退赔的具体数额。此外,被告人及其家属也可能为了从轻处罚而在被提起公诉后陆续对集资参与人进行兑付,出现新的证据。鉴于此,公诉人应在庭前会议中主动了解被告人退赃退赔的情况,并根据辩护人提交的相关证明材料对退赃退赔进行核实,以便于在庭审时作为证据出示。之所以强调要及时查明退赃退赔情况,最重要的一个因素便是能在庭审时对其他被告人产生示范作用,通过从轻处罚的建议鼓励被告人积极退赃退赔,挽回集资参与人损失。

（二）出庭预案

非法吸收公众存款案一般都属于涉众型的重大、疑难、复杂案件,案件的裁判过程和结果均可能会引起广大集资参与人的密切关注。而随着以审判为中心的诉讼体制改革的进一步落实和推进,庭审中控辩的交锋状况已成为影响最后裁判结果的重要因素。对此,笔者认为,除了个别案情简单、争议不大的案件外,公诉人均应当在出庭前制定完备的出庭预案,以充分应对庭审中可能出现争议,强化庭审指控犯罪的效果。笔者认为,可以从以下几个方面拟定非法吸收公众存款案的出庭预案：

1. 全面回顾和熟悉案情,把握案件关键点、争议点和瑕疵点

在实践中,一般是法院先确定庭审时间,公诉人在开庭前不久再拟定出庭预案。而对于非法吸收公众存款案件,法院开庭前的阅卷时间往往较长,因此案件从提起公诉到开庭的时间间距也较长,除了全案适用认罪认罚的情形外,一般需要2至4个月,如果存在追加或补充起诉等事由,则可能需要6个月以上。公诉人在拟定出庭预案前,应首先根据案件审查终结报告,对案情、证据和审查分析意见进行全面的回顾和熟悉,并梳理出案件的关键点、争议点和瑕疵点。案件的关键点主要指起诉书所指控的犯罪事实和相关的主要证据,如非法吸收公众存款的运作模式、全案犯罪数额、待偿数额、集资参与人人数,每个被告人的职责、地位、犯罪数额,被告人是否认罪,是否存在自首、立功等法定情节等;案件的争议点主要指起诉书指控的犯罪事实和罪名所存在的足以影响定罪量刑的争议,如认定违法性、社会性、公开性、利诱性是否存在争议,被告人和辩护人对于定罪、主从犯认定、犯罪数额等事实是否提出辩解,据以定案的证据是否充分、证据之间特别是言词证据之间是否仍存在矛盾;案件的瑕疵点主要指在案证据或证据链条是否存在瑕疵,如证据形式上是否存在瑕疵,是否需要补正,是否有证据在起诉后仍未进一步调取或核实,审计报告是否需要进一步完善,已无法补正、完善的证据是否仍具有证明效力等。

之所以强调回顾和熟悉案情,掌握案件关键点、争议点和瑕疵点,是因为对于非法吸收公众存款类案件而言,起诉时一般难以达到完美的证明标准,往往存在一些并不会影响定罪的薄弱点,这些薄弱点也往往是庭审的争议点,因此有必要在预案中拟定针对性的应对方法。

2. 拟定讯问提纲

(1) 庭审讯问被告人的目的。与其他普通案件相比,非法吸收公众存款案被告人人数、涉及的构成要件事实均较多,在有限的庭审时间内公诉人不可能事无巨细地对被告人进行讯问,在讯问环节完整还原案件事实。在此情形下,公诉人应首先明确庭审讯问的目的和意义,才能有针对性地准备讯问提纲。笔者认为,讯问的目的主要有四个:

第一,固定被告人供述的证明效力。由于被告人侦查阶段一般均已作出了详尽的供述,审查起诉环节承办人也根据其供述情况和证据情况进行了提审,在未申请排除非法证据的情形下,上述供述均可以作为定案的证据使用。但在实践中,经常会出现随着庭审的进行,被告人逐步推翻或者

改变之前供述的情况出现,导致被告人庭前供述的客观性产生争议,有时法官还要求公诉人庭后补充证明被告人庭前供述具有客观性的相关证据。因此,庭审讯问最重要的一个目的便是公诉人通过讯问被告人,由被告人对庭前供述的合法性、客观性进行确认,以此来有效地固定被告人供述的证明力,从而有利于指控和节省庭审时间。

第二,对待证事实的查漏补缺。在经过侦查讯问、公诉人提审和退回补充侦查的补充讯问后,被告人对于涉及事实一般均已作出了相应的供述,庭审讯问时已没有新问题需要发问。但在庭审前或者庭审过程中,公诉人也可能发现被告人的供述仍遗漏了部分事实:因被告人认罪,侦查机关和检察机关均忽略了实际上与定罪量刑有关的事实,比如被告人的在职时间、非法获利数额等;被告人对某项事实作出了多次供述,但供述的内容存在矛盾,尚未通过补充讯问进行确认的;被告人虽供述了自己的犯罪事实,但未对同案犯进行有效指认,而其同案犯又翻供,导致证据形势发生变化。由此可见,对于被告人庭前供述未涉及的部分事实,在不便要求侦查机关补充讯问的情况下,应由公诉人在庭审讯问环节予以查明。

第三,对于新出现的证据、辩解和辩护意见的查明。在案件提起公诉后,辩护人仍可能向公诉人递交新的证据以证明出现的新的事实,特别是退赃、检举立功等,也可能出现被告人提出新的辩解、辩护人提出新的辩护意见等情况。针对此类新情况的出现,公诉人在要求侦查机关补充侦查的同时,还需要在庭审讯问中进一步查明。

第四,全面听取被告人的当庭辩解,以便在辩论环节作出针对性回应。在公诉人宣布起诉书后,法官会询问被告人对于起诉书指控的罪名和事实有无异议,如果被告人表述能力不佳,其此时提出的意见和辩解可能并不具体明确。因此,在被告人未完全认可指控罪名和事实的情形下,公诉人应在讯问环节引导被告人具体明确地表达其辩解,以掌握庭审争议的焦点,便于在辩论环节及时修改公诉意见,作出有针对性的回应。

(2)拟定讯问提纲时应注意的几个问题。在明确了非法吸收公众存款案庭审讯问的主要目的后,下一步则是围绕庭审讯问的目的,并结合案件具体情况拟定具体提纲,同时还应重点注意以下问题:

第一,针对案件繁简不一,拟制不同讯问提纲。非法吸收公众存款案一般均是疑难复杂案件,但基于被告人人数少、已适用认罪认罚从宽制度、案件证据充分等因素,部分案件在庭审时也可能属于争议不大的简单案件,此时被告人在庭审时翻供的可能性极低，即便被告人"零口供"也可定罪处罚。在此情形下，为节省审查时间，便没有必要拟定详细的讯问提纲，只要讯问被告人是否确认庭前供述的合法性、客观性即可。而对于争议较大且证据相对单薄的案件，则有必要针对提出辩解的被告人拟定相对详细的讯问提纲，通过法庭讯问来反驳被告人提出的无罪或罪轻的辩解。

第二，在拟定提纲时应预测到被告人当庭翻供的可能，并拟制其翻供后的追问问题。对于在庭前虽作出有罪供述或者部分有罪供述的被告人，如果根据其认罪态度和辩护意见，其在庭审时有全部翻供或者部分翻供的可能，则应在提纲中预设其翻供后的追问问题，避免因公诉人未能及时应对而显得被告人翻供理由合理。如面对被告人翻供称在侦查阶段笔录都没有看到便签字确认了，公诉人则可以追问"为何在公诉人提审时你确认侦查阶段的供述均属实、笔录均签名确认过"，"你作为一个接受了大学教育的成年人，具有法律常识，还经营管理公司，工作中需要签署合同等法律文件，又具备一定的社会经验，对于直接关系到你是否要承担刑事责任的讯问笔录，为何你不仔细阅读便签字确认"，"即便按照你辩解所说的因为被抓获后紧张而没有阅读笔录便签字，但你在被抓获后的数月之中接受过多次讯问，此时情绪应该已经冷静下来，为何仍是没有阅读笔录便签字"等。

第三，拟制的问题应紧扣案件争议点，做到轻重分明。如前所述，受到庭审时间的限制，公诉人难以在非法吸收公众存款案的庭审讯问环节让被告人还原整个案件事实。公诉人在拟定讯问提纲时，应根据被告人的辩解、辩护人意见和案件存在的问题等方面把握住案件争议点，并围绕这些争议点来拟定讯问问题以及针对可能出现的辩解所提出的追问问题。如对于被告人提出系涉案公司挂名股东，未参与公司实际经营的辩解，可以讯问其为何让其担任挂名股东、其挂名是否领取工资和提成、领取报酬数额是否合理。如果其坚持辩解，则可追问既然不参与公司管理，为何公司员工指认其参与经营、相关公司单据和会议纪要上有其签名，通过发问、提出辩解、举证质疑其辩解的过程来达到强化指控效果的目的。

对于被告人认可的起诉书指控的事实，则最好不要详细讯问，避免被告人因基于"趋利避害式辩解"而当庭翻供。在实践中往往存在这一种情况，被告人在庭前已作出稳定有罪供述，庭审时对于起诉书指控的罪名和事实也没有异议，但在庭审中往往存在"趋利避害"、试图回避或减轻其主观和客观的罪责的心理，此时如果事无巨细地进行讯问，可能使其本能地对与其罪责有关的事实予以否认。如被告人对于非法集资的社会性已作出有罪供述的情况下，公诉人提出"你知不知道你们公司是面对社会上不特定的公众吸收资金"这种选择性问题，则被告人可能选择回答不知道、不清楚，导致法庭又要对这一问题重新展开调查。

3. 拟定示证和质证提纲

示证和质证是法庭查明案件事实的关键环节，公诉人示证和对质证意见回应的效果，直接关系到单个证据的证明力大小以及公诉人是否得以在庭审中构建完整、封闭的证据链条，进而影响到法庭对于证据是否确实、充分的认定。公诉人在示证和质证时，除了考虑证明效果外，还应兼顾示证和质证的效率，以节省庭审时间。在实践中，公诉人应该都碰到过在宣读证据时合议庭提醒公诉人加快示证速度以节省时间的情况。如果仍按照坚持原有的示证速度和方式，可能导致庭审时间不够，合议庭还可以再次催促公诉人；但如果要临时加快示证速度，公诉人在加快速度的同时很难把握证据概述的准确性，有可能因此影响到示证的效果。笔者认为应从以下几个方面入手，拟制相对高效、完备的示证和质证提纲。

（1）根据案件情况，采用不同的证据归纳方法和出示顺序。对于大多数案情和证据相对简单的案件，公诉人往往并不提前拟定专门的示证和质证提纲，而是在庭审中将审查终结报告中的证据摘录部分直接出示，然后根据办案经验临场对质证意见进行回应，这一方法既节省了时间又同样可以达到良好的示证、质证效果。而在非法吸收公众存款案中，除了少数案情简单、不存在较大争议案件可直接按照证据种类进行出示外，大多数案件均有根据不同案情对全案证据进行一定的归纳或排序的必要，以便凸显公诉人举证的逻辑和重点。可从以下方面进行归纳或排序：

第一，即便按照证据种类出示证据，也应适当调整示证顺序。如果不对证据进行系统性归纳，而按照证据的种类示证，那么建议不按照审查终结报告模板中所确定的物证、书证、证人证言、被害人陈述、被告人供述等顺序出示。庭审示证的根本目的在于证明起诉书指控的犯罪事实。而为了最为快捷、直观地展示指控事实所依据的证据，应以能直接证明指控事实和直接影响举证力度、范围的关键证据作为中心，然后发散式地进行举证形成证据体系或链条。庭审过程是围绕被告人的供述构建的举证体系：如果被告人作出有罪供述的，则以有罪供述为中心，举证证明其他证据与有罪供述存在充分的印证关系；如果被告人提出无罪辩解的，也仍是其辩解为中心，举证证明有充分证据证明其辩解不能成立。鉴于此，笔者认为如果按证据种类示证，则应首先出示被告人的供述和辩解，然后是证人证言和被害人陈述，最后是物证、书证、鉴定意见等客观证据。

第二，根据犯罪构成要件对证据进行一定归纳。示证的直接目的在于证明指控的犯罪事实，但其根本目的在于指控被告人构成犯罪。因此，如果公诉人完全根据指控罪名的犯罪构成，从主体、主观方面、客体、客观方面分别进行举证，应该说证明逻辑最为清晰，最能直观地反映出被告人是否构成犯罪。但在实践中，完全按照犯罪构成进行举证性价比并不高：一是证据归纳所花时间、精力更多。二是一份证据难以完全归纳到不同构成要件中，并可能出现大量证据的重复。如被告人对于客观行为的供述，既可能被作为客观方面的证据，也可能被用来证明其主观方面的证据。三是不同构成要件单独举证的必要性不足。对于职务犯罪案件而言，主体要件是非常重要的构成要件，需要单独证明。但非法吸收公众存款案中，主体要件则没有单独证明的必要。

在非法吸收公众存款案中，完全按照证据种类出示证据或完全按照犯罪构成要件归纳出示证据均非理想之选，笔者认为应根据该罪名犯罪构成的特点灵活采用不同归纳方法：

一是主体、客体两个要件与普通罪名并无多少区别，并非证明的重点，因此没有必要进行归纳后单独举证。

二是客观方面要件中的"四性"，即违法性、利诱性、社会性、公开性是非法吸收公众存款罪区别于其他犯罪的核心内容，且"四性"在逻辑上具有相对独立性，涉及的证据一般较多，因此具备归纳并单独举证的必要性。当然，公诉人在具体拟定示证提纲时，不用对于涉及"四性"的证据一概进行归纳出示，应该根据案情、案件争议点灵活处理：根据目前证据和被告人的辩解情况，对于"四性"中一个或几个要素不存在争议的，也可以不归纳出示，示证时点到即止，而重点对存在争议的要素进行归纳；对于认定"四性"中的某要素虽然存在争议，但已有充分证据证明的，也可以不进行单独归纳，只需概括地说明即可。如被告人虽对集资的公开性提出辩解，但被告人为集资建立了可自由访问的官方网站、研发了可公开下载的 App，那么在示证时只要证明官网、App 的存在和功能即可证明其具备公开性，不用对涉及公开性要素的证据全部归纳并单独示证。

三是在主观方面示证时，也同样应根据被告人的供述情况灵活进行处理。在非法吸收公众存款案中，公诉人不用证明被告人对"违法性"具备明确认知，只需证明被告人明知集资行为的社会性、利诱性、公开性且不存在被蒙蔽的合理怀疑，即能证明被告人具备非法集资的犯罪故意。如被告人对非法集资的模式作出了明确的供认，且没有提出因被蒙蔽而误以为集资具备合法性的合理辩解，则在示证时没有必要将涉及其主观故意的证据单独归案出示，只需在"四性"的示证时作出提示性说明即可；但如果被告人辩解对集资模式并不知情或并不完全知情，或提出其受蒙蔽而误以为集资具备合法性的辩解时，则有必要从其是否知晓集资模式、其提出的受蒙蔽的辩解是否合理等角度对相关证据归纳，以形成独立的证明体系。

第三，除了定性、定罪问题外，还应围绕影响裁判的其他关键事实进行归纳。庭审中，下列证据直接影响到裁判且具有相对独立性，有必要进行归纳并单独予以示证：一是涉及量刑的重要证据。除了主从犯、自首、立功外，每个被告人在参与犯罪期间应承担责任的具体犯罪数额、非法获利数额、退赃退赔情况等证据，也直接关系到被告人的量刑，对上述证据归纳出示更有助于确保量刑的精确性。二是查封、扣押、冻结财物的相关证据。如前所述，深圳市公检法目前已达成共识，要求案件在起诉时应对涉及涉案财物查封、扣押、冻结的证据单独成卷，并由侦查机关对涉案财物的处置提出明确的意见和理由。在示证对相关证据归纳出示，可以避免在处置时因证据杂乱而出现错漏，可以使涉案财物的处置成为庭审实质审查的对象，降低错误处置的风险。三是追赃挽损工作的相关证据。侦查机关、检察机关的追赃挽损工作直接关系到集资参与人权益的保障，是妥善处理非法吸收公众存款案的关键点，也是集资参与人的关注点。追赃挽损不只是单纯的查封、扣押、冻结，还包括查明资金去向性质、向案外人追回到期债务、及时解冻解封案外人合法财产等，在证据上除了体现为查封、扣押、冻结的相关法律文书外，还有大量证人证言、情况说明、案外人提供的证明材料、解除查封、冻结的相关法律文书。因此，鉴于集资参与人具有知情权和涉案财物的分配权，在庭审时有必要对此类证据归纳出示，以完整反映追赃挽损工作的实效，提高案件处理的社会效果、政治效果。

（2）对于每份证据，灵活采用完整出示、概括出示和混合出示的方式。完整出示是指完整地宣读证据的所有内容，如完整宣读被告人的笔录、书证所载明的所有内容。完整出示证据的优点是能完整、准确地反映出证据内容，避免因描述差异而导致出示证据的"失真"，但缺点是无法避免与其他证据存在内容重复，且出示证据所需时间较长。概括出示是指对证据的内容进行概括，然后直接概述该证据证明的内容，如出示证人证言时仅概述其证言证明了什么内容而不全部宣读其证言，概括出示证据的缺点和优点与完整出示的方法恰恰相反。混合出示是指将完整出示和概括出示的方法相结合，对于证据中较为重要的内容完整出示，对于其他内容概括地描述。

对于需要拟定示证提纲的相对复杂的案件而言，每份证据均采用完整出示的方式显然不符合实际，笔者认为应根据待证事实、案件争议点等情况灵活采用以下方法拟定示证提纲：

第一，无论当庭采用何种方法出示证据，在示证提纲中均应附完整的证据内容。这里主要指言词证据，因为书证、勘验检查笔录等证据其内容一般不可能照搬原文出示，本来便需要进行概括。之所以要附有完整证据内容，是因为法庭一般会提前拷贝公诉人的示证提纲，并在公诉人示证时同步在法庭公开展示，即便公诉人采取概括的方式宣读证据，证据全部内容也已公开示证，避免在庭审中出现对诸如公诉人未完整出示证据、故意隐匿证据等质疑。

在采取概括方式出示证据时，公诉人应主动说明系因证据较多、为提高庭审效率而采用概括的方式宣读相关证据，并示明被告人或辩护人如果认为公诉人的概括未能完整、准确反映出证据内容，可要求公诉人完整出示或者在质证时对证据内容作出补充说明。

第二，即便对于需要完整出示的证据，也尽量先简单概括该证据所证明的内容，以此让法庭首先了解公诉人出示该证据的目的，进而更有针对性地获知证据中与证明目的相关联的具体内容，提高示证的效果。

第三，完整出示、概括出示或混合出示适用的主要情形。

对于可以直接证明指控事实的第一份关键证据，应完整出示。如主犯对于起诉书指控的非法集资的模式，涉案公司或平台的基本信息、股东结构、组织架构、被告人具体职责等关键事实，完整出示更能达到证明效果。而与主犯供述内容完全或部分一致的被告人供述、证人证言则可以进行概括。

同一被告人、证人存在多份供述、证言的，多份供述、证言证据证明内容既存在一致的部分也存在矛盾之处的，可选取其中一份较为详细的证据完整出示，再对其他供述、证言与该份证据存在的一致或矛盾之处进行概括。

对于被告人提出无罪或罪轻的辩解，对于其辩解的内容应完整出示，而对于其供述的与指控事实一致的部分则可以予以概括。而其他证据中能证明被告人提出的辩解成立或者不成立的内容也应完整出示，以完整反映出证据之间的印证关系。

对于被告人对犯罪故意作出有罪供述的证据内容，应完整出示。在非法集资案中，是否具备犯罪故意是常见的争议点，要证明存在犯罪故意往往相对比较困难。因此，在被告人已对犯罪故意作出有罪供述的情形下，完整出示相关有罪供述的证据内容，比概括出示的方式更具有证明力，且更能准确反映出犯罪故意产生过程以及故意的类型，以便准确衡量其社会危险性。

对于案件重大争议点、法定情节的有关证据，一般也应完整出示，如被告人系在办公地点被公安民警抓获的，则应完整出示详细的到案经过，才能证明被告人是否属于"明知他人报案而在现场等待，抓捕时无拒捕行为，在司法机关询问时交代自己罪行"此类自动投案的情形。对于与指控事实关联性不强的，或者证明效力不强的证据，则一般可概括出示，如集资参与人的证言，其如果仅仅反映了其投资的过程、数额，而上述事实也有审计报告可以证明，则对于此类证言可以简要概括其为"某等集资参与人证明了其投资的数额、待偿金额"。

审计报告是定案的关键证据，但由于报告中附有大量数据的统计和分析，无法在庭审中完整出示，需要公诉人进行概括后出示。在概括时，应注意不能照搬审计结论，和定罪量刑有关的审计结果应包括非法集资的总数额、待偿本金数额、集资参与人总人数、投资亏损人数、每个被告人参与非法集资数额、每个被告人非法获利数额、集资款资金去向等，而审计报告的结论部分可能并未完全包含上述结果，还需要公诉人从审计过程中去归纳、提炼。

（3）根据案情采用不同的证据展示方式。对于大多数案件而言，言词证据和书证、物证等证据均是通过公诉人宣读的方式进行展示。但这种单纯通过语言描述的展示方式，存在一定的局限性：一是难以完整反映出证据特别是书证、鉴定意见的原貌，示证的效果完全依赖于公诉人对于证据内容的描述能力；二是难以在有限的时间内让人对证据内容、证据之间的相互印证形成深刻的印象，进而影响证据链条的构建。鉴于此，在采用文字示证的同时，我们还应根据不同证据形式、示证目的，灵活采用图片、表格或PPT等方式，通过电脑屏幕或投影在法庭中直观展示。

第一，言词证据存在诸多印证关系的，可通过制作表格予以归纳。在被告人、证人众多的案件中，对于被告人的供述与同案犯的供述、证人证言之间往往存在大量相互印证或者证明内容相互矛盾的关系，此时如果只是逐份地宣读言词证据，难以形成对证明内容的直观认知，而如果将相关言词证据放入证明内容通过表格方式予以归纳，则可清晰地看出被告人自己如何供述和辩解，有多少同案犯对其进行了指认或者不予指认，有多少证人证言可相互印证，进而综合判断出指控被告人具有某项犯罪事实的证据是否充分、是否仍存在疑点。

第二，部分书证使用语言描述可能会弱化其证明力，采用图片方式展示更为直观、简便。在非法吸收公众存款案中，很多书证难以通过语言描述清晰、简便地展示其证明的内容，如涉案公司对外公开宣传的资料。公司或平台的主页和后台，集资参与人账户的操作界面，不同理财产品的返利表，公司内部通讯录、提成奖励表等内部文件。上述书证种类众多、内容不一，公诉人在通过语言描述时往往难以准确概括，而通过展示相关图片并结合公诉人简单介绍，可以让法庭更为直观地了解到涉案公司如何对外宣传、如何运营及投资人如何具体参与等事实。

第三，对于部分经营模式复杂的案件，可通过制作PPT，用文字、图表等形式综合予以阐述和说明。近年来，非法吸收公众存款的作案手法不断发生变化，除了较为常见的通过互联网网贷平台非法集资的手段外，还以商品租赁、消费返利、共享经济等名义变相非法集资，甚至有的还在非法集资中使用传销手法，吸引投资人不断发展下线。非法集资手段的多样化导致涉案公司或平台的运营模式、投资返利规则、涉案资金的流向也变得更为复杂，公诉人也往往需要长时间的审查才能完全掌握案情。对于此类疑难复杂案件，公诉人如果仅仅通过语言描述，则难以在有限的庭审时间中阐明案件事实。此时，便需要公诉人对涉及待证事实相关的证据予以归纳、提炼，制作成PPT，通过文字、图形、表格等多种形式予以展示。

（4）拟定质证意见。质证意见包括公诉人对辩护人、被告人提出的证据质疑的回应以及对辩护人、被告人所提出的新证据是否具备证明力的意见。拟定质证意见时，公诉人应主要针对辩护人和被告人对相关证据已提出的质疑、证据之间存在的冲突、证据本身存在的瑕疵等方面的问题，拟定简要的回应意见。由于非法集资案件中的质证与其他普通案件并无太大区别，在此便不再赘述，在庭审中的质证环节部分再针对可能出现的常见问题和应注意的事项进行论述。

4. 拟定公诉意见和答辩意见

在非法吸收公众存款案中，由于指控犯罪所涉及的证据、事实和法律适用相对复杂，且被告人人数较多，如果在开庭时完全根据审查终结报告中的审查意见发表意见，或者完全根据办案经验即兴发表意见，可能会遗漏一些重要观点，或者出现表达不流畅、观点不严谨、态度不坚决等问题，进而影响当庭指控犯罪的效果。因此，公诉人有必要在庭前进行必要的准备，拟定好公诉意见和答辩意见，笔者认为应注意以下问题：

（1）公诉意见可参照审查终结报告中的审查意见，但应予以修改、完善。在撰写审查终结报告时，承办人一般会在审查意见中对是否有罪、罪轻罪重等问题作出正反两面的分析，并提出对于事实认定和适用法律的疑问，有时审查的结论与案件处理结果还可能截然相反。而在庭审时，由于起诉书已指控了罪名和犯罪事实，公诉人当庭应围绕起诉的内容进行论证。此时如果照搬审查意见，公诉人在发表意见时必须要临场对审查意见的内容进行摘选、修改，有可能因此出现纰漏。因此，拟定公诉意见时应避免原文照搬，需要从庭审指控犯罪的角度对审查意见的论证层次、内容进行修改和完善。

（2）一般情况下，公诉意见应立论而非驳论。在法庭辩论环节，除了个别简单的案件外，在公诉意见、辩护意见依次发表后，法庭一般会再组织公诉人、辩护人进行答辩。在拟定公诉意见时，笔者认为应立论，从正面充分论述指控的罪名、犯罪事实、犯罪情节和量刑建议的理由、依据，而对于预判可能出现的辩护意见和辩解的回应则放在答辩意见。之所以如此，一方面会使辩论环节更具有针对性，避免公诉意见与答辩意见出现重复；另一方面是因为如果在公诉意见中便对预测的辩护意见和辩解进行反驳，如果辩护人、被告人当庭放弃或改变部分辩护、辩解观点，那么相应的公诉意见则显得是"无的放矢"，也浪费了庭审时间。

（3）公诉意见中应对关键证据和证据链条进行概述。公诉意见的两大核心内容，一是对全案证据和指控事实的分析，二是对法律适用的分析，而对证据和事实的分析时，必将再次涉及在质证环节已示证的证据及其证明内容。在发表公诉意见时，一方面为避免重复示证，提高庭审效率，公诉人不能再次详细列举已示证的证据内容；另一方面为了构建证据链条、强化指控效果，又不能脱离证据内容来认定事实。在此情形下，笔者认为，在拟定公诉意见时，应根据案件情况对证据和证据链条进行一定的概述，例如，被告人对于指控的事实没有异议的，可以简单概述有哪些证据相互印证，形成了证据链条，足以证明指控的犯罪事实；对于存在争议的事实，则可首先对关键证据进行分别概述，然后论述证据已形成了完整、封闭的证据链条，证明指控的犯罪事实。

（4）公诉意见应具有相对合理的论述层次。对于非法吸收公众存款案而言，笔者认为可从以下几个方面确定公诉意见的论述层次：先是对指控事实的分析，再到法律适用的分析；在对事实分析时，先对客观方面进行分析，再分析被告人的主观方面；在对客观方面分析时，先对非法集资的整体模式、总的犯罪数额进行分析，再分析每个被告人在非法集资中所处地位、实施的具体行为、犯罪数额等；在对非法集资整体模式进行分析时，应先对是否违法性、利诱性、公开性、社会性分别分析；对于被告人针对事实提出无罪或罪轻辩解的，根据其辩解在认定事实时分析其辩解不能成立的理由；在法律分析时，先对定罪进行分析，然后对影响量刑的主从犯认定、是否具备法定情节以及量刑建议进行分析。

（5）拟定答辩意见时应预判庭审时可能出现的辩护意见和新的辩解。对于庭审时常见的辩护意见和辩解，本书将在出庭公诉的法庭辩论部分具体论述，在此不再赘述。

5. 针对庭审中可能出现的突发状况，拟订应对方案

在拟订出庭预案时，公诉人不能仅针对如何指控犯罪进行准备，还应根据案件存在的舆情、集资参与人群体情绪、辩护人特殊的辩护策略等案外不确定的因素，预判庭审过程中出现不常见的突发状况，形成合理的应对预案。

如对于被告人众多，被告人及其亲属对检察机关起诉被告人意见强烈，或者众多集资参与人对追赃挽损工作不满、强烈要求不追究被告人刑事责任而希望通过民事途径维权的案件，庭审时便存在公诉人出庭的人身安全隐患。对此，为保障出庭安全，公诉人应该提前与法院沟通，尽量使用法官进出法庭的专用通道，以避开旁听人员。

又如辩护人如果是俗称的"死磕派"律师时，辩护人和被告人可能会

对庭审一切程序提出异议，对所有证据均提出排除非法证据申请或不予认可，此时公诉人则应对这种不合常理的特殊辩护策略进行预判，对如何有理有据地回应和反驳进行必要准备，以确保庭审顺利进行。实践中，公诉人遇到相对较多的特殊辩护策略之一就是申请公诉人回避，申请回避理由往往不符合《刑事诉讼法》第29条、第30条所规定的情形。对此，公诉人应根据新修订的《刑事诉讼规则》第28条的规定，对于不属于《刑事诉讼法》第29条、第30条规定情形的回避申请，建议法庭当庭驳回。即便法院认为申请回避的理由存在一定合理性，公诉人也不能当庭自行决定回避，而应该建议合议庭当庭延期审理，庭后由检察机关作出是否回避的决定，其中检察长的回避由检察委员会讨论决定，其他检察人员的回避由检察长决定。

二、讯问被告人

（一）首先要通过讯问，对被告人庭前供述的证明力进行固定

无论被告人在庭前是否如实供述罪行，在讯问环节均首先要通过讯问让被告人确认其庭前供述的合法性、客观性。被告人庭前虽未如实供述并提出辩解的，公诉人的审查意见和拟定的公诉意见均已针对其庭前供述进行了分析，如果被告人确认其庭前供述的合法性、客观性，则更有利于公诉人按照既定策略进行指控，同时可以避免被告人突然改变供述提出新的辩解。被告人庭前已如实供述或部分如实供述的，如果被告人确认其有罪供述的合法性、客观性，那么其有罪供述则可直接作为定案的证据使用，即便被告人在庭审时突然翻供，由于其不具备合理翻供理由，也并不会影响其有罪供述的证明力。

在具体讯问时，公诉人提出以下问题：第一，讯问被告人"在庭前侦查人员和公诉人讯问你时，所作的供述是否属实，是否都是讲的实话"，此时被告人一般会回答"属实"；第二，讯问被告人"讯问过程中讯问人员有没有对你采用刑讯逼供或其他非法取证手段"，在被告人回答如实供述后一般不会提出存在刑讯逼供；第三，在确认被告人如实供述，不存在非法取证情形后，进一步讯问被告人"在讯问时制作了相应的讯问笔录，你都签名对笔录的内容进行了确认，笔录的内容与你当时所说的是否一致"。如果被告人回答"一致"，即确认了庭前供述的合法性、客观性；第四，如果被

告人存在侥幸心理，含糊地回答记不清楚了或称有的内容不一致，公诉人则应根据审查起诉提审被告人的情况，追问"在公诉人提审时也明确问过你上述问题，你当时是回答看过笔录、笔录内容与你所说一致，为什么现在又说不清楚（或有的内容不一致），请你解释一下原因"，同时向被告人示明如实供述罪行对于认定其认罪悔罪态度和量刑的影响，以此消除被告人存在的侥幸心理；第五，如果因历时较久，被告人确实可能记不清楚庭前供述的具体内容而坚持称忘记笔录内容与其当时供述是否一致，那么可以讯问被告人"你如果现在不记得笔录的具体内容，那么请你回忆一下你每次在笔录上签字确认时，是不是认可了笔录再签字确认的"即可。只要被告人确认其签字时认可了笔录的内容，不存在疑问，即便其已记不清楚笔录具体内容，也可以视为其认可了庭前供述的客观性。

（二）根据被告人当庭认罪情况，调整讯问内容

在拟定讯问提纲时，公诉人主要预判的是被告人翻供的情形，并拟定追问的具体问题。而庭审时，还可能出现庭前不认罪的被告人当庭认罪的情况，此时便不能依照原有的讯问提纲来讯问，而应围绕起诉书所认定的被告人的犯罪事实简要讯问，以节省庭审时间。但也应注意两点：第一，如果合议庭并未具体讯问被告人对指控的罪名和具体事实有无异议的情形下，公诉人应讯问被告人对起诉书指控的具体事实是否完全认可、是否具备主观故意，避免出现被告人认罪名但不认犯罪事实、认客观事实但不认主观故意的情况；第二，被告人当庭认罪后一般是简要讯问，但在指控的部分犯罪事实证据相对薄弱时，则应针对这部分事实让被告人进行补充证明，如同案犯的地位作用、主观明知、犯罪数额等。

（三）通过申请被告人相互对质查明案件事实

在讯问环节，被告人为了减轻罪责，很有可能针对诸如是否为犯意的提出人、公司实际的大股东和控制人等影响主从犯认定和量刑轻重的事实相互推卸责任作出虚假供述。对此，公诉人应抓住不同被告人供述之间的矛盾之处，申请法庭组织被告人相互对质，并在对质中发现有利于查明案件事实的线索。如甲乙被告人均供称对方为涉案公司的实际控制人，在对质时乙提出甲安排了其亲属丙担任公司财务主管控制公司资金，那么如果甲认可其与丙的关系，那么安排亲属担任公司财务主管的这一事实便可作

为认定甲系实际控制人的依据。

（四）应及时对辩护人诱导性发问提出异议

在庭审时，少数辩护人可能采用诸如"你是不是不知道""你是不是没有"等带有诱导性的发问方式，此时被告人基于趋利避害的心理，一般会跟随辩护人诱导的方向作答，往往由认罪转变为不认罪或提出罪轻辩解。对此，公诉人应在被告人被诱导时，根据《关于适用〈中华人民共和国刑事诉讼法〉的解释》第262条的规定，针对辩护人发问方式不当的问题向合议庭提出异议，申请合议庭制止。

三、示证质证要点及常见质证意见的答辩要点

（一）示证环节应注意的问题

在庭审示证环节，公诉人一般按照拟定好的示证提纲出示证据即可，另外还应注意以下两个问题：

1. 根据认罪情况调整示证方式

在开庭前，示证提纲主要根据案件可能存在的争议和被告人是否认罪来进行拟定，对于涉及争议点和不认罪的被告人的相关证据，一般需要详细出示，而对于没有争议的事实，则一般可简要出示证据。在庭审时，经过法庭调查环节，被告人是否认罪已非常明确，那么公诉人便应根据被告人认罪情况调整示证方式：对于被告人庭前不认罪而当庭认罪，甚至选择适用认罪认罚从宽制度的情形，在能保证指控效果的前提下，可概括出示相关证据，以提高庭审效率；对于被告人当庭翻供的，则应详细出示证据，确保指控的效果。

2. 灵活调整证据出示顺序，产生一定的利导效果

证据出示的顺序，一定程度上可以反映出公诉人证明的重点及关注点，进而使合议庭、被告人、辩护人对于公诉人态度、观点形成一定预期。一般情况下，公诉人都是按照定罪、量刑的证明逻辑出示证据，但在某些情况下，通过灵活调整证据出示顺序，可以在庭审中产生良好的利导效果。如部分被告人认罪认罚而部分被告人拒不认罪的情况下，公诉人可采取"先易后难"的举证方式，先出示与认罪认罚的被告人相关的证据以及适用认罪认罚的具结书、量刑建议书，促使不认罪的被告人选择认罪而争取从

轻处罚；又如部分被告人庭前已积极退赃退赔，可先出示退赃退赔的证据，并强调退赃退赔对于从轻处罚的效果，以对其他被告人起到示范作用。

（二）质证环节应注意的问题

1. 控辩双方应围绕证据的合法性、客观性、关联性进行质证

在庭审中，有的辩护人在发表质证意见时完全脱离了证据的合法性、客观性、关联性，如认为某证据不能证明指控的相关犯罪事实，或者大量引用其他证据的内容来说明质证证据证明内容与事实，其发表的实际上是辩护意见而非质证意见，并且其在法庭辩论阶段发表的辩护意见又与质证意见存在重复之处，极大地影响了庭审的效率。对此，公诉人应向法庭提出建议，建议法庭组织控辩双方围绕证据的"三性"进行质证，以节省庭审时间；如果辩护人仍坚持其质证方式，那么公诉人回应时，则仅对涉及证据"三性"的问题予以回应，明确说明在法庭辩论环节再对辩护人关于事实认定和法律适用的意见进行论述，避免控辩双方在质证环节便将辩论意见过度展开，浪费庭审时间。

2. 在辩护人提出质疑时，对未能补正的证据瑕疵应作出合理的解释和说明

受制于侦查力量不足、取证水平有待提高、证据难以调取等主客观因素的影响，非法吸收公众存款案的证据难免出现程序上、形式上或内容上的瑕疵，有些瑕疵可以通过补正的方式完善，有些则难以有效补正。如从涉案公司办公电脑中提取到通讯录、电子账册等电子数据，但侦查人员在提取时并未当场制作提取笔录并交由电脑使用人签名确认，事后该电脑灭失已无法重新提取，对此即便事后由电脑使用人或其他员工确认该电子数据的真实性，其仍存在取证程序上的瑕疵。对于证据存在无法有效补正的瑕疵问题，公诉人如果经审查认为该瑕疵并不会影响证据的合法性、客观性，则应作为定案的证据出示，并在质证环节充分解释和说明瑕疵证据具有证明力的原因。

（三）常见质证意见答辩要点

1. 关于辩护人提供的新证据的质证答辩要点

（1）对于被告人品格、家庭经济状况、家庭成员健康状况等与犯罪事实无关的证据，公诉人应提出不存在关联性、不能作为证据使用的意见。

（2）对于赔偿协议、集资参与人谅解书等涉及退赃退赔的证据，在证据未经核实的情形下，公诉人不能直接对该证据予以认可，而应对证据的客观性提出质疑，并提出在庭后核实后才能予以认定。

（3）对于书面证言，公诉人应对证据的合法性、客观性提出质疑，提出只有司法机关依法对相关证人进行询问所取得的证言才能作为定案证据使用。

2. 关于同案犯的供述、证人证言与被告人供述或其他证人证言相矛盾，不具备客观性，不能作为定案证据使用的答辩要点

在示证环节常常出现上述质证意见，辩护人的目的在于否定对被告人作出不利指认的供述、证言的证明力。对此，公诉人应作两方面回应：第一，上述意见属于综合在案不同证据，并非是对证据是否具备合法性、客观性、关联性的质证意见，应在法庭辩论环节发表，不能得出证据不具备证据能力的结论。对于出示证据是否能证明犯罪事实，公诉人将在辩论环节综合发表意见。第二，上述意见的证明方法存在错误。判断供述、证言是否客观真实应结合全案证据、证据的证明力大小、证据之间的相互印证关系综合予以判断，而上述意见系通过直接假定被告人自己的供述或其他有利于被告人的证言客观真实，来否定不利于被告人的证据，证明方法存在错误。

3. 关于本案调取到平台数据、账户流水不全，导致数据不准确，相关的统计数额、审计结论不能作为证据使用的答辩要点

在非法吸收公众存款案中，普遍存在由于证据已灭失、难以调取等原因而导致影响数额认定的数据、流水难以准确查明的情况，的确会对证据的客观性产生不利的影响。对此，公诉人回应时，首先应说明刑事诉讼中查明事实是指还原法律真实而非客观真实，对于全部犯罪事实难以查明的，仍可以就已查明的事实进行指控；其次，在全部事实、全部犯罪数额难以准确查明的情况下，采用有利于被告人原则对现有证据进行甄别、对数据进行计算，最后的结论仍可作为对被告人定罪处罚的依据。

4. 关于会计师事务所未取得司法鉴定资质，其作出的审计报告不具备合法性，不能作为定案的证据使用的答辩要点

对这一质证意见，公诉人可回应会计审计并非司法鉴定业务，相关的会计师事务所并不需要具备司法鉴定资质，只要依法设立的具备审计资质的会计师事务所作出的审计报告，便可以作为刑事诉讼法中的鉴定意见使

用。具体理由如下：

第一，刑事诉讼法解释虽然规定只有鉴定机构和鉴定人具备"法定资质"，其作出的鉴定意见才能作为鉴定意见使用，但这里的"法定资质"并非等同于"司法鉴定资质"，会计师事务所和会计师并非必须经省级司法行政机关审核并编入司法鉴定人和司法鉴定机构名册的，才具有法定资质。《司法鉴定机构登记管理办法》第3条第1款规定，"本办法所称的司法鉴定机构是指从事《全国人民代表大会常务委员会关于司法鉴定管理问题的决定》第二条规定的司法鉴定业务的法人或者其他组织"。而全国人民代表大会常务委员会《关于司法鉴定管理问题的决定》第2条规定司法鉴定业务包括四类：法医类鉴定；物证类鉴定；声像资料鉴定；根据诉讼需要由国务院司法行政部门商最高人民法院、最高人民检察院确定的其他应当对鉴定人和鉴定机构实施登记管理的鉴定事项。对于第四项业务，目前只有环境损害鉴定由最高法、最高检和司法部会商确定为司法鉴定事项。由此可见，会计审计并非是司法鉴定业务，因为并不要求会计师事务所和会计师具备司法鉴定机构和司法鉴定人资质。

第二，虽然2019年前曾推行会计师事务所由司法行政部门授予司法会计鉴定资质的做法，但这一授权行为仅仅是一种行政管理方法的创新，而并不意味着司法部、最高法、最高检经会商将审计确定为司法鉴定事项，并且2018年底司法部已发文全部收回司法审计鉴定资质的许可，目前已没有营利性会计师事务所再具有司法会计鉴定资质，体现出司法行政部门对于会计审计业务实施的是一般管理而非特别管理。

综上，鉴于法律法规对于会计审计的资质没有作出强制性规定，只要符合法律规定设立、具有会计审计资格的会计师事务所及具备会计师资质的人员，其作出的审计报告应视为具备鉴定机构和鉴定人员的资质。

四、常见辩护意见的答辩要点

（一）关于应构成单位犯罪而非自然人犯罪的答辩要点

最高人民法院《关于审理单位犯罪具体案件应用法律有关问题的解释》第2条、第3条规定了三种以单位名义实施犯罪，但不能以单位犯罪论处的情形：第一种是个人为进行违法犯罪活动而设立的公司、企业、事业单位实施犯罪的；第二种是公司、企业、事业单位设立后，以实施犯罪为主要活动的；第三种是盗用单位名义实施犯罪，违法所得实施犯罪的个人私分的。对于第一种和第三种，在认定时争议相对较小，但对于第二种情形的认定则可能存在争议：在涉案单位也存在正常经营活动的情形下，如何认定是以非法集资作为"主要"经营活动？在此类案件中辩护人往往提出应构成单位犯罪而非自然人犯罪的辩护意见。

对此，公诉人首先可以根据《2019年非法集资意见》第2条"关于单位犯罪的认定问题"的规定，根据"单位实施非法集资的次数、频度、持续时间、资金规模、资金流向、投入人力物力情况、单位进行正常经营的状况以及犯罪活动的影响、后果等因素"，来论证非法集资系涉案单位主要的经营活动；其次，如果上述因素难以查明，无法判断单位是否以非法集资为主要活动的，还可以根据涉案单位是否具备单位的独立性，来论证是否属于单位犯罪。从民法上看，公司、企业、事业单位无论是否具备法人资格，均在法律上体现一定独立性，具有相对独立的行为能力和责任能力，而正是基于这种独立性，刑法才能规定单位也可构成犯罪。因此，在认定是否构成单位犯罪时还可以从涉案单位是否具备独立性来进行价值判断。

衡量单位是否具备独立性，笔者认为有两个重要方面：一是决策的形成是否按照公司规定和章程作出，体现出单位意志；二是是否具有财务上的独立性。有鉴于此，对于非法集资的相关决策未依照公司规程作出、非法集资款未归属单位账户管理以及相关收益未归属单位的情形，均不能体现出单位意志和利益，此时应将单位看作自然人实施犯罪的工具，不能成立单位犯罪。

（二）关于涉案行为并不属于非法吸收公众存款，而属于通过正常商品交易、租赁等经营模式盈利的合法行为的答辩要点

此类辩解一般出现在以商品交易、商品租赁、股权投资等变相非法吸收公众存款的案件中，其经营模式具有一定的隐蔽性，从中往往难以直观看出涉案公司系以承诺保本付息为诱饵公开吸收资金。如深圳市人民检察院办理的一件以商品租赁为名的非法集资案：被告人建立了一个以苹果电子产品为主的商品租赁平台，客户只要交纳5倍于产品价值的押金，则可领取该产品并使用，在27天后平台即全部退还客户押金。而对于客户领取的电子产品，平台规则上虽列明27天后客户应予以返还，但在实际宣传和执行时则实际赠送给客户。该平台虽然没有给客户支付利息，但客户交付

押金后即获得价值不菲的电子产品,仍属于通过实物支付利息,变相非法吸收社会资金的行为,且每27天返利率高达20%。

在此类案件中,针对辩护人提出的系正常经营模式的辩护意见,公诉人可从两个方面论述其变相非法吸收公众存款的本质:一是从投资人的主观认知上看,其之所以向涉案公司交付资金,系因为涉案公司在保证其资金定期返还的同时,通过现金、产品或服务等形式给予其可预期的回报,在投资人看来这种投资行为与储蓄并无本质区别;二是从被告人主观目的上看,不论其将经营模式如何进行包装,其目的均在于以保本和相对确定的回报作为诱饵,以获取投资人的资金,并在一定期限内自由支配上述资金,该模式与金融机构吸收社会存款并支付利息,将存款用于放贷等业务的特许金融模式并无本质区别。

(三)关于被告人系向特定对象集资,集资行为不具备社会性的答辩要点

根据司法解释的规定,对特定对象非法集资,亦具备社会性的三种情况:一是向亲友或者单位内部人员吸收资金的过程中,明知亲友或者单位内部人员向不特定对象吸收资金而予以放任的;二是以吸收资金为目的,将社会人员吸收为单位内部人员,并向其吸收资金的;三是向社会公开宣传,同时向不特定对象、亲友或者单位内部人员吸收资金的。在现实中,向特定对象非法集资具备社会性的情形并不局限于上述三种情形,对此笔者认为只要行为人在主观方面具有将非法集资对象向不特定对象扩散的动机和目的,客观上也产生了集资对象不断扩散的后果,公诉人便可根据上述规定的立法精神,来论述向特定对象非法集资符合社会性要件的理由。

案例:洪某某涉嫌非法吸收公众存款案

案情简介: 洪某某于2006年至2014年经营深圳市某都饮食管理有限公司期间,为扩张公司经营规模,以2%—4%高月息为"诱饵",向周边亲友或亲友介绍的朋友宣传资金借用周转的需求,并陆续向多名被害人借款合计人民币一千余万元。2015年中期因公司经营不善,洪某某无经济能力偿还本金及约定的利息而逃离藏匿。2017年12月,洪某某被抓获归案。一审法院以非法吸收公众存款罪判处被告人洪某某有期徒刑三年六个月,被告人不服提起上诉。

评析意见: 本案争议的焦点在于被告人吸收资金的行为是否具备"社会

性""公开性",洪某某向多人借款的行为是否属于向社会公众即社会不特定对象吸收资金。

社会性和公开性并非仅是犯罪嫌疑人主观上有想尽量扩大化地向不特定人吸收存款的意愿,还需在客观行为上通过公开宣传的方式去实现这个目的。某些案件出现通过"口口相传"的宣传方式进行非法集资的情况,这种宣传方式是否属于公开宣传应当把握以下两个方面:一是犯罪嫌疑人是否明知集资信息通过"口口相传"的方式向不特定人散布的事实,二是犯罪嫌疑人对集资信息向不特定人散布的情况是否持希望发生或者放任发生的态度。本案的二审出庭检察官认为事实不清,证据不足,建议发回重审。集资参与人人数少并不意味着就无法认定被告人的集资行为不构成非法吸收公众存款罪,关键在于被告人在客观上有无实施面向社会不特定对象,以公开宣传的方式吸收资金的行为。洪某某通过他的3名员工向他人借款,而3名员工找来的又都是熟客或者亲属等认识的人,这些人对于员工而言都不存在不特定关系。至于员工的熟客或者亲属有无继续寻找其他投资人,本案的证据无法证实。因此本案从客观方面而言并不具备社会性和公开性这两个非法集资的要件,二审检察官建议发回重审。

(四)关于被告人未实际参与非法集资,不具有共同犯罪行为的答辩要点

对于此类辩解,一般可依照共犯理论予以回应,但其中两种情形相对较为特殊:一是未实际参与经营管理的股东。这一类人员虽然没有在涉案公司担任任何职务,没有直接参与非法集资,但如果其明知涉案公司设立或继受后是为了实施非法集资,其便与其他股东形成了事前的共谋,具备共同的犯罪故意。无论其是否实际出资,其参股行为在客观上为其他股东实施犯罪提供了帮助,或者是犯意上的鼓励。因此,可以认定其构成共同犯罪。二是非法集资团伙之外的资金使用方。从表面上看此类人员不属于团伙内人员,没有为非法集资提供任何帮助,其使用涉案资金的行为是发生在非法集资行为实施完毕后,不能构成非法集资的共犯。但如果资金使用方在非法集资的事前或事中知情且与非法集资方形成了如何使用涉案资金的合意,那么便应当认为其具有主观共同犯罪故意。正如盗窃前便就销赃形成合谋的,销赃人属于盗窃罪的共犯而不成立掩饰隐瞒犯罪所得罪,

非法集资的共同故意也不应局限于如何吸收资金，还应包括如何使用资金。从客观方面上看，非法集资系一个具有持续性、资金不断循环的行为，将已获取的一部分资金交给他人使用，必然导致需要吸收新的资金用于补充资金池以确保本息的兑付，使用涉案资金与之后的吸收资金在客观上具有因果关系，因此使用涉案资金并非发生犯罪行为实施完毕后，而是非法集资犯罪的一个中间环节。由此可见，对于具备共同故意的资金使用人，其也应视为是非法集资的共犯。

案例：葛某某涉嫌非法吸收公众存款案

案情简介： 2012年，犯罪嫌疑人宋某某（另案处理）、葛某某等人先后利用控制的深圳某金投资管理股份有限公司（以下简称深圳某金公司）及其他关联公司以非法吸收投资人投资款为主要目的，通过短信、微信、线下宣传等方式向社会上的不特定人群进行公开宣传，同投资人签订黄金投资协议，以黄金投资款的名义吸收投资人的投资款，根据投资期限及金额的不同，向投资人支付年化率7%—12%不等的投资收益，到期还本。葛某某担任涉案多家公司的法定代表人、股东。检察机关以非法吸收公众存款罪对葛某某提起公诉。葛某某在法庭辩称其只是挂名的法定代表人或者股东，并未实施非法集资行为。

评析意见： 葛某某的行为构成非法吸收公众存款罪的帮助犯：

一是葛某某对非法吸收公众存款罪的非法性有认识。葛某某在2012年河南某金公司因为非法吸收公众存款罪被立案后，仍然担任深圳某金公司的法定代表人，并且提供身份证给深圳某金公司使用。深圳某金公司的运营模式和河南某金公司的运营模式是相同的，葛某某存在非法性的主观认知。二是葛某某的行为与非法吸收公众存款罪的构成要件有关联，葛某某为深圳某金公司"站台"，利用其长期在黄金行业从事相关领导工作的人脉关系，联系澳大利亚领事以及其他的官员，参与深圳某金公司的活动，形成了一些照片，这些照片都是面向不特定的集资参与人进行宣传的，增强了集资参与人对深圳某金公司的信任，其行为与四要件中的公开性是紧密相连的。三是葛某某从中获得了利益。葛某某从另外的关联公司领取了10个月的工资，工资的收取时间正是其参与活动"站台"的时间的前后，时间上有一定的关联度，工资来源于集资参与人的投资款。

（五）关于被告人不具备主观故意的答辩要点

在非法吸收公众存案中，最为常见的辩解或辩护意见被告人不具备犯罪主观故意，且一般都是针对犯罪故意中的认识因素，即主观上不知道其直接或间接吸收公众存款的行为违反法律规定，产生破坏国家金融管理秩序。对于主观明知的辩解，可以分为两类，在庭审时公诉人应针对不同情况，根据司法解释的相关规定予以回应：

1. 对于违法性认知的辩护意见的答辩

违法性认知是指被告人主观上明知其所实施的非法吸收公众存款的行为违反法律禁止性规定。在提出违法性认知的辩护意见时，其前提一般是被告人对于直接或变相吸收公众存款行为本身具备认知，而辩解不知道对这一行为为法律所禁止。对于此类辩护意见，应分具体情况作出回应：

（1）对于非法集资活动中参与程度深的实际控制人、高管等主犯而言，一般不要求对其违法性认知予以特别证明。

《办理涉互联网金融犯罪纪要》第9条作出了明确规定："在非法吸收公众存款罪中，原则上认定主观故意并不要求以明知法律的禁止性规定为要件。特别是具备一定涉金融活动相关从业经历、专业背景或在犯罪活动中担任一定管理职务的犯罪嫌疑人，应当知晓相关金融法律管理规定，如果有证据证明其实际从事的行为应当批准而未经批准，行为在客观上具有非法性，原则上就可以认定其具有非法吸收公众存款的主观故意。"

笔者认为，上述规定并非认为在非法吸收公众存款罪此类行为犯中不用考虑行为人主观对于违法性的认知，而是认为基于行为人的身份、背景等因素，具有知晓其所从事的行为是否符合法律规定的义务，如果其客观行为违反了相关法律规定，则可推定其主观上知道或应当知道其行为的违法性。

（2）对于参与程度不深、可能不具备相应认知能力的普通下层员工等从犯而言，则应结合其职业经历、专业背景、从业时间等因素，论述其具有违法性认知的能力和条件，从而可以推定其对违法性至少具有概括性的认识。

《办理涉互联网金融犯罪纪要》第10条对此也作出了与第9条不同的规定："对于无相关职业经历、专业背景，且从业时间短暂，在单位犯罪中层级较低，纯属执行单位领导指令的犯罪嫌疑人提出辩解的，如确实无其他证据证明其具有主观故意的，可以不作为犯罪处理。"

对于实际控制人等主犯而言，可以根据客观行为对其主观明知进行有罪推定。但对于参与程度不深的从犯而言，其一般根据领导指令从事非法集资中的某一项活动，的确存在其对于违法性完全不知情的可能，法律不能苛求一个普通劳动者对于其所从事的行为是否违反法律具备明确的认知。此时公诉人便不能仅根据客观行为的违法性即推定其具备主观故意，而应承担更多的举证责任，证明其基于职业经历、从业时间、对异常经营行为的了解等方面具备违法性认知的能力和条件，其主观上即便不知道从事的行为具体违反什么法律，但也知道或应当知道其从事的行为可能违法。

（3）对于错误认识能否成为排除主观故意的理由。

《办理涉互联网金融犯罪纪要》第10条第1款后段规定对于犯罪嫌疑人提出因信赖行政主管部门出具的相关意见而陷入错误认识的辩解，如果辩解确有证据证明，不应作为犯罪处理，但应对行政主管部门出具的相关意见及出具过程进行查证，如存在五种情形之一的，则应认定犯罪嫌疑人具有非法吸收公众存款的主观故意。第2款规定对于犯罪嫌疑人提出因信赖专家学者、律师等专业人士、主流新闻媒体宣传或有关行政主管部门工作人员的个人意见而陷入错误认知的辩解，不能作为犯罪嫌疑人判断自身行为合法性的根据和排除主观故意的理由。

在适用上述规定反驳被告人的辩解时，应当注意适用条件应当是根据现有证据和事实已可以证明或推定被告人具备主观故意。对于被告人和辩护人提出其他认识错误的辩解和辩护意见，如公司老板称其公司具有金融牌照可以对外吸收资金的辩解，则应从辩解是否有证据证明、被告人对于合法性事由有无进行必要的查证、被告人是否能认知到集资行为的异常性进而对合法性事由产生合理怀疑等方面论述被告人所谓的认识错误，并不足以排除关于其主观明知的推定。

2. 对于非法吸收公众存款模式不知情的答辩

除了违法性认知外，另一种是关于对非法吸收公众存款模式不知情的辩护意见，即提出被告人不知道其所从事的行为系吸收公众存款或为吸收公众存款提供帮助。实践中，由于非法吸收公众存款手段的多样性和隐蔽性，在被告人仅参与非法吸收公众存款的其中某一个独立环节或者其从事的是非法吸收公众存款的辅助行为时，的确存在其对于整体吸收存款行为不知情，如P2P平台负责对外宣传的业务员，其可能并不知道公司发假标自融;又如普通财务人员,其可能对资金往来的性质不知情。

对于对吸收公众存款模式不知情的辩护意见,如果没有证据直接证明其主观知情的情形下,可以从以下几个角度推定被告人主观明知:一是被告人能在工作往来中了解到公司经营模式,如工作中需要与直接负责吸收存款的部门和人员进行协作、对接;二是被告人所处的工作环境能使其了解公司的经营模式,如在办公场所集中且部门之间没有相互隔开,被告人在工作时能看到、听到其他部门人员如何开展吸收存款的业务;三是被告人了解公司基本经营模式,能从其自己或他人从事行为、获利等方面的异常性判断出公司经营模式的异常。如P2P公司的员工知晓公司发假标的情况,财务人员根据入账发现公司存在资金池,业务人员根据其发展的业务获取不符合行业规则的提成等。

五、审判监督

(一)对无罪判决的审判监督

从目前司法实践上看,非法吸收公众存款案已成为容易出现无罪判决的主要类型之一,争议点主要集中在是否属于情节显著轻微、是否能构成共同犯罪两个方面。对于因认定情节显著轻微而出现的无罪判决,由于相关司法解释已对如何在非法集资案件贯彻宽严相济的刑事政策作出了规定,如果被告人确属于犯罪情节很轻、参与犯罪程度不深,可诉可不诉的,则检察机关没有充分的理由提出抗诉。只有在法院基于事实认定错误而错误地认为被告人情节显著轻微,检察机关才应通过抗诉的方式进行监督。而对于因认定不构成共同犯罪而出现的无罪判决,如果是基于证据采信和事实认定问题的,则应根据个案具体予以审查。下文主要从两个具体无罪案例出发,对于无罪判决可能出现错误予以分析。

1.在自然人犯罪中,对于普通员工能否参照单位犯罪予以处罚,被告人的行为与非法吸收公众存款是否具备因果关系

在深圳市检察机关办理的王某等9人涉嫌非法吸收公众存款罪一案中,法院认为陈某等4名从犯犯罪情节显著轻微,遂作出无罪判决,理由有两点:第一点,陈某等4人在公司属于一般员工,未参与公司犯罪所得分红,本案虽是自然人犯罪,但对于4人的评判标准应参照有关单位犯罪的规定,考察其是否是直接责任人员;第二点,陈某等4人作为涉案公司的财务和

发标人员，在公司所发标投标人不足时，虽然根据上级指示使用公司提供的账户虚假投标以达到满标的效果，但其虚假投标行为与直接实行行为和犯罪结果发生没有直接因果关系，对资金的吸收过程和结果都没有影响。笔者认为，上述两点裁判理由均存在错误，具体分析如下：

（1）在自然人犯罪案件中，对普通员工参照单位犯罪的规定，只处罚直接负责的主管人员和其他直接责任人员于法无据。虽然实践中对于此类以公司名义实施的自然人犯罪，对于公司员工行为要考虑其履行职务的因素适当从轻处理，但法律和司法解释并未规定应该或可以参照单位犯罪的规定来评价和处理，因此只能从共同犯罪角度来评价普通员工是否构成犯罪，再综合考虑主观恶性和刑罚的必要性。

（2）法院认定虚假投标与吸收资金的行为没有因果关系属于事实认定错误，其4人应构成非法吸收公众存款的共犯。

第一，陈某等4人均系财务人员和发标人员，其4人受上级指示而从事虚假投标的行为与其职责具有较为密切的关联，与其他普通员工相对，其在犯罪中具有相对特殊的身份和地位，应与其他普通员工予以区别评价。

第二，其参与虚假投标的行为与通过虚构标的吸收资金危害结果有直接因果关系，且属于必不可少的一环。对于此类P2P平台，公司发标后需要客户投满标后借贷合同才能生效，资金才能实际进入公司的账户，产生危害结果，否则将会流标。因此，在真实客户未能投满标的情形下，冒充客户虚假投标是促成借贷合同成立、公司最终获取资金的必要手段，与危害结果具有直接的因果关系。

第三，虽然其4人系基于领导指示而参与虚假投标，但该行为与合法、正常的职务行为存在明显区别，违反了互联网借贷的基本规则，因此其4人具备一定的主观恶性。领导的指示并不能成为阻却其行为违法性的事由，对其从轻评价和处理并不代表不应给予刑法的否定性评价。

基于以上理由，检察机关依法对该案无罪判决提出抗诉，后经上级法院审理将该案发回重审，原审法院经审理后对陈某等4人均改判有罪。

2. 为他人向社会公众非法吸收资金提供帮助，但没有证据证明从中收取代理费、好处费、返点费、佣金、提成等费用的，是否应不作犯罪处理

在深圳市检察机关办理的肖某某涉嫌非法吸收公众存款案中，肖某某作为银行工作人员，将涉案公司为非法集资而推出的所谓理财产品介绍给自己认识多年的客户购买。法院经审理认为，肖某某不构成非法吸收公众

存款,作出无罪判决,理由主要有两点:第一,肖某某介绍的客户均系合格投资人,且认识多年,故不属于不特定对象,故其介绍行为本身不具有社会性;第二,虽然肖某某客观上为他人非法吸收公众存款提供帮助,起辅助作用,但不能证明其从中收取了好处费,根据《2014年非法集资意见》第4条的规定,也不能认定其构成共同犯罪。

深圳市某基层检察院针对法院的上述无罪理由均提出异议,并提出抗诉。虽然深圳市人民检察院经审查认为,认定肖某某构成非法吸收公众存款罪的证据确实不足,但认为无罪判决的第二点理由属于法律适用的错误,在不能认定行为人收取好处费的前提下,不能简单地根据司法解释直接进行反推,得出行为人只要没有收取费用便不应追究刑事责任的结论,具体分析如下:

第一,《2014年非法集资意见》第4条规定:"为他人向社会公众非法吸收资金提供帮助,从中收取代理费、好处费、返点费、佣金、提成等费用,构成非法集资共同犯罪的,应当依法追究刑事责任。"该解释正面规定了为他人提供帮助并收取好处费的,应予以追究责任,但没有规定不收取好处费的便不追究责任。

从该司法解释出台的目的和文义上看,该解释的主旨是将是否获利作为评判此类非法集资帮助人员是否应追责的其中一项要素,在该罪适用中贯彻宽严相济的刑事司法政策,其中也隐含了对于情节较轻又没有获利的情形予以出罪的精神,是对刑法总则关于"情节显著轻微,不认为是犯罪"的具体解读,否则该解释就完全没有必要在"关于共同犯罪的处理问题"这一条内作出上述表述。从这个角度解读,无罪判决的理由具有一定的合理性。

第二,如果直接对司法解释的规定进行反推,相当于把是否获利作为非法吸收公众存款帮助犯的入罪要件,这从法理上突破了该罪犯罪构成的规定,并且也有违逻辑。虽然司法解释从正面规定为非法吸收公众存款提供帮助并收取费用的应予以追责,但对于具有共同犯罪故意和犯罪行为的帮助人员,如果其参与程度深、帮助吸收资金数额特别巨大、造成损失巨大,即便其基于某种原因未收取费用,从非法吸收公众存款罪的犯罪构成、行为的可罚性角度考虑,也应予以刑事追责。上述规定隐含的是"对于构成非法集资共同犯罪中的帮助人员,情节较轻,又没有获利的,可以不予追究刑事责任"的立法精神,而非没有获利的一律不构成犯罪。

综上,笔者认为无罪判决对该规定的解读方向虽符合立法精神,但过于简单和片面，存在法理和逻辑错误。

（二）对有罪判决的审判监督

对于法院作出有罪判决的，主要应从以下几个方面重点审查：第一，主犯的认定是否适当，是否存在因认定为从犯而导致量刑与犯罪情节不相匹配；第二，法定情节特别是自首的认定是否存在错误；第三，对于主犯的量刑是否适当。虽然当前非法吸收公众存款案普遍存在轻刑化的趋势，顶格判处的案件较为少见，但对于某些造成巨额本金未归还、涉众面特别广或社会影响极其恶劣的案件，在裁判时应罚当其罪；第四，对于缓刑的适用是否合理。缓刑虽然只是刑罚的一种执行方式，但从实际效果上是一种特别从宽处理的手段，在非法吸收公众存款罪此类涉众型案件中更应审慎使用。检察机关应从被告人的社会危害性、再犯可能性、悔罪表现、退赃退赔等多方面综合衡量适用缓刑是否适当。上述几个方面的审查由于与普通案件没有明显区别，或应结合个案而论，在此不再赘述。另对于自首的认定问题，将在集资诈骗案审查起诉要点中具体予以分析。

（三）对集资参与人申请抗诉的处理

由于非法吸收公众存款案中的集资参与人并非刑法所规定的被害人，故其没有被害人所享有的申请检察机关抗诉的权利。但在实践中，集资参与人往往会因为对判决不服而向检察机关申请抗诉，对此如何处理？虽然法律和相关司法解释均没有明确规定，但考虑到集资参与人因犯罪行为而利益受损属于与判决结果存在一定关联的人员，且属于群体性诉求，深圳市检察机关目前的做法是由申诉部门接受集资参与人提出的申诉，如果发现判决确有错误通过审判监督程序提出抗诉。

第四章 集资诈骗罪

第一节 集资诈骗罪的基本特征及类别

一、非法集资与集资诈骗的关系

非法集资是一类行为的统称,并非特指某个罪名,是指向社会公众(包括单位和个人)吸收资金的行为,该行为具有非法性、公开性、社会性和利诱性。在司法实践中,根据非法集资行为方式的不同,与之相对应的罪名主要有非法吸收公众存款罪,擅自发行股票、公司、企业债券罪和集资诈骗罪。《2011年非法集资解释》第1条规定非法集资行为除刑法另有规定的以外,应当认定为《刑法》第176条规定的"非法吸收公众存款或者变相吸收公众存款"。根据上述规定,非法吸收公众存款罪是非法集资的基础罪名,但是如果行为人的行为模式符合擅自发行股票、公司、企业债券罪或者集资诈骗罪的犯罪构成要件,则应当认定为擅自发行股票、公司、企业债券罪或者集资诈骗罪。综上所述,非法集资是一类犯罪的统称,集资诈骗罪是非法集资犯罪的其中一个罪名。

集资诈骗罪与非法吸收公众存款罪的主要区别在于集资行为人是否具有非法占有目的,那么是否意味着集资诈骗罪是以非法占有为目的进行的非法吸收公众存款行为?上文我们对非法吸收公众存款罪和擅自发行股票、公司、企业债券罪进行了分析,两罪的目的都是募集资金,只是方式不一样,但都属于非法集资犯罪。笔者认为,集资行为人以非法占有为目的,实施了非法吸收公众存款或者擅自发行股票、公司、企业债券行为,均应被评价为集资诈骗罪。换言之,集资诈骗罪不只是以非法占有为目的进行的非法吸收公众存款行为,只要是以非法占有为目的进行的非法集资行为都构成集资诈骗罪。

集资诈骗罪有两个基本特征,一是行为人具有非法占有目的,二是行为人实施了非法集资行为。行为人虽然诈骗了多人的钱财，但如果行为特征不符合非法集资的要求，则不构成集资诈骗罪，可能构成其他犯罪。例如，行为人以非法占有为目的，使用诈骗手段在亲友或者单位内部针对多名特定对象吸收资金，在吸收资金的过程中没有进行公开宣传，行为人的行为不具备社会性和公开性，不是非法集资行为，无法认定为集资诈骗罪，但是可以认定为诈骗罪。

二、集资诈骗罪的基本特征

非法吸收公众存款罪和擅自发行股票、公司、企业债券罪是集资诈骗罪的两个基础罪名，非法吸收公众存款罪具有非法性、公开性、社会性和狭义的利诱性等特征，擅自发行股票、公司、企业债券罪具有非法性和广义的利诱性等特征，部分具有公开性和社会性的特征。那么集资诈骗罪是否也需要具有非法性、公开性、社会性和利诱性的特征，上述特征是否与基础罪名一致？笔者认为，集资诈骗罪不仅是非法集资犯罪，同时也是诈骗犯罪，其在客观方面兼具了非法集资犯罪和诈骗犯罪的特征。集资诈骗罪区别于其他诈骗类犯罪的关键在于集资诈骗同时存在集资行为和诈骗行为，两个行为彼此交织在一起，在集资的过程中实施了诈骗，也在诈骗的过程中进行集资。因此集资诈骗罪在非法集资方面的特征存在特殊性。

（一）关于非法性

《刑法》第192条对集资诈骗罪的表述为"以非法占有为目的，使用诈骗方法非法集资"，可见集资诈骗罪属于非法集资犯罪，非法性属于集资诈骗罪的基本特征。《2011年非法集资解释》第1条对非法吸收公众存款罪的非法性进行了明确的规定，非法吸收公众存款的非法性指集资行为违反了国家金融管理法律规定。这是一个正向的逻辑推论过程，是集资的方式违反了国家金融管理法律规定，所以集资行为具有非法性，而不是因为集资行为被定性为犯罪而进行反向推论，认定集资行为是非法的。同理，判断集资诈骗罪的集资行为是否非法应当分析行为本身是否违反国家金融管理法律规定，而不能以行为构成集资诈骗罪就想当然地认为集资行为具有非法性。集资诈骗罪的非法性与非法吸收公众存款的非法性基本一致，都是指集资行为违反了国家金融管理法律法规有关集资的实体性规定或者程序性规定。在本质上来说，该两罪的非法性与擅自发行股票、公司、企业债券罪的非法性并不完全一致，后者的非法性是指"未经国家有关主管部门批准"，着眼点在于违反程序性的规定，而不是实体性的规定。从罪名的表述上看，擅自发行股票、公司、企业债券罪表述为"擅自"而不是"非法"，"擅自"是指脱离监管自作主张地从事某行为，"非法"是指违反相关法律的规定从事某行为，相关法律包括实体法和程序法。

（二）关于公开性和社会性

《2011年非法集资解释》第1条对非法吸收公众存款罪的社会性和公开性进行了明确的规定，但目前尚无法律、司法解释对集资诈骗罪的社会性和公开性进行规定。笔者认为，集资诈骗罪需要符合"集资"的属性，就需要具备社会性和公开性，但该罪的社会性和公开性与非法吸收公众存款罪有所不同。

社会性不是集资诈骗罪的必然特征。上文已分析以非法占有目的擅自发行股票或者公司、企业债券的行为可以认定为集资诈骗罪。《2011年非法集资解释》第6条规定了擅自发行股票、公司、企业债券罪的三种行为模式，其中两种行为模式针对的是社会不特定对象，具有社会性，但是第三种模式针对的是特定对象，不具有社会性。根据规定，未经国家有关主管部门批准，向特定对象发行、变相发行股票或者公司、企业债券累计超过200人构成犯罪的，以擅自发行股票、公司、企业债券罪定罪处罚。可见，社会性并不是集资诈骗罪的必然特征，某些集资诈骗罪针对的是特定对象，不具有社会性，但仍需满足集资对象是多数人这一条件，否则就不属于集资行为。

公开性是集资诈骗罪的基本特征，但是集资诈骗罪的公开性与非法吸收公众存款罪的公开性并不完全一致。在宣传对象上，非法吸收公众存款罪的公开性是指面向社会公众公开宣传，而集资诈骗罪的公开性是指面向多数人公开宣传，这个"多数人"并不必然是社会公众。在公开性的实现方式上，两罪是一致的，都要求以一对多的方式进行宣传。如果集资行为人仅进行一对一的宣传，因各个被害人之间不存在关联性，不能视为一个整体，其行为只能构成多个诈骗罪，不构成集资诈骗罪。

综上，集资诈骗罪的社会性表现为针对多数人，公开性表现为在多数人中进行一对多的公开宣传。笔者认为，行为人具有非法占有目的，面向特定团体里的多数人，通过向该团体的多数人公开宣传的方式募集资金，行为人的行为构成集资诈骗罪。

(三) 关于利诱性

集资诈骗罪具有利诱性的特征。被害人之所以愿意投资是因为相信了集资诈骗行为人所宣传的投资将带来可观盈利的预期。关于集资诈骗罪的利诱性,有以下三点需要注意:

第一,利诱性是集资诈骗罪的必备要件,但不是诈骗类犯罪的基本特征。诈骗罪的诈骗手段可能是色诱、情诱,不一定是利诱。集资诈骗罪与诈骗罪是特别法与一般法的关系,集资诈骗罪除了诈骗类犯罪的共性之外,还有其自身的特性,主要体现为集资,而利诱性是集资的题中应有之义。从被害人的角度分析,诈骗罪的被害人在交付财物后,财物的所有权随即转移,交付财物是诈骗罪资金流转的最终环节。但是对于集资诈骗罪的被害人来说,集资只是资金流转的中间环节,集资行为人募集资金后要通过生产经营等方式使资金增值,最终将增值后的资金返还给被害人。集资诈骗罪的被害人在交付资金后,资金的所有权并未彻底转移,被害人只是暂时将资金交由集资行为人使用,被害人仍期待取回增值后的资金,因此集资诈骗罪的被害人交付资金是为了获得更多资金,这就是集资行为的利诱性。为了更好地理解诈骗罪和集资诈骗罪在利诱性上的区别,我们以电信诈骗为例进行分析。电信诈骗一般定性为诈骗罪而不是集资诈骗罪,是因为电信诈骗并不一定具有利诱性这一特征,例如,假冒他人身份进行的电信诈骗。当然也有部分电信诈骗具有利诱性,例如,以退税为借口进行的电信诈骗,行为人通过电话告知被害人只要缴纳一定的费用就可以获得巨额的退税款,但是这里的退税与集资诈骗罪的利诱是不一样的,被害人在这种情形下并没有进行投资,其利诱性不是以资金增值为基础。

第二,集资诈骗罪的利诱性与非法吸收公众存款罪的利诱性不同。非法吸收公众存款罪的利诱性是狭义的利诱性,是确定的利诱,集资行为人承诺保本付息或者给付回报。集资诈骗罪的利诱性属于广义的利诱性,具有不确定性。集资行为人除了承诺保本付息和给付回报之外,也可以向被害人宣传投资项目具有良好的发展前景和增值空间,诱使被害人进行投资,被害人的投资动机是对未来获取投资收益的预期。对于集资诈骗罪的被害人来说,其明知参与的是投资而不是存款,被害人对于投资可能存在的风险有一定的认识,但是轻信可以避免亏损并将获取巨额收益。综上,集资诈骗罪的利诱性属于广义的利诱性，外延更广。

第三，集资诈骗罪的利诱性虽然是不确定的，但是对于被害人来说，其相信获得收益的可能性极大，这是其投资的根本原因。投资分为广义投资模式和狭义投资模式。广义投资模式下的集资人不需要对投资项目进行收益上的宣传，投资人基于自己对市场的判断作出投资决策，自负盈亏，其收益具有不确定性，并且这种不确定性较大。例如，炒卖股票、原油、期货、贵金属、虚拟币等就属于广义的投资模式，投资人交付资金时并没有必定盈利的预期，资金的使用及最后或盈或亏，均由本人承担。狭义投资模式下的集资人通过宣传投资项目具有良好的发展前景和增值空间，诱使投资人进行投资，投资人的投资行为与集资人的宣传行为直接相关，资金的使用由集资人负责，投资人相信集资人能为其赚取利润。集资诈骗罪的投资属于狭义投资模式。狭义投资模式的利诱性虽然是不确定的，但比广义投资模式的利诱性强。

三、集资诈骗罪的不同归类

集资诈骗罪同时具有非法集资犯罪和诈骗罪的特点，行为兼具非法集资和诈骗两项特征，非法集资和诈骗都是集资诈骗罪的犯罪方法。

（一）按照非法集资属性进行归类

《刑法》第192条将集资诈骗罪表述为"以非法占有为目的，使用诈骗方法非法集资"。在刑法中，按照非法集资属性，集资诈骗罪被归类为非法集资犯罪，集资诈骗的诈骗目的是通过非法集资这一手段来完成的，因此一般情况下集资诈骗罪具有非法集资的非法性、公开性、社会性和利诱性特点，这也是集资诈骗罪与其他诈骗犯罪的根本区别。

（二）按照诈骗属性进行归类

1997年《刑法》一共规定了10个诈骗罪名，除了诈骗罪之外，还有合同诈骗罪和8个金融诈骗罪。集资诈骗罪属于金融诈骗罪，是1997年《刑法》新增规定的罪名。在1979年《刑法》中，上述10个诈骗罪名都被包含在诈骗罪中，集资诈骗罪等9个诈骗犯罪来源于诈骗罪，这些犯罪是诈骗罪的特殊类型，因此被单独规定了罪名。集资诈骗罪具有诈骗犯罪的共性，即以非法占有为目的，使用虚构事实、隐瞒真相的手段，骗取他人的信任，使得他人在错误认识下心甘情愿交付财物。集资诈骗罪与其他诈骗犯罪的区别在于诈骗的对象和方法不同。

根据不同的标准，可以把集资诈骗罪归类为不同种类的犯罪，所以集资诈骗罪既是指"以非法占有为目的，使用诈骗方法非法集资"，也是指"以非法占有为目的，以非法集资的方式进行诈骗"。

四、P2P 平台涉集资诈骗罪的常见模式

集资诈骗案件主要发生在 P2P 行业。以 P2P 行业为例，集资诈骗案件主要有以下五大类：

（一）不事经营型

不事经营型指行为人集资后没有将集资款用于生产经营活动或者用于生产经营活动与筹集资金规模明显不成比例，致使集资款不能返还的案件。

行为人成立 P2P 网络平台，在平台上发布投资标，向不特定人公开宣传投资项目，以高额的投资收益吸引投资人，并承诺保本付息。行为人集资后并未将集资款用于投资标的，而是用于无法产生收益的非生产经营活动，或者用于生产经营活动的集资款极少，所产生的收益完全不可能兑付承诺的高额利息。行为人虚构投资标的，隐瞒集资款的去向，将集资款用于不产生收益的活动，导致集资款不能返还给投资人，其行为构成集资诈骗罪。此类案件的本质是行为人在集资时已产生非法占有的主观故意，表现为行为人对集资款进行了处分，行为人处分集资款造成集资款无法收回或者无法全部收回，已不可能向投资人返还投资本金，更加不可能兑付高额的利息。行为人将集资款用于无法产生收益的活动一般表现为偿还以前的债务、缴纳拖欠的税款或者罚款等。行为人在集资的早期一般都会按照约定还本付息，从而吸引更多的投资人投资，吸收更多的投资款，但是因为集资款并未产生收益，同时还要支付前期投资人高额的利息，因此行为人早期还本付息的资金往往来源于后投资人的投资款，也就是通常所说的拆东墙补西墙或者借新还旧；更有甚者，在借新还旧仍无法全部偿还到期投资本息后，行为人会向投资人谎称平台公司将要上市，投资人可将到期投资款转为股份，公司上市后可以获取更高的收益，即通常所说的债转股，行为人利用债转股的方式在最后阶段可以骗取更多的集资款。

在具体案件中，我们也发现行为人在早期集资的时候将集资款用于生产经营，但是因风控未做好，产生很多坏账，没有收回集资款，导致资金链出现问题，此时行为人为了维持平台的正常运行发布虚假的投资标的骗取投资款，所骗取的款项用于偿还到期的投资款，这种模式导致的后果只能是窟窿越补越大，最终资金链断裂导致案发。在此类案件中，行为人的初始行为仅构成非法吸收公众存款罪，但是在后期明知无法偿还集资款仍通过发布虚假标的骗取投资款，其行为性质发生了变化，后期行为构成集资诈骗罪。行为人虽然没有挥霍集资款，但是其将集资款进行了处分，致使集资款灭失，导致无法向投资人返还集资款，其非法占有表现在对集资款的处分上。不事经营型的案件往往被害人数众多，被骗金额特别巨大，社会危害性极大。

案例：刘某等人集资诈骗案

2015年12月，刘某、余某成立深圳钱某财富有限公司。该公司于2016年6月1日开始运营P2P网贷平台，在网贷平台和钱斗贷投资QQ群公开宣传公司的P2P业务，宣传投资年化收益12%—15%。投资人在该公司注册后可以绑定本人银行卡，然后通过第三方支付平台"双乾"进行投标。该公司每天上午和下午各发一个标的供客户投标，标的项目均为房贷和车贷。2016年7月开始，大量投资人发现其投资到期的款项不能提现，且该公司有发布不实信息的情况。投资人报警后警方检查了该公司P2P网贷平台，发现该公司从2016年6月1日至2016年8月30日通过网络发布虚假借款标的，吸收投资款共计人民币1018172.1元。上述款项由刘某支配，该款项并没有用于生产经营等盈利项目，而是全部用于刘某的个人用途，导致资金无法归还。

（二）肆意挥霍型

肆意挥霍型指行为人集资后肆意挥霍集资款，致使集资款不能返还的案件。行为人成立P2P网络平台，在平台上发布虚假的投资标，向不特定人公开宣传投资项目，以高额的投资收益吸引投资人，并向投资人承诺保本付息。行为人集资后并未将集资款用于可以产生收益的生产经营，而是将集资款用于自身的高消费，导致集资款无法返还投资人。行为人具有明显的非法占有目的，并使用诈骗方法获取集资款，行为应当定性为集资诈骗罪。

案例：黄某集资诈骗案

2015年3月至2016年4月，深圳国某金融服务有限公司未经有关部门批准，利用其设立的网络借贷平台"国某金融"网站，以互联网及电话等公开方式向投资人宣传，通过融资借款方式在平台投放借款标的，以年利率15%至20%为回报，向不特定人吸收存款。具体方式为：由深圳国某金融服务有限公司实际控制人黄某寻找借款人，先期支付借款人钱款，后以增加借款人借款数额数倍方式将借款标的放置公司营运平台吸引投资，黄某将吸引的多余资金除对外发放高额利息贷款外，用于个人挥霍。经审计，深圳国某金融服务有限公司成立以来共吸收2931名投资人存款，共计人民币160864904元，尚未偿还本金数额人民币31242001.21元。

（三）携款逃匿型

携款逃匿型指行为人集资后携带集资款逃匿的案件。行为人成立P2P网络平台，在平台上发布虚假的投资标的，向不特定人公开宣传投资项目，以高额的投资收益吸引投资人，并向投资人承诺保本付息。行为人集资后并未将集资款用于可以产生收益的生产经营，而是直接携款潜逃，行为人的非法占有目的明显，在非法集资的过程中使用了诈骗手段，应当定性为集资诈骗罪。

案例：谷某等人集资诈骗案

2012年12月6日，谷某成立深圳美某电子商务有限公司（以下简称美某公司），并通过互联网设立"美某网"P2P融资平台。郝某负责公司运营、人事、行政管理和客服工作，并负责筹建天津某财富投资管理有限公司和浙江某投资管理有限公司，上述公司分别搭建P2P融资平台"某财富"和"某资本"。平台每天、每月的账目都要通过电子邮件报给美某公司统计员统计。上述三融资平台通过互联网进行公开宣传，通过线上、线下两种支付方式非法集资，并承诺年化率10%至20%的高额利息回报。上述公司于2014年11月21日中止提现，于2015年2月10日人去楼空。经审计，平台收到投资人充值金额共计人民币2751637644.55元，提现金额共计人民币2689233513.31元。

（四）违法使用集资款型

违法使用集资款型指行为人集资后将集资款用于违法犯罪活动的案件。

行为人成立 P2P 网络平台，在平台上发布虚假的投资标，向不特定人公开宣传投资项目，以高额的投资收益吸引投资人，并向投资人承诺保本付息。行为人集资后并未将集资款用于可以产生收益的生产经营，而是将集资款用于违法犯罪活动。《2011年非法集资解释》将违法使用集资款认定为"以非法占有为目的"的情形之一，这是一种法律拟制，将占有的钱用于赌博或者其他违法犯罪活动，可以推定行为人具有非法占有的目的。行为人的上述行为构成集资诈骗罪。

（五）逃避返还资金型

逃避返还资金型指行为人集资后通过抽逃、转移资金、隐匿财产的方式；或者通过隐匿、销毁账目，搞假破产、假倒闭的方式；或者以拒不交代资金去向的方式，逃避返还资金的案件。行为人成立 P2P 网络平台，在平台上发布投资标，向不特定人公开宣传投资项目，以高额的投资收益吸引投资人，并向投资人承诺保本付息。行为人集资后没有进行集资款增值的行为，却想方设法通过抽逃、转移资金、隐匿财产，隐匿、销毁账目，搞假破产、假倒闭等方式逃避返还集资款；或者拒不交代资金去向以逃避返还集资款，行为人的行为直接导致集资款无法返还给投资人，非法占有目的明显，且在集资过程中使用了诈骗方法，行为构成集资诈骗罪。

第二节 集资诈骗罪常见问题认定处理

一、关于被害人的认定

（一）集资诈骗行为人成为被害人的情况

在某些集资诈骗案件中，行为人为了吸引更多集资参与人，诈骗更多钱财，往往会让初期参与集资的人获利，在司法实践中，可能出现以下情形，即某些集资参与人在明知集资行为人实施集资诈骗的情况下仍然进行投资，其真实想法是赚一笔后就走，把损失留给后期的接盘人。例如，集资诈骗行为人以炒卖外汇为由进行非法集资，承诺8%至10%，甚至更高的月收益，此类案件属于典型的诈骗案件。在此类案件中，有些被害人因自身缺少金融知识,看见别人投资赚钱了,在羊群效应①之下跟风投资,这些被害人被集资诈骗行为人欺骗后陷入错误认识,从而处分钱财,属于集资诈骗的被害人。仍有一些具有丰富金融知识的人明知是诈骗仍参与集资,自信不会接最后一棒,带着侥幸心理投资,以期赚取短期高额利润,但尚未收回本金,集资诈骗行为人的资金链就断裂了,导致本金损失,这些人是否可以认定为集资诈骗的被害人?

笔者认为,上述人等应当被认定为被害人,为此应着重分析其因何事由陷入错误认识以及陷入何种错误认识。首先,在分析因何事由陷入错误认识时不应当陷入思维定势,认为集资诈骗的被害人一定是被行为人精心编织的骗局所欺骗,应当有针对性地进行分析上述被害人为什么会出现本金受损?因为来不及撤回本金。那么其陷入错误认识的事由就是诈骗行为人对外宣传的集资方式让其以为集资的过程会持续一段时间。其次,其陷入的错误认识是以为集资诈骗行为人的资金链不会这么快断裂,仍有充足的时间收回本金和收益,奈何最后事与愿违。

(二)犯罪嫌疑人和被害人同体的问题

在同一个犯罪案件中,某些人既是犯罪嫌疑人,也是被害人,这就是犯罪嫌疑人和被害人同体的问题。在司法实践中,非法集资案件的业务员大多属于此种情况。

犯罪嫌疑人同时也是被害人是否可以阻却犯罪的成立?笔者认为,犯罪嫌疑人与被害人同体的特性并不能当然阻却犯罪的成立,充其量只能作为一个酌情从轻处罚的刑事量刑事由。非法集资案件犯罪嫌疑人和被害人的同体问题只存在于不同罪名之中。(1)在非法集资案件中,同案人可能分别构成非法吸收公众存款罪和集资诈骗罪,诸如一些犯罪嫌疑人并不知晓首犯以非法占有目的实施非法集资行为,其帮助首犯实施了非法集资行为的同时也参与集资,案发后本人的投资款也未能收回,首犯的集资诈骗行为给这些犯罪嫌疑人造成了财产损失。因此,上述人员既是非法吸收公众存款罪的犯罪嫌疑人,同时也是集资诈骗罪的被害人。(2)在某些非

---

① 羊群效应也叫"从众效应",是个人的观念或行为由于真实的或想象的群体的影响或压力,而向与多数人相一致的方向变化的现象。表现为对特定的或临时的情境中的优势观念和行为方式的采纳,表现为对长期性的占优势地位的观念和行为方式的接受。人们会追随大众所同意的,将自己的意见默认否定,且不会主观上思考事件的意义。

法吸收公众存款犯罪中，部分犯罪人积极实施了非法集资行为，并且其本人也在平台进行了投资，后来平台因经营不善导致亏损，经查平台募集的资金都用于生产经营，平台没有非法占有集资款的目的，在这种情况下无法评价平台的行为构成集资诈骗罪，只能认定非法吸收公众存款罪，那么此时受损失的犯罪嫌疑人是否属于被害人同体情况？笔者认为，受损失的犯罪人不是非法吸收公众存款罪的被害人。因为非法吸收公众存款罪属于《刑法》分则第三章第四节破坏金融管理秩序犯罪，保护的法益是金融管理秩序，不是集资参与人的财产权，因此非法吸收公众存款罪不存在被害人。这与集资诈骗罪不一样，集资诈骗罪属于金融诈骗犯罪，法益具有双重性，既有国家的金融秩序，也有集资参与人的财产权利。因此，笔者认为，在非法吸收公众存款案件中，不能将受损失的犯罪嫌疑人评价为被害人，相应的也就不存在犯罪嫌疑人与被害人同体的问题。

（三）针对多名被害人的诈骗犯罪属于诈骗罪还是集资诈骗罪

集资诈骗罪属于非法集资犯罪，犯罪对象是社会上的不特定多数人或者某一特定团体的多数人，因此被害人数多是集资诈骗罪的一个特点，[①]那么针对多名被害人的诈骗犯罪就是集资诈骗罪吗？不一定，也可能是其他诈骗犯罪。

集资诈骗罪属于非法集资犯罪，一般情况下具有非法性、公开性、社会性和利诱性的特点，[②]所以区分集资诈骗罪与诈骗罪的关键在于上述四个特征，而不是被害人的人数。（1）在犯罪对象上，集资诈骗罪的对象是社会上不特定的多数人或者某一特定团体的多数人，而在某些诈骗案件中，行为人实施诈骗行为针对的亦是不特定的多数人。例如电信诈骗犯罪。（2）在利诱性上，集资诈骗罪必须具备利诱性，而诈骗罪行为模式多样，可以利诱之，亦可以情骗之，还可以其他方式骗之，两罪在利诱性方面有所重叠。因此，区分集资诈骗罪和诈骗罪的关键在于是否具有公开性。公开性是非法集资犯罪的本质特征，可以区分涉及多名被害人的诈骗犯罪，

[①] 集资诈骗罪的入罪是以诈骗数额而非被害人数作为标准，因此可能出现只有一名被害人的特殊情况，例如，行为人以非法占有为目的非法集资，但只骗取一名被害人的集资款即案发，而诈骗数额已超过立案标准，行为人的行为构成集资诈骗罪。

[②] 关于集资诈骗罪非法性、公开性、社会性和利诱性的特点在集资诈骗罪中的非法集资构成要件中有详细论述。

如果行为具有公开性的特征，通过公开宣传的方式让社会上不特定多数人或者某一特定团体的多数人上当受骗，行为人的宣传方式具有一对多的特点，每一个被害人都因为同一个宣传行为而被骗，彼此之间存在内在的联系，无法拆分成一个个独立的诈骗罪，就应当视为一个整体，以集资诈骗罪论处。笔者认为，形象地说，行为人使用相同的诈骗手法诈骗了不特定的多个人，被害人彼此不相关，但公开性这一特征就像一条绳子将多名本不相关的被害人紧紧捆绑在一起，无法分割，多名被害人之间形成了一个整体，此时就不能将这个整体分成多个诈骗罪案件，而应当以集资诈骗罪来统一评价。

二、关于非法占有目的的认定

以非法占有为目的，使用诈骗方法非法集资，是集资诈骗罪的本质特征。在非法集资犯罪案件中，是否具有非法占有目的，是区分非法吸收公众存款罪和集资诈骗罪的关键。

（一）关于非法占有目的认定的相关规定

最高人民法院2001年1月21日发布的《全国法院审理金融犯罪案件工作座谈会纪要》指出："在处理具体案件时要注意以下两点：一是不能仅凭较大数额的非法集资款不能返还的结果，推定行为人具有非法占有的目的；二是行为人将大部分资金用于投资或生产经营活动，而将少量资金用于个人消费或挥霍的，不应仅以此便认定具有非法占有的目的。"第一点表明，行为人不能返还集资款，只是一种结果，发生这种结果并不必然证明行为人具有非法占有目的，而需要具体分析行为人不能返还的原因。如果行为人在募集资金时存在真实的生产经营项目，而且将所募集的资金用于该项目，只是由于经营不善或者其他客观原因导致亏损，不能返还集资款，这种情况不能认定为集资诈骗罪。集资诈骗行为人非法占有目的可能产生于行为前或者行为时，不能返还集资款的结果与行为人非法占有目的是有因果关系的，如果不能返还集资款是因为行为人主观因素之外的原因，行为人就不具有非法占有目的。故而，仅凭不能返还集资款的结果无法证明募集资金的行为属于集资诈骗。第二点表明，在司法实践中非法占有目的主要通过行为人的行为进行推定，对于行为人的行为要进行全面客观的评价，不能以偏概全，仅以部分事实为根据就草率得出结论。行为人将大部分资金用于投资或生产经营活动表明存在归还本息的可能性,在此前提之下将少量集资款非法占为己有并不能证明其主观上存在非法占有所有集资款的目的。但是,在非法集资的单位犯罪中,行为人利用职务便利,非法占有单位控制的部分集资款,构成职务侵占罪。

关于集资诈骗罪的非法占有目的,最高人民法院和最高人民检察院对此均有规定。《2011年非法集资解释》认定非法占有目的的情形包括以下八个方面:(1)集资后不用于生产经营活动或者用于生产经营活动与筹集资金规模明显不成比例,致使集资款不能返还的;(2)肆意挥霍集资款,致使集资款不能返还的;(3)携带集资款逃匿的;(4)将集资款用于违法犯罪活动的;(5)抽逃、转移资金、隐匿财产,逃避返还资金的;(6)隐匿、销毁账目,或者搞假破产、假倒闭,逃避返还资金的;(7)拒不交代资金去向,逃避返还资金的;(8)其他可以认定非法占有目的的情形。上述情形可以归结为不从事经营、肆意挥霍、携款逃匿、违法使用集资款以及逃避返还资金五种情形。其中第一、二种情形均要求"致使集资款不能返还",也就是上述两种行为要导致集资款不能返还的结果,并且行为和结果之间存在直接的因果关系,才能认定行为人具有非法占有目的。如果行为人募集资金后将资金挪作他用,不用于生产经营,甚至被用于个人消费,但是在还款期到来之时,行为人还有其他资金可用于偿还出借人的本息,并且也偿还了,这种情况之下虽然行为人有上述两种情形,但并未造成集资款不能返还的结果,无法证明行为人在募集资金的时候有非法占有集资款的目的。第三种情形携款逃匿的行为本身已能充分表明行为人非法占有的目的。第四种情形是将集资款用于违法犯罪活动,这种情形应当在行为人将集资款用于违法犯罪活动导致无法归还结果的前提下进行理解和认定,即行为人使用集资款进行违法犯罪活动,致使集资款灭失,造成无法归还的结果时,可以认定行为人非法占有目的。例如,行为人将集资款用于嫖娼、赌博等违法犯罪活动,致使集资款无法返还,应当认定其非法占有目的。但是,如果行为人将非法募集的资金用于从事非法的生产经营活动,得到非法利益后将集资款归还集资参与人,此时不宜认定行为人构成集资诈骗罪。行为人从事的非法经营活动如果触犯其他犯罪,可以认定构成其他罪名。第五种情形是通过各种行为来逃避返还资金,在此处应该有个前提是行为人有资金可以返还。如果集资款被用于生产经营,并且已经亏损,行为人无法返还集资款,在集资参与人追讨的时候,行为人为逃避责任而隐匿、销毁账目，或者搞假破产、假倒闭，或者隐瞒集资款已在生产经营中亏损的事实，不具备资金可以返还的条件时，不能仅凭行为人实施了上述行为便认定其具有非法占有目的。

《办理涉互联网金融犯罪纪要》规定了以下几种应当认定为具有非法占有目的的情形：（1）大部分资金未用于生产经营活动，或名义上将资金投入生产经营但又通过各种方式抽逃转移资金的；（2）资金使用成本过高，生产经营活动的盈利能力不具有支付全部本息的现实可能性的；（3）对资金使用的决策极度不负责任造成资金缺口较大的；（4）归还本息主要通过借新还旧来实现的；（5）其他依照有关司法解释可以认定为非法占有目的的情形。第一种情形，行为人制造了将资金投入生产经营的假象，实际上将资金抽逃并转移，以此蒙骗集资参与人，诱骗更多的集资参与人投入资金。需要说明的是，《办理涉互联网金融犯罪纪要》没有进一步说明抽逃资金后将资金转移到何处。笔者认为此处应当结合行为人抽逃转移资金的行为造成了集资款不能返还的后果进行理解。如果行为人从某个生产经营项目抽离资金，转而投向另一个生产经营项目中，虽然向集资参与人隐瞒了实际投入的生产经营情况，但实际的生产经营仍可能产生利润并归还集资款，这种情况不应认定行为人具有非法占有目的。第二、三种情形都是挥霍性地使用资金，使用资金时极度不负责任，导致实际上已不可能归还全部本息。这两种情形在集资诈骗案件中经常出现，行为人在募集资金的过程中承诺给予集资参与人高额利息，募集到资金后给募集资金的业务员支付高额提成，支付前期集资参与人的本息，为平台公司的运营租赁高档办公场所，将巨额资金投入平台公司的运营，剩下的资金投入未经严格风控程序的生产经营项目中。在这种情况下，行为人个人未必占有资金，但是资金一部分被用于无法产生利润的平台公司运营费用和业务员的提成中，另一部分被用于支付前期出借人的本金和高额利息，其余部分用于生产经营项目，且生产经营项目的选择具有随意性，导致无法收回资金的风险剧增，只要有项目的资金无法收回就会使整个资金链断裂。第四种情形中，归还本息主要通过"借新还旧"来实现，也就意味着行为人募集资金后并未让资金增值，而是通过不断地"借新还旧"来维系平台的运营，其实质就是一个庞氏骗局，资金链断裂只是时间问题。

《办理涉互联网金融犯罪纪要》认定为非法占有目的的第二、三、四种情形中，可能出现行为人本人并未占有资金的情况，其实施非法集资行为的动机可能并不是直接占有集资款,那么为什么还可以认定行为人具有非法占有目的呢?笔者认为,行为人实施非法集资的动机是什么并不直接影响非法占有目的的认定,犯罪动机不是犯罪的构成要件,但是非法占有目的是犯罪的主观故意要件。在某些案件中,行为人的犯罪动机与犯罪故意不一致,在这种情况下不能以犯罪动机否定犯罪故意。同时,笔者认为,非法占有目的不等于据为己有。集资款不是只有被用于个人消费才认定行为人有非法占有目的,行为人募集资金后将资金用于归还前期出借人,或者用于挥霍性投资,可以看作是行为人非法占有集资款后对集资款的一个处分行为。集资诈骗罪的非法占有目的在表现形式上有别于诈骗罪,集资诈骗罪的非法占有目的主要表现为将资金的非法处置和滥用,主观目的既可以是据为己有,也可以是骗用或者获取其他不法经济利益。

案例:崔某岩集资诈骗案

案情简介:2017年5月,崔某岩通过购买股权的方式,持有深圳市某金融服务有限公司100%股份,并担任法定代表人和董事长。崔某岩以公司的名义搭建某金融P2P投资平台,未经有关部门依法批准,通过网站宣传介绍、广告推广等公开宣传方式,在平台上公开发布理财标的,承诺保本付息,向社会公众募集资金。2018年9月,某金融平台资金链断裂,无法兑付集资参与人投资的本金和利息,平台提供的担保物被转移或者根本不存在,无法实现对集资参与人投资的担保作用。根据审计,集资参与人总人数为17783人,入金总额人民币435015480.21元,出金总额272867492.24元,总差额162147987.97元;未结清2427人,入金260467995.09元,出金97832813.51元,差额162635181.58元。集资款除了归还集资参与人本息之外,其余款项主要被崔某岩用于消费、转第三方账户以及对外投资,相关集资款并未用于某金融平台所发布的理财标的项目,具体如下:(1)用于公司或个人消费金额9453868.15元,主要用于支付各关联公司的房租水电、招待费、咨询管理费、人员工资、个人取现以及个人微信消费等。(2)通过关联账户转第三方账户共计101804913.04元,涉及93个单位及个人。(3)投资比特币挖矿机损失5050万元。

评析意见:"非法占有目的"是行为人以诈骗方法向社会公众非法集资,使财产脱离或者排除集资参与人实际、有效的控制,而为其所支配的主观目的,即行为人具有不归还集资款的意思。"以非法占有为目的"不能仅仅理解为"犯罪嫌疑人据为己有",这是限缩性理解,明显与"以非法占有为目的"的本意不相吻合。在普通的诈骗犯罪案件中,"以非法占有为目的"多数情况没有超出"据为己有"的范畴。但在集资诈骗案件中,"以非法占有为目的"的范畴是远远大于"据为己有"的。《2011年非法集资解释》中规定,行为人支付给已结清的集资参与人的利息以及公司的经营费用等都应当计入集资诈骗的犯罪数额中,这些资金都没有被犯罪嫌疑人据为己有。根据这一司法解释,我们可以看出"非法占有"与"据为己有"是不相同的概念。本案资金去向说明了崔某岩转移了大量的集资款,逃避返还资金;同时对集资款使用的决策极度不负责任,存在随意投资的行为,导致了巨额损失。崔某岩的行为符合"非法占有为目的"的法定情形,依法应当以集资诈骗罪定罪量刑。

(二)对认定"以非法占有为目的"的相关司法解释的具体理解和适用

非法占有目的的认定是办理集资诈骗案件的核心点,对此相关司法解释已对如何推定非法占有目的作出相关规定和指引。其中《2011年非法集资解释》规定了可以认定非法占有目的的八种具体情形,而《办理涉互联网金融犯罪纪要》补充规定了五种具体情形,进一步扩大了认定的范围。上述规定虽然已相对明确、具体,但在个案适用时仍应注意以下问题:

1.对于解释"用于生产经营活动与筹集资金规模明显不成比例"中"募集资金规模"的理解

该规定本意是从涉案资金的使用情况上推断行为人是否具有利用吸收的资金从事盈利活动,以赚取利润偿还本息、工资、房租等维系集资行为所需要支出的成本的主观意图。如果行为人吸收了大量资金,却使用很小比例资金用于投资,从常理上看其可能获取的收益便不足以覆盖支出的成本,必然会产生资金链断裂,从而认定行为人主观上并无兑付集资参与人本息的目的,在此基础上推定其具有非法占有目的。

从这一认定逻辑上看,这里的"募集资金的规模"应当理解为行为人能实际控制并使用的资金规模,或者资金池沉淀的资金规模。因为行为人在吸收资金的同时,又要使用资金返还到期的本息,资金池的资金有进有出,资金池规模在吸收资金增量大于支付资金增量时资金才会不断沉淀,沉淀部分才能用于返本付息以外的经营活动。举个极端的例子,行为人每周固定吸收一次100万元的资金,一周到期并应支付本息共101万元,那么在一个月中共吸收资金400万元，支付本息则为303万元，其资金池内沉淀的金额为100万元减去应支付的利息，如果其不扩大吸收资金规模，则无论其经营多久，资金池所沉淀的资金都小于100万元且随着不断支付利息而不断减少。

在具体案件中，由于吸收资金并没有固定规律，故难以审计出在整个非法集资过程中资金池沉淀的总数额，但可以根据累计吸收资金数额减去累计偿还本息数额来大致予以估算，但同时应注意扣除必要的经营支出。

2. 对于解释"将集资款用于违法犯罪活动的"理解

之所以作此规定，笔者认为主要基于两点：一是通过加大对此类行为的打击力度，避免非法集资活动成为不法分子筹集违法犯罪资金的工具和助长违法犯罪滋生的"温床"，并因此给社会造成双重危害；二是违法犯罪活动虽然可能产生高额不法利润，但一旦被查处即可能导致集资款无法追回，给集资参与人造成损失。并且行为人已实施了违法犯罪活动，不归还集资款所产生的法律责任可能已不足以对其形成威慑，其非法占有集资款的可能性较高。

虽然司法解释作出上述规定，在具体适用时仍应考虑到可能存在的例外情况，作出区别处理。比如放高利贷的行为，以往不构成犯罪，但随着司法解释的出台，目前已可以以非法经营罪定罪处罚，但高利贷的现象目前仍在经营或者民间借贷领域广泛存在。在这种社会观念与法律规定尚未完全契合的背景下，行为人如果使用集资款用于高利转贷，且能正常兑付集资参与人本息，此时是否应以放高利贷属于违法犯罪行为为由，认定构成集资诈骗？笔者认为在审查案件时应充分认识到司法解释的指引性，不能僵化地进行适用，应从立法本意、非法占有目的推定的法律逻辑和个案的社会危害性等角度，综合以下几个方面来判断是否可推定为具有非法占有目的：

（1）违法犯罪活动本身是否存在从重打击的必要性。在将资金用于违法犯罪活动时，一般情况下相关违法犯罪行为属于目的行为，而非法集资则属于手段行为。如果将目的行为作为手段行为定罪升格的条件，而且还可能被并罚而不是择一重处，从法理上可以说是对手段行为的一种从重甚者加重处罚，属于法律的特别规定（如与幼女发生性关系的，以强奸罪从重处罚），在适用时应秉持审慎的态度，以免有违刑法的谦抑性和罪刑法定的基本原则。对此，笔者认为对于某些社会危害性相对较小或不具有实害性的违法或者犯罪行为，特别是行政犯，可以不适用上述规定进行从重打击，而主要在以下两类违法犯罪行为中予以适用：

第一类是对国家利益、社会秩序和公民人身财产等重要法益危害较大的违法犯罪行为，如涉恐犯罪、涉黑犯罪、贩卖毒品罪、制售假冒伪劣产品类犯罪等，对于此类违法犯罪活动的从重打击符合社会民众的期待和法律价值取向。

第二类是通过非法集资的手段，可能导致违法犯罪活动产生更为严重后果，或容易不断滋生新的违法犯罪活动。有些违法犯罪行为所产生的危害会随着资金量的增加而成比例地增加，并且因此容易诱发新的违法犯罪，使非法集资变成该违法犯罪活动的一种固定手段，此时便存在从重打击的必要性。如操纵证券期货市场的违法犯罪中，行为人一般使用的是自有资金或者金主的资金，其要面临涉案资金可能被罚没的风险，操纵市场要受到现有资金的限制。而如果行为人通过非法集资获取巨额资金，则可能提高其操纵市场的能力和非法获利数额，同时还降低其所承担的资金风险。一旦有行为人通过这种模式获得成功，极有可能使他人纷纷效仿，使非法集资成为筹集操纵证券期货市场资金的一种常态化手段，进而对社会公众投资的安全性形成更大威胁。

（2）因违法犯罪活动导致集资款无法收回的可能性大小。对于部分可以不予以从重打击的违法犯罪行为而言，如果因违法行为本身或被查处后所承担的法律责任导致集资款无法收回的可能性较大，则可以合理推定行为人对于资金不能收回具有间接故意，从而推定其具有非法占有目的。而对于造成投资款无法收回的可能性极小的违法犯罪行为，则可以考虑不认定具有非法占有目的。如前面提及的发放高利贷的行为：从违法犯罪行为本身看，虽然放贷必然存在一定坏账，但只要行为人具备一定风控和催收能力，高利足以覆盖可能的坏账；从法律责任上看，即便放贷行为被定罪处罚，留存的集资款也可以退还给集资参与人，借款人也仍应归还借款本金和合理利息。

（3）从具体案情中判断从重处罚是否可能有失公平。对于集资款用于违法犯罪能否推定具有主观目的，不仅要考虑法律的价值取向和法律推定逻辑，还应考虑具体案情和实际产生的后果，比照其他类型非法集资行为，进行公平性判断。以集资款用于放高利贷为例，行为人虽然将非法集资款用于发放高利贷，但没有产生资金亏损，那么其实际造成的危害后果明显小于其他导致巨额资金亏损的非法吸收公众存款行为。如果对前者以集资诈骗定罪处罚，则法定刑一般在十年以上，而后者法定刑最高才十年，如此处理显然有失公平。对于这一假设情况，更为公平合理的处理方式是认定行为人构成非法吸收公众存款罪，但鉴于其全部兑付了本息，根据司法解释的规定对非法集资行为不予定罪处罚，而只以非法经营罪定罪处罚。而针对将集资款用于放高利贷并产生资金亏损的，也可考虑不以集资诈骗罪定罪处罚，而以非法吸收公众存款罪和非法经营罪并罚，也同样可以达到合理评价的目的。

3.对于纪要"资金使用成本过高，生产经营活动的盈利能力不具有支付全部本息的现实可能性的"中"现实可能性"的理解

在非法集资活动中，如果不出现非法占有和滥用资金的情况，且资金吸收相对稳定的情形下，只要经营活动的盈利略大于或等于应付利息加正常经营开支，即可将负债维持在平衡的水平，不会出现兑付问题；如果盈利持续大于应付利息加经营开支，则负债会不断降低，未兑付本金会逐渐减少；而如果盈利远小于支出，负债会不断扩大，只有吸收的资金不断增加才能维持本息兑付，一旦吸收资金数额不再增加，便必将出现无法兑付的后果。

该项规定主要从客观上经营模式能否盈利，能否维系资金循环，不会必然导致资金链断裂的角度去判断行为人从事相关非法集资活动是否具有非法占有目的。

这里的"可能性"一词，强调的是生产经营活动盈利能力的应然性而非实然性。在认定是否具备盈利能力可能时，应立足于实施非法集资行为当时，即按照一般市场主体的认知标准，从客观上评判涉案的经营模式是否存在收入大于支出的可能性，而不能以资金链断裂的结果去反推不具备盈利可能。

这里的"现实"一词是对"可能性"的限定或补充，其有两层含义：一是这种"现实"虽然不要求达到高度盖然这样的标准，但也不能是小概率事件甚至只是理论上存在。按照一般标准，如果一名普通经营者按照涉案经营模式正常经营便可能盈利，则可认为具有"现实"的盈利可能性；二是在抽象性判断之外，还应结合个案具体情况。如行为人所从事的经营活动虽然从一般观念上看不具有盈利可能，但是行为人具备一般人不具备的背景、能力等条件或者曾经多次通过这一模式盈利，这种可能性便具有

"现实性";反之,对于一般人而言虽具有盈利的现实可能,但行为人和其经营团队完全不具备相应经验和能力,加之经营活动固有的风险,客观上也丧失了盈利的现实可能性。

案例:车某某集资诈骗案

案情简介:2016年10月,车某某成立卡某菲(深圳)珠宝有限公司(以下简称卡某菲公司)及香港卡某菲国际控股有限公司(以下简称香港卡某菲公司),在无资金实力的情况下,车某某以非法占有为目的,通过投资珠宝入会,获取高额分红返利等方式,对社会公众实施诈骗。卡某菲公司的经营模式分为两种:第一种是消费分红,投资人投入资金后该资金即归卡某菲公司所有,但是投资人可以获得与投入的资金相等的积分,凭该积分可以到卡某菲公司换取珠宝产品;此外,从投资的第二日起,卡某菲公司每天返给投资人投资款1%的现金币和1%的积分,直至返现金币累计达到投资款的3倍,返积分累计达到投资款的3倍为止。第二种是推广会员提成,投资人介绍他人投资,可以按会员等级提成,享有三层下线的提成,超过三层的下线不再享有提成权。提成部分一半是现金币,另一半是积分。截至2017年11月,卡某菲公司、香港卡某菲公司共计诈骗303名投资人,投资款人民币10732800元。检察机关以集资诈骗罪对车某某提起公诉。

评析意见:根据卡某菲公司的上述两种经营模式来看,该公司不具有支付投资人全部本息的现实可能性。实际上,该公司从2017年6月开始运营,2017年11月车某某即携款潜逃,公司运营维系时间仅有5个月,资金链就断裂了。卡某菲公司的经营模式本身就是一个骗局,故犯罪嫌疑人车某某构成集资诈骗罪。

4.对于纪要"对资金使用的决策极度不负责任或肆意挥霍造成资金缺口较大的"中"决策极度不负责任"的理解

"决策极度不负责任"可从主客观方面分别进行理解:在客观上,决策只有严重违背了资金使用的基本规则,明显有悖常理,才能认为是"极度"不负责任,而如果是未达到更高的标准或违背了非核心的附属规则,则只能认为是一般性的不负责任,而非"极度"不负责任;在主观上,这种"极度不负责任"体现了行为对于资金亏损只是持有间接故意。虽然语境中"不负责任"往往被用于形容"过失",但由于行为人实施了非法集资行为,在资金使用时应承担必要的注意义务,如果行为人连基本的注意义务和责任都没有尽到,其行为所能造成的客观后果与故意肆意挥霍资金所产生的后果相当,此时根据行为人这种"极度"不负责任的行为,可以推定其主观上至少存在放任的间接故意,进而认为与肆意挥霍一样均具有非法占有目的。如果行为人不负责并未达到"极度"的程度,则将常见的"过失"心态评价为刑法中的间接故意缺乏合理性。

在对"决策极度不负责任"进行理解时,除了注意合理界定"极度"的程度外,还应注意以下问题:

(1)针对的是能对资金使用作出决策的行为人,一般为涉案资金的实际控制人,即包括自己决策或者授权他人决策。如果资金系由于在具体使用过程中由于经办人的极度不负责导致亏损,则不能认为属于决策上的极度不负责任。

(2)判断是否"极度不负责任"具有一定的特定性,应根据从事相同经营的市场主体的一般认知予以判断,而不是社会普通公众的认识。如行为人将资金用于向不特定的企业放贷赚取利差,那么根据市场主体的一般认知标准和市场一般规则,其应查询对方信息是否属实、征信是否良好,进行放贷前的风险审核,并根据情况要求对方提供一定担保,或对借款所从事的具体投资活动进行调查。如果行为人为了赚取不合理利差,放贷前连最起码的风控流程都没有,导致资金无法收回,则可认为对资金使用的决策"极度不负责任"。而在民间借贷中出借人未对借款人进行必要调查便出借资金,借款最后无法收回,如果从社会普通公众角度判断,不能认为出借人存在重大过失或者对资金出借极度不负责任。

(3)极度不负责任的决策已具体实施,与造成资金缺口存在直接因果关系。如果行为人虽然作出极度不负责任的决策,但在资金具体使用时未执行该决策,而采取了合理的资金使用方式,即便最终仍产生资金亏损的后果,由于决策与亏损并无直接因果关系,在此情形下便不能推定行为人具备非法占有目的。

案例:王某某、周某某集资诈骗案

案情简介:2011年12月,被告人王某某、周某某成立深圳市三某度科技有限公司,主营移动刷卡器(POS机),随后开展了电商业务。该公司仅具有第二类增值电信业务中的信息服务业务,未取得金融部门等授予的金融中介、从事第三方交易结算业务等资质。2014年,两名犯罪嫌疑人决定与深圳市前海某资产管理有限公司合作,吸收公众资金借给他人使用,赚取差价。在该公司出现资金链断裂情况下,犯罪嫌疑人用更高利息的"红条购物"产品吸引投资人，造成投资人本金损失一亿余元。检察机关以集资诈骗罪对两名犯罪嫌疑人提起公诉。

评析意见： 根据涉案公司的运营模式来看，非法集资是三某度公司的主要业务，因此，本案属于自然人犯罪。该公司通过"红条购物"吸收资金，借新还旧，返本付息，归集资金后提供给前海某资产管理公司使用，赚取利差。这种经营模式在前海某资产管理公司已经出现爆雷情形下，是不可能继续盈利的。但是在公司不能继续运营的情形下，犯罪嫌疑人仍然大量吸收资金，这是对他人财产严重不负责任的行为，具有肆意使用资金的意图，并且最终造成资金损失的结果。据此可以认定两人具有非法占有的主观故意，应当定为集资诈骗罪。

5. 对于纪要"归还本息主要通过借新还旧来实现的"理解

在实践中，大量非法集资平台归还本息的方式均是采用借新还旧，那么根据上述规定，是否均可以认定具备非法占有目的，从而定性为集资诈骗？答案显然是否定的，在某些情形下，即便主要通过借新还旧来归还本息，也不能认为具有非法占有目的。如集资款用于投资的项目具有盈利可能，但产生回报的周期较长，无法在短时间内用投资回报来兑付本息，只能先采用借新还旧方式归还本息，后因出现意外因素导致投资亏损，本息无法兑付；又如行为人在非法集资（不具备非法占有目的）过程中累计产生了一定亏损，行为人为使资金链不断裂，一边采用借新还旧的方式予以维持，一边则通过积极寻找资金来源、从事盈利空间更大的经营或投资等合理方式试图扭亏为盈，后因盈利未达到预期等客观原因而无法兑付本息，对于其在亏损后借新还旧的集资行为也不宜评价为是基于非法占有目的。

由于存在上述情形，是否便可认为"归还本息主要通过借新还旧来实现的"这一推定情形不具备普遍适用性、缺乏实操性呢？答案也同样是否定的，笔者认为，对于上述规定的理解不能简单停留在字面意思，而应结合司法解释所规定的其他情形，对该规定作以下实质性解读：

（1）"归还本息主要通过借新还旧"实际上主要指的是"庞氏骗局"，针对的应是行为人在非法集资时主观上便预设了归还本息的方式为借新还旧的情形，因此应根据客观经营模式来进行推断，而不能根据案发后所呈现出的结果。

如前面的例子，如果行为人的长线投资到期并且产生预期收益，则行为人可使用投资回报用于归还本息，而不必再借新还旧。在此情形下，非法集资过程中虽然存在较长时间的"借新还旧",但"借新还旧"只是一种过渡手段,行为人预设的归还本息的资金来源还是投资回报,故不能认定其具备非法占有目的。而如果仅从投资失败的实际结果上判断,则只片面地评价了非法集资的中间阶段或过渡手段,而忽视了对行为人主观方面的判断,可能因此出现客观归罪的错误。

(2)"借新还旧"这一判断标准是对非法占有目的其他客观判断标准的补充,一般应适用在客观判断标准难以查明的情形下。

如前所述,在判断是否主要以借新还旧方式归还本息时,不能直接以案发后呈现的结果为依据,而应综合非法集资的经营模式进行推定,可以说"借新还旧"这一标准属于主客观复合标准,且与其他客观判断标准相比,对非法占有目的的证明具有间接性,难度更大。而司法解释所规定的关于生产经营集资比例、抽逃转移资金、不具备盈利现实可能性等客观标准也与经营模式相关,也同样反映出"庞氏骗局"的客观表征,且证明具有直接性,证明难度较小。因此,"借新还旧"这一标准可以说是对其他客观标准的补充,一般在相关事实无法查明的情形下适用。如行为人有使用涉案资金用于生产经营,在无法查明用于生产经营的资金比例、盈利能力大小等具体事实,无法适用上述客观标准进行推定时,便可根据行为人主要或全部通过借新还旧归还本息的客观事实,结合犯罪嫌疑人供述、证人证言等证据,来综合判断行为人主观上是否预设了借新还旧的本息归还方式,进而来推定其是否具备非法占有目的。

6.在适用司法解释认定非法占有目的时,应注意在办案理念上"放""收"有度

非法占有目的的认定,不仅涉及证据的审查和事实的认定,还涉及对司法解释文义和立法本意的深入理解,以及对法律价值取向、罪责刑相适应等原则的考量,在实际办案中可以说是一个相当疑难、复杂的问题。笔者认为,承办人只有在办案中树立"放""收"有度的办案理念,对事实和法律进行全方位的分析,才能得出合法、合情、合理的结论。

(1)树立"放"的办案理念。所谓的"放",包含两层涵义:

第一层涵义是指承办人应认识到集资诈骗罪中"非法占有目的"其内涵大于诈骗罪等侵财类犯罪中"非法占有目的",避免因理解上的片面而缩小非法占有目的的认定范围。诈骗罪等普通侵财类犯罪中,一般是以行为人角度去判断非法占有目的,"非法占有目的"的主要表现是行为人将财物

实际非法占为己有。如对于将单位资金用于个人使用并无法归还这一事实，如果行为人基于"占为己有"的目的，则构成职务侵占罪，而如果其系基于"有借有还"主观心态，则可能构成挪用资金罪；而集资诈骗罪中则更侧重于集资款损失的客观可能性，即便行为人未将集资款实际占为己有，甚至其投入的自有资金也产生亏损，仍可以因为行为人的客观行为必然或盖然地导致集资款损失来推定其具有非法占有目的。因此，办案人不能狭隘地从行为人是否将集资款占为己有、是否实际获利的角度，去判断其是否具备非法占有目的。

第二层涵义是指承办人不应拘泥于司法解释的具体规定，而应根据司法解释的推定逻辑和规则，对于个案中存在的其他情形作出符合司法解释精神的类推。与《2011年非法集资解释》相比，《办理涉互联网金融犯罪纪要》对于非法占有目的认定作出了补充规定，从某种意义上看体现出非法占有目的推定逻辑和范围发生了以下变化，可以为承办人在进行类推时借鉴：第一，扩大了间接推定的范围。解释除了第1项涉及用于生产经营的资金规模的规定和第8项外，后面六种情形均涉及行为人是否将资金占为己有、是否具有返还意愿，属于可直接推定非法占有目的的情形。而纪要规定的前四种情形均涉及具体的经营模式，其推定逻辑是通过经营模式推定行为人实施的非法集资行为会导致集资款亏损，进而推定行为人具备非法占有目的，属于对非法占有目的的间接推定。第二，增加了盈利能力现实可能性这一判断标准。解释所规定的情形均为已发生的具体结果和行为，属于实然性判断。而纪要首次将盈利能力的"现实可能性"作为认定依据，属于一种抽象性、应然性判断。第三，增加了对于资金损失持放任心态的推定。解释所规定的情形中，行为人对于具体行为所持主观心态均是直接故意，而如前所述，纪要所规定的对于资金使用决策极度不负责任中的"极度不负责"体现的则是一种对于资金损失持放任态度的间接故意，可以说是扩大了对于主观方面的推定范围。

（2）树立"收"的办案理念。所谓的"收"，具体包含以下涵义：

第一，在适用相关司法解释进行认定时，应对相关规定的文义、适用情形进行一定限制性理解。由于前文已结合具体规定作出了分析，在此不再赘述。

第二，在认定非法占有目的时，不能因为行为已符合某一种司法解释规定的情形，便忽视了对于该行为是否同时符合其他情形或不符合某种情形的审查。虽然司法解释规定符合某一种情形即可认定具有非法占有目的，但不同案件案情千差万别，司法解释的规定也往往难以做到"放之四海而皆准"，只有对认定非法占有目的的若干情形进行综合判断时，得出的结论才更具有客观性。如行为人虽然案发后"拒不交代资金去向，逃避返还资金"，但根据现有证据能证明其将集资款主要用于生产经营，具有盈利的现实可能性，在非法集资过程中有使用经营盈利归还本息，后因经营失败而导致资金链断裂，并且资金去向已查明且已无法追回的，那么则不能因其拒不交代资金去向而认定其构成集资诈骗罪。

第三，在进行非法占有目的的推定时，也应重视对行为人辩解和反证的查明。司法解释对于非法占有目的的认定，实质上属于法律上的有罪推定，既然是推定便应允许犯罪嫌疑人对该推定提出辩解和反证，如果其辩解和反证无法排除，那么这种推定便因存在无法排除的合理疑问而不能成立。

（三）非法占有目的的认定是一个证据判断的问题

在认定行为人是否具有非法占有目的时，不能机械地理解司法解释和上述两个会议纪要的"列举情形"，因为"列举情形"不属于犯罪构成要件。非法占有目的的认定应当是一个证据判断的问题，要因案制宜，具体案件具体分析。认定非法占有目的应当重点围绕融资项目的真实性、资金的真实去向、盈利能力和归还能力等事实进行综合判断，不能仅凭某一项或者某几项进行认定，应当对案件所表现出来的所有事实进行综合考量。融资项目是行为人募集资金的目的和用途，也是集资参与人投入资金的原因。存在真实的融资项目表明行为人并没有欺骗集资参与人，行为人通过融资项目对资金进行增值后给集资参与人还本付息，因此真实的融资项目也是行为人返还资金的前提。行为人募集资金后将资金用于何处，是否投入融资项目，可以通过资金的真实去向得到体现。资金的真实去向可以证明行为人是否忠实地履行了募集资金时关于资金使用的承诺，结合真实的融资项目，证明行为人的集资行为没有诈骗属性。融资项目是否具备盈利能力是行为人能否返还资金的关键所在，存在真实的融资项目，资金也用于该项目，但是如果该项目并没有达到预期的盈利目标，甚至有所亏损，行为人将无法履行还本付息的承诺。同时盈利能力也可以从侧面体现行为人是否履行谨慎使用资金的义务，如果行为人在募集资金时便对融资项目不具有支付全部本息的现实可能性有清晰的认知，或者明知项目毫无盈利保证仍肆意使用资金，造成资金无法返还的结果，则可以认定行为人具有非法占有目的。最后一个方面是归还能力，归还能力是考察行为人是否具有非法占有目的最重要的因素，归还能力包含了前面三个方面的内容。换言之，行为人存在真实的融资项目、资金实际支付到该项目以及项目具有盈利能力的题中应有之义是行为人有归还能力。笔者认为，如果行为人有归还能力，并且有归还的意思表示，不能归还是因为其他不可抗之因素，此时无法认定行为人有非法占有目的。但是，如果行为人不具有归还能力仍然向社会公众募集资金，或者行为人有归还能力却不归还资金，此时可以认定其具有非法占有目的。例如，行为人将集资款用于真实的生产经营项目，该项目也有很可观的盈利空间，但是行为人在收回项目的投资和收益后携款潜逃。这种情况行为人有归还能力，但是携款潜逃可以直接认定其具有非法占有目的。

（四）非法占有目的的转化以及共同犯罪中非法占有目的的认定

在司法实践中，常常会遇到行为人犯罪的主观故意转化问题。在一些案件中，行为人在向社会公众募集资金的初期，确实存在真实的生产经营项目，资金也转入该项目，但是由于生产经营的不确定性，没有达到预期的盈利目标；或者在非自融的情况下，行为人募集的资金给借款人用于生产经营，但是借款人违约没有及时归还资金。在上述情况下，行为人为了维系平台的运营，通过虚假项目向社会公众集资，后期主要通过借新还旧维持平台的运营。此时，行为人的主观故意就发生了转化，前期行为人具有非法吸收公众存款的故意，但是在发生资金无法及时回笼、无法及时兑付集资参与人本息的情况下，平台完全依靠借新还旧维持运营，行为人募集资金的目的已经转化为非法占有。行为人前期的行为构成非法吸收公众存款罪，后期的行为构成集资诈骗罪。

另一种情况是平台的实际控制人、核心层、部分管理层和骨干人员对于平台募集资金的去向是明知的，也即其明知平台以非法占有为目的募集资金，仍然积极实施相关的犯罪行为，或者为相关的犯罪行为提供帮助，此类人员具有非法占有目的，应当认定为集资诈骗罪。但是，对于平台的其他人员，特别是仅为了获取提成而参与募集资金的业务人员，他们无法直接接触资金，也无法获悉资金的真实去向，其参与犯罪的动机是为了获取业绩提成，这些人往往也在平台进行投资，案发后本人的投资款也无法收回。对于此类人员的定性应当慎重，不宜不加区分一律认定为集资诈骗罪。此类人员没有直接占有资金，对于资金的去向也不知情，不属于明知平台非法占有资金仍帮助平台募集资金的情形，因此其行为应当认定非法吸收公众存款罪。

《办理涉互联网金融犯罪纪要》规定："对于共同犯罪或单位犯罪案件中，不同层级的犯罪嫌疑人之间存在犯罪目的发生转化或者犯罪目的明显不同的，应当根据犯罪嫌疑人的犯罪目的分别认定。（1）注意区分犯罪目的发生转变的时间节点。犯罪嫌疑人在初始阶段仅具有非法吸收公众存款的故意，不具有非法占有目的，但在发生经营失败、资金链断裂等问题后，明知没有归还能力仍然继续吸收公众存款的，这一时间节点之后的行为应当认定为集资诈骗罪，此前的行为应当认定为非法吸收公众存款罪。（2）注意区分犯罪嫌疑人犯罪目的的差异。在共同犯罪或单位犯罪中，犯罪嫌疑人由于层级、职责分工、获取收益方式、对全部犯罪事实的知情程度等不同，其犯罪目的也存在不同。在非法集资犯罪中，有的犯罪嫌疑人具有非法占有的目的，有的则不具有非法占有目的，对此，应当分别认定为集资诈骗罪和非法吸收公众存款罪。"根据犯罪嫌疑人的犯罪目的分别认定罪名体现了刑法主客观相一致的原则和实行过限的处理方式。

此外还应当注意，不能仅以出现虚假标的就认定集资诈骗罪。虚假标的意味着存在虚构事实、隐瞒真相的诈骗行为，但是以此认定集资诈骗罪具有片面性。在实际办案中可能存在一种情形，即借款人有真实的项目，但是真实项目的投资风险比较高，或者盈利能力比较低，借款人明知其项目一旦挂到平台上，募集资金的金额和速度会受到影响，所以借款人虚构了一个盈利可观的虚假项目，他的目的并不是非法占有集资款，而是为了尽快募集到足够多的资金，实际上所募集的资金也投入到真实的项目进行生产经营。在这种情况下，借款人虽然使用了诈骗手段，但因不具备非法占有目的而无法认定构成集资诈骗罪。

案例：谢某某集资诈骗案

案情简介： 某公司通过网络发布虚假的投资项目，以年息20%的回报为诱饵，面向社会不特定人公开集资。公司经营期间，实际控制人谢某某将公司募集的集资款用于高息放贷给其他公司或者个人，由此获利，基本不用于所宣传的投资项目。截至2015年5月，投资人共计100人，投资金额人民币2000余万元。

评析意见： 本案不构成集资诈骗罪。平台的经营模式属于转贷型模式，该模式没有非法占有集资款,也无法推定犯罪嫌疑人具有非法占有目的,因此应当认定为非法吸收公众存款罪。谢某某将投资人的投资款用于放高利贷,高利贷是一种违法犯罪活动。根据《2011年非法集资解释》第4条第2款第4项的规定,将集资款用于违法犯罪活动的可以认定行为人具有非法占有目的。但是,对于该规定的理解不能只停留于字面意思,应该进行实质的审查,将集资款用于违法犯罪活动应当在行为人没有将资金用于可以回报出资人的生产经营的意义上进行理解与认定,着重点在于无法回报出资人,至于生产经营则包含合法和非法。换言之,行为人完全可能将非法募集的资金用于从事非法的生产经营活动,如已回报出资人,不宜认定为集资诈骗罪,只能认定为其他犯罪,如非法的生产经营活动本身所构成的其他犯罪。谢某某吸收资金以后从事高利贷经营,其目的是赚取利差,不足以认定非法占有目的,无法认定行为构成集资诈骗罪。当然,如果犯罪嫌疑人在放高利贷的时候,对集资款使用的决策极度不负责任,明知无法收回款项或者明知极有可能无法收回款项仍冒险放贷,对无法收回款项持放任态度,可以认定其具有非法占有目的。

三、关于犯罪数额的认定

根据最高人民检察院、公安部《关于公安机关管辖的刑事案件立案追诉标准的规定(二)》(以下简称《立案追诉标准(二)》)第49条,集资诈骗罪的立案追诉起点为个人集资诈骗10万元以上,或单位集资诈骗50万元以上。那么,当行为人的行为符合集资诈骗罪的特征,集资诈骗数额未达10万元时,是否能评价为集资诈骗罪的未遂犯?笔者认为,集资诈骗罪属于数额犯,立法者之所以给集资诈骗罪规定入罪数额,目的在于防止将未达立案追诉数额的行为作为集资诈骗罪处理。犯罪未遂是指已经着手实行犯罪,由于犯罪分子意志以外的原因而未得逞。对于集资诈骗罪而言,如果行为人实施犯罪所针对的目标是数额巨大的资金,由于意志以外的原因只骗得少许资金,没有达到入罪标准,此时可以认定其犯罪未遂。但是,在司法实践中,集资诈骗罪的行为人针对社会不特定多数人实施诈骗行为,能骗得多少钱其本人也没有一个明确的认知,因此如果犯罪数额没有达到入罪标准,办案人员也无法认定其实施犯罪所针对的目标是数额巨大的资金,因此无法认定其为集资诈骗罪的未遂犯。事实上,目前数额犯中只有盗窃罪规定了对未遂犯的处理,最高人民法院、最高人民检察院《关于办理盗窃刑事案件适用法律若干问题的解释》第12条规定，盗窃未遂，如果以数额巨大的财物或者珍贵文物为盗窃目标的，应当依法追究刑事责任。由此可见，数额犯的未遂犯必须有证据证明其犯罪目标的数额巨大，如果其顺利实施所有犯罪行为，其犯罪数额可以达到入罪标准，在此基础上才以未遂犯进行处理。在司法实践中，数额犯的犯罪数额没有达到入罪标准，一般都认为情节显著轻微、危害不大，不认为是犯罪，根据《刑事诉讼法》第16条，对犯罪嫌疑人作不起诉处理。

根据最高人民法院、最高人民检察院《关于办理诈骗刑事案件具体应用法律若干问题的解释》第1条第1款的规定，诈骗罪的立案追诉起点为"诈骗公私财物价值三千元至一万元以上"经比较可知，集资诈骗罪的立案追诉标准比诈骗罪高。那么，集资诈骗行为尚未达到集资诈骗罪的立案追诉标准，但达到诈骗罪立案追诉标准的，能否以诈骗罪处罚？集资诈骗罪是从诈骗罪中分离出来的特殊诈骗犯罪，诈骗罪与集资诈骗罪属于"包容关系"的法条竞合，是一般法与特别法的关系，在一般情况下应优先适用特别法，也就是集资诈骗罪的规定。笔者认为，犯罪数额未达集资诈骗罪的立案追诉标准，但却达到诈骗罪立案追诉标准时，表明该行为已达到了刑法评价的标准，不再是"情节显著轻微、危害不大，不认为是犯罪"的情况，应以诈骗罪定罪处罚。如果诈骗5000元以诈骗罪处理，而集资诈骗9万元却以无罪处理，明显不符合刑法罪责刑相适应的原则。因此，笔者认为，在这种情形下，认定其行为构成诈骗罪不仅能有效惩治犯罪，亦凸显了刑法的公平正义原则。诈骗罪与集资诈骗罪是一般法与特别法的关系，在特别法不能适用时，可以选择适用一般法。

相关司法解释和座谈会纪要对于集资诈骗罪的犯罪数额有多次规定和表述，主要分计入犯罪数额部分和不计入犯罪数额部分。

（一）计入犯罪数额部分

集资诈骗的数额以行为人实际骗取的数额计算，以下数额应当计入犯罪数额：

1.行为人为实施集资诈骗活动而支付的广告费、中介费、手续费、回扣，或者用于行贿、赠与等费用

行为人为了实施犯罪、完成犯罪而支付的相关费用属于犯罪成本，上述资金来源于被害人的集资款，行为人通过诈骗手段获取上述资金后为了

实施犯罪而作出处分，虽然没有用于本人的消费开支，但仍属于占有资金后根据自己的意愿进行使用，且使用的目的是实施集资诈骗犯罪。因此，上述资金应当计入集资诈骗罪的犯罪数额。

2.行为人为实施集资诈骗活动而支付的利息，除本金未归还可予折抵本金以外，应当计入诈骗数额

以案发为时间节点，在此前支付给"已结清"集资参与人的利息应当计入集资诈骗罪的犯罪数额。"已结清"是指集资参与人已收回全部本金，没有遭受实际损失。"已结清"集资参与人除了本金以外收取的资金就是利息，该部分利息来源于集资款，属于"未结清"集资参与人的损失部分，因此不能从集资诈骗罪的犯罪数额中扣减。

支付给"未结清"集资参与人的利息应当折抵本金，不计入诈骗数额。"未结清"是指集资参与人投入的资金大于其收回的资金，该部分集资参与人遭受了实际损失，属于集资诈骗罪的被害人。集资诈骗罪的犯罪数额是被害人的实际损失数额，实际损失数额应当是投入的资金与收回的资金之间的差额，因此在本金"未结清"的情况下，集资参与人收到的利息和提前赎回的部分本金均应当从诈骗数额中扣除。

例如，集资参与人投入100万元，如果其收回的资金大于或者等于100万元，不论收回的资金以本金还是利息的名义，均视为"已结清"。换言之，"已结清"是指收回的资金大于或者等于投入的资金。该名集资参与人收到的多于100万元的部分应当计入集资诈骗罪的犯罪数额。如果集资参与人投入100万元，在案发前收到利息20万元，此时集资参与人的实际损失是80万元，其收到的20万元利息应当折抵本金，不计入集资诈骗罪的犯罪数额。

3.案发后，行为人主动退还集资款项的，不能从集资诈骗的金额中扣除，但可以作为量刑情节考虑

所谓案发一般是指公安机关对集资诈骗犯罪的立案时间，案发后即指立案后。公安机关已经对集资诈骗犯罪立案，行为人的身份已经变成犯罪嫌疑人，此时行为人主动退还集资款属于犯罪既遂后的退赃行为，犯罪数额已确定，事后的退赃并不能扣减犯罪数额，但是可以作为酌情从轻处罚的量刑情节。

（二）不计入犯罪数额部分

案发前已归还的数额应予扣除。在公安机关立案之前，集资诈骗行为

仍然在持续过程中,不宜将立案前某个阶段的犯罪数额作为集资诈骗的犯罪数额。因此,在公安机关立案之前,行为人已经归还给集资参与人的数额应当予以扣除,不作为犯罪数额。但是,需要说明的是,案发前作为利息支付给"已结清"集资参与人的数额不能扣除,应当计入犯罪数额。

犯罪嫌疑人为吸收资金制造还本付息的假象,在诈骗的同时对部分集资参与人还本付息的,集资诈骗的金额以案发时实际未兑付的金额计算。任何一起集资诈骗案件,行为人在早期都会对集资参与人还本付息。集资诈骗案件与普通的诈骗案件最大的区别在于,普通诈骗案件被害人往往只有一次或者少数几次的财物交付行为,而集资诈骗案件的财物交付行为是一个持续的过程,案件涉及众多的集资参与人,每个集资参与人可能有多次财物交付行为,而且这些集资参与人并不一定都会成为集资诈骗的被害人。行为人开始实施集资诈骗行为时,为了吸引更多集资参与人,吸收更多资金,在早期往往会制造还本付息的假象,让早期的集资参与人得到实惠,然后通过高强度的宣传手段,吸引更多的人投资,进而吸收更多的资金。在某种意义上讲,集资诈骗的行为人诈骗的是后期的集资参与人,多数早期集资参与人实际是获利的,因此早期的集资参与人在案件中的地位仅是集资参与人而不是被害人。当然,早期集资参与人如果没有及时退出,一直重复投资,也有可能成为被害人。因此,集资诈骗案件的犯罪数额应当以案发时实际未兑付的金额计算。

综上分析,笔者认为,集资诈骗的犯罪数额应当区别于非法吸收公众存款的犯罪数额。非法吸收公众存款的犯罪数额是集资参与人(包括"已结清"和"未结清"集资参与人)的总投资金额,而集资诈骗的犯罪数额只是"未结清"集资参与人的损失金额。

第三节 集资诈骗案件审查逮捕要点[①]

集资诈骗案件作为涉众型犯罪,其犯罪构成、犯罪特点与非法吸收公

[①] 本节内容参考最高人民检察院侦查监督厅编写的《刑事案件审查逮捕指引》(中国检察出版社 2015 年版),黄河、张庆彬、韩晓峰、王海、刘军伟撰写的《审查逮捕方法论》(载《侦查监督指南》2015 年第 3 辑总第 16 辑),杨振江主编的《审查逮捕证据参考标准》(群众出版社 2007 年版)。

众存款案件存在诸多共同点，鉴于审查逮捕工作无论是各项程序规定、证据三性要求以及捕前适时介入侦查等工作机制均基本相同，故此处对共性问题不再重复，重点介绍集资诈骗案件的特性规定。

一、适时介入侦查

集资诈骗案件与非法吸收公众存款案件均是典型的涉众型案件，部分犯罪构成要件基本相同，故在适时介入侦查阶段主要参照前述非法吸收公众存款案件的工作方法，重点引导公安机关加强以下调查取证工作：一是及时排除非法证据或瑕疵证据隐患，确保证据的形式与来源合乎法律规定。二是确保证据收集的及时性和完整性。三是对专业性较强的物证、书证、鉴定意见的审查存在疑问的，引导公安机关引入专家咨询（上述三点具体参见本书非法吸收公众存款案件审查逮捕要点的相关论述）。四是判断案件是否符合犯罪构成，是否达到逮捕证明标准的构罪要求，引导公安机关紧紧围绕《2011年非法集资解释》收集和固定证据，包括：调查涉案行为是否符合非法性、公开性、承诺回报、针对不特定对象四个特征要件，调查所造成的犯罪结果，这是构成非法集资的条件；调查各犯罪嫌疑人所实施具体行为（即在案中的言行举止）及地位、作用，调查其诈骗主观故意和目的，这是区分集资诈骗罪和非法吸收公众存款罪的关键；重点调查涉案行为公开性、针对不特定对象的特征要点，这是区分集资诈骗罪与正常民间借贷的关键，关系罪与非罪的认定；调查各犯罪嫌疑人的主观故意及主观故意产生的时间，这是判断共同犯罪中是否分别适用集资诈骗罪和非法吸收公众存款罪的关键；调查各犯罪嫌疑人在犯罪中所起的作用和涉案金额，以及可能影响社会危险性审查的各项法定、酌定情节，以准确认定社会危险性情形适用强制措施及追究各犯罪嫌疑人的刑事责任。

二、审查逮捕具体证据要求

审查逮捕阶段办理集资诈骗案件首先是遵循通用程序规定和通用证据要求（参见非法吸收公众存款案件），其次需要重点审查"有证据证明有犯罪事实"的证据。具体分析如下：

（一）有证据证明发生了集资诈骗犯罪事实

1. 证明集资诈骗案件发、立、破案的程序证据，主要包括相关行政机关移送案件材料，公安机关的报警接警记录、报案登记、受案登记、立案决定书及破案经过等。

2. 证明集资诈骗造成严重后果应当追究刑事责任的证据，包括证明实际集资诈骗资金的各类书面协议、合同、转账记录及收条收据，"借新还旧"以发放本金、分红或利息名义支付给被害人的单位账目记录、账单及汇款记录，对资金流向、财产价值进行审计、估价的鉴定意见，以及犯罪嫌疑人供述、涉案公司员工证言和被害人陈述等证据。根据《2011年非法集资解释》的规定，应当追究犯罪嫌疑人刑事责任的后果可根据集资诈骗的数额审查判断，但第二档量刑还应当考虑"其他严重情节"，司法实践中一般考虑诈骗手段、诈骗次数、危害结果和社会影响等情节。

3. 证明发生了"以诈骗方法"实施"非法集资行为"客观行为的证据。

一是证明发生"非法集资行为"的事实。非法集资行为的具体表现形式多种多样，除了《2011年非法集资解释》第2条所列举的十一种行为方式外，还可以参照非法吸收公众存款犯罪非法性、公开性、承诺回报以及针对不特定对象四要件，综合审查以下证据进行认定"其他非法集资行为"：

（1）证明犯罪嫌疑人未经有关部门依法批准或者借用合法经营的形式吸收资金的证据，重点审查"有关部门"出具的批准文件或行政认定文书，包括中国人民银行、中国银行保险监督管理委员会、中国证券监督管理委员会等行政主管部门出具或核发的批准文件、金融机构经营许可证、营业执照或行政认定书、行政处罚决定书等书证；审查表现为销售、服务、保险、转让权益、基金理财、投资入股等形式的各类合同、协议，经营模式确定过程形成的各类会议记录或纪要、考核方案、薪酬奖励方案，经营过程形成的各类媒体广告、项目说明书、宣传单、推介会现场录音录像、手机短信息以及微信、QQ等聊天软件信息，资金流转过程形成的转账记录、收条收据、单位账目记录、汇款记录，对资金流向、财产价值进行审计、估价的鉴定意见，以及犯罪嫌疑人的供述和辩解、涉案公司员工证言和被害人陈述等证据，证实犯罪嫌疑人的经营运作不具有相应"真实内容"，认定"非法性"特征。

（2）证明犯罪嫌疑人向社会公开宣传吸收公众存款的证据，重点审查经营过程形成的各类媒体广告、项目说明书、宣传单、推介会现场录音录像以及微信、QQ等聊天软件信息等书证、电子证据，以及犯罪嫌疑人的供述和辩解、涉案公司员工证言和被害人陈述等证据，证实犯罪嫌疑人系故意或放任以各种途径向社会公众传播吸收资金信息的事实，认定"公开性"特征。

（3）证明犯罪嫌疑人承诺回报的证据，重点审查经营模式确定过程形成的各类会议记录或纪要、考核方案、薪酬奖励方案，经营过程形成的各类媒体广告、项目说明书、宣传单、推介会现场录音录像、手机短信息、微信等聊天软件信息，资金流转过程形成的转账记录、收条收据、单位账目记录、汇款记录，对资金流向、财产价值进行审计、估价的鉴定意见，以及犯罪嫌疑人的供述和辩解、涉案公司员工证言和被害人陈述等证据，证实犯罪嫌疑人"承诺在一定期限内以货币、实物、股权等不同方式还本付息或者给予回报"或者已经兑现承诺、部分兑现承诺的事实，认定"承诺回报"的特征。

（4）证明向社会不特定对象吸收资金的证据，重点审查经营过程形成的各类媒体广告、项目说明书、宣传单、推介会现场录音录像以及微信、QQ等聊天软件信息等书证、电子证据，以及犯罪嫌疑人的供述和辩解、涉案公司员工证言和被害人陈述等证据，对宣传、吸存所针对对象范围以及吸存双方的真实关系作出准确判断，认定"针对不特定对象"的特征。

司法实践中还要注意，"公开"的直接目的是向社会公众传播吸收资金的信息，故对于针对的对象有一定量的要求，如果采取上述方式宣传所针对对象很少，不宜认定为公开宣传；对"不特定对象"的审查判断也容易出现分歧，审查重点主要是宣传的"公开性"和针对对象的范围。

二是证明"非法集资行为"是"使用诈骗方法"实施的证据，重点审查用于诱骗被害人投资的各类合同、协议，实施诈骗过程形成的转账记录、收条收据、单位账目记录、汇款记录、各类会议记录或纪要、考核方案、薪酬奖励方案、媒体广告、项目说明书、宣传单、推介会现场录音录像以及手机短信息、网络聊天信息等书证、电子证据，对资金流向、财产价值进行审计、估价的鉴定意见，以及犯罪嫌疑人的供述和辩解、涉案公司员工证言和被害人陈述等证据。集资诈骗罪的"诈骗方法"具有极易变异以迎合诈骗所需的特性，不可能限定为几种特定的手段，只能紧紧依托"诈骗"的实质进行界定，即采取让人信以为真的手段诱使他人自愿交付资金。司法实践中主要根据行为人在案发前后对集资款挥霍、滥用、侵占或用于违法犯罪造成无法返还，或者承诺超高回报率无法返还等行为，推断是使用诈骗方法非法集资。

三是证明"使用诈骗方法非法集资"的数额较大,主要是通过各类言词证据以及书面合同、协议、收款收据,特别是收款转账凭证、资金流水及其司法审计意见等。

(二)有证据证明集资诈骗行为是犯罪嫌疑人实施的

集资诈骗罪通常为单位犯罪或自然人共同犯罪,参与人数众多,需要根据各自在犯罪中的地位、作用,准确认定应当追究刑事责任的犯罪嫌疑人,即证明集资诈骗行为是犯罪嫌疑人实施的。司法实践中重点审查上述列举的各类书面合同、协议等物证、书证、视听资料、电子数据所反映的内容,以证明犯罪嫌疑人实施了相应组织、策划或参与行为;审查银行资金流水、司法会计鉴定意见等证据,以确定涉案资金已流向犯罪嫌疑人或其指定、控制的账户;审查各类言词证据及辨认笔录等证据,以比对确定犯罪嫌疑人。

(三)有证据证明犯罪嫌疑人具有集资诈骗的主观故意

集资诈骗罪的主观心态为故意,且具有非法占有的目的。集资诈骗罪通常为单位犯罪或自然人共同犯罪,参与人数众多,在案中地位、作用、具体行为各不相同,司法实践中犯罪嫌疑人到案后往往否认主观明知或推诿他人,故对部分犯罪嫌疑人主观故意的认定始终是实务的重点和难点。证明主观故意最直接的证据是犯罪嫌疑人的有罪供述,但在犯罪嫌疑人否认主观故意的情况下,应重点审查涉案公司的规章制度、会议记录、项目方案、宣传推介资料、转账记录、收条收据、单位账目记录、汇款记录以及相关会务活动的视听资料等客观证据上是否有犯罪嫌疑人的签名或影像,结合被害人、涉案公司员工或同案犯罪嫌疑人的指证,确定其是否实施或参与实施设立公司、决定业务模式、参与宣传、进行游说以及合同签订等活动,以审查判断其主观故意和目的。

三、审查判断证据需要特别注意的问题

"非法集资"这个概念更多是一种行为描述,而不是刑法罪名。非法集资涉及刑法的罪名主要是集资诈骗罪和非法吸收公众存款罪。刑法条文对于集资诈骗罪和非法吸收公众存款罪的表述是清晰的,但在司法实践中两者还是容易混淆。客观来讲,两者在犯罪构成方面存在很多重合之处,包

括非法性、公开性、承诺回报、针对不特定对象四个特征基本相同。两者的区别主要表现在是否具有非法占有目的，但在是否实施诈骗方法方面又有所重合。简单地说，非法吸收公众存款犯罪既可以用诈骗方法，也可以不用诈骗方法；集资诈骗罪除了非法占有目的，还要求非法集资行为是使用诈骗方法实施的，实践中还存在非法集资行为具有非法占有目的，却无法认定使用诈骗方法实施的特殊情形。上述犯罪构成方面的重合，导致集资诈骗案件审查判断证据需要特别注意的问题，包括对证据量的要求、如何准确界定是单位犯罪还是自然人犯罪、高度重视刚达入罪标准案件中数额的统计，以及如何准确把握社会危险性条件等方面，与非法吸收公众存款罪的要求基本相同。本书对上述问题不再重复，重点强调以下三个问题：

（一）对"非法占有目的"的审查认定

如前所述，集资诈骗罪的犯罪嫌疑人到案后往往否认主观故意和目的，司法实践中主要通过犯罪嫌疑人所实施客观行为（即表现为言行举止等具体行为），结合被害人、涉案公司员工或同案犯罪嫌疑人指证等证据进行审查认定。根据《2011年非法集资解释》第4条第2款推定非法占有目的的规定，以及《办理涉互联网金融犯罪纪要》就集资诈骗行为非法占有目的如何认定的意见，司法实践中可以根据以下情况审查认定犯罪嫌疑人的非法占有目的：（1）不当使用集资款，包括集资款不用于生产经营活动或所占比例明显不成比例致使不能返还，肆意挥霍集资款致使不能返还，集资款使用成本过高导致生产经营活动的盈利能力不具有支付全部本息的现实可能性，以及对集资款使用的决策极度不负责任或肆意挥霍造成资金缺口较大，上述情形明显不具有开展正常生产的可能性；（2）非法占有集资款，即携带集资款逃匿；（3）将集资款用于违法犯罪活动；（4）逃避返还资金，包括抽逃、转移资金、隐匿财产、隐匿、销毁账目、搞假破产、假倒闭，拒不交代资金去向的；（5）归还本息主要通过借新还旧来实现，也即"拆东墙补西墙"非法集资，不具期待可能性。还需指出，是否具有非法占有目的，不能单纯根据侵害后果或犯罪嫌疑人的供述，还应根据具体案件的主客观一致，综合审查犯罪嫌疑人实施犯罪时的动机、经济能力、经营状况、筹集资金实际用途和去向、是否实际归还和未归还原因等因素予以认定。

在单位犯罪或者共同犯罪中还需要准确判断各犯罪嫌疑人的主观故意。《办理涉互联网金融犯罪纪要》第15条指出："对于共同犯罪或单位犯罪案件中，不同层级的犯罪嫌疑人之间存在犯罪目的发生转化或者犯罪目的明显不同的，应当根据犯罪嫌疑人的犯罪目的分别认定。"非法集资犯罪活动参与实施人员众多，各犯罪嫌疑人所处地位、参与程度不相同，对行为非法性质、运作方式和集资款去向的明知程度也不相同，应当避免客观归罪，不能一概认定所有犯罪嫌疑人都有非法占有的目的，也不能一概认定犯罪嫌疑人对所有集资款都有非法占有的目的。如果根据事实和证据能够判断犯罪嫌疑人具有非法占有目的，可认定为集资诈骗罪；如果只能认定犯罪嫌疑人对部分集资款有非法占有目的，则对该部分集资款认定集资诈骗罪；对于不能认定非法占有目的的其他集资款，或者不能认定非法占有目的的犯罪嫌疑人，应以非法吸收公众存款罪或其他非法集资犯罪处理。例如，借用合法经营形式实施集资诈骗的案件，就可能存在主要犯罪嫌疑人构成集资诈骗罪，其他犯罪嫌疑人构成非法吸收公众存款罪的情形，因两者的犯罪故意不同。

案例：黄某福集资诈骗、刘某竹等人非法吸收公众存款案

案情简介： 黄某福系某网贷平台实际控制人，刘某竹、毛某、黄某娴系该平台工作人员。黄某福在该平台设立资金池归集集资款，所发布标的绝大部分是假标，同时存在大量自融行为，集资款除少量被黄某福用于个人消费外，其余部分被其以极不负责任的态度用于所谓投资，具有肆意使用资金的意图，集资行为显然无法存续，最终因资金链断裂导致爆雷而案发。刘某竹、毛某、黄某娴在本案只是领取正常工资，没有非法占有集资款，对黄某福如何处置集资款不知情。检察机关区分认定各犯罪嫌疑人的犯罪目的，认定黄某福涉嫌集资诈骗罪，刘某竹、毛某、黄某娴涉嫌非法吸收公众存款罪依法起诉。

评析意见： 本案例体现了检察机关在单位犯罪或者共同犯罪中如何审查判断各犯罪嫌疑人主观故意的问题。非法集资犯罪活动应当避免客观归罪，不能一概认定所有犯罪嫌疑人都有非法占有的目的，也不能一概认定犯罪嫌疑人对所有集资款都有非法占有的目的。根据《办理涉互联网金融犯罪纪要》第14条的规定，对资金使用的决策极度不负责任，导致集资款无法归还，原则上可以认定具有非法占有目的。黄某福作为平台实际控制人，对平台的运营管理、资金使用起到决定作用，对黄某福应当定性为集资诈骗罪。刘某竹、毛某、黄某娴系该平台工作人员，在本案只是领取正常工资，没有非法占有集资款，没有证据证明该三人明知黄某福在资金使用过程中极其不负责任的事实,因此不能认定该三人明知黄某福基于非法占有目的非法集资仍然提供帮助,故不构成集资诈骗罪的共犯,应当定性为非法吸收公众存款罪。

认定"非法占有目的"时还应当注意以下问题:(1)不能单纯根据损失结果客观归罪,将行为人是否实际回报投资人作为判断的依据。市场经济中风险和收益并存,行为人主观上虽然希望其投资获得盈利,但客观上因经营不善或市场风险造成资金无法返还,对此不应当认定具有非法占有目的。(2)注意行为人的实际经营活动与所宣传经营活动应当允许存在合理性差异。市场经济瞬息万变,要求行为人完全按照前期计划开展经营不符合市场经济规律,行为人即使没有按照原定宣传计划进行经营活动,但只要是将资金用于正常的生产经营,目的是通过生产经营回报投资者,就不能认定具有非法占有的目的。(3)注意生产经营活动与筹集资金规模的比例。这实际上是审查是否"明知没有归还能力",如果行为人只是将少部分资金用于生产经营,则可以考虑认定具有非法占有的目的;如果大部分资金用于生产经营则不宜认定具有非法占有的目的。

案例:张某周、陈某逹非法吸收公众存款案

案情简介: 张某周、陈某逹谋划为陈某逹实际控制、经营的深圳新某公司在香港借壳上市,与香港上市公司冠某公司董事会主席傅某龙商议决定通过购买该公司的股票实现新某公司在香港联交所借壳上市。因资金需要,在未经国家金融部门批准情况下,通过举办推介会、口口相传等方式向社会公众公开宣传,以投资购买新某公司的原始股权和香港冠某公司的股票为由,向社会不特定对象募集资金,并承诺保本保收益,累计吸收资金约3.2亿元,涉及130名投资人。购买新某公司股权的投资人没有真正完成股权转让的工商登记,也没有真实拿到新某公司的股份,且张某周、陈某逹将吸收资金用于个人消费共计5000多万元,但都在后期补足了资金缺口。在此期间,张某周利用吸收的资金购买香港冠某公司股票,且已经取得了香港冠某公司的控制权,实际上完成了控股香港冠某公司的承诺。检察机关审查后不予认定具有非法占有目的,以涉嫌非法吸收公众存款罪依法起诉。

评析意见: 本案例体现了检察机关如何审查判断"非法占有目的"的问题。司法实践中对本案定性存在争议,即应当定性为集资诈骗罪还是非法吸收公众存款罪。经审查认定,张某周、陈某逹以投资购买新某公司原始股权和香港冠某公司股票为由向社会公众吸收资金,在吸收资金的同时承诺保本付息，其行为实质是非法吸收资金。究竟是构成非法吸收公众存款罪还是集资诈骗罪，关键要看资金去向以判断是否具有非法占有目的。从审计报告来看，尽管张某周、陈某违将吸收资金中5000多万元用于个人购房和炒股，但上述资金的大部分确实用于购买香港冠某公司股票，虽然没有全部完成借壳上市的流程，但已经取得香港冠某公司的控制权，实际上完成了控股香港冠某公司的承诺，张某周、陈某违用于个人购房和炒股的5000多万元，两人通过在香港联交所低买高卖股票赚取差价等手段已经予以补全，因此不宜认定张某周、陈某违具有非法占有的目的。

（二）区分正常民间借贷与集资诈骗罪

司法实践中，集资诈骗案件往往借款人众多，且或多或少与犯罪嫌疑人有所关系，常常表现出民间借贷的部分特征，与正常民间借贷行为容易产生混淆。区别二者既要审查是否实施诈骗行为，也可以从公开性与针对不特定对象两个特征进行区分。具体而言：

1.考察犯罪嫌疑人是否实施诈骗行为，包括审查是否具有非法占有目的、是否采用欺骗方法、是否具有履约的能力和诚意，以及违约后的态度，即考察非法集资行为是否通过使用诈骗方法实施的。正常民间借贷行为，行为人主观上不具有非法占有目的，客观上没有实施诈骗行为。实务中还有观点认为，只要客观行为属于非法吸收或者变相吸收公众存款，并具有非法占有目的，就以集资诈骗罪论处。这种观点值得商榷。非法吸收或者变相吸收公众存款，如果没有使用诈骗方法，即使具有非法占有目的，也不能认定构成集资诈骗罪；换言之，只有使用诈骗方法非法集资，并具有非法占有目的，才能成立集资诈骗罪。

2.考察公开性与针对不特定对象两个特征。集资诈骗行为具有公开性特征，且向社会不特定对象吸收资金，民间借贷则相反。民间借贷一般只是在一定范围的口口相传，往往不会采用公开宣传、推介的方式，即不具公开性特征；民间借贷吸收资金有明确的指向对象，一般仅是在亲友或者单位内部针对特定对象吸收资金，而没有向社会不特定对象吸收资金，即不具针对不特定对象特征。

（三）对集资诈骗数额的审查认定

集资诈骗的数额应以实际骗取的数额计算。《2011年非法集资解释》第

5条第3款规定："集资诈骗的数额以行为人实际骗取的数额计算，案发前已归还的数额应予扣除。行为人为实施集资诈骗活动而支付的广告费、中介费、手续费、回扣，或者用于行贿、赠与等费用，不予扣除。行为人为实施集资诈骗活动而支付的利息，除本金未归还可予折抵本金以外，应当计入诈骗数额"。《办理涉互联网金融犯罪纪要》第17条："集资诈骗的数额，应当以犯罪嫌疑人实际骗取的金额计算。犯罪嫌疑人为吸收公众资金制造还本付息的假象，在诈骗的同时对部分投资人还本付息的，集资诈骗的金额以案发时实际未兑付的金额计算。案发后，犯罪嫌疑人主动退还集资款项的，不能从集资诈骗的金额中扣除，但可以作为量刑情节考虑。"

还需指出，要根据主客观相一致原则认定集资诈骗的数额，对非法占有目的产生之前的数额应予以扣除。

第四节 集资诈骗案件审查起诉要点

前文已经对集资诈骗罪和非法吸收公众存款罪的联系和区别进行了论述，虽然两类案件存在一定差异，但在司法实践中绝大多数集资案件均系以非法吸收公众存款作为手段，因此集资诈骗案件的审查起诉、出庭公诉、审判监督与非法吸收公众存款案并无较大差别。鉴于在非法吸收公众存款罪一章中已对具有共性的问题作出了详细的论述，在集资诈骗案的办理中可以予以参照，在此便仅针对集资诈骗案的审查起诉、出庭公诉中存在的一些特性问题，以及对相关司法解释的具体适用进行论述。此外，鉴于集资诈骗犯罪一般系以公司、平台名义所实施，以下也主要围绕平台类集资诈骗犯罪进行分析。

一、关于自首的认定

（一）关于"自动投案"的认定

非法集资类案件由于涉及行政处置前置、从案发到刑事立案间隔时间较长等因素，普遍存在电话通知到案、在办公地点传唤到案等不同情形。其中，对于主动到侦查机关接受调查、接到电话通知后到案的情形认定为自动投案并不存在争议，但对于在办公场所被传唤是否属于被抓获，或者在集资参与人要求下被动来到公安机关是否属于被扭送等问题，则可能存在一定争议。

我国刑法设立自首制度，其核心价值追求便是鼓励犯罪分子主动投案并自愿接受法律制裁，进而节省侦查资源、提高侦查效率，并起到一定的预防和教育效果。其中"自动投案"行为的本质是行为人在犯罪以后自愿将自己置于司法机关的控制中，避免因对其进行追捕而造成司法资源的大量耗费。相关司法解释规定了若干可以"视为自动投案"的情形，如"罪犯明知他人报案而在现场等待，抓捕时无拒捕行为，供认犯罪事实的"，正是立法原意和价值追求的具体体现。因此，检察机关审查是否属于"自动投案"时，不能因为此类案件普遍存在主动到案的情形，便人为地缩小"自动投案"的适用范围或者提高适用条件，仍应遵循立法本意，对司法解释所规定的"其他符合立法本意，应当视为自动投案"的相关情形进行合理界定。笔者认为，在非法集资案中以下情形应视为自动投案：

第一，在无法兑付后，行为人未离开办公场所等实施犯罪的地点，并持续与集资参与人沟通、提出解决方案，后被侦查机关上门传唤或者自愿与集资参与人一同前往侦查机关，归案后能如实供述犯罪事实的。

此类情形中，行为人可能并不明确知道集资参与人已报案，但其应能预测到集资参与人可能会报案而没有离开犯罪地点，体现出自愿承担法律责任的主观心态，并且客观上也未对侦查机关的传唤造成阻碍。

第二，在无法兑付后，行为人虽离开了实施犯罪的地点，但没有逃匿，而是一直配合行政机关或侦查机关的调查工作，如实陈述其犯罪事实，侦查机关未通知其到案而直接前往已掌握的住所等地点将其传唤到案的。

此类情形视为自动投案主要涉及两方面考量：一是涉及通知到案的公平性问题，对于同样愿意承担法律责任的行为人而言，不能因其是否接到侦查机关电话通知而影响其自动投案的认定；二是涉及是否离开犯罪地点的问题，在涉案公司已经倒闭、办公场所关闭等情形下，不能苛求行为人仍留在实施犯罪时的地点，只要其留在已经为侦查机关掌握的居住或其他停留地点，也仍不妨碍根据留在犯罪地的规定予以认定。

除了上述情形外，对于行为人能积极处置兑付事宜，不逃避集资参与人，配合行政检查或侦查机关调查，虽然未主动投案但客观上也未对侦查机关传唤造成阻碍的其他情形，可认定为属于司法解释所规定的"其他符合立法本意，应当视为自动投案的"。

（二）关于"如实供述自己罪行"的认定

司法解释规定自首中的"如实供述自己罪行"是指如实交代自己的主要犯罪事实。在集资诈骗案中，对于涉案资金的去向是否属于"主要犯罪事实"存在不同观点：

第一种意见持肯定观点，理由主要有两点：一是对涉案资金的使用是集资诈骗行为人实现非法占有目的的手段，资金的去向应属于集资诈骗的主要犯罪事实；二是集资诈骗案非法所得可高达上千万元甚至上亿元，导致成千上万集资参与人受损，如果行为人拒不交代资金去向，仍能认定其"如实供述自己罪行"而构成自首，并对此从轻或减轻处罚，则可能出现罪责刑不相适应的问题，不利于威慑犯罪和维护集资参与人合法权益。

第二种意见持否认观点，认为"主要犯罪事实"应是犯罪构成要件事实，要求行为人如实供述的目的在于减轻司法机关定罪的证明责任，提高诉讼效率。在集资诈骗案中，资金如何使用和具体去向并非犯罪构成要件事实，并不影响定罪和犯罪既遂的认定，而主要关系到追赃挽损工作的成效，应属于涉及案件处理社会效果的相关事实。比如盗窃罪案中，行为人自动投案并供述其盗窃罪行的，即便其不交代赃物的去向，也不影响对其自首的认定。

笔者认为，第二种意见中"主要犯罪事实"应是犯罪构成要件的观点虽有待商榷，但关于资金去向不是主要犯罪事实的结论更符合立法精神和司法实践，理由有以下几点：

第一，自首制度设立的核心价值是节省刑事诉讼活动的司法资源，重点解决的是归案和定罪的问题，而资金去向与集资诈骗的定罪并无直接关联。

第二，从价值导向上看，在集资诈骗案中更应鼓励行为人自首，而非限制。在实践中，由于犯罪嫌疑人未到案或不认罪，可能会对案件处理造成很大的困难，如犯罪数额无法查明、定罪证据不足、案件定性存疑、资金去向无法查明等。此时，通过认定自首引导犯罪嫌疑人归案并认罪，其对案件处理产生的影响显然利大于弊。

第三，刑法规定对于自首的犯罪分子可以从轻或者减轻处罚，而并非"应当"从轻或者减轻。对于非法占有巨额资金又拒不交代资金去向的犯罪分子而言，在通过认定自首引导其到案并认罪的情形下，可以根据其认罪悔罪的程度在法庭审理时通过是否从轻、从轻还是减轻的裁量权来准确评价其应承担的刑事责任。检察机关在出庭时，对于拒不交代资金去向、不真诚悔罪的被告人，也可以直接建议法庭对其不予从轻或者不予减轻处罚，或在审判监督阶段对判决适用从轻、减轻进行法律监督，以确保量刑的适当性。

第四，司法解释规定"拒不交代资金去向，逃避返还资金"的情形列为可认定具有非法占有目的。如果根据该规定认定非法集资行为人构成集资诈骗罪，那么再以此为由认定行为人未如实供述，便存在双重评价之嫌。

第五，行为人是否"拒不交代资金去向"难以客观评判，将"拒不交代资金去向"作为"主要犯罪事实"容易导致如实供述罪行认定上的混乱。

实践中，极少出现行为人明确表示拒绝交代资金去向的情形，一般都会向侦查机关提供一些线索或者提出相关辩解，上述线索和辩解如果经查证完全不属实，当然可以认为行为人拒不交代，但如果无法查证或者只能查明部分不属实，则不能排除系基于行为人遗忘、侦查力度不足、资金接收方不予配合、资金转移途径隐蔽等原因的可能，在此情形下便不能认定或推定行为人"拒不交代"。在此情形下，如果在考量行为人是否如实供述时加入是否拒不交代资金去向这一难以查证的主观要素，则可能会导致认定标准不一或存在错误，缺乏实操性。

二、如何界定非法吸收公众存款罪与集资诈骗罪的转变

（一）犯意转变的内涵

《办理涉互联网金融犯罪纪要》第15条规定："注意区分犯罪目的发生转变的时间节点。犯罪嫌疑人在初始阶段仅具有非法吸收公众存款的故意，不具有非法占有目的，但在发生经营失败、资金链断裂等问题后，明知没有归还能力仍然继续吸收公众存款的，这一时间节点之后的行为应当认定为集资诈骗罪，此前的行为应当认定为非法吸收公众存款罪。"关于上述规定中犯意的转变，首先应明确下列内涵：

（1）这种犯意的转变是产生新的犯意，而并非刑法中规定的吸收型犯意转化，如盗窃转化为抢劫，因此应对前后基于不同犯意所实施的不同行为分别予以评价。

（2）这里犯意的转变是指在非法集资过程中的转变，除了要求有主观

故意的转变外，还要求行为人基于转变后的犯意实施了非法集资的行为。如果行为人没有实施新的非法集资行为，而仅仅是对涉案资金的非法占有，则存在两种可能：一种是此前的非法集资行为系行为人所实施的，那么应根据其对涉案资金的非法占有行为，可以推定其对非法集资整体行为具有非法占有目的，应以集资诈骗罪定罪处罚；另一种是此前的非法集资行为并非行为人所实施的，如其从他人处接手了涉案平台，由于其没有实施非法集资行为，其仅应对非法占有涉案资金的行为承担法律责任，可能构成职务侵占、诈骗罪等罪名。

（3）犯意的转变还存在由集资诈骗转变为非法吸收公众存款的可能，如行为人本来非法集资系出于非法占有目的，但其后因害怕承担法律责任，便将后续非法集资的款项用于正常经营，并不断弥补集资诈骗所造成的资金亏空。实践中，这种情形很少出现，且也很难证明其具有非法占有目的，故在此便不再详细论述。

（二）准确界定犯意转变并区别定罪对于案件处理的影响

根据刑法主客观相一致的基本原则，对于非法集资过程中行为人犯意发生变化的，应该对基于不同犯罪故意所实施的不同非法集资行为分别予以评价。准确区分非法集资活动中的不同罪名，除了可以保障案件质量、确保统一适用法律外，对于案件处理结果也存在较大影响：

1. 避免加重被告人的法律责任

在被告人基于非法占有目的实施的非法集资行为持续时间较长的情况下，非法吸收公众存款阶段的未兑付本息均在集资诈骗阶段完全兑付，那么定一罪的集资诈骗数额与区别定罪的数额一致，就集资诈骗罪这一重罪的处罚上不存在区别。但如果非法吸收公众存款持续时间较长并造成较大的本金亏损，而集资诈骗持续时间很短只产生较小的资金亏损，则可能出现在非法吸收公众存款阶段投资的本金在案发时仍没有全部兑付的可能，此时如果以集资诈骗罪一罪定罪处罚，那么便可能将非法吸收公众存款阶段的本金损失计入集资诈骗的犯罪数额，如果因此而导致集资诈骗罪的量刑升格至七年以上有期徒刑甚至是无期徒刑，则相较于非法吸收公众存款罪和应在七年以下量刑的集资诈骗罪数罪并罚的处理结果而言，无疑是加重了被告人的法律责任。

2. 避免减轻被告人的法律责任

以集资诈骗罪一罪定罪处罚一般不会减轻被告人的法律责任，但在审判阶段，还应考虑不区分罪名的情形下，是否可能对于集资诈骗罪的指控力度和效果产生不利后果。同样是针对非法吸收公众存款阶段时间较长、吸收金额较大的情形，被告人在集资诈骗阶段诈骗数额也非常大，但由于非法吸收公众存款阶段兑付利息的时间较长，可能导致从非法集资的整体上看，累计兑付本息金额大于非法吸收公众存款和集资诈骗累计吸收金额的情况。虽然集资诈骗数额应以投资人本金亏损数额来认定，但在实践中，累计兑付与吸收金额之差也是判断被告人是否具备非法占有目的、被告人是否实际获利的一个重要因素。如果被告人以兑付金额大于吸收资金为由辩解其没有非法占有目的，而公诉人未对罪名进行区分认定，则可能会增加庭审证明非法占有目的的难度，并存在全案被认定为非法吸收公众存款罪的可能性。而如果对罪名予以区分，公诉人在庭审时对于被告人集资诈骗的证明难度便会降低，也更能凸显出被告人在集资诈骗阶段的主观目的，避免全案被认定为轻罪。

（三）如何认定犯意转变的时间节点

1. 通过直接证据予以证明

证明行为人主观犯意的转变，直接的证据便是犯罪嫌疑人的供述、证人证言和被害人陈述。虽然一般情况下犯罪嫌疑人不会供认其具有非法占有目的，但是通过有针对性的讯问，其可能会供述出其主观心态发生变化的过程，或者其对现有经营模式下归还本息缺乏现实可能性的主观明知，也可以作为认定其犯意发生转变的证据。除了被告人供述外，如涉案公司员工或其亲属的证言，如果能间接证明被告人存在上述主观明知，在可以相互印证的条件下，也可以作为认定犯意转变的证据。

2. 通过客观行为进行推断

在没有直接证明行为人犯意转变的情形下，可以通过下列具有异常性的客观行为或事实进行推断：

第一，集资手段的异常，如由发真标变为发假标，突然增加假标数量和金额等。

第二，宣传方式的异常，显著增加宣传力度，通过虚假宣传、大幅度提高利率等方式吸收更多资金。

第三，资金支出的异常，如通过大幅增加工资、提成等收入变相套现，开始挥霍资金用于个人支出或不必要的公司支出。

第四，经营活动的异常，如大幅度减少或停止正常投资、消极应对亏空和债务催收、变更法人或高管由幕前控制转到幕后操纵。

第五，个人行为的异常，如通过转移个人名下财产、办理离婚手续分割财产、办理移民等手段试图可能逃避法律责任。

在推断时还应注意的是，不能仅根据其中一项异常即认定犯意发生转变，应要综合多种情形予以判断，并排除对于异常行为提出的合理辩解。

（四）在区分界定时应注意集资参与人身份的认定

如前面举例说明的非法吸收公众存款阶段时间较长而集资诈骗时间较短的情况，非法吸收公众存款阶段的集资参与人可能在案发时本金仍存在损失，但因其在集资诈骗阶段未进行投资，不属于集资诈骗的犯罪对象，即便其存在本金损失，也不属于集资诈骗中的被害人，而属于非法吸收公众存款中的集资参与人。因此，在审计时、起诉时应准确对不同集资参与人的身份进行认定，并且在出庭时对集资参与人身份的界定理由进行说明，同时还应说明存在本金亏损的集资参与人均享有涉案财物的分配权，以避免引发集资参与人不必要的异议。

三、适用认罪认罚从宽制度如何听取被害人意见

《关于适用认罪认罚从宽制度的指导意见》第 16 条规定："办理认罪认罚案件，应当听取被害人及其诉讼代理人的意见，……人民检察院、公安机关听取意见情况应当记录在案并随案移送。"根据上述规定，听取被害人意见是适用认罪认罚从宽制度的前置程序。但在集资诈骗案中，由于被害人众多，难以逐一听取所有被害人对于认罪认罚从宽的意见，更不用说促成犯罪嫌疑人与被害人达成和解，那么在缺乏相关具体办案指引的情形下，应如何听取被害人意见，确保认罪认罚从宽制度得以适用呢？对此，笔者认为可根据集资诈骗罪的特点，作如下程序设计：

（一）采用公告方式告知被害人案件适用认罪认罚从宽制度的预案

被害人知晓检察机关拟适用认罪认罚从宽制度的相关信息是听取被害人意见的前提，在客观上无法逐一通知的情形下，可以参照被害人权利义

务告知的做法，同样采用公告的形式予以告知，具体公告所采用的形式前文已进行了分析，在此不再赘述。告知的具体信息，应包含以下几个方面：

第一，检察机关与犯罪嫌疑人就适用认罪认罚从宽协商一致的具体内容，包括适用认罪认罚的犯罪嫌疑人信息、认定罪名、主要犯罪事实及量刑建议。对于拟认定的主要犯罪事实是否需要告知被害人，可能存在不同看法，但笔者认为应在告知中予以披露，因为如果检察机关拟认定的犯罪事实特别是犯罪数额系基于犯罪嫌疑人自认而认定，则被害人有权对于犯罪嫌疑人自认的客观性以及是否符合"认罪"条件提出意见，如果检察机关不予告知，则容易产生检察机关通过隐瞒对犯罪嫌疑人有利的信息而使被害人在不知情的情形下同意认罪认罚从宽制度的适用此类质疑和怀疑。

此外，还应注意此时检察机关与犯罪嫌疑人协商一致形成的只是认罪认罚的预案，此时不应签署正式的认罪认罚具结书。

第二，被害人提出意见期限。适用认罪认罚从宽制度的主要目的是提高诉讼效率，因此有必要对被害人提出意见的期限作出限定，避免因听取意见程序而导致诉讼程序延长或倒流，同时也要保障被害人有足够的时间考虑和撰写相关书面意见。具体期限可根据案件不同情况而定，笔者认为3日至7日较为适宜。

第三，被害人提出意见的具体方式。鉴于被害人众多，且可能遍布各地，面见检察官当面表达意见的方式并不实际，因此建议明确提交书面意见和电话表达两种方式。对于被害人提交的书面意见应妥善保存并在适用认罪认罚从宽制度后随案移送，而对于被害人打电话表达意见的，则应制作相关电话记录，同样随案移送。

（二）对被害人意见的归纳、审查和处理

在被害人提出意见的期限届满后，承办人应对被害人意见进行汇总，归纳出被害人对认罪认罚从宽制度适用提出异议的不同理由和其所提出的诉求，如是对适用认罪认罚从宽制度本身存在异议，或对认定罪名、认定的犯罪事实、具体量刑建议存在异议，然后依法予以审查。《关于适用认罪认罚从宽制度的指导意见》第18条规定："被害人及其诉讼代理人不同意对认罪认罚的犯罪嫌疑人、被告人从宽处理的，不影响认罪认罚从宽制度的适用。"据此，承办人如经审查认为被害人的异议没有合理理由，则可决定适用认罪认罚从宽制度；如被害人对于认罪认罚从宽制度相关内容普遍意

见较大且具有合理理由,能一定程度反映出犯罪行为所造成的严重后果和社会影响,则可适当调整认罪认罚从宽具体内容,并重新与犯罪嫌疑人进行协商。对于调整后的认罪认罚从宽方案,笔者认为不必再重新听取被害人意见,否则会导致听取意见程序陷入无法终结的循环。

此外,在对被害人意见进行审查和作出是否适用认罪认罚从宽决定时,承办人应在审查终结报告中进行分析和论证,并履行一定的审核手续,特殊情况还可提交检察官联席会议讨论。

(三)通过公告向被害人告知认罪认罚从宽制度适用的结果及理由

被害人对于认罪认罚从宽制度适用享有提出意见权,便当然地对于适用结果享有知情权。所谓适用认罪认罚从宽制度结果,不仅包括决定根据原预案适用认罪认罚从宽制度,还包括对认罪认罚从宽内容调整后的适用结果,以及决定不适用认罪认罚从宽制度的结果。除了告知被害人结果外,在公告中应对检察机关作出这一决定的理由予以充分说明,通过释法说理尽量消除被害人对于认罪认罚从宽制度适用结果的异议。

(四)将听取被害人意见与追赃挽损工作相结合

在通过退赃退赔获取被害人对认罪认罚从宽的认可的同时,又通过听取被害人的意见促使犯罪嫌疑人积极退赃退赔。对于有退赃意愿和能力的犯罪嫌疑人而言,由于在适用认罪认罚从宽制度时必须听取被害人的意见,其此时更容易选择通过退赃退赔的方式来获取被害人的谅解和对认罪认罚从宽内容的认可。而认罪认罚从宽中如果附加有犯罪嫌疑人退赃退赔的条件,则同样会使被害人更容易认可认罪认罚从宽制度适用的合理性。鉴于此,承办人在适用认罪认罚从宽制度时,应向犯罪嫌疑人示明认罪认罚从宽制度适用的程序,督促犯罪嫌疑人积极退赃退赔,使认罪认罚从宽制度的适用产生更好的社会效果和法律效果。

四、审查起诉时应注意的其他问题

(一)审查起诉程序上应注意的问题

1.关于集资参与人的身份、权利及告知的问题

由于集资诈骗罪侵犯的是双重客体,既侵犯了国家金融管理秩序,也

侵害了他人合法财产权，故司法实践中一致认为在集资诈骗案中财产实际受损的集资参与人属于刑法中的被害人。那么对于财产受损的集资参与人而言，其既享有被害人的委托诉讼代理人、申请回避、申请抗诉等权利，同时根据办理非法集资案件的司法解释，其还享有集资参与人的知情权、表达意见权、参与分配权。有鉴于此，检察机关应在审查起诉环节依法告知集资参与人上述权利。在告知方式上，笔者认为可以采用公告告知为主，其他告知方式相辅的方式。

（1）对于被害人权利义务及集资参与人权利可采用公告告知的方式。《刑事诉讼规则》第55条规定检察机关对于被害人众多或者不确定，无法以当面、电话、书面方式逐一告知的，可以公告告知。上述规定虽然仅针对委托诉讼代理人和申请法律援助权利的告知，但鉴于公告告知方式具有可行性和合理性，采用公告告知其他被害人权利、集资参与人权利也符合法律规定的精神和客观实际。

（2）告知被害人权利义务时，应优先采用当面、电话、书面告知。虽然被害人权利义务可以采用公告方式告知，但在公告告知系以"被害人众多或者不确定，无法以当面、电话、书面方式逐一告知的"为适用前提，刑事诉讼法对于公告告知没有作出规定的前提下，为了避免出现不必要的争议，检察机关仍应根据案件情况优先采用当面、电话或书面的告知手段，根据不同情况可采用如下方式：

①对于向侦查机关提供了联系电话和住址的集资参与人，如接受询问、提供报案材料，可先通过电话联系询问其是否愿意来检察机关签收相关告知文书。如其不愿意前来检察机关签收，则采用邮寄的方式告知；如不愿意接收邮件，则尊重其意愿，在电话中口头告知其权利义务，并在送达回证中备注说明。

②对于仅向侦查机关提供了住址的集资参与人，则直接采用邮寄的方式进行告知。

③对于联名提交书面报案材料的集资参与人，如联名人数众多难以逐一电话通知或者邮寄送达的，可先与代表人或者发起人联系，征求其对于送达告知文书的意见，如其同意作为代表签收或接收送达文书，则可直接向该代表人或发起人送达，同时备注由其代为告知其他联名报案人相关权利义务。

④对于没有到公安机关报案也没有向公安机关提交报案材料的集资参

与人,则采用公告告知方式。具体公告告知的方式,在非法吸收公众存款案审查起诉要点中已经进行了阐述,在此不再赘述。

2. 关于被害人委托诉讼代理人及申请阅卷的问题

根据《刑事诉讼规则》的相关规定,律师担任诉讼代理人的,可以在案件移送审查起诉后查阅复印案件证据,那么便存在不同被害人委托不同的诉讼代理人多次阅卷的可能。对于已完全实现卷宗电子化的检察机关而言,诉讼代理人进行阅卷只需拷贝案卷电子光盘即可,但对于仍未实现卷宗电子化的检察机关而言,众多诉讼代理人频繁查阅原始阅卷,无疑会影响到承办人审查案卷的时间。要解决这一问题,一是可以采用预约集中阅卷的方式,承办人与申请阅卷的诉讼代理人进行沟通,在某个时间段内由诉讼代理人集中阅卷;二是在征得诉讼代理人同意的前提下,在一个或多个诉讼代理人阅卷后,向其他诉讼代理人复制案卷材料。

3. 关于是否应配合民事案件送达、开庭等诉讼行为,及民刑交叉的问题

在实践中,由于犯罪嫌疑人涉及民事诉讼,法官需要当面送达传票、判决书等法律文书,或进入看守所开庭等情形时,由于看守所规定必须征得检察机关同意,法官往往会寻求检察机关承办人的配合。笔者认为对此问题,应分不同情况予以处理:

第一,从法理上看,应由监管机构为民事诉讼活动顺利进行提供必要协助,而并非检察机关。在移送审查起诉时,虽然侦查机关办理了犯罪嫌疑人的换押手续,但并不意味着检察机关便是犯罪嫌疑人的监管人,只能代表检察机关根据刑事诉讼法的有关规定可以行使提讯犯罪嫌疑人的权力。作为犯罪嫌疑人实际监管人的监管机构,在没有法律或相关监管条例的禁止性规定的情形下,其有保障民事诉讼活动顺利进行的职责。因此,首先可以建议法院与监管机构进行沟通。

第二,在监管机构仍坚持需要征得检察机关同意的情形下,承办人应首先注意到可能存在的被害人就涉案事实提起民事诉讼、犯罪嫌疑人通过虚假诉讼转移财产等有碍于刑事案件处理的情形,以及因此作出民事裁判可能引发的诉讼风险。鉴于此,承办人应向法官了解犯罪嫌疑人涉及的案由、诉讼请求和理由、对方当事人身份信息等情况,自行或者通过侦查机关予以查证。如果系被害人就同一涉案事实提起诉讼的,应通报法院由其依法处理;如果存在犯罪嫌疑人转移资产的嫌疑的,则可要求侦查机关依法对此前未发现的涉案资产予以查封冻结;如果系犯罪嫌疑人通过民事诉

讼主张基于涉案资金所产生的债权的，则可要求侦查机关将该民事诉讼纳入追赃挽损工作范畴，积极跟进并提供必要协助。在对民事诉讼的查证过程中，对于与案件有关的资金去向等线索也应进行调查取证。

第三，经查证发现民事诉讼与刑事案件没有关联的，如不涉及财产分割的婚姻纠纷、在犯罪行为发生前便已存在的普通民事纠纷，对于民事诉讼审理期限尚未到期的，可建议法院待案件提起公诉后向受理案件的法院请求配合；对于民事诉讼确需要及时审结的，则可由检察机关给予配合。

（二）其他具体问题

1. 在以非法吸收公众存款作为兜底罪名时，应注意审查非法集资行为是否具备"社会性""公开性"

集资诈骗罪并非当然属于非法吸收公众存款罪的上游罪名。行为人在实施非法吸收公众存款行为时具备非法占有目的，则可以构成集资诈骗罪；但集资诈骗案如果不能认定非法占有目的，由于缺乏社会性或公开性，可能导致无法认定为非法吸收公众存款罪，而属于民事借贷纠纷。因此，在无法认定非法占有目的，承办人不能想当然地认为可以以非法吸收公众存款罪兜底而贸然以集资诈骗罪提起公诉，否则便存在无罪的风险。如深圳市检察机关办理的梁某、袁某某涉嫌集资诈骗案中，梁某通过袁某某等人对外吸收资金，但袁某某对梁某的非法占有目的不知情，且梁某、袁某某并未进行公开宣传，不具备公开性，社会性也存在疑问，因此经审查认为袁某某不能构成集资诈骗罪的共犯，同时其行为也未构成非法吸收公众存款案，故对袁某某作出不起诉处理。

2. 在涉案资金去向和性质难以完全查明的情形下，如何对非法占有目的进行有效认定

在集资诈骗案中，资金去向和性质是证明非法占有目的的最关键的事实，相关司法解释所规定的十三项可认定非法占有目的的具体情形中，除了两项兜底情形及"隐匿、销毁账目，或者搞假破产、假倒闭，逃避返还资金的"和"拒不交代资金去向，逃避返还资金的"两种情形外，其他九项情形的认定均涉及资金去向和性质。但在办案实践中，涉案资金去向和性质往往无法完全查明，主要原因有：一是涉案资金的实际控制人对于资金去向的供述过于笼统，无法与具体的银行流水进行对应；二是资金流向复杂，涉及涉案账户太多，调取的账户可能存在遗漏；三是因为需要异地

调取的账户比较多，或涉案资金经层层流转，查明最终去向的取证难度和工作量较大，侦查机关由于警力不足等原因，未能完整调取；四是虽然资金流向已经查明，但由于没有相关言词证据或书证的证明，难以判断资金的具体性质。在上述问题普遍存在，而侦查力度和能力又有限的情形下，承办人可通过以下方式强化对于非法占有目的的认定效果：

（1）引导侦查机关将重心放在对关键、大额或异常资金去向的侦查上。在对庞杂的涉案资金去向进行侦查时，如果必须进行取舍，首先应重点侦查与非法占有目的认定关联最为紧密的关键资金去向，如用于对外投资或从事生产经营的资金，行为人转移到个人或亲属账户的资金，行为人用于个人消费或挥霍的资金，用于支付房租水电、工资提成的资金等；其次，重点侦查数额巨大或较大的资金去向，一般情况下只有大额资金的性质才能对案件整体定性产生影响；最后，在诸多资金去向性质均不明的情形下，应根据对手账户名对具有异常性的资金去向进行重点侦查，如用于奢侈品消费、还贷、教育、保险等一般属于个人支出的资金，对自然人净转出较大的资金。

（2）在讯问和提审时，应让犯罪嫌疑人对于已查明的具体资金去向和性质详细予以说明和解释，并有针对性地予以查证。在具体办案中，承办人可能因注重对于资金去向和性质的正面证明，而忽视了通过对犯罪嫌疑人辩解的查证和反驳。对于资金去向和性质的反面证明，主要体现为在犯罪嫌疑人对于涉案资金具体去向和性质仅作笼统供述和辩解的情形下，未通过补充讯问或提审的方式让犯罪嫌疑人进行具体说明和解释。在此情形下，如果根据现有证据难以从正面上完整认定资金去向和性质，一是可能导致认定犯罪嫌疑人非法占有目的的理由不充分；二是在庭审时，可能由于被告人针对具体资金去向和性质提出新的辩解意见，公诉人又无法当场回应，而影响指控的效果。鉴于此，承办人应在讯问时要求犯罪嫌疑人对每项具体资金去向进行详细说明和解释，或者让犯罪嫌疑人对于资金流水和审计报告中的资金去向进行详细辨认，并根据其辩解情况进行查证，在证明相关辩解与客观事实不符或者不可查证的情形下，以此作为认定犯罪嫌疑人隐瞒涉案资金真实去向或拒不交代资金真实去向的依据，从正反两面均证明犯罪嫌疑人具备非法占有目的。

（3）要求审计机构出具涉案资金整体资金流向图。审计报告是认定涉案资金去向最重要的证据，其在庭审中的示证效果可能直接关系到控方的举证力度以及法官在庭审时对于非法占有目的形成的内心确信。但当涉案资金流向较为复杂时，公诉人往往难以通过语言归纳和描述使法官对于审计报告的结论形成清晰、直观的认识。为了增强审计报告在庭审时对于资金去向和非法占有目的的证明效果，承办人可在审计机构对资金去向进行文字说明和列表说明的同时，要求其将涉案资金的整体流向情况制作成一份资金流向图，以便于公诉人在示证时可以通过语言描述和图片直观展示的双重方式，增强对于资金去向和性质的举证和证明效果。

3. 应注意对审计方法客观性的审查，避免因审计人员疏忽、侦查机关存在偏向性意见等原因而导致资金性质认定错误

在对涉案资金进行审计时，其中一个重要的审计方法便是将相同来源或去向的资金进行归类，以计算出同类资金的总体情况，如集资参与人的投资款与返还款，房租水电、工资等经营支出。但如果资金归类存在错误，不仅会出现计算结果错误，还可能会导致资金性质甚至是非法占有目的认定的错误。如深圳市检察机关办理的一件非法吸收公众存款平台案中，侦查机关在未查明一笔3000多万元支出资金性质的情形下，要求审计机构将该笔款项归类为归还债务，导致从审计报告中可以得出犯罪嫌疑人使用集资款归还个人巨额债务这一结论。后经审查，这笔3000多万元的收款人实际为借款人，其向犯罪嫌疑人出借的金额也为3000多万元，其出借款被归为投资款，但收款未被归为投资款还款。在对这一错误审计方法进行修正后，审计报告未能反映出犯罪嫌疑人有非法占有涉案资金，其他证据也不能证明犯罪嫌疑人具有非法占有目的，深圳市检察机关遂对其作出不起诉处理。由上述实例可见，承办人在对审计报告进行审查时，不能盲信审计报告的准确性和客观性，还应针对审计中可能影响案件定性或量刑的关键数据、审计方法等进行细致审查。

第五节　集资诈骗案件出庭公诉要点

一、庭前准备

对于集资诈骗案的承办人而言，集资诈骗案之所复杂，其中一个重要原因就是在整个刑事诉讼环节，案件事实和证据都可能在一直更新或变化，需要不断进行侦查或审查，在案件提起公诉后也仍有大量庭前准备工作需要注意，主要有包括以下内容：第一，更新报案人信息，补充提交相关报

案人材料；第二，对涉案财物进行续封、续冻，避免涉案款物因查封冻结到期而被转移，同时应根据涉案财物查封、扣押、冻结的变化及时更新查封、扣押、冻结清单，确保涉案财物处置的准确性；第三，对被告人退赃退赔情况及时予以核实，避免因此而另行开庭；第四，对未能查明的资金去向等犯罪事实补充侦查，不断更新或完善审计报告，并根据犯罪事实的变化变更或补充起诉，确保庭审指控的准确性；第五，根据庭前会议中存在的重大争议，及时进行补充侦查或相应调整指控策略。

二、示证要点

在集资诈骗案中，绝大多数情况下被告人对于非法集资的事实并无异议，而使用诈骗方法这一事实相对比较容易证明，庭审的争议点主要集中于非法占有目的的认定。因此，在示证过程中，公诉人出示证明被告人采用诈骗方法非法集资的相关证据后，对证明具有非法占有目的的证据进行单独分类出示，具体可参照非法吸收公众存款案的出示方法，在此不再赘述。

三、常见辩护意见的答辩要点

在庭审阶段，对于检察机关指控的集资诈骗罪，极少被告人会选择认罪，而往往是认非法吸收公众存款罪并辩解其不具备非法占有目的。因此，在法庭辩论，辩护人最为常见的辩护策略便是一方面作轻罪辩护，认为被告人不具备非法占有目的；另一方面同时作罪轻辩护，认为应当以被告人实际占为已有的数额作为集资诈骗的犯罪数额。

公诉人对于辩护人意见的回应，不能仅仅是对司法解释具体规定的简单示明，而更应是对法律精神和法律推定规则的深入阐述和剖析，以此才能充分"说服"法官。鉴于此，公诉人在对于上述辩护意见进行回应时，除了围绕案件具体事实和证据发表意见外，还应分别从以下几个方面充分阐述指控观点。

（一）对不具备非法占有目的的辩护意见的答辩要点

根据司法解释所规定的诸多可认定具有非法占有目的的具体情形，可以看出集资诈骗罪中的"非法占有目的"的内涵有别于普通侵财类犯罪中的"非法占有目的"。后者在客观上主要体现为行为人是否将财物实际占为已有，而前者除了体现为占为已有外，还包含行为人基于直接故意或间接故意给集资参与人造成资金损失。

从非法占有目的的推定方法上看，相关司法解释系采用了直接推定和间接推定相结合的推定方法：对于行为人挥霍或转移资金等情形，可直接推定其具有将涉案资金占为己有的目的；而对于行为人用于生产经营的资金与集资规模明显不成比例、生产经营活动不具备盈利的现实可能性等情形，则可推定行为人主观明知非法集资会导致集资参与人资金受损，进而间接推定行为人具备非法占有目的。由此可见，集资诈骗罪中采用的是推定范围更广的推定方法，不应按照普通侵财类犯罪的推定方法来进行类比。

即便行为人未实际将集资款占为己有，但因为其所实施的客观行为会盖然性地导致广大集资参与人资金亏损，从客观社会危害性和主观有责性等角度进行价值评判，也应以集资诈骗罪这一重罪定罪处罚。非法集资行为涉及社会多数人的财产权益，行为人必然因此而背负更多的社会责任，承担更多的注意义务，面临更为严苛的法律责任，这是刑法保护公民权益的应有之义。从这一法律基本价值取向上看，行为人如果在非法集资中滥用其对集资款的支配权，并导致广大集资参与人资金亏损的后果，其社会危害性与主观有责性与其直接将集资款占为己有并无本质区别，此时以非法吸收公众存款已无法作出合乎社会期待和法律价值追求的合理评价，而应以集资诈骗罪这一重罪定罪处罚。

（二）对应按照被告人实际占为己有的数额，或者累计吸收金额与兑付金额之差作为集资诈骗数额的辩护意见的答辩要点

相关司法解释已对集资诈骗数额的认定作出了明确的规定，公诉人在回应相关辩护意见时，还可进一步对计算集资诈骗数额方法的客观合理性予以论述：

从集资诈骗罪非法占有目的的推定方法上看，该罪对于非法占有目的侧重考量的是导致集资款的损失，而非行为人将集资款实际占为己有。因此，在计算犯罪数额时，也主要应从被害人资金的实际损失角度予以衡量。由于部分集资参与人已收回本息，已不属于刑法中的被害人，这部分集资参与人与本金损失的被害人之间并不具有共同的利益关系，不能将两者视为一个整体，故在计算集资诈骗行为所造成的集资款损失时，不应采用累计计算的方式，而应对被害人实际损失进行单独评价。此外，从被害人的视角进行分析，其被骗的数额即本金未兑付的数额，所有被害人本金损失

相加即行为人诈骗被害人的总数额。如果此时按照行为人实际占为己有的数额或累计资金差额认定诈骗数额，便会出现集资诈骗的犯罪数额不等于行为人诈骗被害人的数额这一明显有悖于法理和常情常理的矛盾。

向资金未受损的集资参与人支付的利息被认定为犯罪成本具有合理性，不应予以扣除。集资诈骗罪的其中一个特征便是利诱性，行为人正是以利息回报作为诱饵吸引投资，向集资参与人支付利息属于行为人实施犯罪所不可或缺的犯罪手段，因此支付的利息也理应认定为实施犯罪所付出的成本。对于犯罪成本，无论在普通侵财类犯罪，还是其他数额犯中，均采用的是不予扣除的计算方式。举一个与集资诈骗相类似的例子，如行为人在街头通过设置赌局实施诈骗，为引诱被害人下重注而先让多名围观群众赢走了500元，被害人见有利可图便下注3000元，结果被骗。在此情形下，行为人的诈骗数额是否可认定为2500元？答案显然是否定的，诈骗数额应为3000元，另被赢走的500元属于犯罪成本。

四、审判监督

对集资诈骗案判决监督主要在于判决改变定性和具体量刑上是否存在错误两个方面。

（一）对改变定性的审判监督

改变定性主要体现为全案由集资诈骗罪改变定性为非法吸收公众存款罪，或者部分被告人由集资诈骗罪改变定性为非法吸收公众存款罪，最主要原因是未认定被告人非法占有目的。对于重罪改轻罪的判决，在判决审查时不能一概认为存在错误，而应根据证据实际情况和对法律适用问题的审慎分析，作出不同处理。

1. 不宜提出抗诉的情形

在事实认定方面，对于证明非法占有目的的证据较为薄弱、相关事实确存在认定争议的，一般不宜提出抗诉。如生产经营具有盈利可能，但盈利能力大小未能查清，是否具有归还本息的现实可能性存在疑问；主犯具有非法占有目的，但对于不知晓资金具体去向的从犯，认定其主观知情的直接证据欠缺的；案件既存在可以推定被告人具有非法占有目的的证据，但也存在已经查证的相反证据。

在法律适用方面，客观行为虽然表面上符合司法解释所规定的具体情形,但在对相关情形作出合理解读后,实质上并不符合的,或者从价值层面进行评价,犯罪行为定轻罪更能体现罪责刑相适应等刑法基本原则和法律精神的,也一般不宜提出抗诉。如因将集资款用于放高利贷,而推定为具有非法占有目的,以集资诈骗罪起诉的情形。

2.应提出抗诉的主要情形

一是在事实认定上。虽然生产经营盈利能力具体大小、投入生产经营的具体资金规模等关于经营模式的事实未能准确查明,但根据生活和经营常识可推定涉案经营模式根本不可能产生盈利并归还本息,判决以事实不清为由对非法占有目的不予认定。

二是在法律适用上。判决未根据经营模式的盈利可能性等客观情形认定非法占有目的,而仅根据被告人未实际将集资款据为己有的事实即对非法占有目的的不予认定。

(二)在具体量刑方面的审判监督

目前非法集资案件的量刑在客观上呈现出轻刑化的特点,集资诈骗案中也极少出现判处有期徒刑十五年或者无期徒刑的判例,且由于法院在量刑方面具有较大自由裁量权,检察机关如果要针对量刑提出抗诉并且抗诉成功,一般需要具备非常充分的抗诉理由,因此在实践中检察机关针对集资诈骗案的量刑提出抗诉的情形相对较少。对此,笔者认为检察机关应强化对于集资诈骗案量刑不当问题的法律监督,只有对于犯罪数额特别巨大、社会影响恶劣、主观恶性的集资诈骗行为予以严惩,才能达到良好威慑和预防犯罪的效果,应审查两类情形:一是对于犯罪情节特别恶劣,如犯罪数额上亿元、被害人人数上万,且没有积极退赃退赔表现的,应通过抗诉争取对被告人进行顶格量刑;二是被告人拒不悔罪、拒不退赃退赔或拒不配合追赃挽损工作,但判决对其适用减轻处罚并且具体量刑与罪过不相适应的,也应通过抗诉予以纠正。如前面所论述的,被告人既不配合追赃挽损,也不积极退赃退赔,在非法占有巨额资金的同时希望通过自首减轻法律责任的,便应限制减轻处罚的适用。

在对不当量刑依法进行监督的同时,也应看到集资诈骗案中不同被告人的地位作用、犯罪情节和主观恶性可能存在的巨大差异,从宽严相济的刑事司法政策的角度去合理看待主从犯之间量刑所存在的巨大差异,不能因对从犯的量刑较轻便盲目地予以抗诉。

第五章 组织、领导传销活动罪

第一节 组织、领导传销活动罪概述

传销在中国立法中第一次出现的时间是在1997年1月10日《传销管理办法》第2条第1款①，后来在2005年8月23日国务院颁布的《禁止传销条例》第2条中予以定义。传销是指组织者或者经营者发展人员，通过对被发展人员以其直接或者间接发展的人员数量或者销售业绩为依据计算和给付报酬，或者要求被发展人员以交纳一定费用为条件取得加入资格等方式牟取非法利益，扰乱经济秩序，影响社会稳定的行为。从传销概念的规定可以看出国家对传销的认识是不断深化的。2009年2月28日十一届全国人大常委会通过的《刑法修正案（七）》第224条之一对组织、领导传销活动罪入刑，在刑法上对传销概念上作了规定，指的是以推销商品、提供服务等经营活动为名，要求参加者以缴纳费用或者购买商品、服务等方式获得加入资格，并按一定顺序组成层级，直接或者间接以发展人员的数量作为计酬或者返利依据，引诱、胁迫参加者继续发展他人参加，骗取财物，扰乱经济社会秩序的传销活动的组织、领导行为。

在反传销的道路上，虽然国家政策和立法、司法上均做了与时俱进的改变，但由于传销活动隐秘性强、花样繁多、更新换代快，立法始终滞后于传销发展的步伐。现阶段典型的控制人身自由性传销已经转变为形式多样的新型传销模式，很多人在不知不觉中走上了非法传销的道路，有的甚至走向犯罪道路，严重阻碍了社会稳定和经济的正常发展。因此，严厉打击传销行为，严惩传销犯罪，是每个司法工作者应当肩负的责任。

---

① 传销是生产企业不通过店铺销售，而由传销员将本企业产品直接销售给消费者的经营方式。它包括多层次传销和单层次传销。

一、我国关于传销犯罪的立法演进

最初的传销源于美国,由一个叫查尔斯·庞兹的人发明的骗局而起,因此,传销骗局也被称为"庞氏骗局"。从19世纪开始,传销骗局就开始初露端倪。而传销的真正发展壮大是在"二战"后的日本,并且自80年代末传入中国,经历了混乱发展、限制发展和全面否定的过程。

(一)混乱发展阶段

20世纪80年代末,日本一家磁性保健床垫公司(JapanLife)"偷渡"到中国,标志着非法传销登陆我国。这是一家未取得任何经营许可的公司,其发展模式就是通过注册空壳公司,不断发展下线,再通过下线代理的模式获取钱财。1990年,美国雅芳广州公司成立,标志着国际传销正式登陆中国,看到传销带来的暴利,随后沿海城市传销公司纷纷出现,以广东、广西最多。

(二)限制发展阶段

随着非法传销限制人身自由、被虐待摧残、精神洗脑等行为不断被媒体曝光,1994年以后,国家对传销企业初次采用审批制度。1994年8月,国家行政工商管理总局发出《关于制止多层次传销活动违法行为的通告》,紧接着又发出《关于查处多层次传销活动中违法行为的通知》,但是,由于没有出台相应的法律予以制止传销行为,这些通知又规定得较为笼统,始终无法发挥实际作用,传销行为由沿海逐渐侵入内地。

(三)全面否定阶段

1998年4月,国家工商总局下发了《关于禁止传销活动的有关情况》,紧接着,国务院发布了《关于禁止传销经营活动的通知》,规定"一律立即停止传销经营活动",这标志着我国对传销活动做了全面否定。[①]同时,首次提出了"变相传销"的概念,列举了当时出现的变相传销的新形式,这些均反映了当时打击传销活动力度之大,态度之坚决。

2004年,致3000多大学生受骗的"欧丽曼"传销案被破获,该案因

---

① 导火索是1997年兴田爽安康(摇摆机)在长沙召开万人传销大会,场内场外人员过多,引发打斗,造成人员伤亡。

主要涉及大学生,影响恶劣,时任国务院总理温家宝作出重要批示。该案影响了2005年颁布的《直销管理条例》(2017年修订),在《直销管理条例》中明确规定学生、老师等人员禁止参加直销。同年,《禁止传销条例》颁布,这是国家首次出台的专门针对传销活动的新法规,对传销概念进行了界定,且明确了各行政执法机关的责任以及查处传销活动的措施和程序,并列举了传销行为的种类,对处理涉嫌犯罪的非法传销行为,采用了设置附属刑法的模式。如我国《禁止传销条例》中第24条、第28条的规定。①

2009年2月,《刑法修正案(七)》出台,标志着传销活动被单独定罪,而不再以非法经营罪处罚。《刑法修正案(七)》规定了组织、领导传销活动罪,采用列举方式,认定组织领导传销活动应具备以下条件:(1)要求参加者缴纳费用或者购买商品、服务的方式获得加入资格,即入门费。(2)发展人员数量作为计酬或者返利依据,即"拉人头"。(3)引诱、胁迫参加者迷惑发展他人形成一定层次级,即"定层次"。(4)骗取财物,即"骗财"。该项立法,是传销入刑的关键一步,为我国有效打击传销犯罪活动提供了有力的依据,也由此产生了相对较为完善的司法解释,在打击传销犯罪发展史上具有里程碑式的意义。

2010年5月,《立案追诉标准(二)》第78条规定,涉嫌组织、领导的传销活动人员在30人以上且层级在三级以上的,对组织者、领导者,应予立案追诉。并对组织者、领导者作出了规定:是指在传销活动中起组织、领导作用的发起人、决策人、操纵人,以及在传销活动中担负策划、指挥、布置、协调等重要职责,或者在传销活动实施中起到关键作用的人员。

2013年11月,最高人民法院、最高人民检察院、公安部发布《关于办理组织领导传销活动刑事案件适用法律若干问题的意见》(以下简称《传销意见》),对《刑法修正案(七)》做了补充说明和详细规定,对办理组织、领导传销活动刑事案件中的层级与下线人数的认定,提出了一定的实质标准。同时,对行政法与刑法的交叉层面确定入罪的标准作出详细规定,为案件办理带来极大便利。该意见发布以来,侦破、办理传销刑事犯罪案件又上新台阶。

---

① 詹庆:《"传销罪"罪名法定化之研究——兼评〈刑法修正案(七)〉(草案)中"组织领导传销罪"》,载《政治与法律》2009年第2期。

二、常见传销模式

国民对传销的认识多数还停留在吃大锅饭，打地铺，在小黑屋里上大课，限制人身自由，每天被魔性洗脑，遭受虐待，等着家人救赎。而实际上，这类传销已经基本退出市场，现在的传销更多的不是限制人身自由，而是制造精神压力，通过洗脑让参与者主动行为。随着网络的快速发展，网络传销发展迅猛，呈现出新特点，形式愈呈多样化。新型网络传销并不进行人员聚集，而是充分利用网络，一般以"资本运作"等形式包装，具有很强的迷惑性和欺骗性，常见的传销模式有以下几种：

（一）"纯资本运作"传销模式

该传销模式既不依附于任何公司、企业经营，也没有任何商品、劳务借口，从以往传销实物产品演变为"纯资本运作"，其利益来源纯粹为下级缴款。参与者只要缴纳一定金额"入门费"后，就可以通过发展会员，通过下线会员缴款进行提成，引诱参加者不断发展下线，获利多少依据发展下线的人数而定。该类传销通常以国家项目等为噱头，有豪华的包装和普通人不太懂的名称，如"金融创新""自愿连锁经营""纯资本运作""民间互助理财""国家尖端工程""电子商务"等，此类传销没有实际经营地点，利用网络发展会员，不设窝点，不对接任何实体，也不对外经营，但往往涉案人数众多，涉及范围广。犯罪分子只要通过微信平台发布信息，利用支付宝、财付通等第三方平台进行资金交易，短时间内就能在多地发展"代理商""加盟商""粉丝"等。如南京市浦口区检察院起诉的90后大学生杨某某，编造"1040阳光工程"，打着"西部开发""兴边富民""中部崛起"等旗号，以所谓的"国家项目"进行传销，成为名下有800多份额，管理人数350余人的高层，最终获刑八年。

（二）以加盟提成、线下开店等为诱饵的传销模式

此类传销隐蔽性很强，通常有一到两家样板店，引诱顾客参观，以"加盟费提成""线下开店""按月固定提成"为幌子，并以加入会员赠送产品及服务的方式，承诺达到一定的会员层级，便可为会员在线下开实体经营店铺，找人打理店面，做甩手掌柜，并按月提成。操作模式为在全国范围招收网店、实体店、个人为代理商或加盟店，形成连锁会员。群众在

代理消费一定金额后，即可成为会员并可以发展下线获得返利，而实际上，所谓的开店均是编造的，赠送的产品和服务的价值远远小于参与者实际支付的价款。2018年，深圳某集团以发展医美行业、诚邀全国加盟的幌子，在全国招收发起人，每个发起人再发展10个合伙人，就可以在当地开实体店，做甩手掌柜，坐享店铺提成。参与者在缴纳3万元至7万元不等的加盟费后，为了达到开店要求，又拉拢更多的人加入会员，该公司还研究传销相关法律，在运营过程中将"三级返利"模式变为"二级返利模式"，试图规避传销犯罪"三级返利模式"的规定，在全国各地大肆敛财，涉案金额6.8亿余元。

（三）以投资新型产业为噱头的传销模式

该种模式主要依赖民众对新事物的好奇和无知，通过虚假宣传，包装一些比较玄幻的名称，多以网络为载体，找明星站台，夸大获利吸引人参与，具有一定的迷惑性。以"创新"为伪装，并寻求专家、学者等背书，以网络购物返利模式、虚拟币模式、原始股模式、慈善互助模式等多种名称，花样翻新。在传销方式上，以"静态收益""动态收益"两条线作为主要方式，通过固定收益和对碰收益，吸引人参与。如叶经生等组织、领导传销活动案（检例第41号），2011年，被告人叶经生成立宝乔公司，先后开发"经销管理系统网站"，以网络为平台，推广金乔网的经营模式，其模式主要是采取上线经销商发展下线经销商，以消费返利诱骗群众参与金乔网，在全国各地设区域代理，发展会员。截至案发，金乔网注册会员3万余人，在全国发展省、市、县三级区域代理300余家，涉案金额1.5亿余元。又如深圳"帮扶农"传销组织，以帮助退伍军人、大学生就业为名义，吸引退伍军人、大学生及其父母加入传销组织，为该组织站台、网络宣传。该组织打着国家领导"大众创业、万众创新"的旗号，在某体育馆召开万人大会，现场接受入会缴费，一次万人大会圈钱上亿元、形成56层级、涉案30多万人。至2018年，主犯陆续被抓，分别获刑五至八年不等。

（四）以消费养老、医疗等为名义的传销模式

此类传销针对的群体多为老年人，利用"消费养老"的概念，给老人销售各种不符合国家标准、行业标准的产品或者失效、变质的药品、保健品，并在消费行为完成后，以奖励积分等的名义，诱骗无知老人，让其发

展更多的下线以获得更多的奖励积分，积分可以提现或兑换等值药品。老人容易被此类行为迷惑，且工作人员多对老人各种嘘寒问暖，各种洗脑，让老人自愿加入该组织，并积极发展下线。曾经轰动一时的上海某传销案就是以"消费养老"为幌子，承诺如果用户每年在其开发的网站上购买一定数量的产品后，就能享受12%的返利，消费满10年就能提现，短时期内吸引会员18万人，最终主犯曹某某被判处有期徒刑13年。

三、组织、领导传销活动罪的基本特征

组织、领导传销活动罪被规定在《刑法》第224条之一，作为合同诈骗罪的并列条款，可见其首先秉承了合同诈骗的"欺骗性"特征，属于诈骗类犯罪，但是该罪又不同于其他涉众型经济犯罪，也不同于合同诈骗罪，有其独有的特征。

（一）以骗取财物为本质特征

根据刑法罪名描述中对传销犯罪的定义，认定"骗取财物"是构成传销犯罪的构成要件，同时，《传销意见》中提到，参与传销活动人员是否认为被骗，不影响"骗取财物"的认定。也就是说，即使传销参与人员知道其参与的是传销组织，但自愿参与，不认为自己被骗的，也不影响该罪"骗取财物"的认定。可见，这里的"骗取财物"与其他经济犯罪中的"诈骗"是不能等同的，其他经济诈骗要求参与者"被骗"并基于错误的认识主动交付了财物，而本罪并不要求参与者陷入错误认识。实践中，很多传销参与人被洗脑，在被家人解救出来后，依然再次回到传销组织，不能基于此就否认该行为的性质。在此，有学者指出"骗取财物"是对诈骗型传销组织（或者活动）的描述，如果行为人组织、领导的是提供商品与服务的传销组织，则不可能成立本罪。而实际上，不存在单纯的只提供商品与服务而不骗取财物的传销组织，如果有，提供商品和服务也是与市场价格不对等的，远远高于市场价格，属于其骗取财物的一种手段，骗取财物是通过提供商品和服务的方式获得的。从本质上讲，仍然没有脱离"骗取财物"的外衣。

当然，在客观行为的认定上，并不需要真正骗取了财物才能构成犯罪，也即犯罪金额是情节要求而非构罪标准，有的传销组织在成立之初，为了壮大规模，大肆召开推介会，请明星站台等，并给下线高额返利，在

被抓后，审查证据发现组织者并未从中获利，但不影响其构成犯罪。

（二）以层级返利为组织特征

《立案追诉标准（二）》第78条第1款规定的"传销组织达到三层级以上，人数在三十人以上的，应当追诉"，属于认定传销犯罪的构罪标准，也是传销犯罪的组织架构特征，即传销发展的人员必须是依照三层三级返利的模式，达到一定的人员规模才能认定为犯罪。如果层级未达到三层，或者发展的下线人数未达到30人以上，则不构成传销犯罪。按照这种层级发展模式，势必会形成上层人数少、下层人数越来越多的金字塔形架构，在处罚上，上层的属于组织者、领导者，中层的属于积极参与者，最下层没有再发展下线的属于被害人。因此，根据金字塔形结构，能够方便判断传销组织规模的大小，人数多少以及每个人的地位和作用，也能够解答传销组织有无被害人的问题（后面详述）。

（三）以"入门费+拉人头"为关键特征

我国《刑法》第224条之一将拉人头式传销和收取入门费式传销进行了组合规定，用一个"并"字，将二者合二为一。其中，"以推销商品、提供服务等经营活动为名，要求参加者以缴纳费用或者购买商品、服务等方式获得加入资格"，针对的是收取入门费式传销；"按照一定顺序组成层级，直接或者间接以发展人员的数量作为计酬或者返利依据，引诱、胁迫参加者继续发展他人参加"，针对的是拉人头式传销。

现代传销，"入门费"的收取有多种名义，有交会费的，有交保证金的，有交加盟费的，有交拜师费的，有交听课费的，还有入会必须购买商品的，花样层出不穷，但万变不离其宗，都离不开交入门费这一特征。这里需要注意的是，以购买商品为名义交入会费的，商品价值应当远远低于入门费，或者商品仅在组织成员内部流通，不在市场上流通。"拉人头"是传销犯罪的另一必备要素，如果仅收取入门费而不要求拉人头，这种模式的传销在实践中是难以存在的。通过拉人头返利的方式不断获利，才能吸引更多的下线继续发展下线，壮大传销组织。拉人头的方式目前常见的是走A、B两条线，即常见的"直推奖""对碰奖"奖励制度，A线是发展一名会员按照该会员购买产品业绩提成即直推奖；B线是以老会员购买产品的不同等级，按其销售金额少的一区的会员业绩提成即对碰奖，A、B

两条线维持平衡，才能拿到更多的奖金。

（四）以网络传销为表现特征

近年来，新型网络传销案件不断增多，较原始的"小黑屋、大锅饭"的传销形式来讲，办案难度明显增大。网络传销主要表现为以下特征：

1. 集团化、规模化

目前很多传销犯罪都以公司的形式出现，往往在大城市、繁华地段有办公地点，有完整的公司架构、组织层面，在各地还设有分公司等，成规模化运作，单纯从表面无法看出其传销本质。有的极显铺张浪费之能事，故意把接待室、办公室设置的非常豪华，并邀请明星站台，免费带会员旅游，搞大型投资会、招商会等，目的是为了彰显公司实力，吸引更多人参与。

2. 搭"创新"概念，方式多样

多以金融创新、改革为噱头，如常见的资本运作、原始股、虚拟币、芯片革命、区块链变革等。以参与者"听不懂"的方式，利用民众对新事物的好奇与认知缺乏，采取花样繁多的传销模式。

3. 多依赖于网络

通过互联网 App、小程序注册会员，后台运作统计下线人员、层级机构、直推奖、对碰奖的计算等，都有一套复杂的运算程序，无须线下见面，便可织密传销网络。目前，很多讲课、宣传活动也都是在线上进行的，较少见到"万人大会"，人头攒动缴费的情形，通过网络搭建的非接触、跨区域传销，一方面扩散快，迅速向全国蔓延，另一方面较为隐蔽，往往公安机关在一个地方打击了该组织，在另一个地方又发展壮大了，很难一网打尽。

第二节　组织、领导传销活动罪常见问题认定处理

一、关于层级和人数的认定

在《立案追诉标准（二）》和《传销意见》中都规定了组织、领导传销活动罪的追诉标准，即三层以上 30 人以上。"层级"和"人数"，对认定传销活动犯罪具有十分重大的意义。对"层级"和"人数"的判断不仅直接关系到罪与非罪、罪轻与罪重的认定，有时也影响到传销犯罪主体的认定。

(一) 对传销活动中"三十人以上"的理解

《传销意见》规定，传销组织内部参与传销活动的人员在30人以上且层级在三级以上的，应当追诉。但并未说明30人以上是指整个传销组织的成员数量还是组织、领导者直接或间接发展的成员数量，实践中存在争议的地方主要在判断以直接发展人数为定罪依据的犯罪嫌疑人身上。对此有两种不同的观点，一种观点认为只要传销组织的涉案人员达到30人以上，就可以认定为组织、领导传销活动罪；另一种观点认为，只有当与传销人员与其上级具有组织、领导行为或者是其直接、间接的下线时，才可以认定为组织、领导传销活动罪。

针对上述争议，笔者认为第二种观点较为合理。首先，组织、领导传销活动罪是行为犯，需要将行为实施到一定程度才能构成犯罪，其承担责任的范围也仅限于自己发展的下线，如果将整个传销组织发展的下线都计算在自己的名下，不符合立法本意。其次，传销犯罪打击的是组织者和领导者，即在组织内部起发起、策划、操纵、管理、协调、宣传、培训等作用的人员，因为这些行为才属于首要分子的组织行为。如果将打击范围扩大到组织内部其他成员，也违背刑法的规定。

(二) 对"直接安置"和"虚点"的认定

实践中，传销组织通常按发展成员的数量实行不同级别的返利制度，部分传销人员为获取更高的层级和下线人数，以获得更高的返利，会自己出钱买下线，或者通过返点、让利等方式与人交换下线。此外，有的犯罪嫌疑人被抓后辩解是传销组织后台将一些人放在自己名下做下线，双方实际并未碰面，也未获得过返利。直接把其他人员安置在自己线下，这样就形成了传销活动中的直接安置和虚点。

组织、领导传销活动罪中的人数，是实实在在的自然人，并不是传销组织或系统中注册的电子账号。但实际操作中，存在着一人为获取高额返利，注册多个不同会员账号，或一人拿多人身份证，注册多个会员账号（但均会绑定同一的银行账号，因为需要返利），这种情况，笔者认为是虚点。这种虚点的人数是否计算为传销组织的人数，目前，学界有两种不同的观点。一种观点认为，虚拟点位的人数不应计算为下线人数。因为下线成员是虚拟出来的，并未造成现实的危害，也未造成被骗范围的扩大，因此不需要追究其刑事责任。另一种观点认为，无论是故意制造虚拟点位安置在自己线下还是自己直接发展下线，行为人均有组织领导传销活动的故意和行为，行为人明知自己实施的是传销行为，仍然虚拟点位，实际获得了传销活动的返利，在一定程度上促使了传销团体的扩大，所以应当计算在内。如果将多人安置在自己线下，只要不是虚点①，经过去重，虽然不是自己直接发展的人员，也应当计算在自己线下人员之内，因为自己仍获得了返利。

对于传销人员虚拟制造层级和人数（虚点）的认定问题，笔者同意第一种观点，即认为不应计算在内。理由如下：

（1）将虚点计入传销人数的做法扩大了该罪的处罚范围，使得本不该受到刑事追究的人受到刑事处罚。如果下线人数不多的组织者、领导者虚拟了点位和人数，超过30人，但由于自己下线人员没有真正达到30人，就要他承担刑事责任，无形中降低了本罪的构罪标准。

（2）从社会危害性方面考虑，真正的传销活动本质是拉人头，人传人，由一人发动另一人的聚集效应，而下线人员又有那种放射效果，每一个人都有"杀伤力"，这是真正传销活动的危害。而虚拟的点位和人，并没有真实存在，并不存在的人不会去发展下线人员，也不会形成放射和聚集效应，并没有金字塔形传销活动的危害大。

（3）从立法目的出发，本罪设立的目的是打击传销组织和活动的发展、传播，但是虚拟的点位和人背后并没有发生实质的人传人。因此，将虚拟点位和人数算作发展的人数，有违立法目的和初衷。

案例：于某汝组织、领导传销活动案

案情简介： 深圳市某帮扶农集团自2016年成立，使用"大众创业、万众创新"的名义，打着"中国双创联盟工作委员会"的旗号，以各种名目、噱头进行组织、领导传销活动。通过发展下线作为计酬依据，以高额收益引诱他人参加。于某汝在公司投入了38万元，购买了四川省德阳市的代理，又使用其弟弟和儿子的名字注册各买了10000元的创客课程，作为其发展的下线，又通过他人的身份证，在其弟弟和儿子名下注册了多个会员

---

① 所谓点位，就是传销组织中，会员在所有会员安置和推荐系统中所占的位置和级别。而虚点即虚拟的点位，将并不存在自然人的会员放置在自己名下，仅有电子会员账号。

账号，公司给其返利112500元。

评析意见：于某汝为获取高额返利，以其家人的名义，注册多个不同会员账号，均由其一人操作，如何计算下线人数？这种情况，就是传销活动中的虚点。在统计发展的下线人数时，因为这些虚点并没有参与实际的传销活动犯罪，有的对自己的身份证注册了会员一事并不知情，也没有对社会造成危害，该传销人员并不真实存在，因此，应当将这些虚点去掉。最终，起诉书中没有采纳鉴定机构关于于某汝发展下线会员5130人的认定，而是认定其直接发展下线人数207人。

（三）对组织、领导传销活动罪中层级和人数的证据把握

刑事诉讼中对事实和证据的要求为"事实清楚、证据确实、充分"。传销活动中的证据，特别是层级和人数的证据如何认定为确实、充分？传销犯罪案件，参与人员动辄上千、万人，地域涉及广，很难逐一对每一名参与人员取证。《传销意见》规定：办理组织、领导传销活动刑事案件中，确因客观条件的限制无法逐一收集参与传销活动人员的言词证据的，可以结合依法收集并查证属实的缴纳、支付费用及计酬、返利记录，视听资料，传销人员关系图，银行账户交易记录，互联网电子数据，鉴定意见等证据，综合认定参与传销的人数、层级数等犯罪事实。从上述规定和该罪的犯罪构成来看，基本要求是30人以上三级以上，即被告人线下的参与者证言是基本的要求。根据笔者承办的薄某坤等人组织、领导传销活动案件来看，如要确定笔者所在地市检察机关有管辖权，对被告人线下的传销参与人员要取证30个自然人证言。如对其他地方的组织者、领导者线下的传销参与者确实无法取齐证言的，可根据传销网络中注册的会员号信息、推荐、安置关系图、银行交易流水、鉴定意见等证据，综合认定人数和层级。在传销的整个金字塔形的结构中，有虚拟的点位和人数，要准确确定人数可在电子数据的鉴定上采取除重（去重）的方法，即排除掉注册所填写的身份证、电话号码、地址、返奖账号一致的人员，做同一性认定。这样做既有利于被告人，也让整个传销组织的人数更加接近真实。同时，反映传销组织一定时期发展下线数量、获得返利以及存款、汇款情况的银行记录、业绩单等证据，需与被告人供述、传销参与人员证言相印证，不能忽视。此外，书证、物证、视听资料，如传销人员的笔记本、电脑、授课的视频、PPT等证据对于证实传销活动的开展情况，锁定被告人的组织、领导作用

也十分重要。以上证据需依法收集，特别是电子数据的收集具有特殊性，应严格按照最高人民法院、最高人民检察院、公安部《关于办理刑事案件收集提取和审查判断电子数据若干问题的规定》和公安部《计算机犯罪现场勘验与电子证据检查规则》等规定操作。

二、关于传销组织中被害人的认定

传销组织中有无被害人，虽然在理论界没有多少争议，但在实务界，一直是困扰办案人员的一大难题。从《刑法》对传销犯罪的规定看，既然传销犯罪需要"骗取财物"，那么肯定有人被骗，被骗而又没有发展下线的人，即处在金字塔底端的人，自然就是被害人。而在实践中，区分被害人的问题重重：首先，很多传销参加者的身份不好界定，除了顶层的组织者、领导者之外，有很多人是积极参加者，他们一方面被传销组织的虚假宣传所骗，投入了大量金钱，属于受害者；而另一方面，他们为了将投入的钱赚回来并赚更多的钱，又去拉亲戚、朋友加入，并从他们身上拿提成，属于加害者，其行为具有相当的社会危害性。其次，很多底层的参加者并不是他们主观上不想通过发展下线获利，而是因为参加时间晚，还没有拉到下线，传销组织就被公安机关取缔，其行为类似于犯罪未遂，把他们列为被害人在法理上也有一定的障碍。最后，在现代网络传销环境下，不存在被限制人身自由，采取毒打、非法拘禁等方式关押的被动传销人员，基本上都是主动加入，很多主动参加者也明确知道该组织是传销组织，为了获利而加入，或者认为该组织没有那么快就垮台，主观上没有陷入错误认识，与普通意义上的侵财类被害人定义也相去甚远。

除了概念界定上的障碍，在审判过程中，被害人身份的认定直接决定了财产的处置问题。假如认定传销犯罪有被害人，则涉案财产应当返还被害人，假如认定没有被害人，则涉案财物属于犯罪违法所得，根据《刑法》第64条，犯罪分子违法所得的一切财物，应当予以追缴或者责令退赔；对被害人的合法财产，应当及时返还；违禁品和供犯罪所用的本人财物，应当予以没收。没收的财物和罚金，一律上缴国库，不得挪用和自行处理。笔者查了中国裁判网上公布的传销犯罪判决，很少有直接判处返还被害人的，多数是作为没收处理。笔者认为一刀切判决没收的方法虽然省时省力，不需要核对被害人身份，不需要查明退赔金额，但实际上并未保护被害人权益，也与立法本意相违背。期待在传销犯罪的相关司法解释中，明确被害人身份的界定和涉案财产的处理。

案例：綦某鹏等人组织、领导传销活动案

案情简介：綦某鹏等人成立威考伯思生物科技有限公司，打着生物科技美容、加入会员即可开连锁店等的名义，在全国广泛招募代理商，实施组织、领导传销犯罪，在全国吸收了1000多名被害人的加盟费，一审判决认定其构成组织、领导传销活动罪，并认定涉案财物按比例返还被害人。二审法院经不公开审理认为，本案不存在被害人，原审判决认定事实错误，发回重审。

评析意见：本案中，多名传销参加人员并未意识到自己加入了传销组织，而是为了实现开连锁店的目的，缴纳了不同金额的加盟费，并且按照组织的架构要求，必须拉一定的人数作为下线，才能达到开店要求，因此，本质上讲他们都是被骗的，属于被害人，而不应当认定为传销组织的积极参加者，责令涉案财物一律没收。

三、"团队计酬"式传销与传销犯罪的区别

《传销意见》第5条规定：传销活动的组织者或者领导者通过发展人员，要求传销活动的被发展人员发展其他人员加入，形成上下线关系，并以下线的销售业绩为依据计算和给付上线报酬，牟取非法利益的，是"团队计酬"式传销活动。以销售商品为目的、以销售业绩为计酬依据的单纯的"团队计酬"式传销活动，不作为犯罪处理。

团队计酬，也叫多层次直销，上线可以通过他人的销售来获利，益处是扩大企业销售网络、分销渠道，扩大产品销售规模。但也有弊端，如容易异化为组织、领导传销活动罪，不易被监管，形成纯粹的拉人头的销售网络，骗取下线会员财物。这种欺诈性的销售网络被各个国家立法所禁止。基于国情和社会多方面考虑，我国在《禁止传销条例》中将团队计酬规定为传销，属违法传销行为。然而，在刑法条文中并非传销"犯罪"行为。

从形式上看，以销售商品为目的、以销售业绩为计算报酬标准的纯粹的"团队计酬"等方式的多层次传销，与从事犯罪活动的传销虽然都在普遍采用"团队计酬"，但实际上存在着本质区别。《传销意见》对单纯的"团队计酬"式的传销活动规定了两个条件，即"以销售商品为目的"和"以销售业绩为计酬依据"，这两个条件缺一不可。针对团队计酬是直销还是传销，我国有双重标准，国务院的行政法规将团队计酬规定为传销，而

在刑法及相关司法解释中没有将单纯的团队计酬纳入刑法打击范畴。单纯的团队计酬是我国刑法允许的一种销售模式，我国直销企业的多层次直销实际上就是单纯的"团队计酬"式传销活动，虽然违反《禁止传销条例》，但并不违反刑法规定，属于"不作为犯罪处理"的传销活动。

（一）销售主体不同

单纯的团队计酬企业是已通过省、自治区、直辖市商务部门向国务院商务部门提出申请，国务院商务部门审查颁发直销经营许可证的企业。国务院商务部门对申请直销经营许可证的企业有严格规定和程序。简单地讲，单纯的团队计酬是有直销牌照的企业设置的被行政法规规定为传销的计酬模式，即某个企业使用单纯的团队计酬的前提是这个企业必须是已经取得直销经营许可证的直销企业。

传销犯罪中的推销主体或销售主体是未经国务院商务部门审查颁发直销经营许可证的企业。有的企业则虚构许可，骗得会员的信任，根本不具备产品直销经营资格。这是单纯的团队计酬式传销与传销犯罪最直接、首要的区别。

（二）产品性质不同

取得直销牌照的直销企业销售的产品均要标明价格，该价格与服务网点展示的产品价格应当一致。直销员的报酬总额不得超过直销员本人直接向消费者销售产品收入的30%。故直销员要想多推销产品，这个产品必须是实体存在的合格产品或服务，且质量优良，满足购买者的使用要求，符合市场要求，价值和使用价值相当。

传销犯罪的产品，有的是企业生产的质次价高的产品，有的是"三无产品""道具产品"，有的甚至连"道具"产品都没有，不存在实体意义上的产品，只是传销某种概念。比如，销售外国的外汇、代客理财等，虚构经过外国的认证和许可，在中国销售，是国家政策所允许，符合"大众创业、万众创新"①要求。会员欺骗下线购买产品的目的是骗取财物，不在意是否使用，或没有使用价值，价值和使用价值存在明显差距，价格虚高，

---

① 此号召最开始于2014年9月的夏季达沃斯论坛提出。此后，在首届互联网大会上等各种场合频繁出现，2015年又出现在政府工作报告中。

违背市场规律，该"产品"仅仅是上线欺骗下线的一个道具。

（三）计酬依据不同

单纯"团队计酬"的多层次传销中，直销团队的奖励资金来自直销企业的产品销售利润，以销售利润为基础，以直销团队的产品销售业绩为依据，奖励制度是公开、透明可执行的。团队计酬直销人员所获得的报酬包括个人的销售业绩、佣金、为直销企业发展付出的劳务及各种形式的奖励，产品销售得越多，奖励报酬越多，与产品销售额增长有直接关系，只有将产品销售给最终消费者，才能产生利益。

传销组织的大部分收入是通过收取入门费、会费或者将没有任何使用价值或者质次价高的商品销售给下线人员来获得的，商品的价格已经远远超出实际价值，具有谋取利益的性质，完全背离了正常的市场运行方式。传销犯罪中计酬的资金来源于发展下线收取的人头费、入门费，"拆东墙补西墙"，用后加入人员缴纳的入门费支付上线人员的返利。根据传销人员在传销组织中的不同层级和地位，分别给予不同返利。当资金链断裂或下线人员缴纳的入门费不足以支付上线人员返利，传销组织制定的奖金制度将不能兑现，将出现转换传销项目或传销的组织者、领导者跑路的现象。

（四）目的不同

"团队计酬"式的多层次传销的直销员发展下线推销产品的目的在于扩大产品销售数量，并根据销售业绩从直销企业获取劳动报酬，是一种常规的销售方式和手段，是正当的经营行为。

传销犯罪的传销不以销售产品为目的，发展下线拉人头的目的并不是促进产品的销售量，而是因有高额返利诱惑，推销道具产品，通过下线人员缴纳"人头费""入门费"非法敛财，终极目的是骗取财物，不是经营行为，是一种骗取行为。

四、组织、领导传销活动罪与其他罪名的区别

在传销犯罪活动中，为了实现非法骗取财物的目的，往往伴随着非法拘禁、非法经营、集资诈骗等其他犯罪行为的发生。本罪在认定过程中，存在着刑民交织、与其他犯罪交织的困惑，需要正确区分本罪与其他相关

犯罪的认定，把握不同罪名之间的界限。

（一）组织、领导传销活动罪与集资诈骗罪的区别

集资诈骗罪，是指以非法占有为目的，使用诈骗方法非法集资，数额较大的行为。[①] 二者都属于涉众型经济犯罪，涉及人数众多，而且在实践中，一些集资诈骗的行为往往会以传销活动的形式出现，两罪存在着想象竞合关系，《传销意见》规定，以非法占有为目的，组织、领导传销活动，同时构成组织、领导传销活动罪和集资诈骗罪的，依照处罚较重的规定定罪处罚。该立法也符合想象竞合犯从一重罪处罚的原则。二者的主要区别主要体现在以下方面：

1.行为方式不同

二者在主观目的上，都是以非法占有为目的，骗取他人财物，但是，在行为方式上有所区别，集资诈骗罪通常是以固定返利、高额回报、美好前景等为诱饵，骗取集资参与人信任，向不特定多数人筹集资金，并据为己有，在人数上、吸收资金的模式上，均没有特别要求。而组织、领导传销活动罪在客观方面表现为组织、领导传销活动的行为，必须达到三层、三级返利模式，人数30人以上，金字塔结构，等等，限制较多。

2.被害人有无被骗影响犯罪定性

集资诈骗罪是诈骗罪的特殊形式，因此，必须符合诈骗罪的基本构成，即被害人必须是在犯罪分子的诱骗下，相信通过投资可以获得高额回报，上当受骗，基于错误的认识交付了财物，假如被害人没有被骗，而是基于被迫、同情、怜悯等原因交付财物的，则不构成集资诈骗罪。而传销犯罪被害人的心理并不影响该罪的构成，《传销意见》在第3条规定"参与传销活动人员是否认为被骗，不影响骗取财物的认定"。实践中，有的被害人被骗入传销组织后，积极参加，并努力发展下线，获取高额的报酬，其已经从被害人的身份变成了加害者，但并不影响该犯罪骗取财物的认定，一样能够认定组织的传销犯罪性质。

3.两罪的追诉标准不同

集资诈骗罪是结果犯，必须达到一定的金额要求才能构成犯罪。而传销犯罪是行为犯，只要实施了组织、领导传销的活动，就构成犯罪，没有

[①] 张明楷：《刑法学》（第六版），法律出版社2020年版，第1024页。

金额要求，发展人数、骗取的金额只作为量刑情节，不属于定罪标准。

4.处罚力度不同

刑法对集资诈骗罪的处罚较重，规定了三年以下、三年到十年、十年以上三个量刑档次，而对传销犯罪的处罚则相对较轻，只规定了五年以下和五年以上两个量刑档次，而实践中，很少有传销犯罪分子被判处十年以上有期徒刑的，不管传销组织发展的规模有多大，法院的量刑均在十年以内，人们从普遍认识上感觉传销犯罪是比集资诈骗处罚较轻的犯罪。而往往该犯罪还伴随着人身伤害、非法拘禁、精神制约等其他违法行为，给被害人及其家庭造成的危害更严重，期望该犯罪的量刑在今后的实践中有所重视。

案例：张某集资诈骗案

案情简介：犯罪嫌疑人张某于2015年6月成立深圳市瀚某商贸有限公司，张某为该公司法定代理人，对外宣传公司在黑龙江省有生产基地，主要生产"某液酒"等产品，公司销售的"某液酒"，每箱批发价2168元促销，购买了的客户可以下载公司的"某天鸿"App，客户在该App凭购买凭据申请注册，注册成功后可以将所购酒挂在该App上销售，公司每周每箱返利给客户230元提成，为获取更大利益，张某要求已注册的会员发展下线，公司按照其直接或间接发展的人员数量返利，引诱将已参加的人员继续发展他人参加骗取财物。之后张某等人以系统升级等各种借口拖延返利，至2019年7月，"某天鸿"App停止运营，客户无法在该App内申请提现。经侦查，已有近千人购买"某液酒"，每人购买金额数千元至数万元不等，但是无一人收到实物，提现最多的客户也仅获取了几百元的金额。

评析意见：本罪应当认定为组织、领导传销活动罪还是集资诈骗罪？从行为方式上讲，张某的行为符合组织、领导传销活动罪的构成，但是，从行为目的上讲，张某在公司并没有酒的情况下，以销售"某液酒"为幌子，向会员兜售该酒，并且要求会员继续发展下线，其目的是非法获取会员费；从被害人主观心态上讲，被害人误以为已经购买了酒，而且可以通过发展会员在平台返利，但是平台返利的方式非常繁琐，大部分会员无法提取返利，且张某一再拖延返利，被害人是没有从发展会员上获利的，属于基于错误的认识被张某欺骗。因此，本罪应当认定为集资诈骗罪。这也符合《传销意见》第6条的规定：以非法占有为目的，同时构成组织、领导传销活动罪和集资诈骗罪的，依照处罚较重的规定定罪处罚。

（二）组织、领导传销活动罪与非法吸收公众存款罪的区别

非法吸收公众存款罪，是指非法吸收公众存款或者变相吸收公众存款，扰乱金融秩序的行为。[1] 组织、领导传销活动罪与非法吸收公众存款罪在客观表现上都以高额回报为诱饵，二者容易引起混淆，实践中，很多涉众案件刚开始立案罪名是传销犯罪，后来发现其属于固定返利的非吸模式；有的初期立案为传销犯罪，后来发现组织不具有三级返利模式，仅仅是两层返利。所以，认清二者的区别，有利于从立案之初就确定侦查方向，及早固定证据。

1. 主观目的不同

非法吸收公众存款罪主观上不要求以非法占有为目的，而是通过非法的集资方式筹集资金后进行投资，通过投资再获利，该投资一般是真实存在的。而传销犯罪从投资的规划，到具体的项目，全部是行为人编造的，主观上具有欺诈的故意，目的就是为了骗取财物。

2. 客观表现不同

非法吸收公众存款罪在客观表现上必须是双方约定保本付息，并按一定周期固定返利，投资人所投的资金并不是入门费，而是希望通过投资获取更高的回报。而传销犯罪客观上实施的是传销行为，参加者所投入的资金属于入门费，无法再通过交费获得收益，只能通过不断拉人头发展下线获得回报。

此外，虽然有的案件采用以发展人员数量作为返利的普遍传销形式，但要考虑该传销手段的目的，如为了吸引更多的投资，达到更大范围的集资目的，则宜认定为非法吸收公众存款罪。

案例：深圳某生物科技公司组织、领导传销活动案

案情简介：深圳某生物科技公司成立以来，发布V-C科美美容信息，以经营美容产品为诱饵，以"拉人头"的方式吸引投资者投资，同时，不用参与店铺经营，就能获得店铺月绩利润13%的收益。

评析意见：该公司以获得店铺利润13%的收益为诱饵，属于经营行为还是传销犯罪？首先，本案不符合集资诈骗罪的构成，从审计报告看，公司一共收取会费6个多亿，用于投资、发放工资以及日常开销花掉了3个多亿，用于股东资金分配1亿元，市场监督局提供的从该公司调取的旗下

---

[1] 张明楷：《刑法学》（第六版），法律出版社2020年版，第998页。

各子公司名单也有10093家，虽无证据证实这些公司全部开起来了，但也不能证明都没有开，能够认定公司进行了一定的生产经营活动，没有证据显示肆意挥霍集资款，也没有显示携带集资款潜逃，或者用于违法犯罪活动，因此，不符合集资诈骗罪中的相关情形。其次，本案不能认定为非法吸收公众存款罪，非法吸收公众存款最主要的一点就是要保本付息，从客观表现来看，本案属于变相吸收公众存款的行为，嫌疑人借用开分店的合法经营形式吸收资金，但是，公司并没有承诺在一定期限内以货币方式还本付息或者给付回报，这种仅以承诺获得经营店铺利润的形式，不属于保本付息的行为。

本案宜认定为组织、领导传销活动罪，从公司的宣传资料来看，本案属于三级三层的返利模式，以经营美容产品、美容院、美食店为由，吸引投资人投资，符合组织、领导传销活动罪的以推销商品、提供服务等经营活动为名，要求参加者以缴纳费用或者购买服务等方式，骗取财物的行为。

第三节　组织、领导传销活动案件审查逮捕要点

一、适时介入侦查

对于重大疑难复杂案件，检察机关适时提前介入是很有必要的。实践操作中，很多案件的提前介入会引导公安取证顺利进行，减少很多无用功，同时也能确保案件质量。提前介入是以有利于查明事实为主线，以事实为依据，以证据为依托，能够更加全面地掌握案情，有利于事实的认定。组织、领导传销活动案件在提前介入阶段应当引导侦查机关注重以下几个方面证据的收集、巩固。

（一）定罪定性方面的证据

（1）准确把握对"三十人以上且层级在三级以上"传销组织的认定，这是办理组织领导传销案件的基础。

（2）组织、领导传销活动罪处罚的是传销活动的组织者、领导者，也就是策划、发起传销者和组建传销网络以及在传销网络中居于核心地位的人员，因此在证据审查中，应根据《传销意见》的规定准确认定传销组织的组织者、领导者，避免扩大打击面。

（3）由于组织、领导传销活动案件参与人数多、分布地域广，逐一收集相关人员的言词证据不具现实可能性，应引导侦查机关全面客观收集、固定涉案书证、电子数据以及各种财务记账凭证等客观证据，高度重视客观证据的审查，通过客观证据对传销组织的运营模式、层级机构、计酬方式以及各犯罪嫌疑人的地位、作用来予以认定。

（4）行政执法部门对涉案单位属传销组织或活动的认定意见既不属于定罪的必要条件，其结论也不必然正确，但专业管理部门的意见对于司法认定具有很强的参考作用。

（5）加大对此类涉众型犯罪案件社会危险性的审查，从犯罪嫌疑人的认罪态度、地位作用、造成的影响及后果等方面综合考量，准确适用逮捕强制措施。

（二）传销案件的特性证据

（1）引导侦查机关获取完整原始数据库。绝大多数网络传销案件，都有自己的数据库。数据库一般记载会员的基本信息，包括开卡时间、推荐人（一般为上线）、下线人员、获利情况、电子钱包提现情况等。掌握了数据库就掌握了该公司的所有信息。因此，第一手数据库的获取对于侦破传销案件十分重要。

（2）引导侦查机关设计原始数据的还原软件。通常情况下公安机关只是获取了公司的原始数据，对于公司的网站平台软件没有获取，为了直观获取公司对本案定罪量刑有关的信息，可由公安机关委托具有资质的计算机方面的专家设计一套信息还原软件。一是要求涵盖的信息要全面，包括会员个人信息、开卡时间、上线人员、下线人员、获利情况、有无体验馆、有无获取旅游奖、车辆奖等奖励、提现情况以及公司总的数据信息等基本信息。二是要客观全面反映数据，不得进行任何删改。

二、审查逮捕具体证据要求

《刑事诉讼法》第81条、第82条对逮捕的证明标准作出了规定，其中，第81条是对逮捕条件的细化规定。逮捕的前提之一是"有证据证明有犯罪事实"，但满足"有证据证明有犯罪事实"并不一定意味着逮捕，需要结合逮捕的刑罚、社会危险性等作出决定。

《刑事诉讼规则》第128条第2款对"有证据证明有犯罪事实"同时

具备的情形进行列举，[①]逮捕作为保障诉讼顺利进行的强制措施，证明标准并不高。逮捕阶段，承办人对证据的评判和把握都不够全面，因而，逮捕阶段的证据要求并非"案件事实清楚，证据确实、充分"，根据《刑事诉讼法》第81条，逮捕的条件为"有证据证明有犯罪事实，可能判处徒刑以上刑罚，采取取保候审尚不足以防止发生社会危险性"。虽然在审查逮捕阶段，不对罪名做过多的要求，但是认定组织、领导传销的犯罪行为，对逮捕提出了基本要求。同时，针对组织、领导传销活动罪参加人数众多、嫌疑人众多的情况，在审查逮捕过程中，要把握该罪名的几个基本特征：

（一）有证据证明发生了组织、领导传销活动犯罪事实

1. 报案登记、受案登记、立案决定书和破案经过及工商部门查处、处罚等证明组织、领导传销活动案件发生的证据。

2. 证明传销组织性质的证据

（1）犯罪嫌疑人供述、证人证言、交款及汇款记录、人员结构图、工资奖金发放记录、电子数据、入门费、返利记录、鉴定意见等证明参与传销活动的人员在30人以上且层级达三级以上的证据；主要围绕从业人员的计酬方式、组织结构以及项目运作的内容进行证明，得出基本的组织网络图，以准确认定人数和层级。

（2）通过收条、收据、发票、电子数据等，审查涉嫌传销组织收费的名义或理由，对购买"道具产品"的，重点审查该"道具产品"与涉嫌传销组织经营活动和内容有无关联，以及该"道具产品"的实际价值，以证明该组织是以缴纳费用或者购买商品、服务等方式获得加入资格。

（3）通过缴纳或支付费用、计酬、返利记录，银行账号交易记录，电子数据，传销人员关系图，相关言词证据等证据，以证明传销组织中是按照一定顺序组成层级，直接或者间接地以发展人员的数量作为计酬和返利依据。

[①] 有证据证明有犯罪事实是指同时具备下列情形：(1)有证据证明发生了犯罪事实；(2)有证据证明该犯罪事实是犯罪嫌疑人实施的；(3)证明犯罪嫌疑人实施犯罪行为的证据已经查证属实。犯罪事实既可以是单一犯罪行为的事实，也可以是数个犯罪行为中任何一个犯罪行为的事实。

（二）有证据证明组织、领导传销组织行为是犯罪嫌疑人实施的

根据传销组织系何人起意组建，其章程、经营模式、基本制度系何人所设计、制定，以及其对增设分支机构、扩大传销区域、日常运营管理、协调是否起决策、统率、支配作用等几个方面，综合判定犯罪嫌疑人在传销活动中起发起、策划、操纵作用。

根据犯罪嫌疑人在传销组织中承担的管理职责的内容、负责管理的范围、在营销网络中的层次、涉案金额多少等方面，综合判断犯罪嫌疑人在传销活动中是否承担管理、协调等职责。

根据犯罪嫌疑人在传销组织中承担宣传或培训工作的重要程度、负责工作的范围、在营销网络中的层次、涉案金额多少等几个方面，综合判断犯罪嫌疑人在传销活动中是否承担宣传、培训等职责。

重点审查高层级代理商在传销活动中的作用，包括其所属层级，其下发展的人数、层级、获利等方面，综合判断犯罪嫌疑人在传销活动中是否属于"其他对传销活动的实施、传销组织的建立、扩大等起关键作用"的人员。

对上述组织、领导行为的认定，重点审查如下证据：涉嫌传销组织的成立背景（尤其是发起人，成立的主要目的）、涉案传销组织章程、验资证明等材料、股东变更材料、公司例会资料、互联网电子数据、公司合同范本、申请表、请款单、借条、传销组织运作模式方面的资料、转款情况明细、借款协议、经营规则、情况说明、招商手册、公司银行账户交易明细、公司对外招商讲课视听资料、犯罪嫌疑人供述、证人证言等。

（三）有证据证明犯罪嫌疑人具有组织、领导传销组织的主观故意

在认定传销组织的基础上，还要把握组织、领导者是否具有骗取他人财物的故意。

对于直接要求参与人缴纳入门费的，可以直接认定为骗取财物。

对于有商品或者服务提供的，可以结合证据情况从审查有无欺骗行为、产品或服务的价值与价格是否严重背离、获利的来源是否来自下线购买产品或者服务时支出的费用三个方面进行认定。

三、审查判断证据需要特别注意的问题

尽管网络传销名目多样，种类繁多，但是，一切审查的基础都是看犯

罪行为是否符合组织、领导传销行为的客观表现形式，承办人在审查逮捕阶段对传销犯罪进行辨别，也利于继续引导公安机关侦查，进一步全面搜集证据，为提起公诉打好基础。

（一）加强对客观性证据的审查

从司法实践来看，组织、领导传销活动案件参与人员多、涉及地域广、组织严密、行为隐蔽，侦查机关难以逐一收集相关人员的言词证据，且言词证据不稳定，因此客观性证据是确定犯罪嫌疑人身份最直接、最可靠的证据。

证明传销组织运作内容、模式的客观性证据包括：

（1）传销组织的宣传资料、宣传视频、网站截屏以及能够证明传销组织的人员数量和结构的名单、考勤簿等。

（2）传销办公地点中张贴或保管的如《五级三阶制》《经理室管理规定》《经营管理二十条》等传销组织的各种管理规定等，在办公地点查获的组织内部通信录、电话本、人员花名册、组织架构图等材料。

（3）产品申购单或交款凭证是审查认定传销数额的重要书证。

（4）传销人员的笔记本能够记录犯罪嫌疑人参与传销活动的过程，甚至在笔记内容中透露出传销组织某些重要信息或其在传销组织中所处的位置及部分上下线的网络关系。

通过审查涉案银行账户交易明细，审查涉案资金的来龙去脉，分析传销组织资金流向，可以厘清传销组织结构及传销网络，进而确定犯罪嫌疑人在整个传销网络中所处的位置，以及传销组织所收资金流向情况，锁定犯罪事实。

加强互联网电子数据的审查，及时、充分收集固定网络传销组织账本、申购单、宣传资料、网站资料等书证、物证，对查获的电子数据及时进行鉴定，结合查获的涉案电脑、移动硬盘、手机及其存储卡、光盘、U盘以及通过QQ、微信等获取的证据，认定传销组织的人员管理、上下线架构安排、返利模式及返利金额等关键事实。

（二）加强对犯罪嫌疑人供述的审查

组织者和领导者是传销组织中的核心，对传销组织运作、资金流转等了如指掌，是案件审查的关键性人物，因此要特别重视对犯罪嫌疑人供述的审查，结合客观性证据，查清传销组织的主要情况，排除合理怀疑。对犯罪嫌疑人重点审查以下内容：

（1）审查传销组织如何运作，具体而言即审查如何发展人员，如何入门、如何计算提成返利、下线如何晋升、由何人培训、培训什么、组织架构如何建立和扩大等问题，并对搜查所获得的传销组织的各种管理制度进行核实，证实传销人员对自己下线体系的管理任务以及各个不同级别的其他具体管理任务，以判断犯罪嫌疑人是否具有组织、领导行为。

（2）审查传销组织的人员情况，包括传销组织领导机构、下属公司、分支机构、办公地点、具体部门、各区域及部门的负责人、上下级别、人员等级关系如何划分等，以进一步确认犯罪嫌疑人在传销体系中的地位、发展的下线体系及下线购买"产品"累计的份额。

（3）审查资金的来源与去向，上下线获取返利的钱款数额，公司股东、发起人、决策人、管理人员等非法获利的多少，证实传销组织资金运作情况。

（三）加强对传销组织人数与层级的审查

传销活动层级包括组织者、领导者本层级在内，不能只以其职务或所谓的新商业模式、诚信等级、资格等级作为认定标准，而要看其在实际运作过程中，有无下列行为：

（1）审查人员之间有无上下线的层级关系。拉人头、收取入门费式的传销人员之间存在上下线的层级关系，下线跟上线直接联系，直接听从于上线的安排，不直接与供货商或者厂家联系。

（2）审查人员上下线关系的实质。传销组织以发展下线人数为主要目的，或没有产品销售，或只是以价格与价值严重背离的"道具产品"为幌子，而非真正追求商品的销售。

（3）审查上线能否从下线发展的下线处获取"返利"。拉人头、收取入门费式的传销人员是按照发展下线的人数来获得报酬，发展的下线人数越多，获得的报酬越高。而且，上线的报酬一般来自下线所缴纳的费用，与销售产品的数量和收入没有直接关系。

（四）区分是传销还是直销

实践中，传销犯罪活动往往披着直销的外衣，而经行政许可的直销是合法的，对未经行政许可的直销情形，如"团队计酬"式的多层次直销，虽然根据现行法律法规，属传销活动，但通常由行政执法部门予以行政处理，而非入刑。故在审查逮捕案件时，要准确区分是刑法意义上的"传销"（即拉人头、收取入门费式传销），还是合法的直销。根据《直销管理条例》《禁止传销条例》《传销意见》，可以从以下几个方面进行区分：

（1）看有无入门费。传销组织发展人员一般要求参与人缴纳一定的费用或者购买一定的服务或商品，而直销企业则无此要求。

（2）看从业主体。从事直销的主体必须是实缴注册资本在8000万元以上、足额缴纳了保证金、有信息报备和披露制度，且在成立前连续5年没有重大违法经营记录的企业。

（3）看有无获得经营许可。从事直销的企业，应当取得国家商务部门许可。

（4）看有无分支机构和服务网点。直销企业在其从事直销活动的地区应当建立分支机构和便于满足消费者、直销员了解产品价格、退换货及企业依法提供其他服务的服务网点。而传销组织一般都是从事注重发展人员、组织网络进行无网点的经营活动。

（5）看有无退货保障制度。直销企业必须为顾客提供完善的购物保障制度，而传销组织的产品一般情况下在购买后无法退换货，或者会为退换货顾客设置障碍。

（6）看销售人员结构有无可超越性。直销企业是正常的经营企业，在该企业中其员工获取的收益表现为"多劳多得"，其员工可以正常地实现晋升；而传销组织的销售结构一般为一种"金字塔"式，谁先进来谁在上，其收益的数额按照加入的先后顺序来决定比例，先加入者的收益一般都会永远领先于后来者。

（7）看经营活动的目的。以销售商品为目的、以销售业绩为计酬依据的单纯的"团队计酬"式传销活动，不作为犯罪处理。但对形式上采取"团队计酬"方式，但实质上属于"以发展人员的数量作为计酬或者返利依据"的传销活动，应当以组织、领导传销活动罪定罪处罚。

四、对社会危险性的把握

2018年修改后的《刑事诉讼法》在第81条后增加一款，作为第2款："批准或者决定逮捕，应当将犯罪嫌疑人、被告人涉嫌犯罪的性质、情节，认罪认罚等情况，作为是否可能发生社会危险性的考虑因素。"要在认定事实证据的基础上衡量犯罪性质、情节、认罪认罚等情况，进而决定是否逮捕。逮捕必要性的问题就是有无社会危险性的问题，需要综合案件性质、罪名、刑罚、主观恶性大小等进行评判。

在组织、领导传销活动案件中，对社会危险性条件的把握，需要考虑以下因素：

（一）在传销犯罪中的地位和作用

1. 发起人、决策人、操纵人

传销活动的组织者、领导者是指在传销活动中起组织、领导作用的发起人、决策人、操纵人，以及在传销活动中担负策划、指挥、布置、协调等重要职责，或者在传销活动实施中起到关键作用的人员。换言之，传销活动的组织者、领导者仅限于发起、决策、操纵传销组织，或者对传销组织的活动进行策划、指挥、布置、协调，这些人处于传销犯罪金字塔的顶端，而往往他们的名下并没有直接发展下线，或者他们不直接出面参与组织运营，而是找傀儡代替其发号施令，这类人才是传销组织中最应当打击的人，应当予以逮捕。承办人在审查过程中，应当通过仔细审查全案笔录，在口供中间寻找突破口，深挖幕后主使，达到真正斩草除根的目的。

2. 讲师、发布者、宣传者

传销组织往往通过一些公开的招商引资方式，同时请来所谓的"国家领导人后代""国家领导人前秘书""名老中医""世界顶级厨师""国际鉴赏师"等，对活动内容进行夸大宣传。对这几种人，应当视具体情况区别对待。

（1）对于传销组织的讲师，司法解释进行了明确规定，属于传销组织的组织者，其明确知道该组织的性质，仍在进行扩大宣传，属于案件的主犯。很多传销人员经讲师洗脑，听信其宣传，将自己及亲人、朋友的钱财送到该组织。对传销组织的讲师，应当予以逮捕。

（2）对于在发布会上站台的所谓"名人"，应当区别对待。如其是该传销组织的发起人、组织、策划人，又冒充名人站台，则主观故意为明知，应当予以逮捕。而有些属专业"站台"的人，只按照场次收取"站台费"，不论宣传内容是什么，按照主办方的要求"背稿"，这类人主观上不知道该传销组织的行为，客观上虽然对犯罪起到了帮助作用，但其具有可替代性，因此，一般不予逮捕。

（3）对于中间层级的传销人员，其既是受害者同时又是加害者，其因参与时间早且退出早而牟取了大量利益。因而他们的主观认识处于一个变化的过程，往往强调自己的被害经过，而忽略了加害的经过。在审查逮捕该类人员时，考虑到其主观恶性不大，多数是被骗入传销组织，如发展人数刚达到30人以上的，可以考虑作相对不捕。但不能简单以其发展的人数是否超过30人作为单一认定标准，要综合考虑全案证据。在"帮扶农"组织、领导传销案中，涉案传销人员23万余人，全省网逃300余人，为避免打击面过大，仅对发展人数超过一定范围的批捕，而对普通的发展会员提成的传销人员，则未予逮捕。

案例：刘某组织、领导传销活动案

案情简介： 刘某以开展米其林餐厅板块为噱头，在深圳香格里拉酒店召开发布会，刘某是发布会的主持人兼翻译，请来所谓法国"厨神"，现场对该传销活动进行扩大宣传，称加入团队就能"月入百万"，鼓动会员缴纳会费，气氛热烈，发布会当天收到会员费560余万元。

评析意见： 批准逮捕阶段，辩护人以刘某仅作为主持人和翻译的身份参加了发布会，没有进行其他行为，不构成组织、领导传销活动罪为由，提出无罪意见，申请不予批准逮捕。承办检察官经审查认为，刘某在整个案件中，明知该传销组织的发展模式，仍在发布会上进行扩大宣传，给听众们"洗脑"，鼓动听众加入会员，属于传销组织的讲师，应当认定为组织者。而对于组织者，应当视为案件的主犯。最终，承办检察院对刘某决定批准逮捕，并以组织、领导传销活动罪起诉。

（二）是否退赃退赔

传销犯罪的被害人，诉求有两方面：一方面主张让罪犯获得重判，另一方面主张追回损失。因此，嫌疑人是否退赃退赔，案件是否扣押相关财产，能否为被害人挽回损失，对其批捕、判刑都起到了重要影响。我国现行《刑法》对网络传销的量刑幅度规定较低，一般为五年以下，情节严重的在五年以上十年以下，而针对一些并未达到情节严重的犯罪嫌疑人，且已退赃退赔的，结合认罪悔罪态度，可以考虑不捕。如若不对退赃退赔行为区别对待，会造成两个危害：第一，任由传销既得利益者转移和藏匿非法资金，对他们起不到应有的教育作用，也使得他们有了雄厚的再犯基础，与打击网络传销犯罪的初衷背离;第二,嫌疑人心理上认为既然退不退赃都要逮捕,判刑方面区别也不大,那不如干脆不退不赔,多坐几个月的牢等于赚了。因此,区别对待的规定,可促使传销的组织领导者及时退赃退赔,使其从心理上彻底打消再犯的念头,剥夺再犯的物质基础,为被害人、社会挽回损失。

(三)维稳的压力

传销犯罪案件的涉案资金大、涉案人数多、波及面广,因而要始终把维稳作为第一要务。打击网络传销犯罪,重点在组织者、领导者和积极参与者,底层大部分的人员都是受害者,对于这部分人应以教育为主,才能确保社会的稳定。网络传销的参与群众因都受到了财产损失,在通讯系统发达的今天,易受到煽动,参与者、受害者极易通过电话、微信等方式串联,对检察机关的不批准逮捕决定进行不恰当的理解和扩张,引发受害群体的误解,造成案件信访、闹访,给案件办理带来困扰,因此,在审查批捕过程中,应当考虑到维稳的压力。在石某某组织、领导传销活动罪一案中,被害人冲入嫌疑人家中将其抓获,并扭送公安机关。在审查逮捕阶段,被害人情绪激动,几次到检察机关反映情况。承办检察官审查案件时发现公安机关尚未统计出该传销组织发展的人数及涉案金额,但在整体把握证据的情况下,能够认定几名嫌疑人组织、策划了该起传销犯罪,因此,先予以批准逮捕,并要求公安机关继续侦查,从而稳定了被害人的情绪,避免了较大信访事件的发生。

(四)是否认罪认罚

《刑事诉讼法》第15条规定了认罪认罚从宽制度,犯罪嫌疑人的认罪态度是考量其社会危险性程度、羁押必要性和量刑的重要因素。嫌疑人在刑事诉讼的哪个阶段认罪,认罪程度如何,是对其进行羁押必要性审查的基本前提。

第四节 组织、领导传销活动案件审查起诉要点

《刑事诉讼法》第171条规定了提起公诉的证明标准,要求"犯罪事实清楚,证据确实、充分"。该标准是检察机关的判断结果,是主观性的表

现。检察机关行使法律监督和提起公诉职能。该条将"检察院认为"作为提起公诉的证明标准，是检察机关的单方面认定，此时对于犯罪事实的认定具有积极性偏向，是刑事诉讼中带剑出击的一方。《刑事诉讼法》此条的规定，肯定了检察机关的起诉职权，更重要的是体现了监督职能。犯罪事实是否清楚，证据是否确实、充分，不简单依据侦查机关的侦查结果，检察机关的审查起诉也是对案件事实、证据的把关，根据侦查机关形成的相对客观的证据材料，主观审查，就案件事实和法律适用进行评判。在审查组织、领导传销活动罪的案件证据时，应当把握起诉阶段证据审查的要求，达到检察机关认定的"犯罪事实清楚、证据确实充分"标准。

一、关于主体身份的认定

法条本身对于组织者、领导者做了界定，但是对于其中涉及的概念却并未做明确解析，这使得该法条在司法实践操作性并不强。笔者认为，要对组织者、领导者进行明确的界定，首先要明确法条规定的三类组织者、领导者之间的关系，并就各类人员定义中涉及的概念进行解析，以及在实践中就如何证明与运用提出相关建设性意见。（具体见前文构成要件部分的论述）

（一）组织、领导传销活动罪的组织者

一般只包括合伙人或公司股东，但是，在网络传销犯罪案件中，合伙人或公司股东未必实现了分红，也未必都实现了非法牟利。那么，他们到底是共同犯罪人还是被害人？对此，公诉人要收集充分证据予以界定清晰，以明确其在案件中的身份。对于传销组织来说，发起人是让其从无到有的人，决策人是运营决定人，操纵人是决定总执行与统筹人，而策划、指挥、布置、协调职责的人以及在实施中起到关键作用的人员实际上是在操纵人之下，对于执行工作的各项职责进行分担的人；而这两部分人员要与前三种人提升到同等作用，法条对其进行了"重要"与"关键"的限定。所谓"重要"，是指具有重大影响或后果，具有很大意义；"关键"是指对事物最关紧要的部分或转折点，起到决定作用。后两类人员必须达到"重要"与"关键"的程度，才能与第一类人员进行并列。

（二）组织、领导传销活动罪的领导者

一般指的是在传销组织中实施策划、指挥、布置、协调传销组织行为的人，不仅限于最初的发起人，在传销组织中起骨干作用的高级管理人员也应当认定为领导者。对领导者的认定，应从管理的范围、在营销网络中的层次、涉案金额等几个方面进行综合判定。为此，公诉人在对管理人员进行审查时，要收集上述几方面证据，以划清领导者范围。

（三）其他负责行政、财务、后勤的人员

该类人员对传销活动的实施、传销组织的建立、扩大等起到了一定的作用，但并非是起到关键性作用的人，其行为具有可替代性，与一般正规公司从事行政、财务、后勤工作的工作内容没有区别，没有直接参与到具体的某一个传销活动中，因此，属于受单位指派，仅从事劳务性工作的人员，一般不予追究刑事责任。

案例： 匡某某组织、领导传销活动案

案情简介： 匡某某于2016年经应聘到某公司工作，担任后勤主管，平时主要负责公司内务、采购、后勤工作，在公司召开发布会时，也会帮助搭建舞台等。后该公司被认定从事传销活动，公司主要负责人及匡某某等均被公安机关抓获。

评析意见： 批捕阶段，承办检察官认为其作为后勤主管，属于公司的领导层，参与公司日常会议，对传销活动知情，且对传销活动的扩大起到关键作用，予以批准逮捕。在审查起诉阶段，承办检察官详细询问了同案证人，证实匡某某仅参与公司后勤管理，对公司从事的业务并不知情，在召开发布会时，其只作为打杂人员，负责修灯泡、查看电路等，经提审匡某某，其辩解对公司实际从事的业务不知情。因此，经过检委会讨论，最终对匡某某作出存疑不诉决定。

二、关于"五级三阶制"的认定

《立案追诉标准（二）》将组织、领导传销活动罪的立案标准规定为涉嫌组织、领导的传销活动人员在30人以上且层级在三级以上的。在实际的操作上，90%的传销组织都采用五级三阶制（又叫五级三晋制）的资金分配模式和晋升制度，顾名思义，就是五个级别，三个晋升阶段，"五级"指非

法传销组织内部分为五个级别,从低到高分别是:E级(实习业务员)、D级(组长)、C级(主任)、B级(经理)、A级(老总),"三阶"即加入者晋升的阶段,进阶的条件是发展下线的人数。在传销组织内,把新人投进去的钱,按照这个模式,根据不同的级别进行重新分配。

但是,"五级三阶制"并不具有严格的划分依据和计算模式,在实践中,组织者根据自己的理解和内部分工,对利益的分配具有一定的随意性,很可能在表现形式上就不再是严格的五级三阶制模式了,那么,公诉人在碰到具体案件时,要结合案件具体情况,对上述立案标准作出灵活理解和把握,不受犯罪嫌疑人规避等级结构特征的辩解所迷惑。

案例:深圳某生物科技公司组织、领导传销活动案

案情简介: 深圳某生物科技公司以经营美容产品、美容服务及开美容实体店为诱饵,发展会员,实施传销犯罪活动。投资者分为发起人和合伙人,规定店铺只有一个发起人,若干合伙人,发起人和合伙人均可推荐他人投资,推荐人能获得被推荐人投资款16%的提成,被推荐人再推荐他人投资,第一个推荐人能获得第二个被推荐人投资款7%的提成,以此类推。2018年1月,经工商部门查处,该公司对于返利模式加以整改,规定返利模式为两级,要求被发展人员发展其他人员加入,推荐他人投资,以第一级获奖励20%,第二级获奖励10%的手段组织、领导传销活动。

评析意见: 该组织的人员发展模式是否符合传销犯罪中的"五级三阶制"?从发展模式上看,该组织并不是传统的"五级制",而是组织者在各地发展"发起人",每个发起人再发展"合伙人",不管"合伙人"以下发展了多少人,这些人都叫"合伙人",整个运作模式呈扁平化态势,而非典型的"五级制"。从层级上讲,也从三层返利模式变为两层返利模式。但是,从公司的经营方式看,仍然属于以经营美容产品、美容院、美食店为由,吸引会员加入,以吸收的会员费作为盈利的主要手段,符合组织、领导传销活动罪的以推销商品、提供服务等经营活动为名,要求参加者以缴纳费用或者购买服务等方式,骗取财物的行为。该运作模式并未跳出拉人头、返利的套路。因此,该公司构成组织、领导传销活动罪。

三、关于"有效下线"的认定

在审查传销案件犯罪嫌疑人发展的下线时,存在两个情况影响下线人数的统计,是犯罪构成的关键因素。

通过微信群中发二维码，扫描注册的下线，虽然用其真实身份注册了会员，但是仅处于观望阶段，并没有实际投入资金，该类人员财产并未受到损失，不属于真正意义上的有效下线，在审查下线人数时，对该部分人应当予以剔除。如深圳"帮扶农"传销案，侦查机关聘请福建某鉴定机构对下线人数进行统计，该机构仅简单的对后台上注册的会员人数予以相加，一律认定为下线，下线人数达23万余人，而承办人在审查中发现该问题，并将未投入资金的人数予以剔除，发现有效下线为16万余人。

以亲友的名义注册下线，并投入会费的，也不应当认定为有效下线。有的嫌疑人借来亲友的身份证件，然后自己以亲友的名义向传销组织缴纳了入会费，使得他们成为自己名义上的下线，从而达到提高自己的层级，获取更高非法收益的目的。其亲友往往不知道自己已经被动加入了传销组织，也未参与过该组织的任何活动，不管是从组织、领导传销活动罪所保护的法益来看，还是从行为人"使他人成为自己名义上的下线"这一行为的实际效果来看，都与正常的传销活动参与者发展下线的行为有本质的区别。因此，该类人也应当从传销下线人数中予以剔除。

四、关于资金流向的认定

经济犯罪共同的难点是资金流向无法查清，传销犯罪也一样，由于在传销组织成立之初，组织者就知道行为的犯罪性质，有意规避法律，因此，其资金流向更加隐蔽，笔者办理的多起传销犯罪案件中，能够理清资金脉络、查明资金流向的案件少之又少。另外，传销犯罪不以犯罪数额认定构罪标准，因此，公安机关在立案搜查证据之初，就没有将取证重点放在梳理资金上。而查明资金去向，也属于传销犯罪取证的重要一环，在立案之初，就应当梳理网络图，将收取入会费的所有账户冻结，逐渐理清资金脉络。

故而，此类案件定案的关键在于司法鉴定报告，庭审中控辩双方争议的焦点也必然在鉴定报告上。因此，公诉人在引导公安机关侦查时，也应将鉴定报告的相关要求告知鉴定人员，说明需要的数据，在确保鉴定检材的全面、准确、规范、客观的基础上，确保鉴定意见能够为审查起诉服务。

五、关于工商行政部门的认定

在《刑法修正案（七）》颁布之前，对传销犯罪的表述为"违反国家传销规定"，即传销是工商部门打击的范围，是否为传销，工商部门有权作出认定。实践中，多数传销犯罪案件都是先经过了工商行政部门的查处，再将线索移送公安机关的，工商部门作为市场监管部门，对传销行为的认定相对更加专业，能够作为刑事案件认定的依据。但是，行政部门在经过了市场调查、对公司的审核等程序以后，做出相应行政处罚，再移送公安机关，时间往往过去了半年，而等到公安机关去侦查取证，已经人去楼空，资金早就转移，嫌疑人也不知所踪，后台数据全部销毁，给侦办带来很大困难。以后的办理过程中，工商部门认为公司可能存在传销犯罪的，可以邀请公安机关联合执法，第一时间固定证据。

六、关于主从犯的认定

传销犯罪处罚的是传销组织的组织者、领导者，有的公诉人认为，组织者、领导者均属于犯罪集团的首要分子，均应当认定为主犯。其实不然，传销犯罪并不属于犯罪集团，因此，本罪主从犯的认定不同于刑法对犯罪集团的处罚标准，而是类似于聚众犯罪的标准来处罚。依照刑法规定，犯罪集团的所有成员都应当处罚；而聚众犯罪中，有可能出现仅处罚首要分子的情况。在审查过程中，要查明每名犯罪嫌疑人所处的层级，所起的作用，所承担的职务，所负责的具体工作，从规则的制定，到程序的运营，再到财物的分配，每个环节都要查明。

案例：陈某某、林某某组织、领导传销活动案

案情简介：陈某某等人操纵的某传销组织利用境外服务器推销互联网虚拟网店，以万某商公司为运营依托，发展下线，进行传销犯罪活动。该传销组织会员覆盖全国各地达3万人左右，骗取钱财9000余万元。经法院判决，认定陈某某作为该传销组织和万某商公司的CEO，负责传销活动的全盘领导，是传销活动的决策人、操纵人；林某某作为"百万买家"组织的股东，是传销活动的发起人，二人均被认定为主犯，其他涉案人员均认定为从犯。

评析意见：如何认定本案中的主从犯？在法院的判决中，仅对第一类人员发起人认定为主犯，二、三类人员即决策人、操纵人均认定为从犯。笔者对后二类人员是否为当然的从犯存有疑虑。首先法条上三类组织者是并列关系，具备并列关系的三类人，在团队中所起到的作用大致应该是相当的，所以后二类人员具备了在法律上成为主犯的可能性。此外，在实践中，以合法公司为依托的高层管理人员、传销组织各个区域的负责人以及在某个区域内统筹协调安排布置的人员，在传销组织中的作用地位，虽然相比发起人、决策人、操纵人稍低，但亦是传销组织运营至关重要的人员，若因此将其放在从犯之列，享受从轻、减轻，甚至免除处罚的量刑幅度的话，实有放纵犯罪之嫌。笔者认为，对于后二类人员具有严重情节的，应当认定为主犯，在主犯的量刑幅度内进行处罚。

案例： 李某某组织、领导传销活动案

案情简介： 广州云某惠公司发展的云某商城于2014年1月上线运营，参与人员通过"云某商城"注册成为会员，可以享受消费返还，继续发展其他人员加入还可以获得收益。犯罪嫌疑人李某某于2015年5月开始在云某惠平台注册成为会员，在整个网络推荐关系中处于29层，下线总人数45276个，为华南片区总代理。

评析意见： 李某某发展下线4万多人，为总代理，应当认定为主犯还是从犯？在实践中，传销组织各个区域的负责人，在某个区域内，有统筹协调安排布置人员的权力，其在传销组织中的作用地位，虽然相比发起人、决策人、操纵人稍低，但亦是传销组织运营至关重要的人员，若因此将其放在从犯之列，享受从轻、减轻，甚至免除处罚的量刑幅度的话，实有放纵犯罪之嫌。但是，通常情况下，为了避免打击过大、处罚过重，法院的判决中还是将其认定为从犯，发展下线人数仅作为量刑情节考虑。

七、关于单位犯罪的认定

传销犯罪案件一般都系个人犯罪而非单位犯罪。根据法律的规定，为了犯罪而成立单位或者成立单位后主要从事犯罪活动的，不以单位犯罪论处。此类案件司法鉴定报告一般显示，网络传销组织往来账目90%以上系推广返利即发展下线的返利，只有不到10%系消费返利，因此，此类组织主要是从事传销活动，应以个人犯罪论处。对此，公诉人要固定收集该案系个人犯罪的相关证据，同时，注意审查犯罪嫌疑人对此问题的说明。

八、关于"情节严重"的认定

《传销意见》第 4 条对"情节严重"作了如下规定:"(一)组织、领导的参与传销活动人员累计达一百二十人以上的;(二)直接或者间接收取参与传销活动人员缴纳的传销资金数额累计达二百五十万元以上的;(三)曾因组织、领导传销活动受过刑事处罚,或者一年以内因组织、领导传销活动受过行政处罚,又直接或者间接发展参与传销活动人员累计达六十人以上的;(四)造成参与传销活动人员精神失常、自杀等严重后果的;(五)造成其他严重后果或者恶劣社会影响的。"公诉人在审查证据时,要结合对"情节严重"的规定,审查行为人的主观恶性、客观行为,对有的非法限制人身自由、殴打传销人员、致传销人员家人伤亡、致传销人员倾家荡产等情况,又不构成其他犯罪的,应当以传销犯罪从重处罚,在量刑时予以考虑。

第五节 组织、领导传销活动案件出庭公诉要点

一、庭前准备

(一)庭前会议

根据《规程》的规定,对于证据材料较多,案情疑难复杂,社会影响重大或者控辩双方对事实证据存在较大争议等情形,人民法院可以召开庭前会议。而传销案件往往是证据材料较多,案情疑难复杂,社会影响重大、控辩双方争议较大的案件,对传销案件召开庭前会议是目前庭审的普遍做法。庭前会议能够使法庭集中精力,针对控辩双方争议的焦点展开辩论,避免证据偷袭、重复质证,确保庭审的高效审理,提高庭审的质量及效率,达到事半功倍的效果。

依据《刑事诉讼法》第 187 条的规定,庭前会议的召开在程序上由审判人员启动,控辩双方可以申请召开庭前会议,人民法院经审查后决定是否召开。针对传销案件,公诉人在庭前会议上,需要准备的要点主要有以下几个方面:

1. 程序性问题

(1)是否对案件管辖有异议。传销案件的管辖权异议一般有以下几种

情况：第一，被害人在当地公安机关报案，当地公安机关已经立案，又移交异地公安机关合并侦查的，异地公安机关对该案是否有管辖权；第二，为利于案件办理，公安机关指定侦查的，对口的法院对该案是否有管辖权。管辖权异议基本在审查起诉阶段已经解决，如辩护人在庭前会议提出管辖权异议，公诉人可从以下方面提出主张：犯罪行为的发生地所包括的范围、相关指定管辖的文件、多地同时具有管辖权则最先立案的公安机关管辖、分别立案且被告人人数众多的，可分别管辖。

（2）是否申请有关人员回避。包括对合议庭组成人员、书记员、公诉人、鉴定人和翻译人员申请回避。避免在正式开庭时，辩护人突然提出回避申请，浪费庭审时间。

（3）是否申请排除非法证据。对于被告人及其辩护人在开庭审理前申请排除非法证据，并依照法律规定提供相关线索或者材料的情形，人民法院应当召开庭前会议。

（4）是否对出庭证人、鉴定人、有专门知识的人名单有异议。

2.实体性问题

（1）是否申请调取在侦查、审查起诉期间公安机关、人民检察院收集但未随案移送的证明被告人无罪或者罪轻的证据材料。无罪及罪轻证据一般包括以下几种情形：第一，被告人文化程度不高，被传销组织蒙骗；第二，被告人不知道该组织是传销组织；第三，被告人没有发展会员或者发展的多系自己的家人。辩护人如果提出该申请，并能够证明在侦查阶段已经提交给侦查机关，公诉人应当加以说明，是否已经收集、是否移送。合议庭认为应当调取而没有调取的，需要启动庭审退查程序，由公诉人继续补充法庭所需证据材料。

（2）是否提供新的证据。主要针对辩护人的证据偷袭，在庭前会议上，应当将新证据提交法庭，并给公诉人阅卷，以便公诉人在庭上对该证据进行质证，并做好答辩准备。如果新证据没有在庭前会议上出示，则正式开庭时，不能再出示。

3.与审判相关的其他问题

包括控辩双方协商确定庭审的举证顺序、举证方式等事项，明确法庭调查的方式和重点。法院可以在庭前会议中归纳控辩双方的争议焦点。传销案件控辩双方争议的焦点主要体现在：第一，对案件罪名的争议，是传销犯罪，还是非法经营罪、合同诈骗罪等；第二，对涉案层级和发展人数的认定；第三，对主从犯的认定等。对控辩双方没有争议或者达成一致意见的事项，可以在庭审中简化审理。

（二）庭审讯问提纲

讯问提纲针对双方争议的主要问题展开：

1. 针对被告人主观故意的提问：是否知道是传销组织；何时加入传销组织；分红、提成数额；有无发展下线，发展下线人数等。

2. 针对传销组织运作的提问：组织发展会员的模式；有无实体经营；盈利模式；有无具体销售的商品；有无向会员以外的消费者出售商品；层级返利如何操作，有无开发 App，后台数据库由谁管理等。

3. 针对被告人地位、作用的提问：在传销组织中承担什么职务，受谁管理，又管理哪些人；传销组织的架构、组织策划由谁开展，谁担任什么职务（相互指证）。

4. 针对盈利、分红的提问：如何分红？市场推广模式是什么？是否有实体店和产品？产品是卖的还是购买课程赠送的？每介绍一个会员提成多少？下级会员再推荐会员是否有提成？如何提成？支付方式是什么？

（三）证据展示、证据目录

《规程》第 2 条规定，在庭前会议中，人民法院可以组织控辩双方展示证据。关于如何展示证据，《规程》第 19 条第 1 款规定，庭前会议中，对于控辩双方决定在庭审中出示的证据，人民法院可以组织展示有关证据，听取控辩双方对在案证据的意见，梳理存在争议的证据。公诉人在展示证据目录时，有两种做法，一是按照《刑事诉讼法》中七类证据的种类，从物证、书证到证人证言、被害人陈述等，逐一罗列，并简单概括证明内容；二是围绕组织、领导传销活动罪的构成要件，从证明该案件是传销组织的证据，到证明被告人主观故意的证据，再到证明组织架构、层级、发展人数的证据等。笔者认为，第一种举证方式虽然较为省事，不需要公诉人的总结归纳，但证明作用不及第二种举证方式。现举例第二种举证方式：

（1）证明该案是传销组织的证据：该组织的对外、对内宣传资料，会员加入规定，相关返利方式，后台数据，相关电子数据，行政机关的认定书，被害人关于加入方式，加入后行为等的陈述。

（2）证明被告人主观故意的证据：被告人的供述，对外宣讲、发布会上的讲话录音、录像，其他传销同案人员的指证，被害人关于在宣讲会上听到被告人所作宣传的陈述等。

（3）证明组织架构、发展人数等的证据：后台数据库、相关电子数据，行政机关移送的案件材料，查封、扣押的公司账本等，主要是客观证据。

（4）相关被告人在组织中的地位、作用：被告人相互之间的指认、被害人的陈述、同案证人的证言，以及财务账目中关于被告人薪酬发放情况等。

二、常见质证意见的答辩要点

（一）对是否是传销组织的答辩要点

辩护人关于组织性质证据的质证，主要集中在以下几点，公诉人逐一答辩：

1. 该公司有正常的营业执照，有直销经营资格

答辩意见：（1）是否以销售产品为企业营运的基础。直销以销售产品作为公司收益的来源，而传销则以拉人头牟利或借销售伪劣或质次价高的产品变相拉人牟利，甚至根本无产品；（2）是否存在高额入门费。直销企业的推销员无须缴付任何高额入门费，也不会被强制认购货品，而传销的参加者通过缴纳高额入门费或被要求先认购一定数量的产品以变相缴纳高额入门费作为参与的条件；（3）是否打着直销的旗号从事传销犯罪。不能仅以有无直销的经营资格来判断是否存在传销的行为，应当针对行为的性质进行评判。

2. 该组织仅在网上宣传，并未对会员采取限制人身等强制措施

对于该质证意见，公诉人可以从传销组织对发展对象的心理控制上进行答辩，即是否存在"洗脑"。洗脑是证明传销组织存在引诱、欺骗行为的重要依据，也是大多数传销犯罪中组织、领导者对传销人员形成思想控制的体现。对此，公诉人提供网络传销犯罪案件中是否存在洗脑行为的证据，便可将该质证意见攻破。

3. 该组织有正常的产品经营，会员所缴纳的费用大部分是用于购买产品

公诉人要注意答辩：会员费的构成中，大部分是为了购买所谓的"加入资格"，产品仅占很少一部分金额，且产品多为在市面上没有流通的"独家品牌"，没有参考价格，传销组织往往对其价格和效用做夸大解释。

（二）对主观故意的答辩要点

传销案件的犯罪嫌疑人主观故意往往不好认定，部分犯罪嫌疑人常常辩解主观上不明知犯罪，为了找一份工作才加入到公司，不属于公司的核心成员，从事的是行政工作、人事、财务或业务员工作等。对该类被告人辩解的质证意见，主要结合以下证据进行审查判断，并结合其他证据推断是否具有主观明知：

1. 从各类书证上证明其参与时间、了解程度

经过审查公司各类会议记录、纪要、视听资料、相关工作制度、业务培训文件等，证实被告人的参与程度较深，在各项会议中均有参加，并签署相关重要工作文件，对传销组织的了解程度较深。

2. 审查相关宣传资料、视听资料

通过证实被告人参与公开宣传、以线上线下方式讲课等活动，从而证实是否明知公司以销售产品为幌子、以发展人数为牟利方式。

3. 结合其他犯罪嫌疑人口供，证实是否参与组织、策划

传销案件的同案犯众多，可以结合其他同案犯的证言，证实被告人参与时间、参与程度、有无对外宣传、发展下线人员数量等。

（三）对犯罪数额的答辩要点

在传销犯罪案件中，能够获取后台数据，查明犯罪金额，无疑是办理传销案件的理想状态，但现实中，后台数据往往无法调取或已破坏无法恢复，相关公司账目混乱，相关账册等保存不全或已被毁灭。对涉案犯罪金额的质证，有两个方面：

1. 结合言词证据与书证

结合已收集的传销被害人的言词证据和依法收集并查证属实的书面合同、银行账户交易记录、会计凭证及会计账簿、资金收付凭证等书证，可客观证实传销组织吸收的资金。

2. 结合审计报告

审计报告是由侦查机关聘请的中立第三方结合涉案书证，对涉案金额所作的统计，具有专业性、客观性，在证明力上超出了被告人的供述或证人证言等较为单一的证据。除非辩护人有证据证明审计报告对被告人不公或偏袒一方，或者有明显错误，否则应当认定。

（四）对行政机关认定书的答辩要点

由谁来认定传销活动，是惩治传销活动中必须予以解决的问题。因传销活动最初流入市场是受市场监督管理局监管，因此，其为最初的认定机关。对于行政机关出具的认定书，答辩如下：

（1）工商部门有权认定的法律依据。2007年，国务院办公厅对《禁止传销条例》中传销查处认定部门解释的函（国办函〔2007〕65号）规定：依照条例规定，工商部门和公安机关在各自的职责范围内都应当对传销行为进行查处，并依照各自职责分别依法对传销行为予以认定。工商部门查处传销行为，对涉嫌犯罪的，应当依法移送公安机关立案侦查；公安机关立案侦查的涉嫌犯罪的传销案件，对经侦查认定不构成犯罪的，应当依法移交工商部门查处。

（2）在判定主体上，由于是刑事判断，因而同样应由司法人员进行判定。认定书是重要的判断依据，但不是唯一的判断方式，认定行为是否构成本罪应当严格依照刑法的规定。

三、常见辩护意见的答辩要点

（一）对不具有人身强制性的答辩要点

（1）由于网络信息的强大影响和辐射，这些借助网络的传销犯罪大多是跨区域甚至是跨国的，一切交易在网上进行，无须集中居住并接受"洗脑培训"。

（2）传统传销的控制性不是传销活动的构成要件。现代信息网络的发展使得现代传销不会产生群体性狂热和集体无意识，参与者在精神上没有受到控制。

（二）对没有"金字塔"形的发展模式的答辩要点

（1）传销并不要求全部是"金字塔"形的模式，有的传销组织对计酬方式进行了变通，从典型的金字塔式改为等腰梯形计酬方式，达到一定层级上线人员出局，有的传销组织采取"扁平化"的计酬方式。

（2）传销的本质没有变。一是参加者通过缴纳"人头费""资格费"或者以认购商品（含服务）等形式变相缴纳"人头费"或"资格费"取得加人、介绍他人加入的资格；二是通过介绍他人参加发展下线人员，并由此建立具有上下层级内部财富再分配关系的组织体系；三是组织者利用参加者交付的部分费用支付先参加者的报酬维持运作，参加者的收益由其加入的先后顺序及其发展人员数量决定。

（三）对没有形成三层、三级返利模式的答辩要点

（1）传销的层级是包括本级在内的三级，即 A 推荐 B，B 再推荐 C，A 从 C 那里拿到提成，ABC 之间已经形成了一种三层、三级返利模式，而不是只有 B、C 两级。

（2）有的传销组织为了规避法律，玩文字游戏，声称只有两层返利模式，或者表面返利两级，而实际上暗地里以送积分等的方式变相返利，应当予以认定。

（四）对属于"团队计酬"式传销活动的答辩要点

（1）是否单纯以销售商品业绩作为获得回报的返利模式。如果是以发展人员数量获得回报的返利模式，与单纯以商品销售业绩为依据的返利模式具有本质区别，该组织并不以推销商品为主要目的，不可能按销售业绩计算报酬，不属于"团队计酬"式传销活动。

（2）是否以推销商品、提供服务为名，行传销犯罪之实。表面让参与者推销商品、提供服务，实际上主要的返利方式还是发展人数，间接以发展人员的数量作为返利依据，引诱参加者继续发展他人参加，不属于"团队计酬"式传销活动。

（五）对在传销组织中没有担任讲师，仅是一般会员分享心得的答辩要点

（1）分享的规模，如果是在公开的发布会上讲话，受众人数众多，属于公开宣传；如果是在网络课堂上分享，听众为不确定人员，并能多次转发，仍属于讲课形式。

（2）分享的内容，如果是只谈个人感受，则不属于讲课，如果对该传销组织的构成、组织进行介绍，对产品进行推广，则属于讲课范围。

（六）对只做平台开发和系统维护，对运作模式不知情的答辩要点

（1）平台开发是对传销方案进行计算机信息系统编程，编制工资结算系统、销售会员管理平台等传销软件的过程，属于现代网络传销的必要组成部分。

（2）程序开发、维护员对传销的运作模式、返利方法、工资体系等熟悉，对该组织是否是传销组织主观上明确，客观上实施了帮助传销组织运作的行为，是传销活动的组织者。

（七）对宣传"保证金可退还"，不具有金钱上的强制性的答辩要点

（1）传销组织往往在书面材料上写明诸如"保证金可以退还"等内容，网络传销犯罪案件中，需查明参与传销人员是否具有退款保障和退出自由并是否真正履行，不能仅看宣传。

（2）要求辩护人举出实际退款的例子。

（八）对辩解有正常的交易往来，有实体经营的答辩要点

（1）对于辩解传销组织与渠道商、代理商或会员之间订立了书面合同，有正常交易往来的，要求辩护人提供合同履行的相关证据及线索。

（2）该组织貌似是正常民事经营行为，实际上是以订立和履行合同为幌子，组织、领导传销活动以实现非法牟利的本质。

（3）实体经营有无产品，该产品是购买会员赠送还是有实际对价，该产品有无流入到会员以外的消费者手上。